KB142490

맛에 미치면

이렇게 된다

맛에 미치면

마이클 부스 지음 | 박혜원 옮김

이렇게 된다

세계 최대 포식가의 일본의 맛 장광설

"일본에 대한 이야기는 다 꾸며낸 것이다.
(…) 그런 나라도 없거니와 그런 민족도 없다."

_오스카 와일드

차례

1장

귀환

10년 전인 2007년 가을, 나는 아내와 두 아들을 데리고 도쿄행 비행기에 올랐다.

내가 르 코르동 블뢰에서 전통 프랑스 요리를 배운 다음 미슐랭 별을 받은 레스토랑에서 일하는 중이었기에 우리 가족은 12개월째 파리에서 지내는 중이었다. 나는 레시피 없이 그리고 제이미 올리버, 델리아 스미스 혹은 니겔라 로슨의 도움 없이도 요리할 수 있는 법을 배우고 싶었고 결국 해냈지만, 그러는 동안 엄청난 양의 버터, 크림, 설탕과 페이스트리를 먹어대는 통에 허리둘레는 고무줄 바지를 입어도 감당이 안 될 지경이 되었다. 과도한 프랑스 전통 요리 섭취로 인한 칼로리 폭탄의 효과를 보고 있는 게 분명했다. 둥그런 배는 나도 미처 짐작하지 못했던 크기로 점점 부풀어 올랐다. 소화도 안 됐는데 음식이 입으로 꾸역

꾸역 들어갔다.

한 친구가 나에게 해결책이라며 쓰지 시즈오辻靜雄가 쓴 『재패니즈 쿠킹: 심플 아트』●를 건네주었다. 그때만 해도 영어로 쓰인 일본 전통 요리책은 몇 권 없던 시절이었다. 책의 레시피는 부담 없고 건강하며 모던한 음식과 제철 음식을 이용한 요리였고 제목 그대로 조리법도 간단했다. 나에게는 일종의 계시였던 셈이다.

일본인이 먹는 음식과 재료 준비 과정을 더 알아보고 싶다는 열망에 사로잡힌 나는 도쿄행 오픈티켓을 넉 장 구매했다. 그래서 우리는 꽁꽁 언 북쪽의 홋카이도부터 뜨거운 아열대의 오키나와까지 길쭉한 지역을 석 달여 여행하면서 일본 음식 문화의 다양한 매력을 체험하고 스모 선수와 함께 밥을 먹어보기도 했다. 일본에서 가장 유명한 음식 평론가를 만났으며 100세 넘도록 사는 오키나와 주민의 비밀도 알게 되었다.

나는 가족 여행기인 『오로지 일본의 맛』을 이미 끝낸 상태였지만, 일본을 잊었다기보다는 여행 경험이 계속 떠올라 다시 가고 싶은 마음만 커져갔다. 그곳은 익숙하지 않은 재료와 신기한 요리 기술이 있고 낯설지만 손에 잡힐 듯 잡히지 않는, 매력이 철철 넘치는 새로운 세계였다. 쓰키지 어시장의 생선으로 가득한 수조부터 도쿄의 연기에 찬 야키토리 골목까지, 나는 그곳에 완전히 매료당했다. 코스 요리가 나올 때마다 꽃 장식을 건드릴

● 『요미우리신문』 사회부 기자 출신 작가가 쓴 책으로 서양인의 일본 요리 입문서로 통한다.

까 숨을 꾹 참았던 미니멀한 가이세키$_{かいせき}$• 레스토랑부터 고야산의 절제된 사찰 음식까지, 당황스럽기도 했지만 마음을 빼앗기는 경험도 했다.

첫 여행은 세련된 일본 요리 문화를 겉핥기식으로 경험한 것이었다. 일본의 47개 현 중 12개 현도 제대로 방문하지 못했으니 말이다. 그랬으니 일본인이 뭘 먹는지, 왜 먹는지 같은 많은 궁금증은 여전히 미스터리로 남아 있었다. 내 딴에는 신문과 잡지에 발표할 글을 쓰느라 몇 번 더 들락거렸음에도 많은 곳을 돌아보지 못했다는 생각은 사라지지 않았다.

우리가 일본에 다녀가고 10년 동안 일본 음식업계는 많은 발전을 이뤘다. 2007년 미슐랭 가이드가 처음으로 파리보다 도쿄에 더 많은 별을 수여했다는 머리기사가 전 세계에 도배됐다. 미슐랭의 가치를 어떻게 평가하든 간에 일본의 수도는 이제 세계 음식의 수도로 떠오른 것처럼 보였고, 다음에 발표된 결과는 도쿄뿐 아니라 일본의 다른 도시들도 빛나는 별임을 재확인시켜주었다. 그리고 2013년 유네스코는 일본 음식을 '무형문화유산'으로 지정했다. 다른 나라 사람보다 일본인에게 더 의미가 컸던 것으로 보이지만, 여하튼 전 세계 뉴스에서 그 소식을 대대적으로 다뤘다. 그 결과 더 많은 외국인 요리사가 일본을 방문해 요리 기술과 재료, 프레젠테이션 스타일에서 영감을 받았다. 예를 들면 일본은 세련된 오픈 키친 조리대의 시초이고, 런던과 뉴욕,

• 작은 그릇에 다양한 음식이 순차적으로 나오는 일본 코스 요리.

파리, 코펜하겐의 '하이엔드' 다이닝을 정의하게 된 고정 코스 요리 메뉴의 발생지다. 그리고 일본은 다른 어떤 나라보다 가장 먼저 로컬·시즌 메뉴를 시작했다. 그러는 동안 블로거, SNS, 기존 음식 매체를 포함한 푸데라티fooderati●는 라멘에 열광적으로 빠져들었고, 서서히 일본의 다른 패스트푸드와 재료에도 관심을 두게 되었다. 이런 현상으로 일본인은 쓰지 시즈오를 비롯한 일본 음식을 대표하는 사람들이 늘 경멸하던 이른바 'B큐 구루메'(B급 음식)에도 자부심을 품게 되었을까? 일본인은 그들의 음식 문화가 가진 브랜드 잠재력을 마침내 관광이라는 수단으로 이용했고, 그 결과 최근 외국인 방문객 수가 증가하고 있으며, 대부분은 일본 음식을 맛보기 위해 방문한다.

2011년 3월 11일, 리히터 규모 9.0을 기록한 지진이 일본 동부 태평양 연안을 강타해 마을 전체가 파괴되고 1만8000명 이상이 목숨을 잃었다. 일본에서 일어났던 지진 중 가장 강력했다. 지구상의 많은 사람은 한 마을이 폐허가 된 광경을 지켜보며 공포에 떨었다. 그 후로 우리는 일본이 3·11 지진으로부터 차분히 회복하는 과정을 목격했지만, 도중에 지진과 쓰나미의 결과로 발생한 원전 사고로 일본의 주요 음식 생산지가 쑥대밭이 되는 것도 보았다. 이 사고는 장기적으로 어떤 효과를 낳았을까?

그래서 지금이 다시 일본으로 돌아가 그들의 식문화를 더 깊게 탐구해 놓친 걸 확인하고, 일본인을 더 잘 이해할 수 있는 새

● 음식을 중요하게 생각하는 사람.

로운 여행을 떠나기에 적당한 시기인 듯했다.

우리 가족은 도쿄에 도착하자마자 남쪽으로 세 시간을 날아 오키나와로 직행할 예정이다. 오키나와에서 며칠 머문 다음, 네 개의 본섬 중 첫 번째로 규슈를 향해 북쪽으로 간다. 규슈는 늘 마음에 담아두고 있던 곳이다. 처음 일본에 왔을 때 동북쪽에 있는 후쿠오카만 가봤는데, 규슈 전역에 굉장한 음식이 있다는 소문을 계속해서 들었기 때문이다. 이번에는 남쪽의 가고시마에서 출발해 서부 해안을 따라 수백 년 전부터 외세의 영향을 받아 개성이 뚜렷하다는 나가사키까지 운전해서 가려고 한다. 규슈를 동쪽으로 지나면서 일본의 가장 큰 섬인 혼슈를 건너뛰는 대신, 히로시마에서 오사카로 가는 내해 연안을 여행하는 코스를 택해 시마네현을 돌아볼 예정이다. 이곳은 '또 다른' 일본으로, 서양인이 거의 찾지 않는 인구 밀도가 낮은 지역이며 일본인도 잘 방문하지 않는 곳이다. 거기에서 도쿄로 가는 길에 교토에 들러 다소 두려운 진미를 맛보고 시코쿠로 우회하면서 세계에서 가장 황홀한 식도락을 즐길 수 있는 오사카를 재방문할 것이다.

나고야, 기후, 나가노 그리고 일본의 와인 산지인 야마나시도 여행 목록에 올라 있다. 각 지역에서 진귀하고 특별한 음식이 다양하게 펼쳐질 것이다. 물론 도쿄에서 평생을 먹어도 충분하겠지만, 후쿠시마를 포함한 혼슈 동부에 있는 간토 지역을 더 돌아볼 예정이다. 많은 일본인에게 '세상의 끝'인 곳이자 그 너머로 꽁꽁 언 바다와 러시아가 있는 홋카이도도 빼놓을 수 없다. 처음 갔을 때는 살기 좋고 활기차고 사랑스러운 도시인 삿포로 만 들렀지만, 홋카이도 전체가 뛰어난 농산물과 해산물의 원산지다.

지난번 여행은 거의 10년 전이라 큰아들인 에스거는 여섯 살이었고, 둘째 에밀은 네 살이어서 아기들이나 다름없었다. 이제 10대가 된 아이들은 『오로지 일본의 맛』을 왜인지는 모르겠지만 어쨌든 읽지 않아서 이들의 기억은 대체로 사진과 엄마 아빠가 들려주는 이야기가 전부다('네가 링에서 스모 선수를 밀어버린 거 기억나니?' '네가 발효된 오징어 내장을 로켓처럼 토해낼 때 우리가 얼마나 웃었는지 알아?' 같은 일 등). 이제는 인간 비슷하게 성장했으니 이번에는 반응이 어떻게 다를지 궁금했고, 특히 이번 여행이 성인기로 급속히 달려가고 있는 두 남자아이에게 그럴듯한 교훈을 주지 않을까 하고 기대했다.

내가 일본인과 일본 사회를 수년간 관찰하면서 아이들이 목격했으면 하는 자질이 몇 가지 있었다. 헌신, 의무, 성실함, 규율, 결단 같은, 서양에서는 점점 보기 힘들어지는 특성이다. 내 아이들이 유난히 이런 것들이 부족하다기보다는 직접 봐서 나쁠 건 없다는 생각이 들었다. 일본의 많은 요리사와 식자재업자, 장인과 농부들은 부와 명성을 생각하지 않고 각자 맡은 소임에 최선을 다하는 데 평생을 헌신한다. 여행하느라 학교를 10주 동안 빠지는 건 사실이지만(우리는 결석을 다소 느긋하게 생각하는 덴마크에 살고 있다. 덴마크 사람들은 대개 늘 느긋하다), 나는 아이들이 장인이나 '쇼쿠닌しょくにん'(일종의 달인)이 일하는 모습을 직접 보

는 경험도 충분히 교육적일 거라고 확신했다.

여행 가방은 복도에 두었다. 플러그도 안 꽂혀 있던 폐기물 같던 TV는 버렸고, 가방에 여권이 있는지 다섯 번 확인한 다음, 도쿄로 가기 전 마지막으로 이빨을 닦고 있는데 아내가 화장실로 들어왔다.

"이거 봤어?" 그러면서 나에게 핸드폰을 들이밀었다. "규슈에 화산 폭발이 크게 났어. 그리고 방금 북한이 오키나와 상공으로 장거리 미사일을 시험 발사했대."

그렇게 우리 여행은 시작되었다.

2장

오키나와

고구마

오키나와 여왕은 기분이 언짢았다.

"일본은 디톡스가 필요합니다. 전 세계에서 음식에 첨가물을 가장 많이 넣는 나라입니다." 그녀는 어떤 이유에선지 우리 앞에서 이글거리는 화로에 말린 고추 한 움큼을 집어넣었다. 몇 초 지나지 않아 연기 때문에 우리는 눈물을 줄줄 흘렸다. 여왕은 멀쩡했다.

그녀는 한심하다는 듯 한숨을 내뱉었다. "일본 영양학자들은 아직도 마가린을 먹으라고 그럽니다. 그러니 그 사람들을 믿을 수 있겠습니까. 내 아이들은 단 한 번도 인스턴트 라면이나 전자레인지에 데워 먹는 음식을 먹지 않았어요. 이제는 손님들이 내 아이들이나 마찬가지죠. 오키나와 사람의 식습관을 바꾸려고 음식점을 열었습니다." 그녀는 거품이 이는 보라색 액체가 담긴 유리잔을 넉 잔 내놓았다. 에밀이 의심스럽다는 듯 코를 씰룩거렸다.

지난번에 오키나와에 왔던 것은 이곳 사람들의 장수 비결을 밝히기 위해서였다. 일본 최남단에 있는 이 섬은 세계에서 100세 이상의 인구가 가장 많기로 유명하다. 학자들은 왜 그렇게 장수하는지 원인을 밝히기 위해 모여들었다. 알아낸 건 강한 사회적 응집성과 유전적 특징이었지만 그중에서도 특히 지방이 적은 음식과 해산물, 두부, 해조류, 채소에다 강황, 재스민차, 미네랄이 풍부한 흑당을 곁들여 먹는 식습관이었다. 가장 중요한 점은 오키나와 사람은 뭐든 많이 먹지 않는다는 거였다. 칼로리를 제한하는 것, 이 지역 말로 '하라하치부はらはちぶ(배가 80퍼센트만 찰 정도로만 먹어라)'라고 하는데, 이에 따라 서양인보다 음식 섭취량이 훨씬 적고 일본 본토 사람의 평균보다 적게 먹었다. 하지만 섬 주민의 미래 건강을 나타내는 지표는 그다지 장밋빛이 아니다. 제2차 세계대전에서 살아남은 세대의 다음 세대는 상주하고 있는 미군 부대에 의해 들어온 서양 음식, 햄버거, 프라이드치킨, 스팸 그리고 그 유명한(사실 꽤 끔찍한) 타코 라이스를 더 선호하고 오키나와 전통 음식을 거부하기 때문이다. 오늘날 오키나와 사람은 파티, 생일잔치, 세례식(은으로 만든 탱커드●는 이제 잊으시라) 때 가장 흔한 선물로 콜로넬 치킨 버킷을 줄 정도로, 일본 KFC 지점 중 1인당 소비량이 가장 높다. 더 젊은 세대

● 세례식 선물로 주는 은으로 된 큰 컵

는 부모 세대보다 상당히 많은 칼로리를 소비해 결과적으로 골치 아픈 수준의 비만, 심장병, 당뇨를 앓는다. 이제 오키나와는 일본 전체에서 가장 건강한 곳이 아니며, 장수마을이라는 왕관을 나가노현에 넘겨주고 말았다.

"서양 음식이 가장 큰 영향을 끼친 곳이 오키나와라고 생각해요." 오키나와 여왕이 말을 이었다. "미군 부대가 처음 온 곳이 여기였고 그 이후로 계속 주둔해 있으니까요. 패스트푸드점이 가장 먼저 생긴 곳도 여기였어요. 젊은 세대는 자기네가 지금 뭘 하고 있는지 모릅니다."

내가 말하는 '여왕'은 야마시로 기요코라는 사람으로 류큐流球(오키나와의 옛 이름)를 통일하려고 했던 첫 번째 왕, 쇼하시尙巴志(1371~1439)의 16대 직계손이다. 머리를 경건한 모양새로 바짝 묶고 대담한 보랏빛 립스틱을 바른 기요코는 허리를 꼿꼿이 세우고 앉은 모양새에서 왕의 계승자임을 더없이 드러냈지만 스스로를 여왕이라고 하지는 않았다는 점을 밝혀둬야겠다.

기요코는 자신의 레스토랑인 가라만자쿠がらまんじゃく에서 코스 요리로 구성된 '디톡스' 런치를 제공하고 있다. 딸의 열세 살짜리 친구가 야구를 하다 심장마비로 갑자기 죽은 후, 건강한 대안 음식을 개발하기로 마음먹었다. 그 일로 오키나와 젊은이들이 먹는 음식의 무서움에 경각심을 갖게 되었고 반드시 식습관을 바꾸리라고 다짐한 것이다.

"10대 아이들이 패스트푸드와 음식 첨가물을 먹는 걸 봤습니다. 겉으로는 건강해 보여도 속은 그렇지 않답니다. 그래서 약

초를 점점 더 많이 쓰기 시작했고, 전통 음식으로 돌아가려 하고 있습니다." 그녀는 이로리ぃろり라는 화로에 둘러앉은 우리에게 설명했다.

음식에 로컬 재료만 쓰는 기요코의 요리는 오키나와 궁중 요리, 전쟁이 일어나기 전 중국 의학에 영향을 받은 전통 식이요법(야쿠젠やくぜん)에 뿌리를 두고 있다. 이 전통 식이요법에 따르면 특정 음식을 먹으면 건강에 효과가 있고 가벼운 병을 치료할 수 있다. 여기에다 그녀가 독학한 비법으로 아유르베다의 자연식을 더했다. 예를 들면, 오키나와 궁중 요리는 주로 돼지고기를 넣지만 기요코는 채소를 넣었다. 메뉴에는 '해조류 효소 주스'와 '양상추, 치아시드, 코코넛오일을 곁들인 샐러드' 그리고 오크라[아욱과의 식물]가 있다. 귀네스 팰트로가 아주 좋아할 만하다.

나는 음식을 통해 몸을 정화하고 디톡스한다는 말은 안 믿는 사람이지만, 보라색 거품이 이는 음료를 머뭇거리며 마셔보니 산스크리트어로 '목 넘김이 좋은 게 맛도 좋다'는 뜻인 음식점 이름 '가라만자쿠'에 음식이 딱 맞는다고 마지못해 인정했다.

우리는 도쿄에서 바로 이동해 전날 오키나와에 도착했고 아침에는 시차 때문에 힘들게 몸을 일으켰다. 일본에 다시 온 건 너무 기뻤지만 가족들은 좀 피곤해하고 짜증을 내기도 했는데, 초목과 덩굴 화초가 무성한 가파른 오솔길을 지나 전통적인 오키나와식 나무집을 보자 어쩐지 문을 열기도 전에 기분이 나아졌다. 음식점 자체가 우거진 수목에 완전히 싸여 있었다. 마치 날지 못하는 새의 둥지 같았다. 실내는 음식점이라기보다는 가정집처럼 선반에 기념품과 장난감, 오래된 잡지가 놓여 있었다. 여기저기 흩어져 있는 목제 가구는 일본 분위기도 나고 서양 분위기도 났다.

"여기 진짜 레스토랑 맞아요?" 음식점에 들어서면서 에스거가 낮은 목소리로 물었다. 스페인 종교재판관이 디자인한 것 같은 이코노미석에서 장시간 비행을 하고 났더니, 이런 음식이야말로 일본 땅에서 먹는 첫 끼로 손색이 없을 듯했다.

오키나와는 황금빛 모래와 청록빛 바다, 신록의 정글로 이뤄진 아열대의 천국으로 묘사되지만, 오키나와 본섬은 약간 엉망이었다. 제2차 세계대전으로 완전히 무너진 마을을 성급히 재건하는 과정에서 훌륭한 건축물을 짓는다는 건 우선순위에 들지 못했고, 그 결과 저렴한 콘크리트 건물이 들어선 도심은 복구할 수 없을 정도로 흉하고 널찍하게 펼쳐져 있다. 가라만자쿠는 그중에서도 가장 심한 지역인 구니가미군 긴초 마을에 있다. 거대한 미군부대가 자리한 곳으로, 중심가는 앞서 얘기한 타코 라이스(간 소고기와 흰쌀밥을 타코에 넣은 음식)를 주로 파는 술집과 호스티스 클럽이 지저분하게 미로처럼 늘어선 곳이었다.

그러나 앉아서 음식을 먹으며 대화하고 있자니 그 모든 것과 동떨어진 느낌이었다. 우리는 모든 음식이 바나나 잎에 서빙되는 흥미로운 채식 코스를 먹고 있다. 안타깝게도 음식은 대체로 쓴맛이 났고, 아이들은 채소 맛에 흥미를 느끼지 못해 뭔지 모를 음식 덩어리를 깨작거리고 있어 리센과 나는 '그저 배가 고프지 않다'는 말로 기요코를 여러 번 안심시켜야 했다. 솔직히 말하면 나도 좀 고생했다. 더 먹기 어려웠던 음식 중에 예를 들자면, 초메이소라는 '장수 식물'로 정원에서 갓 수확한 쑥과 다양한 잎을 우려낸 차가 있었다. 나에게 그 차는 마실 수 있고 없고의 경계에서 없는 쪽이었다. 그리고 그 거품이 있는 보라색 음료가 나왔다.

"발효시킨 현미와 베니이모에 흑설탕을 약간 넣은 겁니다." 기요코가 말했다. 날씨에 따라 이 혼합물을 최대 2주간 상온에 두어 젖산과 거품이 나오게 한다. 메인 요리들보다 더 흥미로운 맛이었다. 베니이모紅いも는 특유의 달콤하고 씁쓸한 맛이 나는 매력 덩어리, 오키나와 자색고구마다.

리센과 나는 이 선명한 색깔의 덩이줄기 작물에 홀랑 빠졌다. 아내는 수년간 점점 병적인 집착에 가까워지기 시작했다. 우리가 일본 여행 후일담을 늘어놓을 때마다 리센은 결국 베니이모 얘기를 꺼내 들었고 심지어는 언젠가 직접 재배할 거라고 끈질기게 우겼다. 해먹을 걸거나 명상하는 법은 배우겠다는 사람들도 자색고구마를 정원에서 기르겠다는 자신의 소망은 헛된 야망이라 치부하고 신경도 쓰지 않는다며 눈가를 촉촉이 적시곤 했다. 내 아내로 말할 것 같으면 별 좋은 날 외출이라고는 커피를 마시러 나가는 게 전부고 내가 알고 지낸 긴 세월 동안 집의 화초를 모조리 죽일 정도로 원예에는 전혀 관심이 없는 여인이다. 하지만 리센은 사랑하는 오키나와 자색고구마를 계속해서 얘기하곤 했다.

감자연구센터 방문을 '대단한 일'이라고 여기는 사람은 아내

외에는 한 명도 모르지만, 어쨌든 아내는 이튿날 아침 오키나와 자색고구마의 중심지이자 일본에서 처음으로 고구마를 재배한 장소인 요미탄을 방문할 때 흥분해서 신나 보였다. 방문하기 전에는 그 정도였지만, 방문을 마치고 나올 때는…… 장난이 아니었다.

베니이모는 오키나와에서 몸에 좋다는 것들, 즉 비타민C와 베타카로틴의 함량이 높다는 사실로 특히 유명하다. 이 작물의 역사는 17세기 초로 거슬러 올라가 일본 주변 섬들과 연관되어 있다. 자색고구마는 남아메리카에서 스페인을 거쳐 필리핀, 중국에 도착했다. 1605년 노구니 소칸野國總管이 중국을 방문해 자색고구마를 오키나와로 가지고 와서 밭에서 재배해보았다. 작물은 풍작이었고 점차 오키나와 제도에 널리 퍼지게 되었다. 영국 선원 윌리엄 애덤스(나중에 다시 얘기하겠다)의 도움으로 1615년에는 일본 본토에도 잘 자라게 되었고 특히 규슈 서남부 섬에 뿌리를 내리는 데 성공했다.

오키나와 사람들은 노구니 소칸을 아직도 위대한 영웅으로 추대한다. 태풍이 여러 번 오키나와를 휩쓸고 지나갈 때마다 섬 사람들을 굶주림에서 구원해준 음식이 이 고구마였기 때문에, 그의 이름을 기리는 성지가 있고 해마다 축제도 열린다. 오늘날 자색고구마는 오키나와에서 특이하게도 국화 다음으로 생산량이 많은 작물이다. 진짜 오키나와 아이콘이다. 킷캣 초콜릿도 일본의 이 지역에서만 자색고구마 맛을 만들어 판매하니, 그냥 아이콘은 아닌 셈이다.

나는 지난번 오키나와에 왔을 때부터, 태풍이 지날 때마다 산호로 가득한 바닷물로 씻겨 토양에 영양분이 풍부해진 게 아닐까 하는 생각이 머리를 떠나지 않았다. 이론적으로 산호에 있는 칼슘이 농지에 스며들어 자색고구마가 그렇게 맛있고 건강한 음식이 됐고, 이 지역 사람이 그렇게 오래 사는 게 아닐까. 그런데 이 생각은 완전히 틀린 것이었다.

"아니요. 오키나와 토양은 풍족함과는 거리가 멀고 비옥하지도 않습니다. 가고시마 토양에 비하면 3분의 1 수준밖에 안 되는 상태입니다." 시로마 이치로 연구원은 깨끗이 정돈된 온실 연구실에 서 있는 우리에게 이렇게 설명해주었다. "그리고 바닷물은 고구마에 정말 나쁘죠. 산호의 미네랄이 도움이 된다는 이론은 사실이 아닙니다."

시로마는 해양 연구자였다가 지금은 요미탄의 지역농업센터에서 자색고구마 연구 프로젝트를 담당하는 토양 전문가라는 특별한 위치에 있는 만큼 깨끗이 결론을 내주었다. 그는 토양 분석을 통해 지역 농부들이 비료 수준을 적절히 조절하도록 돕고 있지만, 주요 목표는 짙은 자주색에 맛도 풍부한 최고의 자색고구마를 만드는 일이다. 현재로서 두 목표는 실망스럽게도 상호 배타적이다. 예쁜 자색이지만 맛이 없거나, 맛은 훌륭하지만 색깔이 주황색이나 흰색이라고 한다.

현재 오키나와 자색고구마는 10년 동안 실험을 거듭한 끝에 8년 전에야 만들어진 품종이다. "요리 후에도 그대로 자색이 유지되도록 현에서 만든 품종입니다. 색깔 있는 고구마는 대부분 끓이면 색이 변하지요. 하지만 색깔이 강한 고구마는 맛이 대단하진 않습니다." 엷은 파란색 작업복을 입고 야구 모자를 쓴 30대 초반의 시로마가 설명을 이어갔다. "우리 고객은 지역 제빵사와 자색고구마를 활용한 제품 제조업자이고, 그들은 단지 강한 자색만 원할 뿐입니다. 사실대로 말하면 전쟁 후 그들이 재배하던 흰 고구마가 맛은 최고입니다. 업자들은 자색고구마에 부족한 맛을 끌어올리느라 설탕을 많이 넣고 색이 엷은 맛 좋은 고구마를 섞기도 합니다. 오늘날 자색고구마는 오키나와에서 특별한 고구마죠."

시로마는 계절당 수천 개의 종묘를 거두지만 번식용으로 적합한 것은 1000개에 하나꼴이다. 그는 현지에서 자란 다양한 고구마를 보여줬는데 반으로 자르기 전까지는 대부분 미국에서 자란 큰 주황색 고구마와 똑같아 보였다. 반으로 자르자 어떤 건 엷은 흰색이지만 다른 건 주교의 미트라(머리에 쓰는 모자)처럼 우리가 자주 봐왔던 강렬한 자주색이었다.

우리는 자색고구마를 기르는 어려움에 대해 좀더 이야기했다. 시로마는 1센티미터의 투명한 젤에 가느다란 초록 싹이 뿌리를 내린 시험관들을 보여주었다. 리센은 약간 긴장한 목소리로 이걸 집에서 재배하기를 10년 동안 꿈꿨다고 고백했다.

그랬더니 시로마가 리센에게 시험관 선반을 내밀며 이렇게 말하는 것이었다. "자, 여기요. 몇 개 가져가실래요?"

리센과 나는 서로 멀뚱히 쳐다봤다. 세계에서 가장 뛰어난 고구마 전문가가 우리에게 그의 새싹? 묘목?(아직도 뭐라고 부르는

지 모르겠다)을 준다니. 살아 있는 식물을 유럽으로 가져가는 게 적법한지는 말할 것도 없고 이걸 어떻게 옮길 것이며 일본을 여행하는 내내 어떻게 보살필 것인가 하는 생각은 뒤로 한 채, 우리는 이 행운이 믿어지지 않아 욕심을 부려 시험관을 여덟 개나 덥석 받아들었다. 시로마는 네 개는 자색고구마가 자랄 것이고 네 개는 옅은 색깔의 고구마가 날 거라고 했다.

나는 몇 달 후 어느 날 이 고구마를 넣은 완벽하게 달콤한 맛의 짙은 자색 케이크와 아이스크림으로 친구들과 가족을 깜짝 놀라게 해줄 꿈에 부풀었다. 그러나 몇 주가 흐르자, 여덟 개의 오키나와 자색고구마 새싹은 다소 부담스러운 존재가 되고 말았다. 시로마의 지시대로 시험관 위를 덮고 있는 은박지를 잎이 자랄 때까지 절대 벗기지 않았고 그 어떤 상황에서도 물을 주지 않았지만, 새싹들은 길 위의 삶을 힘들어했다. 하나씩 하나씩 차례로 네 개의 새싹이 스트레스로 갈변하더니 말라 죽고 말았다. 하지만 리센은 살아남은 네 개를 절대 포기하지 않았다.

아내는 2~3주 후 우리의 슬프고 작은 얼룩덜룩한 갈색 새싹이 빛을 잘 받도록 유리 시험관을 손으로 들고 마음을 다잡았다. "일단 집에 가져가서 좋은 흙을 주고 정성껏 돌보면 괜찮아질 거야." 하지만 안타깝게도 집에 돌아갈 때가 되자, 리센은 딱 두 개만 살아남았다고 인정할 수밖에 없었다. 초보 고구마 재배자의 희망과 꿈이 듬뿍 담긴 소중한 두 개의 새싹•이었다.

- 몇 주 후 이 글을 쓰고 있는 현재, 새싹은 한 개만 살아 있다. 그 모든 역경에도 불구하고 연약하고 창백하며 가느다란 초록색 안에 작은 엽록소가 있긴 있었나 보다. 새싹은 집에 온 후로도 자라지 않았지만, 봄이 오면 밭에 심을 거라는 희망을 품어본다. 그리고 아내의 엄청난 의지력을 보고 있노라면, 언젠가 최고로 맛있거나 최고로 색깔이 진한 오키나와 자색고구마가 유럽에서 맺힌다고 해도 난 놀라지 않으리라.

우미부도

일본 최남단 섬인 오키나와에 다녀온 후, 우리 가족은 컴퓨터로 합성한 듯한 해변에 구름 한 점 없는 하늘, 일본 같지 않은 느긋한 분위기 때문에 오키나와를 지상낙원으로 여기게 되었다.

한때 그런 믿음에 중요한 몫을 했던 고급 호텔, 부세나 비치 테라스에 직접 며칠 묵고 있으려니 호감이 더 굳어지는 듯했다. 전에 오키나와에 왔을 때는 예산이 아주 빡빡해서 중세 농노가 문 밖에서 궁전을 바라보듯, 바닷가에 있는 이 멋진 호텔을 멀리서만 바라봤다. 하루는 이 호텔의 굽이치는 길고 긴 진입로를 한번 가보자고 나섰는데 직원들이 우리를 쓱 훑어보더니 흠 없는 서비스와 어마어마한 수영장, 고급 식당을 이용할 리가 없는 사람들이라고 순식간에 판단, 얌전히 출구로 안내했다. 하지만 이번 여행에서는 바로 그 호텔에 묵고 있는 것이다. 비성수기니까 할인을 많이 해달라고 조르긴 했다.

첫날 아침, 우리는 부세나의 거대하고 멋진 아침 뷔페에서 오랜 친구, 우미부도海ぶどう와 조우했다. 내가 지금껏 먹어본 음식 중 가장 신기한 음식인 우미부도는 해조류의 일종으로 '바다 캐비어' 혹은 '바다 포도'라는 별명을 가진, 대단히 작고 연약한 묵주 같은 알갱이가 달린 옥덩굴류 식물이다. 일본어로 이런 느낌을 '푸치푸치ぷちぷち'라고 하는데 입안에서 동그란 알이 입천장에서 기분 좋게 톡톡 터지면서 신선한 바다향이 미세하게 퍼진다.

오키나와에서 우미부도를 처음 먹어본 후로는 일본에서도 두세 번밖에 못 먹었고, 비싼 레스토랑에서도 폰즈와 함께 늘 가니시(장식)로 조금만 나올 뿐이었다. 나는 좋아하는 음식이 생기면 대개 자제력을 완전히 잃고 쳐다보기도 싫어질 때까지 퍼먹곤 하지만, 우미부도의 경우는 아예 볼 수가 없어 그게 불가능했다. 오키나와에 있는 동안 다시는 이런 후회를 하지 않겠다고 다짐한 데다, 이 작고 신기한 식물에 대해 궁금한 것도 많았다. 왜 다른 데서는 이렇게 놀랍고 신기한 음식을 먹을 수 없을까? 이런 텍스처와 풍미라면 전 세계 요리사들이 환장할 것이다. 우미부도는 어떻게 키우는 걸까? 자연산일까, 양식일까?

오키나와에서 우미부도 생산의 중심지는 본섬에서 비행기로 한 시간이 안 걸리는 구메섬久米島이다. 구메섬은 미식가의 천국인 동시에 아름다운 해변, 열대 산호초와 울창한 숲이 있는, 말하자면 진짜 천국이다. 우미부도와 함께 미소 쿠키와 바다 소금,

사탕수수, 특이한 새우, 소, 염소(일본은 오키나와에서만 염소를 흔히 먹는다)로 유명하다. '와규'나 '고베규'로 불리는 소는 사실 구메섬이나 오키나와 근처 섬에서 태어난다. 온화한 기후에서 태어났다는 장점을 가진 이 소는 더 서늘한 지역인 마쓰가와まつかわ 같은 혼슈의 유명 목장으로 보내진다. 그리고 그곳의 추운 날씨 덕분에 믿기 힘들 정도의 기름진 마블링이 생긴다.

구메섬에서 맞은 첫날 아침, 짬을 내어 호텔에서 자전거를 빌려 사탕수수밭으로 나가보았다. 가는 길 내내 커다란 나비와 붉고 두툼한 토양에서 거둔 자색고구마를 잔뜩 싣고 가는 농부를 지나쳤을 뿐, 도로는 사실상 텅 비어 있었다. 그런데 갑자기, 이 전원 풍경에 어울리지 않게 사람들로 가득 찬 경기장이 나타났다. 알고 보니 일본 야구팀이 겨울 동계 훈련을 많이 오는 곳이었고, 마침 도호쿠의 라쿠텐 골든 이글스가 여기에 숙소를 튼 것이었다. 우리는 옥외 관람석에서 응원하는 학생들과 나란히 앉아 선수들이 연습하는 걸 한동안 지켜보았다. (이에 영향을 받아 나중에 도쿄돔에서 요미우리와 야쿠르트의 경기를 관람했다. 안타깝게도 잘못된 선택 같았다. 경기는 정말 재미가 없었다. 하지만 경기장 음식은 상당히 마음에 들었다. 정성이 담긴 벤토, 스시, 돈가스, 카레, 다코야키는 물론 등에 맥주통을 메고 돌아다니는 '맥주 소녀'까지.)

점심으로는 구메지마소바를 가보라고 추천받았다. 이 음식점은 섬의 작은 항구 주변에 브리즈 블록●으로 만든 집이 조밀하

● 모래, 석탄재를 시멘트와 섞어 만든 가벼운 블록.

게 늘어선 나카도마리仲泊에 있다. '소바'는 사실 라멘이다. 즉, 메밀면과 찍어 먹는 소스가 제공되는 게 아니라 국물 속에 담긴 밀가루 면이다. 이건 실수가 아니다. 오키나와 라멘은 소바라고 부르는 게 맞다. 잘못 알고 있는 건 우리다. 라멘이 19세기 후반 중국에서 일본으로 들어오기 전 '소바'는 모든 종류의 국수를 통칭하는 일본어였다. 그러니 요코하마 항구를 통해 라멘이 일본에 들어왔을 때 라멘을 당연히 '시나 소바' 혹은 '중국 소바'라고 불렀던 것이다. 그리고 요코하마 일부 지역에서는 아직도 그렇게 부르고 있다. 그래서 메밀이 아니라 밀로 만들어지긴 했지만 오키나와 소바라고 불린다.

더 중요한 사실은 오키나와 소바가 내가 개인적으로 선호하는 라멘의 기준에 다 들어맞았다는 점이다. 국수는 우동면 두께로 도톰하고, 국물은 여러 날 끓인 돼지 뼈가 아니라 해산물을 사용한다. 곤부(말린 다시마), 가쓰오부시(가다랑어포, 훈제해서 말린 것), 니보시(말린 정어리)로 다시를 낸다. 물론 돼지 뼈도 들어가긴 들어간다. 어떤 음식이든 돼지가 들어가는 곳이니까. 비록 이름은 바꿔야겠지만 오키나와 소바가 라멘 세계에서 다음 선두주자가 될 거라고 확신한다.

구메섬에는 다른 놀라움도 있었다. 바닷가 암석 주변이 물고기 천국이어서 우리는 남은 시간 대부분을 섬 북쪽의 석화된 산호 해변에 갇힌 열대어를 바라보며 보냈다. 그날 저녁은 호텔에서 구메 전통식으로 먹었는데, 아주 많은 양의 우미부도가 폰즈 젤(간장과 감귤류, 대개 유자를 섞은 디핑 소스)과 함께 나왔고 찐 닭과 쌀밥의 가니시로도 나왔다. 이 식사는 이튿날 구메섬심해수개발회사KDSWDC에 가기 전 완벽한 오르되브르hors d'oeuvre[앙트레보다 먼저 나오는 애피타이저]였다.

구메섬심해수개발회사는 수백 개의 물탱크에서 잘 무르익어 톡 터질 것 같은 우미부도를 매년 180톤씩 양식한다. 각 탱크는 해안에서 4킬로미터쯤 떨어진 바다에서 끌어온 차가운 심해수 3톤으로 가득 차 있다. 이 심해수가 세계 최고의 우미부도를 생산하는 비결이다. 그러니 안타깝게도 적어도 당분간은 다른 지역에서 우미부도를 먹긴 힘들 것 같다.

"우미부도는 대단히 연약해서 일주일도 못 갑니다. 가장 큰 과제는 톡 터지는 식감을 주는 신선함을 유지하는 일이죠." 공장 매니저 나카미치 쓰카사는 세계 일류의 바다 캐비어 양식자가 겪는 시련의 내막을 털어놓았다. "우미부도는 얼리면 녹아버립니다. 그렇다고 소금물에 넣거나 말렸다가 물을 넣으면 맛을 잃게 되죠." 우미부도는 약간 따뜻한 곳에 둬야 해서 항공 운반도 어렵다. 나카미치는 한마디로 말해 수요를 맞출 수 없다고 했지만, 우미부도를 맛본 사람이 많아질수록 수요는 더 늘어날 게 뻔하다. 이미 도쿄는 킬로그램당 1만 엔을 지급하고 있고, 전 세계에서 수요가 있지만 지금까지 가장 멀리 수출한 곳은 홍콩이라고 했다.

챙이 넓은 모자에 팔꿈치까지 오는 고무장갑을 낀 여자 열 명 정도가 수확한 우미부도 줄기를 분류하고 손으로 다듬고 있었다. 주변 공기는 황홀한 바다 향으로 가득했다.

사람이 먹는 우미부도는 대부분 양식이다. 일본에서 야생 우미부도를 만날 수 있는 곳은 미야코섬 근처 바다로 여름에만 극소량 자란다. 이곳은 필리핀, 말레이시아 및 인도네시아 일부 지역과 기후대가 일치하며, 그곳에서도 역시 우미부도가 자란다고 한다. 야생 우미부도는 수심 30미터 아래에서도 발견된 적이 있지만, 대체로 수심 3~5미터 아래 산호나 바위의 모래로 가득 찬 구멍에서 자란다. 우미부도는 스스로 내뿜는 자욱한 분비물 사이에서 자라기 때문에 야생에서 채취하기란 매우 어렵다. 앞이 보이지 않는 상태에서 잠수해서 수확해야 하므로 과거에는 싱싱한 우미부도를 아주 귀한 선물로 여겼다.

겨우 20년 전에야 메카루라는 오키나와 남자가 수년간의 노력 끝에 우미부도를 육지에서 양식하는 기술을 개발했다. 1제곱미터 크기로 교차시킨 고무 그물을 바닷물에 담그고 어류용 사료를 주며 키우는 방식이다. 전통식 농사나 어업을 하며 힘든 육체노동을 겪던 오키나와 노인들을 새로운 산업으로 해방시키려는 의도였지만, 초반에는 심해수가 충분히 시원한 겨울에만 키울 수 있었다. 11년 전 구메섬에 문을 연 이 생산 공장이 1년 내내 우미부도를 수확할 수 있는 유일한 곳인 이유는 여름에도 차가운 심해수를 끌어와 물탱크를 최적의 온도인 섭씨 25도로 유지할 수 있기 때문이다.

"매일 보지만 자주 먹지는 않습니다." 내가 우미부도를 좋아하냐고 묻자 나카마치가 웃으며 대답했다. "시쿠와사シークワーサー(오키나와 자생의 작은 귤) 주스를 살짝 곁들여 마시면 맛있죠."

대화를 나누던 중, 공장을 방문했던 유명인사의 사진이 벽에 걸린 게 보였다. 일본 황제와 황후를 비롯해 일본의 전 미국 대사이자 JFK의 딸인 캐럴라인 케네디의 사진도 있었다. 나카미치가 사진을 보면서 설명했다.

"케네디 전 대사가 우미부도를 씻기도 전에 드시려고 해서 그러면 안 된다고 말씀드렸습니다. 그런데도 위장이 튼튼하다며 그냥 드셨지요."

난 그의 조바심이 이해가 갔다. 반짝이는 신선한 우미부도가 눈앞에 엄청나게 쌓여 있는 데다 지금까지 본 것 중 가장 크고 탱탱하다면, 손으로 한 움큼 집어 입에 쑤셔넣으려는 자신을 자제시키는 것 외에 지금 무얼 할 수 있으랴. 내 심정을 눈치챈 나카미치는 우미부도와 폰즈를 접시에 잔뜩 쌓아 가져다주었다.

식감은 깜짝 놀랄 정도였다. 미끄러운 알갱이가 살짝 도망 다니는 듯하더니 입천장에서 톡 터지면서 강렬한 바다 내음을 뿜었다. 우미부도는 캐비어의 채소 사촌쯤 될 정도로 굉장한 잠재력이 있는 새로운 해산물 진미로 보타르가[숭어알을 염장한 후 건조한 것]나 성게에 견줄 만하다. 나는 예의고 뭐고 고개를 뒤로 젖힌 다음 우미부도 한 움큼을 밀어넣었다.

이 우미부도를 다시 맛보게 될 날이 언제가 될지 누가 안단 말인가. 나는 접시로 또 손을 뻗었다.

아와모리

나는 호주에는 발을 들여놓지 못할 것 같다. 야생 동물들은 너무 위험하니까. 독자도 그렇게 느낄 것이다. 그게 상식이니까. 야생에 관한 건 그냥 호주 사람들에게 맡기자. 그런데 참 이상했다. 오키나와에 독사가 그렇게 많이 우글거린다는데 내 마음이 이렇게 편안하니 말이다. 더 이상한 건, 동굴 입구에 달린 무성한 담쟁이덩굴이 '여긴 거대한 뱀의 은신처야!'라고 괴성을 지르는, 어둡고 축축한 30미터 지하의 종유굴로 가족과 함께 들어갈 참이라는 것이었다.

오키나와의 뱀은 '하부ハぶ'라고 한다. 굉장히 공격적인 올리브브라운색을 띤 살모사의 일종으로 방울뱀과 닮았지만 꼬리에 방울은 없고 대략 250센티미터까지 자란다. 작은 섬 몇 곳을 제외하고는 오키나와 전체에서 발견되며 동굴로 출발하기 전 입이

떡 벌어지게 경악했던 웹사이트에 따르면 어둡고 습한 지하 같은 곳을 거주지로 특히 선호한다고 했다.

하부에 물렸는데 치료를 받지 않으면 목숨이 위험할 수 있다. 비록 목숨을 잃는 사람은 한두 명이지만, 매년 수백 명이 뱀에 물린다. 그래서 많은 섬에서 뱀을 잡은 사람에게 포상금을 지급하고 있다. 한 주민은 "하부를 보면 죽여야 해요"라고 말했다. 오래전 어떤 사람이 하부 개체 수를 줄이기 위한 캠페인으로 몽구스를 풀자는 아이디어를 냈다. 리키 티키 타비●식 해결법이다. 문제는 뱀은 야행성인데 몽구스는 밤에 잠을 잔다는 것이었다. 그래서 지금 섬 주민들은 해결해야 할 문제가 두 개로 늘었다. 뱀 문제에다 걷잡을 수 없이 늘어난 몽구스 때문에 골머리를 앓고 있다.

저번에 오키나와에 왔을 때 뱀에 물린 상처가 있는 사람을 몇 명 만났다. 그리고 뱀 몸통이 둥둥 떠 있는(가죽을 남겨놓아 검은 비늘도 보인다) 잊지 못할 정도로 불편했던 음식인 이라부지루, 즉 뱀탕에서 죽은 뱀도 직접 맞닥뜨렸다. 나하 시장에서 말린 뱀을 파는 것도 구경했고, 도로에서 밟혀 죽은 뱀도 봤지만, 무엇보다 가장 섬뜩했던 건 오키나와 술인 아와모리あわもり 술병 바닥에서 막 튀어 오를 듯 똬리를 틀고 있던 하부를 보았을 때였다. 수의학 교실에서 사용하는 의학 표본처럼 보였지만 사실 내가 궁금한 건 술병 바닥에 뱀이 있는 게 술맛에 실제로 어떤

● 러디어드 키플링의 『정글북』에 나오는 용맹하고 어린 몽구스의 모험에 관한 단편.

기여를 하는가였다.

아와모리는 15세기 초반, 중국이나 한국이 아닌 타이에서 건너왔다. 타이는 '라오카우'라는 쌀로 빚는 독한 술을 아직도 집집마다 밀주처럼 만든다. 오래전 류큐 왕조가 사케의 생산과 판매를 엄격하게 통제했을 때, 아와모리는 오키나와 사람들에게 세금과 규제를 피할 해결책이 되어주었다.

나는 늘 아와모리가 한국에서 온 더 인기 있는 증류주, 즉 보리와 쌀, 고구마로 만들어지고 규슈에서 주로 생산되는 소주燒酎●의 한 종류이겠거니 하고 짐작했다. 아와모리와 일본 소주는 가격이 저렴하고 도수가 높다는 공통점이 있다. 아와모리는 종종 일본 소주의 한 종류로 여겨지기도 하지만, 사실 둘은 완전히 다른 술이다. 많은 아와모리 전문가는 소주보다는 아와모리가 맛이 더 풍부하고 세밀한 풍미가 있어 한 수 위라고 주장하지만, 다른 사람들은 아와모리에서 약간 거친 향과 약 냄새가 날 때가 있다며 코를 찡그린다.

아와모리는 여전히 타이에서 수입하는 기다란 안남미로 만든다. 쌀을 씻고 찐 다음 사케와 된장, 간장 같은 음식을 발효시킬 때 사용하는 고지麴 곰팡이를 사용하여 발효시킨다. 아와모리는 사케에 사용하는 황색 누룩이나 소주에 넣는 흰 누룩 대신 검은('구로') 누룩을 사용하고, 사케처럼 쌀을 정미精米하는 대신 분쇄한다. 사소한 차이처럼 보이지만 사실 정미는 사케의 맛과

● 일본에서는 쇼추燒酎라고 하나 소주라고 번역했다. 필요할 경우 일본 소주라고 해 한국 소주와 구분했다.

질을 결정하는 매우 중요한 요소다. 황색 누룩보다 검은 누룩이 글루텐이 없는 안남미를 발효시키는 데 더 적합하다. 아와모리를 숙성시킬 때는 전통적으로 도자기 단지에 넣지만, 요즘에는 종종 금속 탱크를 사용하고 새로운 방법인 오크통을 사용하기도 하며 대개 3년이나 그 이상 넣어둔다.

나는 아와모리 술병에 뱀을 넣은 게 관광 산업 때문이겠거니 했는데 오키나와에서 일주일 동안 머물며 다양한 브랜드의 술을 열심히 마셔본 결과 그 생각은 절반만 맞았다.

이제 동굴로 들어가보자. 동굴 입구는 전기 발전소 뒤쪽의 좁은 콘크리트 길 끝에 있었다. 계단 위에 나뭇잎은 쌓인 지 오래돼 보였고, 우리가 서 있는 바위 주변은 나무뿌리가 가로지르고 있어 마치 폐광 같은 느낌을 주었다. 나선형 철제 계단은 울퉁불퉁한 석회암 벽 사이를 가파르게 타고 어둠 속으로 뻗어 있었다.

에밀이 앞장서고 애스거, 리센, 내가 뒤따랐으며 가이드가 약간 불안한 표정으로 뒤에 섰다. 처음 몇 걸음 걸었을 때는 오로지 발에만 집중했고 들리는 거라곤 물 떨어지는 소리뿐이었지만, 눈이 적응되고 나니 벽에 걸린 선반에 나란히 놓인 병들이 보였다. 병마다 먼지가 두껍게 쌓여 있었고 엽서 크기의 흰색 레이블이 병목에서 달랑거리는 게 마치 사당이나 절 밖에 걸려 있는 운세 뽑기인 오미쿠지おみくじ를 묶어놓은 것 같았다.

가이드 말에 따르면 이 동굴은 아와모리 양조장의 술 저장소로 1만4000병을 보관 중이며 가장 오래된 술은 28년 되었다고 했다. 애스거가 병 레이블에 오사카, 삿포로, 도쿄 같은 일본 도시가 표시된 걸 발견했다. "일본에서는 아이가 태어나면 아와모리를 한 병 사두었다가 아이가 스무 살이 될 때까지 여기 두는 게 전통입니다." 가이드가 설명해주었다. 그녀는 동굴 온도가 섭씨 18도로 일정하게 유지되기 때문에 아와모리를 늘 여기다 보관한다고 했다.

제2차 세계대전 때 이 병들은 지역 주민들과 조우했다. 미국이 폭격을 감행하는 동안 오키나와 주민이 최대 3000명까지 이곳에 대피했기 때문이다. "하루는 여기서 아기가 태어난 거예요. 그러니까 3000명이 들어와서 3001명이 나가게 된 거죠."

가끔 병이 늘어선 선반 사이로 앞이 그물망 모양인 흰색 플라스틱 통이 찬장 안에 들어 있는 게 보였다. 통에는 유명한 오키나와식 발효 두부인 '토후요豆腐よう'(붉은 누룩을 사용하여 발효시킨 단단한 두부)가 들어 있었다. 지난번 왔을 때 토후요를 먹었던 끔찍한 경험을 떠올렸다. 치즈 같은 느낌의 고약한 냄새가 나는 음식으로 대개 이쑤시개와 함께 각설탕 모양으로 나온다. 이쑤시개로 조금씩 잘라 먹어야 하는데 모르고 조각을 통째로 홀랑 입에 넣었다가 뼈저리게 후회했다. 목구멍이 타는 느낌이 마치 따뜻한 찬장에 너무 오래 둔 로크포르 치즈●를 먹는 것 같은 괴상한 맛이었다.

나는 석회암 동굴에 보관하는 로크포르에 특별한 박테리아

● 푸른곰팡이가 있고 냄새가 강한 프랑스산 치즈.

가 스며드는 것처럼 이 동굴 환경도 두부에 그런 영향을 미치는지 궁금했지만 플라스틱 통 때문에 확실히 그럴 일은 없을 것이었다. 아와모리를 여기에 두는 이유와 마찬가지로 두부를 이곳에 보관하는 진짜 이유는 동굴이 지상의 아열대 열기로부터 일정한 서늘함을 제공하기 때문이다. 가이드는 두부 통은 대개 6개월에서 1년 정도 지하에 두지만 토후요는 더 길게, 수년 이상씩도 숙성시킬 수 있다고 했다. 17세기부터 1868년까지 류큐 왕조는 일본보다 중국과 더 친밀하게 지냈다고 알려져 있다. 그런 이유로 중국인에게 인기 있는 냄새 나는 취두부臭豆腐와 토후요 사이에는 분명 어떤 관계가 있는 듯하다. 신기하게도 토후요를 발효시키는 관습은 다른 일본 지역에서는 관찰되지 않는다(규슈의 구마모토에 비슷한 전통이 있긴 하다). 아마도 토후요 기술이 오랫동안 이곳의 소수만이 아는 비밀이었기 때문일 것이다.

동굴을 다 돌아본 후 드디어 뱀이 없는 곳으로 이동했다. 가이드가 긴 양조장 가게에서 맛을 보라며 토후요를 건네주었을 때, 이전의 경험 때문에 당연하게도 조금 조심스러웠다. 하지만 이쑤시개를 사용하여 정확한 방법으로 먹자 맛은 전혀 나쁘지 않았고, 된장 같으면서도 감미롭고 발효된 맛이 느껴져 아와모리에 곁들이기에 완벽했다. 물론 이 말에 모든 사람이 동의하진 않았다.

"이건 정말 사악한 맛이다." 에밀이 조금 맛보더니 이렇게 말했다. "완전 사악해."

"악마의 똥을 먹는 기분이야." 애스거도 평을 냈다.

아와모리 탐험의 다음 정거장은 오키나와 본섬의 수도인 나하에 있는 즈이센슈조瑞泉酒造다. 즈이센은 100년의 역사를 거슬러 올라가는, 아와모리 제조업체 중 가장 유명한 양조장이다. 그 지역에 타이 명예영사관이 있는 게 우연은 아닐 것이다.

증류된 쌀의 달콤한 냄새가 그득한 가운데, 우리는 문기둥 밖의 붉은색 도자기로 만든 용을 지나 CEO 사쿠모토 가쿠를 만났다. 그는 우리에게 아와모리를 만들 때 사용하는 검은 누룩(곰팡이가 핀 검은 쌀 같았다)을 보여주며 그라파(포도로 만드는 독한 이탈리아 술)를 만들 때와 비슷하게 증류한 아와모리를 숙성시키는 '세련된' 방법에 대해 설명해주었다.

사쿠모토는 친절하게도 몇 종류의 아와모리를 맛보라며 권했다.

3년산은 양조학자가 '지나치게 자극적인 냄새'라고 표현할 법했다. 그 냄새는 아와모리를 전통적인 다공 토분에 숙성시키면 소멸되지만, 냄새의 원인인 지방산은 최신식 스틸 탱크와 유리병에 갇혀버린 것 같았다. 6년산 아와모리도 여전히 나에게는 거칠었으며 흰쌀을 씻고 남은 물을 보드카와 섞어놓은 맛이었다. 하지만 10년, 17년산 아와모리는 맛이 혁신적으로 좋아지기 시작했다. 21년산을 마시자 싱글 몰트 위스키처럼 감미롭고 부드러웠으며 초콜릿 풍미가 났다.

애스거는 왜 오키나와 사람들이 아와모리 병에 하부를 넣는지 알고 싶어했지만, 사카모토는 즈이센에서는 뱀은 사용하지 않는다고 했다. 결국 뱀은 정말 관광객을 위한 것이었다. 특히 정력에 좋다는 음식을 믿는 중국인을 노린 것이다. 뱀의 성관계는 최대 26시간까지 지속된다고 한다. 중국인은 하부의 기운이 스며 있는 술을 마시면 뱀의 정력이 자신에게로 전이된다고 믿는다.

오키나와에 있는 46개 아와모리 제조업체 중 대략 여섯 곳만이 병에 뱀을 넣어 술을 만드는데 정확한 이름은 하부슈ハブ酒라고 한다. 이 술은 뱀의 입장에서는 굉장히 불편한 과정을 거친다. 먼저 뱀의 장을 비우기 위해 두세 달 동안 굶기고 죽인 다음 내장을 꺼내고 술에 담근다. 일부 지역에서는 뱀이 살아 있는 동안 움직이지 못하도록 얼려서 장을 제거하고 꿰맨다. 다시 정신을 차린 뱀은 당연히 불만스럽게 강한 발작을 일으키다 죽는다. 아와모리 하부슈 생산자는 뱀이 병에서 멋지고 드라마틱한 포즈를 취하길 노리는 것이다. 어떤 방법을 사용하든 뱀을 순수 에탄올에 몇 주간 담가둬 남은 뱀독을 없앤 다음, 특별한 종류의 아와모리를 여러 병 넣고 '약초'와 꿀을 첨가하는 과정은 똑같다. 보아하니 매년 수천 마리의 하부가 아와모리 병에서 삶을 마감했다.

이쯤 되자 아와모리 조사는 낮술을 마실 충분한 핑계가 됐다. 나는 아와모리와 친해지기 투어 프로그램의 일환으로 일정을 하나 추가했다. 바로 오키나와 왕족을 한 명 더 만나는 것이었다. 이번에는 아와모리 여왕이었다.

나하시 공업지구에 있는 오키나와 아와모리 주주조합 사무실에서 오시로 미유를 만났다. 그녀는 우리를 위해 친절하게도

'여왕' 의상을 입고 있었다. 분홍색 치마에 공작 문양의 겉옷, 세트로 맞춘 필박스 모자[챙 없이 동그란 모양으로 틀이 잡혀 있는 모자], 미스 월드가 걸치는 듯한 띠(아와모리 왕위를 표시함) 그리고 흰색 장갑까지 모두 폴리에스테르로 만든 의상이었다. 여왕은 1970년대 캐세이퍼시픽 승무원과 그닥 달라 보이지 않았으며 불에 타기도 쉬워 보였다.

오시로는 자신이 뽑힌 이유는 아와모리를 사랑하고 역사를 잘 알기 때문이라며 미소를 지었다. "아와모리의 우수성을 사람들에게 더 많이 알리고 싶어요. 남자가 마시는 술이라 생각하기 쉽지만 지난 30년간 매해 아와모리 여왕이 계속 뽑히고 있죠."

아와모리는 강력한 라이벌인 규슈(우리의 다음 정거장)의 소주뿐 아니라 젊은이들이 마시는 맥주와 와인 때문에 소비량이 점차 줄어들고 있다. 주주조합이 내놓은 대책은 아와모리 칵테일을 홍보하는 것이었다. 오시로는 커피와 섞어보라고 했다. 그녀는 숙성된 아와모리의 더 풍부하고 강한 맛이 인기를 얻는 중이라고 덧붙였다. "그리고 아와모리가 대체로 더 싸죠. 저는 거의 매일 마셔요!"

이제 갈 시간이었다. 오키나와에서 마셨던 아와모리 중 마음에 드는 게 몇 가지 있었지만, 아와모리도 여행지에서는 맛있지만 집에 가져와서는 그 맛이 아닌, 지역을 타는 술이 아닐까 하는 의혹을 지울 수 없었다. 라벨로의 테라스에서 굉장한 식사를 한 후 아말피에서 구매했던 리몬첼로limoncello[레몬으로 담근 술]는 집에 갖고 오자 거품 목욕제 맛이 났고, 키오스섬 해변 술집에서는 그렇게 사랑스러웠던 우조ouzo[아니스 열매로 담은 그리스 술]도 집에서는 류머티즘 팅크[알코올에 혼합하여 쓰는 약제] 맛 이상이 아니었다.

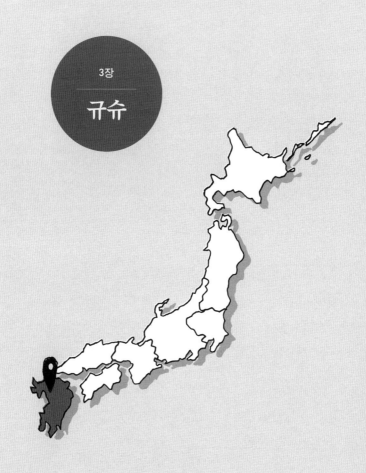

3장

규슈

돼지고기

오키나와는 첫 방문 때보다 더 행복한 추억을 안겨주며 기대에 부응했고 구메섬 어디를 가도 느껴지던 목가적인 아열대 섬 분위기는 귀한 추억으로 남아 있다. 나는 특히 뱀이 없는 곳에서는 몇 년 더 유유자적하며 살 수 있을 것 같았다. 하지만 이제 이동해야 할 시간이었다. 활화산과 세계에서 가장 괴상한(아마도 가장 위대한) 놀이동산 그리고 우리가 먹어본 것 중 최고의 돼지고기가 북쪽으로 비행기를 타고 한 시간 걸리는 곳에서 기다리고 있었다.

우리는 일본 돼지고기 산업의 중심지인 규슈 남쪽 도시 가고시마鹿兒島에 도착했다. 가고시마현의 구로부타黑豚는 일본 흑돼지와 버크셔*의 혼종으로 이 섬 전체에서 사육되며 점차 규모가 늘어나고 있다.

외국인들은 일본 하면 생선회와 아마도 닭꼬치를 떠올리겠지만, 돼지야말로 단연코 가장 인기 있는 고기다. 일본인은 소고기나 닭고기를 합친 것보다 돼지고기를 훨씬 더 많이 먹고, 음식 중에서도 돈코쓰 라멘이나 교자, 돈가스를 즐겨 먹는다. 지난 10년간 내가 관찰한 결과 그 인기는 날로 높아지고 있다.

18세기 무렵 일본에 불교가 들어오면서 1868년 메이지유신까지 일본인은 고기를 전혀 먹지 못하게 금지당했다. 최소한 그렇게 알려져 있지만 실상은 달랐다. 대놓고 먹지는 않았지만 일본인은 늘 사냥을 했고 수 세기 동안 고기를 먹었으며 특히 규슈와 오키나와에서는 돼지고기를 줄곧 먹어왔다(우리 할머니가 '약용을 이유로' 스카치위스키를 마셨듯 도쿄에서는 돼지고기를 처방하기도 했다).

아시아 흑돼지는 중국에서 오키나와를 통해 대략 400년 전 규슈 남부(당시 사쓰마로 불렸음)에 오게 되었다. 그 지역을 다스렸던 시마즈족은 오키나와도 다스렸는데(오늘날까지 오키나와를 규슈의 식민지였던 걸로 간주한다), 전투적인 걸로 악명 높았다. 지도자는 전사들의 식단에서 단백질이 중요하다는 걸 일찍이 깨닫고 어디서 전쟁이 벌어지든 돼지를 데리고 다녔다. 사쓰마 사람들이 돼지를 '걸어 다니는 야채'라고 부르는 걸 보면 육식을 하는 것에 대해 아직도 민감한가 싶지만, 어쨌든 그들은 돼지를 먹었고 가고시마는 그 후로도 일본에서 돼지고기로 매우 유명

• 몸은 검은색이고 코, 다리, 꼬리 끝은 흰색인 영국 돼지.

하다. 오늘날 가고시마현의 돼지고기는 고베의 소고기에 비교된다('고베 소고기'는 브랜드일 뿐 소는 전국에서 키워진다).

현재의 구로부타는 빅토리아 여왕 때 윈저 지역에서 버크셔 돼지를 일본에 선물하면서 진화한 것으로 보인다. 아마도 규슈 서남쪽에 있는 나가사키 항구를 통해 들어왔을 테고 그 지역 돼지인 아시아 흑돼지와 섞였을 것이다(누군가 그 돼지에 대한 전기傳記를 한 편 써야 할 텐데). 이 섬은 일본의 본섬인 혼슈가 산악 지역인 데 반해 동물을 키울 수 있는 평지가 더 많았고, 새끼들이 자라기에 따뜻하고 겨울에는 지방을 축적하기에 적합했으며 날씨도 완벽했다. 같은 이유로 규슈 남부는 닭도 엄청 키운다('사쓰마 닭'은 풀레 드 브레스Poulet de Bresse가 프랑스 닭의 대명사인 것처럼 일본 닭의 대명사다).

규슈의 구로부타 종은 궁핍한 시절에 기르기에는 너무 많은 시간과 노력이 들었기 때문에 제2차 세계대전 이후로 거의 멸종됐다. 하지만 일본이 서서히 번영하기 시작하고 질 좋은 돼지고기를 찾는 수요가 늘어나면서, 지난 10년간 가고시마 구로부타 상표를 붙이는 것에 대해 엄격한 규칙을 적용하고 규제하게 되었다. 구로부타는 대략 250일을 키워 80킬로그램이 나갈 때 도축된다. 유럽 사육장 돼지는 180일, 115킬로그램에 도축된다. 구로부타는 꼬리, 코, 네 발굽 등 몸 여섯 곳이 하얗다. 독특한 먹이(주로 고구마와 사과이고, 전위적인 농장에서는 딸기까지)를 주고 방목해서 키우는 사육 방식으로 최상의 돼지를 만들어낸다. 고기는 맛이 훌륭하고 육즙이 가득하며 아미노산 수치가 높은 부드러운 맛이다. 가고시마 돼지는 색이 더 진하고 맛있는 고기를 만들어주는 pH(수소이온 농도 지수) 수치가 높고, 더 담백한 맛을 느끼게 해주는 지방의 용해점溶解點이 높다.

가고시마에 머무는 동안 나는 돼지 농장을 방문해 구로부타를 그토록 유명하게 만든 특별한 사육 방식이 무엇인지 배우고 싶었다. 그래서 도착하기 몇 주 전부터 잘 알려진 농장에 연락해 방문 일정을 조율하기 시작했다.

일본 회사와 연락하는 일은 늘 혼란스럽다. 가장 어려운 점은 공식적으로 접근할 것인지 그냥 초콜릿 모치 파냐고 편의점에 가서 물어보듯 편안하게 연락할 것인지를 결정하는 일이다. 둘 중 어떤 경우에도 일본인은 직설적으로 '안 됩니다'라는 답을 거의 하지 않는다. 만약 내 요구가 그야말로 수락 불가능하다면, 안타깝다는 표현과 함께 고개를 갸우뚱하게 만드는 표현인 '지금으로선 어렵습니다'라거나 '음음, 그게 가능할지 정말 잘 모르겠네요' 같은 답변을 받게 된다. 나는 왜 일본인이 사람 면전에 대고 '안 됩니다'라는 말을 하는 게 불가능한지에 대해 몇 가지 이론을 세워봤다. 일본인의 유명한 접대 문화인 '오모테나시おもてなし'가 아닐까 한다. 고객은 늘 옳을 뿐 아니라 제대로 대접하고 존중해야 하는 대상이라는 뜻이다. 아마도 순전히 예의를 과도하게 차리는 것이거나 단순히 실망시키기를 꺼리는 순수한 마음인지도 모른다. 내가 외국인이라서 그런 걸까. 잘 모르겠다.

나는 '방문을 꺼리는 돼지 농장주들의 미스터리함'에 혼돈스러웠고 도무지 이해할 수 없었다. 초기에 연락을 주고받을 때는 직원이 반기지 않는다는 건 알았지만 역시 드러내놓고 거절당하지는 않았다. 이런 상황에 큰 도움을 준 지역 관광국을 중개인으로 내세워 요구를 다시 전달했다. 이 방법은 성공을 거둬 구로부타 돼지를 직접 볼 수 있는 날짜를 드디어 확실하게 잡았다. 내 생각으로는 그랬다.

하지만, 농장주는 나중에 메일을 보내서는 돼지를 실제로 볼수는 없다고 했다.

나는 돼지를 보는 게 핵심이었습니다, 라고 답변했다. 진짜 돼지를 보고 싶습니다.

그들은 아, 그렇다면 알았다며 돼지를 볼 수 있다고 답장을 보내왔다.

시간을 몇 주 앞으로 돌려 우리가 가고시마에 도착해 시로야마 호텔에 체크인했을 때를 떠올려보자. 방은 싱글 침대 네 개가 나란히 놓여 있고, 창문으로는 만을 건너 사쿠라지마섬과 잔잔한 연기를 뿜어대는 활화산이 보이는 굉장한 전망이었다. 짐을 풀었고 리센은 고구마 시험관을 창턱에 놓아 빛을 좀 받게 하고 부드러운 목소리로 노래도 불러주는 것 같았다. 애스거와 에밀은 오키나와 수족관에서 우아하게 움직이던 거대한 고래상어 사진을 보고 있었다.

이메일을 확인하니 돼지 농장에서 온 메일이 있었다. 내일 예정이던 방문을 취소한다는 내용이었다. 지방정부법이 방문객 돼지 농장을 출입을 금지하나 보다. 추측건대 이 규칙은 시행된 지좀 된 거 같았지만, 지금에서야 나에게 전달하기로 한 것 같았

다. 이번에 이 규칙을 깰 것이냐 아니냐를 두고 고민하던 사람들이 마침내 외국인 한 명을 실망시키자는 쪽에 패를 던진 것이다. 나는 거의 발을 쾅쾅 구르고 입술을 쭉 내미는 거나 다름없는 답장을 보냈지만, 그들은 점잖게 외국인 혹은 외국에 다녀온 사람은 누구라도 돼지가 보이는 곳에 들어올 수 없다고 설명했다. 몇 년 전 한 농업과 학생이 규슈에 있는 다른 돼지 농장을 방문했는데, 부주의하게 구제역 바이러스를 가져와 수백 마리의 돼지를 살처분하게 되었다는 것이다. 이런 사실 말고도 돼지 농장 업계에서 일하는 누구라도 휴일에 해외로 나가는 건 절대 허락되지 않는다는 말이 은연중에 느껴지는 글이었고, 나는 이런 염려를 완전히 이해하게 되었다. 대신 저녁 때 유명한 지역 레스토랑인 아지모리ぁぢもり에서 돼지를 먹는 것으로 만족해야 했다.

가고시마 시내에서 좋은 레스토랑에 속하는 아지모리는 돼지고기를 먹으러 반드시 들르는 필수 코스일 뿐 아니라, 세간의 평판으로는 돼지고기 샤부샤부를 개발한 곳이기도 하다. 주로 소고기로 먹는 샤부샤부는 정말 재미있고 고상한 동시에 건강한 식사 방법이라고 생각한다. 테이블 중간에 휴대용 버너 혹은 '곤로' 위로 금속제 단지가 올려졌다. 단지 안에는 섬세하고 투명한 다시마를 우린 육수가 들어 있고 우리는 아주 얇게 썬 가고시마 삼겹살을 휘휘 저어 먹었다. 살보다 지방이 많은 고기는 분홍색과 흰색 줄무늬를 띠며 장미 모양으로 아름답게 장식되어 나왔고 옆으로는 표고버섯, 양상추, 파, 팽이버섯, 우동면까지, 모든 걸 단지 안의 육수에 넣어 익혀 먹었다. 돼지고기는 매우 부드러운 데다 맛이 뛰어났고, 돈코쓰 라멘에 올라가는 도톰한 고기와 달리 아주 얇아서 뜨거운 육수에 몇 초만 익히면 됐다. 로컬 소주를 반주로 마시면 돼지고기 지방의 느낌이 싹 가셔, 다음 음식을 또 육수에 휘저어 먹을 수 있도록 입안을 완벽하게 정리해주었다. 세계 최고의 돼지를 만나는 경험으로는 돼지 농장을 방문하는 것보다 샤부샤부가 더 나은 것 같았다.

일본 호텔의 조식 뷔페는 정말 특이한 풍경이다. 서로 어울리지 않는 진미로 구성되어 있으며, 마치 존재할 것 같지 않은 스뫼르가스보르드smörgåsbord● 같다. 두부, 미역, 된장, 쌀밥과 피클은 늘 있지만 대개 이탈리안 드레싱을 뿌린 샐러드와 프라이드치킨, 다양한 케이크와 페이스트리에다 내가 두려워하는 낫토(콧물 같은 느낌의 발효시킨 콩. 부랑자의 젖은 모직 양말 냄새가 남)가 있다. 한번은 가나자와 호텔 조식에서 식초에 절인 복어 곤이와 모닝 맥주의 유혹이라는 위기를 맞닥뜨린 바 있지만, 시로야마 호텔 뷔페가 아마도 내가 지금껏 경험한 것 중 최고인 듯했다. 라자냐, '참치 허파', 와규 크로켓은 물론 셀프서비스로 먹는 아이스크림 머신도 있었고 다양한 생맥주가 있었다. 늘 있는 소스인 간장과 폰즈와 더불어 현미로 담가 야외 도자기 단지에서 최대 5년까지 발효시키는 지역 흑식초도 보였고, 또 다른 가고시마의 위대한 지역 별미인 '사쓰마아게さつま揚げ', 즉 잘게 다진

● 스웨덴식 뷔페 상차림의 한 형태로 차고 더운 다양한 요리를 한 상에 풍성하게 차려놓은 것이다.

생선살을 미린(요리용 사케)으로 달게 간한 다음 햄버거 모양으로 만든 튀김도 있었다.

그날 아침 후 우리는 가장 유명한 가게라는 아케타테야에서 사쓰마아게를 몇 개 더 먹어보았다. 나는 사쓰마아게의 자태에 홀려 버섯, 고구마, 완두콩, 당근, 치즈 맛을 주문했다. 대구와 고등어를 다져 약간의 밀가루를 넣고 미린을 아주 많이 넣은 기본 생선 반죽에 이렇게 다양한 재료를 첨가해 여러 버전을 만든다. 사쓰마아게는 약간 짤 것 같은 요리치고는 아주 달았지만, 적어도 아게타테야는 바로 만들어서 파는 가게라 고무 같은 느낌은 좀 덜했다.

아게타테야는 반세기 동안 영업하고 있지만 길 건너에는 더 오래된 가게 아카시야가 있다. 아카시야는 1847년 가게를 시작해 가고시마의 또 다른 유명 간식, 가루칸かるかん을 팔고 있다. 이 과자는 일종의 화과자로 빻은 산마에다 달걀흰자, 아주 곱게 간 쌀가루, 많은 설탕을 넣어 큐브 모양으로 만든다. 식감은 아주 가볍고 스펀지같이 부드러우며 색은 눈처럼 희다. 먹을수록 더 먹고 싶은 음식이다. 나는 나중에 팔고 싶은 일본 음식과 제품 목록을 머릿속으로 상상해놓은 게 있는데 가루칸은 당연히 목록에 있다.

이후 페리를 타고 가고시마만에서 사쿠라지마 화산섬으로 건너갔다. 그때 에밀이 돌고래 무리를 발견하고 흥분해서 가리켰다. 우리는 이게 일상이겠구나 했는데 다른 승객이었던 현지인은 한 번도 여기서 돌고래를 본 적이 없다고 했다. 이걸 두고 우리는 행운이라며 좋아했지만 다른 사람은 지각 변동이 임박했다는 불길한 징조라고 해석했다.

결론적으로 내가 틀렸다. 적어도 그날은 말이다. 사쿠라지마 섬 세 개의 화산 중 남쪽 봉우리인 미나미다케가 빈번하게 분화했기 때문이다. 가장 최근에 화산이 터졌다는 뉴스는 독자도 기억하겠지만, 우리가 오키나와행 비행기를 타기 위해 공항에 가기 전, 아직 유럽에 있을 때였다. 사쿠라지마섬에는 대략 1500명의 용감한 주민이 실제로 거주하고 있고, 사쿠라지마 고미칸小みかん[일종의 귤]과 사쿠라지마 다이콘[일종의 무] 농사를 지으며 산다. 대단히 비옥한 화산토 덕분에 사쿠라지마 다이콘은 메디신 볼●처럼 크게 자라 무게는 30킬로그램이 넘어갈 때도 있다. 이전보다는 화산이 덜 자주 분출되지만 어린이들은 노란색 안전모를 쓰고 학교에 가고, 모든 집에 대피 장소가 있으며, 모든 거리에는 화산재를 담는 데 쓰는 특별한 쓰레기통이 있다. 조사 발표에 따르면 1779년 분화 때는 '지역에 있는 우물물이 끓어올랐고 바다는 보라색으로' 변했으며, 가장 크게 폭발했던 1914년에는 용암류가 너무 넓게 흘러 사쿠라지마섬과 가고시마반도가 연결됐다고 한다. 폭발의 분출물은 러시아의 캄차카반도까지 날아갔다. 물론, 일본에 사는 모든 사람이 사실상 어느 정도는 지진 활동의 위험을 안고 살아간다. 규슈를 통과한 후 몇 주 만에 이 사실을 통절히 느끼게 되었는데, 진도 7.3의 강진이 여러 번

● 체조 용구의 일종으로 지름 약 30센티미터, 무게는 2~3킬로그램 나가는 가죽 공.

의 여진과 함께 구마모토 도시의 동부 해안을 강타했다. 스물네 명이 목숨을 잃었고 수천 명이 집을 잃었다.

사쿠라지마섬에서 화산활동이 가장 많이 일어나는 지역은 이부스키指宿로, 규슈 본토의 만 주변에서 더 남쪽에 있는 작은 마을이다. 이곳에 관광객이 모이는 이유는 달궈진 검은색 화산 모래에 파묻히는 경험을 해보기 위해서다. 솔직히 말하자면 대개 모래에 묻힌 사진을 찍기 위해 오는 거겠지만.

사쿠라지마섬을 방문한 후, 이부스키에서 하쿠스이칸白水館 호텔로 운전해서 내려갔다. 15분 동안 뜨거운 모래를 목까지 덮는 체험을 할 수 있는 유명한 호텔 중 하나로, 이 프로그램을 위해 고상함을 버리지 않아도 된다는 장점이 있다. 호텔 온천탕 바로 옆에 특별히 지어진 나무 오두막에서 다 해결되기 때문이다.

호텔 소유자인 시모타케하라 다다타카는 그의 가족을 포함한 많은 사람이 건강에 좋다는 이 뜨거운 모래를 400년째 즐기고 있다고 했다. "60년 전 호텔을 지으신 저의 아버지는 아흔다섯입니다. 어머니는 아흔둘이시고 두 분 다 정정하시죠. 그러니 모래가 좋은 게 맞죠!" 온천을 가능하게 하는 지진활동은 가고시마에서 발견되는 흰색 점토가 만들어지는 데도 영향을 끼친다. 이 흰색 점토를 이용해 잘 알려진 사쓰마薩摩 도자기를 만든다. 모든 게 정말 흥미로웠지만, 진짜 폭탄을 맞은 듯 깜짝 놀랄 만한 사실은 따로 있었다. 숀 코널리가 1966년 「007 두 번 산다 You Only Live Twice」를 찍는 동안 이 호텔에 머물렀다는 것이다! "제가 어릴 때였는데 숀 코널리는 아주 친절하고 다정했습니다."

시모타케하라는 그때를 떠올리는 듯했다.

그 후, 우리도 뜨거운 모래 덮기 체험을 해보았지만 TV 다큐
멘터리에서 기이한 온천 치료로 묘사되던 모래 체험은 휴식과
는 거리가 멀었고 고문에 가까웠다. 모래는 지면에서 겨우 몇 센
티미터 떨어지지 않은 곳에서 흐르는 온천수에 의해 뜨거워지
고 온도는 거의 70도에 이른다. 젊은 사람들이 팀을 이뤄 우리
의 팔과 손을 덮는데 5~6킬로그램의 모래를 퍼붓는 동안 이마
와 얼굴로 땀이 졸졸 흘러 참을 수 없는 간지러움을 참아내야
했다. 모래에 묻힌 지 얼마 지나지 않아 누군가 내 PIN 번호를
물어온다면 기꺼이 알려주었으리라.

몸 여기저기 틈에 낀 온갖 모래를 다 씻어낸 다음, 우리는 남
녀가 따로 들어가는 온천 앞에서 미루적거렸다. 애스거와 에밀
은 온천에 들어가는 게 처음이었고 반쯤 스칸디나비아 사람으
로 컸어도 사람들 앞에서 홀딱 벗는다는 걸 꺼림칙해했다. 내가
온천 예절에 대해 설명을 시작하자 아이들은 당황스러움과 놀
라워하는 기색을 감추지 못했다.

"먼저 거울 앞에 있는 쪼그마한 의자에 앉아서 몸을 비누로
깨끗이 다 씻어. 그다음 헹궈. 그리고 작은 플란넬 수건으로 주
요 부위를 대충 가리고 욕조 쪽으로 가는 거야. 거기에는 많은
사람이 같이 쓰는 아주 커다랗고 뜨거운 욕조가 있어. 아니, 아
들아. 몇 명이 있을지는 아빠도 모르지. 욕조에서는 수건이나 머
리카락이 물에 들어가면 안 된다는 걸 명심해라. 그러니 수건을
개서 머리 위에 이렇게 올려놔. 알았지? 그리고 수영은 안 돼. 다

이빙이나 물장구치는 것도 안 돼. 그러니까 물에 그냥 앉아 있는 거야. 알았지?"

애스거와 에밀은 걱정이 된다는 듯 고개를 끄덕였지만 내 지시를 잘 따라주었다. 아이들은 흠잡을 데 없이 예의 바른 온천 손님들이었지만, 가장 일본적인 형태의 사회적 교류라고 할 수 있는 행위에 대해 두 아들은 양극단의 반응을 보였다. 에밀은 우리가 나중에 갔던 다른 온천에서 '응가'가 물에 둥둥 떠다니는 걸 봤다며 단호히 온천을 반대했다.

"그 쪼그만 플라스틱 의자에 앉아서 씻는 것도 싫어. 사람들이 온천을 좋아한다면 어쩔 수 없지. 하지만 난 그걸 봤다니까. 그게 무슨 해조류였다고 해도 내 생각이 달라지진 않을 거야"라고 했다.

반면 애스거는 공공장소에서 옷 벗는 게 늘 아무렇지도 않다. 그리고 마침 시력이 아주 나쁘다. 애스거는 이렇게 입장을 표명했다. "나는 안경을 안 쓰면 아무것도 안 보여. 그러니까 뭐, 옷을 입었는지 벗었는지 알 게 뭐야."

소주

지구상에서 가장 인기 있는 술은 뭘까? 보드카? 위스키? 정답은 소주다. 14세기 몽골이 한반도를 침략했을 때 알려진 술로 한국 증류주다. 소주는 주로 쌀로 만들고 대개 20~25퍼센트의 알코올이 들어 있지만(가끔은 더 높다) 감자나 곡물로 만들 수도 있다. 요즘 한국에서 가장 잘 팔리는 소주는 주정을 희석시킨 제품들인데 으뜸 브랜드는 진로다. 2014년에만 7001만 병이 팔려나갔고 싸이의 '강남스타일'이 유명해지면서 판매량은 더 늘었다.

소주燒酒는 글자 그대로 해석하면 '술을 불살랐다'는 말이며, 브랜드마다 물론 품질이 다르겠지만 내가 한국 식당에서 먹어본 바에 따르면 소주의 큰 장점은 싸고 독하다는 것이었다. 김치와 어울리는 술은 많지 않은 데다 소주는 적어도 몸을 빨리 따뜻하게 해주고 기분을 좋게 해준다.

일본에서 이와 비슷한 게 쇼추燒酎라고 하는 일본 소주다. 16세기 일본이 한반도를 침략하면서 혹은 그 이전에 아마도 한국인에게 증류 기법을 배웠을 것이다. 일본 소주는 등급을 두 개로 나누는데, 그중 하나가 오쓰리乙類다. 개성이 강하고 풍부한 맛이 나는 프리미엄 제품으로 혼가쿠쇼추本格燒酎라고도 하며 고구마, 쌀, 밀로 만들고(비록 당근부터 밤까지 온갖 걸로 일본 소주를 만든다는 말을 듣긴 했지만) 단 한 번만 증류한다. 그리고 고루이甲類가 있다. 도수도 낮고 무맛에 낮은 등급의 일본 소주로 고구마 등 다양한 첨가물이 들어가며 여러 번 증류한다.

일본 소주는 취하기 위해 마신다는 면에서 한국 소주와 이미지가 비슷했다. 하지만 지난 10년간 일본에는 위험할 정도로 매력적이고 부드러운 새 소주의 움직임이 등장했다. 특히 고구마를 원료로 한 일본 소주는 국가주인 사케를 능가하기 시작했다.

감자로 만드는 강렬한 과일 맛의 '이모 소주'를 마시든 잡곡으로 만든 부드러운 고루이를 마시든 간에, 나는 좋은 일본 소주를 마실 때마다 왜 서양에서 인기가 없는지 의문이다. 나는 이제 소주 전도자 비슷하게 되었기 때문이다. 얼음만 넣어 깔끔하게 마시는 걸 가장 좋아하지만 뜨거운 물에 희석해서 마시는 것도 즐기는데('오유와리おゆわり'라고 하며 하루 전날 섞어놨다가 도자기 그릇에 다시 데워 먹는 게 이상적이다), 일본에 있는 어떤 이자카야를 가도 흔히 볼 수 있는 방식이다. 레모네이드나 차가운 차 혹은 다른 음료수와 섞어서 만든 혼합주 칵테일 추하이チュ-ハイ ('소주 하이볼'을 줄인 단어)도 자주 볼 수 있는 음료다. 포도맛 추하이도 좋지만 리치맛은 정말 맛있다. 추하이는 무슨 이유인지 병으로는 절대 팔리지 않고 모든 편의점에서 캔으로 판매되고 있다.

추하이를 마실 때 소믈리에의 도움이 필요한 건 아니지만, 지난번 추하이 캔을 마셨을 때 왜인지 테루아terrior와 와인 페어링이 머릿속에 떠올랐다. 어떤 현지 음식이 어울리는지 생각하는 것인데, 예를 들면 아주 단단한 상세르Sancerre[프랑스 루아르 지방의 백포도주]와 하얗고 결이 고운 로컬 염소 치즈를 같이 먹는다든지, 볼드하고 프루티한 코트 뒤 론Côtes du Rhône[론 지방의 포도주]을 고기가 많이 들어간 뵈프 앙 도브boeuf en daube[쇠고기를 와인에 아주 오랫동안 끓여낸 스튜]와 마시는 것 그리고 알자스 지방의 신맛이 도는 슈크루트 가르네choucroute garnie•를 가볍고 미네랄 넘치는 피노 누아와 마시는 것처럼 말이다. 생각이 여기까지 미치니 왜 사케와 일본 현지 음식에는 이런 관계가 없는지 의아했다. 물론 니가타나 교토처럼 일정 수준 이상의 맛이 보장되는 유명 사케 산지도 많고, 사케 맛이 나쁘기로 유명한 지역(도쿄나 야마나시)도 있긴 있다. 그런 곳에서는 로컬 맥주나 로컬 와인을 마시는 게 차라리 더 나을 것이다. 하지만 사케는 그 지역 음식, 테루아와 늘 동떨어진 느낌이었다.

• 부드럽게 삶은 돼지고기, 베이컨 소시지, 푹 끓은 감자, 당근 등을 사워크라우트라는 양배추 피클과 함께 먹는 요리.

아마도 이 '문제'는 사케가 일본 음식이든 일본 음식이 아니든 그저 모든 종류의 음식과 두루 어울리기 때문일 것이다. 산미, 당도와 얽히고설킨 감칠맛은 그 어떤 음식과도 잘 어울리지만, 사케가 테루아와 연결되어 있지 않은 진짜 이유는 사케의 주재료인 쌀이 일본 어디서든 다 자라기 때문으로 보인다. 실제로 사케 생산자는 수백 킬로미터 떨어진 니가타, 후쿠시마, 아키타 등 어느 현에서라도 쌀을 구할 수 있다고 자랑한다. 한편 사케의 다른 주재료는 물인데, 일본 수질이 특별히 좋다는 건 알지만 그래도 지역마다 사케 맛이 그렇게 차이가 날 수 있을까.

생각해보니 일본 소주는 다를지도 모르겠다. 특히 규슈의 음식과 특별히 연관이 있으니 아마도 테루아를 반영했을 것이다. 이미 우리는 샤부샤부 선도자인 아지모리 레스토랑에서 일본 소주가 그 지역에서 맛있기로 유명한 돼지고기와 정말 잘 어울린다는 걸 경험했다. 일본 소주와 규슈 요리 사이에 다른 연관성도 있을까?

역사적으로 일본 소주 산업은 정확히 테루아 문제로 늘 규슈에 집중되어 있었다. 다시 말해 규슈는 기후가 온화한 데다 늘 고구마의 주요 재배지였기 때문이다. 따뜻하고 습한 날씨에서는 사케 양조가 어렵기 때문에 규슈는 어느 정도 자연스럽게 소주의 중심지가 되었다. 이런 이유로 사케 양조는 더 추운 지역에서조차 가을과 겨울에 이뤄진다. 규슈에서 사케를 만들려면 술을 만드는 계절인 가을 내내 강력한 에어컨 시설을 가동시켜야 할 것이다. 그러지 않으면 사케를 만들 때 사용하는 황누룩이 살아

남지 못할 테니 말이다. 그런 이유로 규슈 남부를 통틀어 사케 제조업체는 단 두세 곳만 남아 있는 반면, 일본 소주를 만드는 업체는 수십 군데다. 가장 큰 업체로 기리시마霧島는 늘 중간 이상 품질의 소주를 대량 생산하는 업체로 널리 알려져 있다. 그러나 우리는 가고시마에서 기리시마시를 거쳐 오스트리아 산악 지대 같은 시골 마을을 통과하면서, 이곳이 흥미롭고 특이한 프리미엄 브랜드 소주도 만든다는 걸 알게 되었다.

최근 일본 소주의 폭발적인 인기는 온전히 기리시마 덕이다. 15년 전, 소주를 마시는 사람들의 전형적인 인구 통계 수치를 바꾸기 위해, 여성 음주자를 대상으로 여러 번 증류한 새롭고 부드러운 소주를 출시했다. 소주 레이블을 더 밝은 색으로 바꾸고 병을 예쁘게 디자인했으며 연예인과 여성 모델을 광고에 기용했다. 전략은 성공이었다. 최소한 기리시마 양조업체의 규모만 봐도 말이다.

일본 대기업을 방문하는 건 늘 특별한 경험이다. 목에 힘을 줘야 하는 자리인가 하고 생각한다면, 그게 정답이다. 방문객의 역할과 직원의 역할이 분명하게 정해져 있다. 수년간 나는 손님이라면 약속 시간 10분 전에 도착하는 게 예의라고 알고 있었건만, 일본에서는 얼마나 더 일찍 도착하든지 상관없이 짙은 정장을 입은 네다섯 명의 직원이 항상 프런트 데스크에 먼저 나와 조용히 기다리고 있을 것이다(한마디로 '정각'에 가면 늦은 것이다). 그리고는 어색한 분위기 속에서 수많은 명함을 정신없이 동시에 교환하고 허리를 숙여 인사한다. 그리고 회사 시설을 돌아보는 동안 설명을 하든 뭘 하든 간에 실제로 안내하는 사람은 한두 명이어도 모든 사람이 계속 당신을 따라다닐 것이다.

흔히 이런 방문은 사용하지 않아 먼지가 수북이 쌓여 있고 한쪽 구석에는 트로피 전시장이 있는 회의실에서 가장 먼저 시작된다. 어떤 화려하고 멋진 회사든 똑같이 낡은 사무용 가구가 있다(심지어 도쿄에서 시크한 인테리어 소품과 옷을 판매하는 무지 본사를 방문했을 때도 마찬가지였다). 회의실에 앉아 직원이 미리 준비해놓은 회사 비디오를 시청한다. 어떨 때는 VHS 비디오 테이프로 보기도 한다. 단조로운 피아노 음악이 깔리면서 하늘이나 바다 배경이 흔들리며 나오고, 공장과 현장에서 열심히 일하는 직원들의 다양한 장면이 나온다. 다음에는 또 바다 배경에 오케스트라 음악은 점점 클라이맥스로 치달으면서 약간 이상한 영어 슬로건이 등장하는 똑같은 장면으로 끝난다(이 회사의 경우, '새로운 품질의 물결: 기리시마New Quality Wave: Kirishima'였다). 그런 다음에는 일회용 흰색 위생 종이로 된 신축성 있는 모자, 작업복, 늘 사이즈가 너무 작아 우스워 보이는 플라스틱 슬리퍼 등을 갖추고, 매우 거대한 스테인리스 탱크와 복잡한 배관을 구경하고 연구실과 다양한 제조 시설을 돌아본 후, 회사 제품을 파는 가게로 마무리된다. 이 순서는 과일 회사를 방문하든 간장 공장을 방문하든 오늘날 일본의 최대 소주 양조장을 방문하든 모두 똑같다. 적어도 이제 나는 회사 방문이라는 게 어떤 순서로 진행되는지 잘 알게 되었고, 가족들이 그에 맞게 표정에 신경 쓰도록 준비시킬 수도 있다. 덧붙이자면 아내와 아이들은 신통하게 잘 해내고 있다.

하지만 기리시마는 살짝 달랐다. 시설이 엄청나게 거대해서 회사 소유의 골프장이 따로 있을 정도였다. 그리고 본관으로 들어가기 전부터 향기로운 찐 감자 냄새가 코를 자극했다는 점도 달랐다. 이번에는 흠잡을 데 없이 깨끗한 오버롤을 입은 직원 한두 명은 물론이고, 남녀 직원 아홉 명이 짙은 색 정장을 입고 우리를 맞았다. 기록적이었다. 기리시마의 공장 투어가 다른 회사 투어와 결정적으로 달랐던 점은 이랬다. 기리시마 투어는 내가 일본에서 먹어본 가장 맛있었던 식사로 끝을 맺었다.

먼저 회사 투어부터 시작하자. 소주 출하량은 어마어마했다. 하루에 4만 병을 만든다. 우리는 일본 소주와 한국 소주의 차이점(한국 소주는 감미료를 넣는 데 반해 기리시마의 고구마 소주는 알코올을 만들기 위해 넣은 감자에서 당분을 얻는다)을 알게 되었다. 기리시마는 쌀, 메밀과 보리를 사용해 소주를 만들기도 하지만 대부분은 고구마를 이용한다. 고구마 소주를 만들기 위해서는 그 지역에서 자란 고구마가 하루에 320톤이 필요하다. 1년이면 11만 톤이 필요해 기리시마는 세계에서 고구마를 가장 많이 소비하는 회사다. 우리 가족은 한 창고에서 크기와 모양이 럭비공만 한 노란 고구마가 찌기 전 분류 작업을 위해 끝없이 펼쳐진 컨베이어 벨트를 타고 가는 걸 보았다. 소주를 만드는 초기 과정은 사케를 만드는 초기 과정과 정확히 똑같다. 쌀을 물에 담가둔 다음 푹 찌고, 신비한 물질인 누룩과 섞는 것까진 같다. 하지만 다음부터는 과정이 달라져 찐 고구마를 소주에 첨가한 다음, 이스트로 발효시키는 대신 증류 과정을 거친다. 기리시마의 주요 제품은 위스키 스타일로 연속 증류해 맛이 더 부드러운 게 특징이다. 어떤 이들은 맛에 특징이 없어 고객을 끌어 모으기엔 약하다고 할 수도 있겠다. 복잡한 맛의 프리미엄 소주는 단 한 번 증류하고 있긴 하다.

현재 기리시마는 설립자 이나쓰 가의 3대손인 세 남자가 운영하고 있다. 투어가 끝난 후 둘째 아들이자 회장인 이나쓰 다쿠조에게 점심 초대를 받았다. 50대 후반의 짙은 색 정장을 입은 전형적인 일본인 CEO의 모습이었다. 우리는 전통 다다미가 깔린 이나쓰 가의 식당으로 갔다. 그는 공장지대 내에 있는 이 집에서 태어났다고 했다.

"저는 몇 년 전 일본 음식 문화에 소주를 포함시켜야겠다고 결심했습니다. 그래서 일본 음식과 어울릴 만한 구로 소주를 만들었죠."

아주 영리한 전략이었다. 지금은 검은 누룩으로 만든 구로 소주가 일본에서 가장 잘 팔리고 있기 때문이다. 하지만 당시 부드러운 증류주인 고구마 소주에 아와모리에 쓰는 누룩을 똑같이 사용하자는 건 논쟁을 불러일으킬 만한 주장이었다. 그러나 이나쓰는 기리시마 소주는 오키나와 술과 다르다고 설명했다.

"아와모리는 쌀로 만드니까 당연히 오키나와 튀김 요리와 아주 잘 맞습니다. 저도 오키나와에 갈 때마다 항상 마시죠. 하지만 아와모리를 가져와서 여기 음식과 마시면 어울리지 않습니다. 그래서 더 부드러운 맛의 소주를 만들고 싶었습니다. 누룩의 종류를 검은 누룩으로 바꾸자는 제안은 회사의 80년 전통을 거스르는 일이었으니, 나이 많은 소비자들은 화를 냈죠. 하지만 100년 전의 방식을 똑같이 고수할 수는 없습니다. 이걸 하고 싶다고 했을 때 이사진들도 내 말을 믿지 않았습니다. 그래도 밀어붙였죠. 그런데 시장에서 대박을 터트렸습니다."

우리가 로컬 재료로 구성된 맛있는 점심을 먹는 동안 여섯 종류의 소주가 나왔는데 구로 소주도 마셔볼 수 있었다. 다른 술 중에는 계절 소주인 아카기리시마赤霧島가 나왔다. 자색고구마로 만든 술인데 뒷맛이 굉장히 날카로운 것으로 유명하다.

"그렇습니다!" 내가 이걸 언급하자 이나쓰는 활짝 웃으며 동의했다. 음식을 열심히 먹은 다음 이 술을 마시면 특유의 날카로움이 입안을 개운하게 정리해주었다. "이걸 한 모금 마시면 우리 입안에 있는 미뢰 1만 개가 다음 음식을 맞이하기 위해 제자리로 돌아옵니다."

다가오는 회사 100주년을 기념하기 위해 이나쓰는 새로운 슈퍼 고구마를 기르고 있다. "기리시마에서 유일무이한 DNA를 가진 고구마를 만들고 싶습니다. 아무도 따라 하지 못하게요. 인간 역사에서 아무도 맛보지 못한 걸 만들 겁니다. 그 고구마로 만든 소주를 마시고 나면 누군가에게 푹 안겼다는 기분을 느끼게 하고 싶어요. 그게 내가 추구하는 맛입니다."

이나쓰는 건강과 미용 시장에도 관심이 많았다. 기리시마는 소주에 감미료를 첨가하지 않기 때문에 다른 알코올음료보다 칼로리가 적다. 그의 주장은 이랬다. "일본 소주의 칼로리는 몸이 일정한 온도를 유지하는 데 다 소비됩니다. 미용과 시력에도 좋고요. 건강하고 아름답게 만들어주는 음식의 수요가 증가하고 있는데, 소주가 그런 음식입니다."

진수성찬을 잔뜩 먹고 있는 나에게 오늘 들은 정보 중 최고로 좋은 정보였다. 가다랑어 내장 젓갈, 소 혀, 가다랑어구이, 야채 오니기리와 랍스터 된장국으로 구성된 가이세키 점심은 앞으로 오랫동안 잊을 수 없을 만큼 엄청난 감칠맛을 선사해주었다. 아이들이 좋아할 만한 메뉴는 아니었는데 곁눈질로 봤더니 허겁지겁 퍼먹고 있어 신기했다.

나는 다양한 기리시마 소주를 마셔보고 싶은 마음에 흐릿한 시선을 소주에 집중했다. 아스타크산틴 소주라는 게 나왔다. 아스타크산틴은 게와 연어 알에서 발견되는 단백질로 놀라운 선홍빛을 띤다. 그리고 최고급 술로 리미티드 에디션이었던 13년 된 미스티 아일랜드 교쿠Misty Island Gyoku가 금을 입힌 상자에 담겨 나왔다. 마지막 잔은 이나쓰가 직접 블렌딩한 술로, 중국 허브, 새 둥지, 마다가스카르 바닐라 빈, 모즈쿠もずく[큰실말, 해초의 일종]와 코프리너스 버섯[먹물버섯속]이 들어간 술이었다. 보통 일본 소주는 1000엔이지만, 이 술은 9500엔이었다. 뒷맛이 강하고 달콤한 바닐라 맛이 났다.

디저트로는 전형적인 미야자키 케이크인, '구지라 요칸くじら羊羹'(고래 양갱)이라고 불리는 양갱이 나왔다. 하얀 모치를 검은 팥소가 샌드위치처럼 싸고 있어 색깔이 범고래를 연상시킨다고 해서 그렇게 불린다(시미즈족의 다섯 번째 왕이 고래처럼 강하게 자라길 바라는 마음에서 만들어졌다는 전설도 있다). 다음에는 놀라운 맛의 과일 휴가나쓰日向夏가 나왔다. 나중에 찾아보니 1820년대 미야카키에 있는 한 정원에서 유자와 포멜로[자몽과 비슷하지만 약간 더 단맛이 나는 과일]를 교배시킨 것이 자발적으로 진화한 과일이었다. 휴가나쓰는 유자와 비슷한 통통한 모양에 껍질이 아주 부드럽다. 과육이 달고 맛있을 뿐 아니라 내가 먹어본 다른 감귤류와 달리 중과피[오렌지 등의 껍질 안쪽 하얀 부분]가 쓴맛도, 톡 쏘는 맛도 없을뿐더러 달콤하고 좋은 향까지 났다. 나는 약간 중과피 포비아가 있는데 휴가나쓰의 중과피는 굉장했다. 일본에서는 흔하지만 사람들은 잘 모르는 일본의 감귤류 목록에 이 과일을 추가했다. 내가 지금까지 만든 목록에는 근처 구마모토의 데코폰デコポン(한라봉), 강렬한 색의 쓰다치酢橘(영귤), '긴칸金柑'으로도 불리는 달콤한 금귤金橘이 포함되어 있다.

간 수치는 올라갔겠지만 기리시마 양조장에서 비틀거리면서 나오면서, 나는 방금 먹은 음식이 이 근사하고 친근한 일본 소주와 남부 규슈의 테루아를 제대로 소개했노라 확신했다.

노리

기분이 별로다. 규슈 서편 이즈미 해안을 따라 세 시간 동안 운전해서 가는 길, 파친코장을 지났다. 이상할 건 없다. 일본에는 곳곳마다 이렇게 마을과 안 어울리는 파친코장이 적어도 한 곳은 꼭 있다. 가게마다 끝없이 세로로 늘어선 핀볼 머신은 들어오는 희생양들에게 데굴데굴 공 떨어지는 소리와 번쩍이는 불빛을 선사한다. 규슈 해안은 울창한 산악 절벽, 작은 바위섬과 모래사장의 뛰어난 경관을 자랑하지만 그래도 다를 건 없었다. 인간이란 평지에 괜찮은 자리가 있다 싶으면 소매점과 상점, 식당, 패스트푸드 드라이브스루를 일렬로 빈틈없이 허둥지둥 채우는 법이니까. 가끔 강렬한 초록색 논밭만이 회색 콘크리트와 녹슬고 주름진 철판의 단조로움을 깨줄 뿐이었다. 일본 어느 지방에서도 만날 수 있는 거의 계획적으로 보이는 이런 음울한 도시

스프롤 현상●에 나는 사실 매력을 느낀다. 이 나라에서 내가 흥미롭지 않다고 생각했던 마을은 거의 없었고, 걸어다니다가 어슬렁거리며 구경할 거리가 없는 길도 거의 없었다. 머리 위로 엉망진창 엉켜 있는 전선이든, 경차보다 아주 약간 큰 공간에 딱 맞게 주차된 차든, 일본인이 유난히 잘 만드는 생활 속 기발한 용품(일본어로 '우라와자うらわざ'라고 한다)이든 정말 구경할 거리가 많다. 고양이를 쫓기 위해 울타리에 매단 물병들도 있다. 가끔은 나조차도 이건 정말 아니라고 인정할 수밖에 없는 것들이 있다.

마쓰다 전시장과 끝없이 늘어선 주차장 사이에서 가장 큰 건물은 파친코 팔러parlour다. '파라パーラー'란 이런 동굴 같은 가게를 묘사할 때 일본에서 쓰는 특정 단어다. 우리 가족은 조금 전 어마어마하게 큰 파친코 파라를 지나쳤는데, 외벽에 걸린 영어 슬로건이 내 눈길을 사로잡았다. 슬로건은 이랬다.

'과거를 향해서는 모자를 벗고, 미래를 향해서는 코트를 벗어라'[미국 정치인 클레어 B. 루스(1903~1987)의 말로 '과거에 경의를 표하고 미래를 위해 일을 하라'는 의미를 담고 있다].

이게 도대체 무슨 말일까? 경구처럼 들리는 이 명령문은 어느 부분이 잘못된 걸까? 이즈미에 위치한 작은 어촌의 콘크리

● 도시가 외곽에서 무질서하게 뻗어 나가는 것을 의미.

트 벽에 다다를 때까지 이 슬로건이 머릿속을 계속 맴돌았다. 사실 몇 주 후인 지금, 노트에 적혀 있던 이 괴상한 슬로건을 내 방식대로 해석해냈다. 나는 이 슬로건이 노리海苔[김]의 미래에 대한 불길한 예언이라는 생각이 들었다.

우리 가족은 노리에 관해 더 알아보기 위해 가고시마와 구마모토현의 해안을 따라 운전했다. 노리는 종이같이 얇은 검은 빛의 말린 해초로 초밥을 만들 때, 오니기리라고 하는 주먹밥을 쌀 때 흔히 사용된다. 오니기리는 일본 전역의 편의점과 역 자판기에서 판매되는 일본 전통 음식이다. 노리는 기자미노리きざみ海苔라고 하는 잘게 잘린 모양으로 팔기도 하지만, 그중에서도 최고는 후리카케振り掛け다. 후리카케는 잘게 자른 노리와 참깨를 섞은 것으로 말린 생선과 고춧가루 등 다양한 재료를 추가한 맛이 있다. 파르메산 치즈나 베이컨처럼 뿌려 먹으면 어떤 음식이든 맛있어진다.

일본 소주처럼 노리를 가공하는 방법도 한국을 침략한 쇼군이 군사 활동을 벌이던 16세기에 일본에 도착했다. 그 당시 노리는 귀한 음식이었다. 노리 한 장이 쌀 1.5킬로그램과 가치가 비슷했으니 말이다. 물론 오늘날 가장 흔한 스사비 노리는 종이만큼 싸고 영국 슈퍼마켓에서도 판매된다.

나는 어쩌다 일본인이 포르피라Porphyra[김(속) 혹은 참김]라는 해조류를 완벽한 네모 모양의 종이 두께로, 일관되게 한쪽은 거칠고 다른 한쪽은 광택이 나게 만들게 되었는지 늘 궁금했지만, 1년 전 도쿄의 쓰키지 어시장 근처에 있던 노리 전문점을 방문한 이후 호기심은 흠모로 바뀌었다. 가게 주인에게 최고의 노리, 가장 맛있는 노리는 어떤 종류인지 물었다.

"당연히 아사쿠사淺草 노리죠. 하지만 이번 계절에는 하나도 못 봤고 다시 볼 수 있을까 싶네요." 나는 '아사쿠사 노리'라고 노트에 기록해두고 일본에서 요리사를 만날 때마다 물어보기 시작했다.

그게 정말 도쿄 중심지인 아사쿠사에서 왔을까? 그런 것 같진 않다. 그게 그렇게 맛있나? 어디 가서 먹어볼 수 있지? 가격은 얼마나 할까? 나는 그 어떤 명쾌한 대답도 듣지 못했다.

한번은 로버트 드 니로와 노부 레스토랑을 공동 설립한 전설적인 일본 요리사, 노부유키 마쓰히사를 만나는 행운을 누린 적이 있다. 그는 일본 요리를 전 세계에 알렸다는 평가를 받는다. 노부 레스토랑의 런던 지점에서 열렸던 행사에서 친구가 나에게 노부유키를 소개해주었다. 나는 그에게 아사쿠사 노리에 대해 들어본 적이 있냐고 물었다. 그는 오래전에 잊은 추억을 끌어내는 듯 잠시 생각하더니 이렇게 말했다. "아사쿠사 노리는 도쿄에서 왔거나 그랬을 겁니다. 더 이상은 도쿄에서 나지 않고, 아주 오래전부터 나지 않는 걸로 압니다."

하지만 마침내 나는 아사쿠사 노리가 아직도 규슈에서 양식되고 있다는 소문을 들었고 어차피 그곳을 여행할 예정이니 한번 가보기로 했다. 뜨거운 모래 체험을 했던 이브스키 호텔에서 나와 출발하면서 우리 가족은 미처 생각지도 못한 사실을 알게되었다. 그건 바로 훌륭한 영국 여성 한 명의 어떤 발견이 아니었다면, 수십억 엔의 일본 노리 산업은 존재하지도 않았을 거라는 희한한 이야기였다. 그녀의 고향 사람들은 오래전에 그녀를 잊었지만 일본 서부에서는 매년 4월 그녀를 기념한다.

노리처럼 보이지만 사실 내가 아는 노리가 아니었다. 빛에 비춰보니 너덜거리는 느낌의 반투명한 녹황색이었고, 영국에서 파는 아주 검은 노리나 편의점에서 주먹밥을 싸는 새까만 검은색 노리가 아니었다. 마치 수제로 만든 종이와 프린터용으로 대량 판매하는 종이를 비교하는 것 같았다.

노리의 왕인 진짜 아사쿠사 노리가 내 손에 쥐여 있다. 완벽한 김의 결정판으로, 기계로 건조한 게 아니라 햇빛 아래에서 자연 건조한 것이다. 냄새를 맡아보니 바다의 미묘한 시큼한 향이 난다. 한 조각 뜯어 맛을 본다. 맛있게 구운 맛, 약간 짠맛을 남기며 혀에서 사라진다. 내가 먹던 노리와는 달리 서로 달라붙어 이빨에 남지 않고 먹고 난 후에 쓴맛도 없다. 먹어본 노리 중 가장 품질이 뛰어나고 쉽게 부서지고 맛있는 김이었으며 화이트 트러플이나 캐비어와 견줄 만한 맛이었다. 다만 이 초록색 반투명 종이는 심지어 트러플보다 더 희귀한데, 아마도 지구상에서 마지막일 가능성이 높기 때문이다.

나에게 이런 김을 한 장 줄 정도로 친절한 사람은 예순두 살의 시마나카 요시오로 그의 아버지가 그랬던 것처럼 그도 수제로 노리를 만든다. 우리가 그날 처음으로 들른 가고시마현 이즈미의 작은 항구에는 여전히 노리를 만드는 사람이 일곱 명 있었고 그는 그중 한 명이었다.

두툼한 손과 짧게 자른 머리의 시마나카는 은퇴한 복싱 선수처럼 보였지만, 12월부터 3월 중순까지 매우 추운 수확 시기에 하루 20시간씩 노리를 키우고, 수확하고, 말리면서 평생을 살았다.

자연 상태에서 노리는 감조구역感潮區域[조석의 영향을 크게 받는 구간]에 있는 바위에서 점액질의 짙은 녹색 막처럼 자란다. 바닷물 아래에 있을 때는 바다의 영양분을 먹고, 썰물이 되면 햇빛을 받는다. 노리 양식은 이 과정을 그대로 따른다. 해저에 수평으로 기둥을 심고, 기둥 사이에 단단한 플라스틱 그물망을 걸어둔다. 포자胞子는 그물망에 달린 패각貝殼[굴 껍질]에서 자란다.

15년 전쯤 일본 농부는 해충을 해결하기 위해 각종 산 용액을 뿌리기 시작했다. 산은 조심스럽게 추적 관찰해야 하지만, 실제로는 염산을 포함해 온갖 종류의 화학 물질이 사용되었고 주변 바다는 크게 오염되고 말았다. "이즈미에서는 화학물질을 쓰지 않습니다." 우리는 노리를 쩝쩝 먹으면서 시마나카의 설명을 들었다. "아이가 있고 손자들도 있는데 이 바다에 화학물질을 넣고 싶진 않아요."

노리는 아미노산이 풍부하고 특히 비타민B의 훌륭한 공급원이다. "노리는 아주, 아주 건강한 음식입니다. 후쿠시마 재난 이후로 그 지역의 많은 사람이 야채 대신 노리를 먹기 시작했습니다. 노리를 먹는 가장 좋은 방법은 그냥 불에 살짝 구워서 밥이랑 먹는 거죠."

우리는 방파제 옆의 그의 집과 나란히 있는 물결 모양으로 주름진 창고의 탁 트인 편에 서 있다. 오늘 아침 열두 명이 넘는 주민이 나와서 우리를 반겨주었다. 역시 노리를 키우는 시마나카의 부인과 이즈미 시장도 있었다. 온갖 종류의 과자와 케이크가 테이블 위에 놓여 있어 애스거와 에밀이 눈독을 들이는 중이었다. 우리는 차와 음료수를 대접받고 갑판 의자에 앉아 이야기했다. 애스거와 에밀은 메뚜기 떼처럼 케이크로 달려들었다.

그런 다음 우리는 길을 건너 바람에 흔들리는 소나무를 지나 방파제에 올랐다. 시마나카의 어장이 보였고 바다 위로 나란히 놓인 수백 개의 나무 기둥이 눈에 들어왔다.

수확 철에는 새로 자란 노리의 끝부분을 매주 잘라내 끈끈한 보랏빛 갈색 노리를 해안으로 가져와 말리고 처리한다. 이즈미만은 수백 미터를 걸어 나가도 물이 얕아 겨울에도 차가운 바닷물을 헤치고 그냥 걸어간다. 종종 밤에 작업하는데, 그때 노리가 더 맛이 좋기 때문이다. 가끔 시마나카는 손으로 수확하지만 대부분은 정확히 그물에서 10센티미터를 남기고 노리를 자동으로 자르는 기계를 사용해서 작업한다. 거의 다 기계로 건조하지만 시마나카는 자신이 먹기 위해 일부는 특별히 햇빛에 말린다고 했다.

아사쿠사 노리란 이름은 실제로 도쿄만에서 처음 만들어져서 붙은 것이지만 늘 이즈미에서 자연적으로 자랐다. "최고의 노리라는 데는 의심의 여지가 없죠." 시마나카가 말했다. "맛이 강하고 향도 오래가서 노리를 먹으면 목구멍까지 내내 향이 느껴집니다. 좋은 노리는 햇빛에 비쳤을 때 작은 구멍이 있고 부드럽습니다. 입에 넣는 순간 단맛이 나지만 입에 붙지는 않죠. 하지만 지난 10년간 생산량은 줄어들고 있습니다. 왜 그런지 정확히는 몰라도 아마도 제일 큰 문제는 날씨겠죠."

바닷물은 만의 활화산 해안을 따라 반도, 섬, 멀리까지는 일본 전체에서 가장 크고 유명한 노리 생산지인 아리아케만까지 따뜻해진다. 심지어 가장 상업적으로 만들어지는 스사비종조차 바닷물이 15도 이상으로 올라가면 번식하기 힘들기 때문에 바닷물 수온이 높아졌다는 건 노리에게 몹시 나쁜 뉴스다. 아사쿠사 노리는 따뜻한 온도에 더 취약하다. 그리고 산성비와 스사비 양식장에서 사용되는 산처리酸處理[비료원료를 산으로 처리하는 농법]로 발생된 산성 오염에도 더 영향을 많이 받는다.

"아사쿠사 노리는 멸종을 코앞에 두고 있는 게 맞습니다." 시마나카가 처음으로 내 눈을 똑바로 바라보았다. "잘 자라냐의 문제가 아닙니다. 올해는 사상 처음으로 전혀 수확한 게 없습니다."

아사쿠사의 수확량이 가장 많았던 시기는 8년 전이었고 이후로는 계속 줄어들고 있다. 아사쿠사 노리는 스사비 노리보다 보통 3배 더 비싸게 받지만(스사비는 10~30엔인 데 반해 아사쿠사 노리는 장당 100엔이다) 이제 수확량이 많이 줄어들었고, 기후 변화라는 새로운 요인과 더불어 이제는 김 양식자들이 아예 포기한 게 아닌가 싶다며 시마나카는 걱정했다.

그렇다면 일본에서 좀더 서늘한 지역으로 옮기면 되지 않을까? 그게 그렇게 간단하지가 않다. 규슈의 서부 해안은 노리가 자라기에 완벽한 환경이다. 기후와 해수, 온도뿐 아니라, 아리아케만은 조수 간만의 차가 6미터까지 크게 벌어져서 바닷물이 잘 순환되기에 노리에 이상적이다. 100여 개의 강이 아리아케만 지역으로 흘러들어와 바닷물의 영양소 구성이 전반적으로 훌륭하고 약간 덜 짠 물에 적합한 노리에게 염분 균형도 완벽하게 맞는다. 그러니 홋카이도로 짐을 싸서 옮긴다고 될 일이 아닌 것이다. 시마나카와 악수를 하며 작별 인사를 했다.

"포기하지 않습니다. 아사쿠사 노리를 키우기 위해 계속 노력할 작정입니다. 내년에 재시도해야죠."

일본이 과연 투쟁해보지도 않고 이런 특별한 식품이 사라지게 놔둘까? 일본처럼 자신의 제품이 탁월해야 한다는 강한 신념을 가진 나라도 거의 없고, 접시에 담긴 음식의 완벽함에 집착하는 국민도 없다.

다음 정착지는 우토宇土다. 앞서 들를 구마모토현에서 더 북쪽으로 가야 나오는 큰 해안가 마을이다. 참을성이 끝내주는 우리 가족도 오늘은 더 이상 노리를 먹을 수 없다며 구마모토 근처에 있는 호텔로 향했다. 그래서 나는 혼자 야마모토 후미치를 만나러 갔다. 그는 팔십 평생의 절반을 노리 양식의 모든 걸 연구하는 데 보낸 사람이었다. 그는 후지야마 요시나리와 함께 왔는데, 그 역시 몸집이 딱 벌어진 복싱 선수 타입의 노리 양식업자로 아사쿠사 노리가 겪고 있는 시련을 설명해줄 수 있는 사람이었다.

우리는 항구에 있는 후지야마 회사 창고에서 만났다. 창고는 금속 막대가 달린 거대한 부화 탱크로 가득 차 있고 금속 막대에는 어린 노리가 자라는 굴 껍데기 그물이 걸려 있었다. 노리를 건조하기 위해 쌓아놓은 발은 내가 집에서 초밥을 말 때 사용하는 것처럼 생겼지만 초록색 플라스틱으로 되어 있었다. 그리고 노리의 모양을 잡아주기 위한 나무틀과 건조하기 위한 선풍기도 돌아가고 있었다.

"네. 그 말이 맞습니다. 아사쿠사 노리는 거의 멸종되었습니다." 야마모토는 고개를 끄덕였다. "옛날에는 주로 아사쿠사를 길렀고, 아사쿠사는 이곳과 나가사키, 사가현 등에서 자랐습니다. 하지만 올해는 아무도 수확하지 못했어요. 아사쿠사 노리는 질감이 부드럽고 풍미가 오래가서 정말 맛있죠. 입에서 살살 녹으니까 다시 기를 수 있다면 정말 좋겠지만 경제적으로 도움은 안 됩니다."

아사쿠사는 대략 두 번을 수확하는 반면, 스사비 노리는 한 계절에 열 번을 수확할 수 있는 믿음직한 작물이다. 스사비 노리의 판매량은 편의점에서 파는 오니기리의 거침없는 인기에 힘입어 지난 1980년대 이후 100퍼센트 증가했다. 스사비 노리는 질겨서 쉽게 찢어지지 않아 대량 생산하는 오니기리에 적합하다. 고품질의 노리를 선물로 주는 관습은 거의 줄어들었지만 오니기리 시장은 성장하여 일본의 총 노리 소비량은 지난 30년간 살짝 증가했다. 모두 저렴한 스사비 노리 덕분이다.

아사쿠사 노리에 영향을 준 기후 변화가 결국 스사비 노리도 사라지게 할까? 나도 모르게 크게 중얼거렸다.

"1년에 다섯 달은 수확할 수 있었는데, 지금은 넉 달로 줄었어요." 50년 동안 농사를 지었다는 후지야마가 대답해주었다(나는 그가 쉰쯤 되었겠거니 했는데 실제로는 일흔하나라고 해서 적잖이 놀랐다). "모든 노리가 완전히 사라질 거라고 생각하진 않지만 이런 식으로는 수확량이 확실히 줄겠죠. 늘 걱정입니다. 물가는 올라가고 임금도 기계 값도 오르고 노리 어선 한 대에 4000만 엔인 데다 젊은 애들은 이런 전통 음식에는 관심도 없거든요."

그들은 도로와 철로를 건너 후지야마 회사의 가공처리 공장으로 나를 데려갔다. 창고 한쪽은 거대한 파란색 기계로 꽉 차 있었다. 기계의 한쪽 입구로 수확한 노리를 넣으면 깨끗이 세척되어 사각 틀에서 모양이 잡힌 다음, 세 시간 후 다른 쪽 끝에서 건조된 노리가 나온단다. 그렇게 하루 15만 장이 생산된다.

귀가 먹먹할 정도로 큰 소리를 내며 돌아가는 기계를 쳐다보고 있으려니 후지야마가 뭐라고 하는 거 같았다. 나에게 뭔가 할 말이 있는 모양이었다.

"물론, 가서 (웅얼웅얼) 보실 거죠?" 나는 그가 뭐라고 하는지 못 알아들었지만 미소를 짓고 고개를 열심히 끄덕였다.

5분간 차를 타고 만에 위치한 곳 끝에 도착해 나무로 뒤덮인 작은 산에 있는 신사에 갔다. 언덕 위로 올라가 노리 망이 걸린 나무 말뚝으로 뒤덮인 만을 내려다보았다. 하지만 그 언덕 위에는 뭔가 다른 게 있었다. 바로 기념비다. 황동으로 만들어진 서양 여자의 흉상이 있는 화강암 기념비였다. 동그란 금속 테 안경을 쓰고 머리는 동그랗게 묶은 모습이었다.

두 남자는 기대에 찬 눈빛으로 나를 쳐다보았다. 기념비에 더 가까이 가보았다. 이렇게 쓰여 있었다.

캐슬린 여사를 기념하며

메리 드루 이학박사, 베이커 부인(1901. 11. 6.~1957. 9. 14.)
맨체스터 잉글랜드대학의 연구원, 포르피라의 콘코셀리스기를 발견함
1963년 세움

내가 뒤로 돌아보자 농사꾼 둘은 기대했던 반응이 이게 아닌데 하며 서로 쳐다보았다. 오히려 그들이 나에게 설명해줘야 했다. 이 기념비 뒤에는 정말 놀라운 이야기가 있었다.

1949년 맨체스터대학의 연구원이자 해조류 과학자인 캐슬린 드루베이커는 「포르피라 움빌리칼리스의 콘코셀리스에 관한 연구Conchocelis-phase in the life-history of Porphyra umbilicalis」라는 짧은 논문을 발표했다. 두세 문단에 불과했지만 『네이처』에 실렸다. 드루베이커는 포르피라의 성장을 연구하면서 이전에는 두 개의 다른 해조류로 분류되던 포르피라와 콘코셀리스가 사실은 같은 종이라는 사실을 밝혀냈다. 그녀는 페트리 접시에서 포르피라가 콘코셀리스로 자라는 걸 관찰했다. 뭐 그래서 어쩌라고,

라고 생각할 수도 있지만 이 발견은 지구 반대편에서 농사와 굶주림으로 고군분투하고 있는 국민에게 굉장한 결과를 가져왔다. 노리를 산업 규모로 재배하는 방법을 드루베이커가 우연히 발견해냈기 때문이다.

『네이처』에 실린 논문은 몇 달 후, 규슈 출신의 일본인 과학자 사가와 소키치 박사의 손에 들어가게 되었다. 당시 일본은 만성적인 식량 부족에 시달렸고 많은 사람이 음식 대신 노리에 의존하고 있었지만, 그해 노리 수확은 형편없었던 데다 아무도 그 이유를 몰랐다. 드루베이커의 논문이 노리 성장의 초기 단계의 수수께끼를 풀어낸 덕에 일본에서는 더 안정적이고 효율적으로 노리 농사를 지을 수 있게 되었다. 우토 지역의 어부와 함께 사가와 박사는 노리 포자를 굴 껍데기에서 키우는 새로운 기술을 도입했다. 이 방법은 계절이 지나기 전에 우토의 노리 산업을 회복시켰기에 튼튼하고 품질 좋은 노리의 수확을 보장할 수 있었다.

몇 년 지나지 않아 구마모토의 노리 산업은 40퍼센트 성장했다. 지역 주민은 드루베이커에게 '바다의 어머니'라는 이름을 붙여주고 돈을 모아 1963년 스미요시 신사 공원에 이 기념비를 세웠다. 그들은 내가 지금 그 그늘에 서 있는, 영국을 상징하는 떡갈나무도 심었다.

드루베이커는 단 한 번도 일본을 방문하지 않은 채 1957년 생을 마감했고 자신의 발견으로 단 1원도 벌지 못했지만, 우토 주민은 50년의 세월이 흘렀어도 매년 4월 14일 그녀를 기념하는 행사를 열고 있다. 그녀의 오래된 학위복과 사각모가 기념비 앞에 놓이고 영국의 국기가 올라간다. 듣자 하니 수백 명이 운집한다고 한다. 드루베이커의 100번째 생일이었던 2001년에는 그녀의 아들과 딸이 기념비를 방문했고, 어머니가 우토에서 어떻게 기억되고 존경받는지를 알게 되었다. 일본 학교에서 그녀의 발견에 대해 학생들에게 가르쳤던 영향이 이렇게 나타난 것이다. 그녀는 위대한 과학 영웅으로 여겨진다.

"아주 고맙죠." 노리 농사꾼 후지야마도 같은 이유로 그녀에게 고마워했고 나는 아침에 지나가며 봤던 파친코 파라의 슬로건을 떠올렸다.

'과거를 향해서는 모자를 벗고, 미래를 향해서는 코트를 벗어라.'

최소한 노리에 적용해서 생각해보니 그 말이 이상하게 이해가 갔다. 우토의 어업 지역사회는 드루베이커를 기념하는 매년 4월 14일 '과거를 향해 모자를 벗어라'를 실행했다. 그렇다면 미래는? 미래는 전망이 밝고 따뜻하다. 정말 따뜻해서 아마 코트를 벗어야 할지도 모른다.

오바마

오바마小浜에 가려면 구마모토시에서 페리를 타고 시마바라 만의 일렁이는 바다를 건너야 했다.

페리 선내에서 한 젊은 남자가 우리에게 손짓을 보냈다. 우리는 서로 쳐다보며, 왜 그랬는지는 모르겠지만 어쨌든 잠자코 일어나 선미 갑판에서 봄버 재킷과 청바지를 입은 그 남자를 따라갔다. 배는 상당히 빠른 속도로 달리고 있었는데 갈매기 떼가 오른쪽 아래로 거의 닿을 듯 가까이에서 날고 있어 깜짝 놀랐다. 다른 승객들은 갈매기에게 과자를 던져주었고 그는 친절하게도 우리에게 과자 한 봉지를 건네며 던져보라고 했다. 야생동물이라면 기꺼이 중재자로 나서는 에밀이 앞장섰지만, 갈매기가 손가락을 물자 비명을 질러댔다.

오바마는 당연히 전 미국 대통령의 이름을 딴, 인기 좋은 휴

양지다. 물론 오바마를 위한 조각상도 있고 환영 간판에도 그의 얼굴이 등장했다. 편안한 분위기의 해안가 마을로 야자수와 호텔이 줄줄이 늘어서 있었다. 뒤에는 산이 자리잡고 있어 이탈리안 리비에라Italian Riviera● 느낌도 살짝 나지만, 오바마는 사실 온천 마을이다. 물이 어찌나 뜨거운지 맨홀 뚜껑에서 뿜어져 나온 증기가 길거리를 뒤덮을 정도였다. 방문객들은 해변 공원에서 유황 온천수에 발을 담그거나 달걀을 완숙해서 먹을 수도 있다. 그중에서도 최고는 바닷가에 있는 온천 레스토랑, 무시가마야蒸し釜や다.

비록 외관은 초라한 소나무집보다 약간 나은 정도지만, 이 음식점은 내 꿈의 나무집이 되었으며 그런 연유로 오바마는 내가 일본에서 제일 좋아하는 마을이 되었다.

무시가마야에는 크리스털 샹들리에나 리넨 테이블도 없고, 아부하는 주임 웨이터와 부엌의 셀러브리티 셰프, 인상적인 와인 리스트도 없다. 하지만 요리되기 직전까지 살아 있는 아주 신선하고 맛있는 해산물을 맥도널드 햄버거 가격으로 팔았다.

우리는 수조에 있는 해산물 중에서 점심으로 먹을 걸 골랐다. 거꾸로 뒤집혀 화가 난 꼼지락거리는 전복, 씰룩씰룩 움직이며 반짝이는 새우, 바깥세상을 보려고 눈을 가늘게 뜨는 듯 입을 천천히 열었다가 짜증을 내며 닫는 주황빛과 보랏빛의 싱싱한 가리비, 주먹만 한 크기의 굴과 바다 우렁이. 우리는 해산물

● 이탈리아 라구리아해에서 프랑스 칸까지 좁고 긴 해안을 따라 있는 마을.

을 플라스틱 바구니에 집어넣고 김이 펄펄 나는 소쿠리 앞에 서 있는 젊은이에게 가져갔다. 그가 줄을 잡아당겨 소쿠리 뚜껑을 열자 달걀 냄새가 나는 뜨거운 김이 확 퍼졌다. 해산물을 소쿠리 안에 넣고 전자 타이머를 맞춘 다음 소쿠리를 내렸다. 심기가 매우 불편하지만 이제 곧 죽을 운명에 처한 해산물은 지옥같이 뜨거운 물로 들어갔다. 우리 머리 너머의 운젠산 지하 깊은 곳에서 바다를 향해 흐르는 마그마로 데워진 물이다.

몇 분 후, 지구핵 근처까지 갔던 해산물이 더운 김을 뿜으며 나왔다. 해산물은 이제 꿈틀거리지 않았다. 우리는 안쪽 식탁에 앉아 간장을 곁들여 먹어보았다. 소금기가 있는 수증기로 찐 덕분에 간이 완벽하게 배어 맛이 환상적이었다. 꼭 이런 방식으로 죽였어야 했나 하면서 약간 불편해하긴 했지만, 그렇다고 누구도 먹는 걸 멈추진 않았다. 나중에는 두 번째, 세 번째 접시를 먹기도 했다.

오바마 마을은 짬뽕맨 덕분에 최근 일본에서 유명해졌다. 가상의 지역 관광청 직원을 주인공으로 한 TV 시리즈에 나온 캐릭터로, 나가사키현의 독특한 중국식 국수인 짬뽕을 유명하게 만들겠다고 작정한 인물이다. 일본의 어느 지역을 여행하든 보게 되는 상가의 음식점 벽에는 짬뽕맨 캐릭터를 연기한 배우의 사진이 걸려 있었다. 그는 딱 붙는 라이크라 옷과 망토를 걸쳐 전형적인 슈퍼 히어로 복장이었다. 머리에 이고 있는 커다란 국수 접시만 빼면 말이다.

일본에서는 이런 것과 흔히 마주친다. 이런 특이한 문화는 매

우 색달라서 지나가던 발걸음을 멈추게 된다. 일본에서 가장 인기 있는 만화 캐릭터인 호빵맨アンパンマン도 비슷한 맥락이다. 호빵맨은 팥소로 속을 채운 빵 모양의 캐릭터다. 호빵맨은 슬프거나 배고픈 아이를 만나면 자신의 얼굴을 한 조각 떼어 아이에게 주곤 한다(나는 이걸 볼 때마다 마음의 위로를 얻는다기보다는 트라우마가 생길 거 같다). 그의 숙적은 세균맨ばいきんまん이고 세균의 힘으로 지구인과 지구를 정복하는 게 목적이다.

이런 식의 기묘한 문화는 소설이나 만화 캐릭터에만 국한되지 않는다. 자연재해는 당연히 제외하고, 일본을 다루는 해외 언론 보도는 이런 종류의 괴상한 문화 현상에만 집중하는 경향이 있다. 여성이 사용하던 속옷을 파는 자판기나 몇 년 전 언론이 일제히 보도했던 눈알을 핥는 놀이 같은, 잠깐 유행하는 현상만 다룬다. 어쨌거나 두 가지 다 이상한 건 사실이지만 사실 나는 이런 생각이 들 때가 많다. 도쿄에서 유행을 좇는 10대가 모이는 장소인 하라주쿠에서 친구 셋이 모여 이상한 짓을 해보자고 제안했고, 해외 언론의 시선을 끌겠다고 작정한 블로거나 포토그래퍼가 있는 데서 그 이상한 행동을 그냥 해본 게 아닐까. 1990년대에 유행했던 보기 불편한 여학생의 흑인 분장인 간구로도 그런 게 아니었을까 하고 너그럽게 이해해보자. 하지만 종종 그런 유행이 진짜 생기기도 하고 전국적으로 유행하기도 한다. 비교적 최근에는 (산업용 치킨 튀김기의 공격적인 마케팅이 성공한 결과) 크리스마스이브에 KFC 치킨을 먹는다든가, 정류장에서 남자들이 끔찍하게 생생하고 폭력적인 포르노 만화를 버젓

이 읽는다든가 하는 건 흔한 일이다. 그나저나 그걸 한번 목격하고 나면 어깨 너머로 훔쳐보는 버릇은 깨끗이 고칠 수 있을 것이다.

그래도 내가 막상 다마고가케고항(날계란밥)의 맛에 흥분하여 벌거벗은 채로 하늘을 날아가고, '라멘킹'과 우주 공간을 빙글빙글 도는 캐릭터가 된 뒤●에는 이제 이런 짬뽕맨과 국수 모자 또는 먹을 수 있는 얼굴을 가진 호빵맨 같은 걸 더 잘 받아들이게 되었다. 문득 이런 생각이 들었다. '그래. 국수 슈퍼히어로도 있는데, 안 될 게 뭐야?'

오바마를 떠나 우리의 다음 목적지는 나가사키현에 있는 테마파크, 하우스텐보스ハウステンボス●●였다. 이곳에 올 때는 이렇게 마음을 활짝 열고 오길 권한다. 지구라는 행성에서 당황스러울 정도로 괴상한 장소를 꼽는다면 아마도 강력한 후보가 될 지역이다.

하우스텐보스는 운하와 하우스텐보스성을 실물 크기로 복제한 곳으로(베르사유에 대한 네덜란드의 응답 같다) 르네상스 양식의 빨간 벽돌로 된 타운하우스와 튤립으로 뒤덮인 들판은 물론

● 2015~2016년까지 일본 NHK에서 내 책 『오로지 일본의 맛』을 원작으로 스물다섯 편의 만화를 제작해 일본과 NHK World가 있는 영국에 방송했다. 기분이 좀 이상했다. 솔직히 말하자면, 아직도 어쩌다가 그렇게 된 건지 모르겠다.

●● 네덜란드어로 '숲속의 집'이라는 의미. 실제로 네덜란드의 베아트릭스 여왕이 거처했던 궁전의 이름이다.

풍차까지, 18세기 도시를 실물 크기로 구현해놓았다. 암스테르담 분위기와 비교했을 때 유일하게 부족한 부분이라면 돌돌 말은 마리화나를 파는 커피숍과 빨간 조명이 켜진 창문에서 손짓하는 밤의 여인뿐이었다. 그래도 호텔이 몇 개 있는데, 정말 무서운 공포 체험을 할 수 있는 호텔뿐 아니라 직원이 로봇인 호텔도 있고, 심지어 실제 사람이 거주하는 주거 공간도 있다. 그리고 순전히 우연으로 우리가 방문했던 날, 전 세계 언론의 관심을 끌었던 특이한 최신 유행도 경험할 수 있었다. 바로 가베돈カベドン이었다.

그 사건이 일어난 초콜릿하우스는 5미터 높이의 초콜릿 분수가 있고 초콜릿 피자를 판매하고 있었다. 그리고 일본 보이 밴드 헤어스타일인 층진 뾰족머리를 한 중성적 이미지의 키 큰 젊은 일본 남자가 야회복을 입고 일했다. 지금, 그는 내 아내를 벽에 세워놓고 있다. 그는 왼손으로 아내의 뺨을 어루만지며 키스할 듯 다가가고 있다. 그는 몸을 뒤로 젖혀 작은 초콜릿의 껍질을 까서 아내의 눈을 깊이 들여다보며 아내의 입술 사이로 초콜릿을 넣어주었다. 아내는 자신이 강하고 나이 먹은 독립적인 여자라는 걸 홀랑 잊은 듯, 얼굴을 붉히며 킥킥 웃었다. 아내에게 부채가 있다면 아마 미친 듯이 흔들어댔을 테지.

아내는 완벽하게 로맨틱한 분위기 아래 가베돈을 경험하는 중이었다. '가베'는 '벽'을 뜻하고 '돈'은 남자가 여자를 유혹하기 위해 벽 앞에 세워둔 다음 여성의 머리 옆 벽을 손으로 칠 때 나는 의성어다. 이 행동은 만화에서 나온 것이고 내가 보고 있자니(창피해서 숨도 제대로 못 쉬고 있는 애스거와 에밀 옆에서 약간 긴장한 채로) 적극적인 구애 행위와 성희롱의 경계를 아슬아슬하게 넘나드는 것 같다. 하지만 가베돈은 지난 몇 달간 일본에서 완전히 '떠서' 대유행 중이었고, 우리가 하우스텐보스에 도착한 날이 마침 밸런타인데이라 많은 방문객이 가베돈을 체험하고 있었다.

'유혹하는 남자'는 미소를 지으며 뒤로 물러섰다. 가베돈은 끝났고 아내의 순서도 끝났다. 그런데, 이제 내 차례인 거 같았다. 나는 직원의 친절한 안내로 그 남자 앞으로 안내되었고 초콜릿 상점 구석에 있는 그의 '작업실'로 들어갔다. 그리고 어떤 이유에선지 이 공간은 스팀펑크 스타일[고전적 스타일에 모던한 스타일을 섞는 것]로 꾸며져 있었고 빅토리아 시대 의사의 수술실처럼 차단됐다. 리셴이 나가면서 나를 지나쳤다. 약간 얼굴이 붉어졌고 죄지은 표정이었다. 왜 아니겠나. 그 남자는 이제 나를 벽에 세웠다. 이거 농담이지, 이제 이 남자는 하던 행동을 멈추고 사람들은 웃고 말겠지. 그러나 아, 그는 경고도 하지 않고 나에게 다가와 내 머리 옆의 벽에 손을 올렸다.

'하, 그래요. 이것 참 재밌고 웃기네요. 이제 그만하면 안 될까요?' 나는 속으로 이렇게 생각했지만 그는 하트 모양의 사탕 껍질을 벗기더니 내 입술에 밀어넣었다. 물론 내 아름다운 아내의 기분이 나빠지라고 하는 말은 아니지만, 이 남자는 앞에다가 죽은 넙치를 갖다놓아도 유혹하려고 할 것이다. 난 얼굴이 빨개져서 사탕을 받아먹으며 싸구려 성적 상대가 된 느낌을 지워보려고 애썼다. 사랑스러운 내 아이들은 어째서일까, 창피함은 다 어디 가고 나중을 위해 이 장면을 소중히 카메라에 담고 있었다.

"정말 이상했어. 잘못된 점이 너무 많아." 나중에 에밀이 감상한 소감을 밝혔다. "정말 일본인이 저럴까? 저런 태도로 살아도 되는 거야? 아빠랑 엄마가 키스하는 걸 보는 것도 정말 이상하지만, 다른 남자가 초콜릿을 먹여준다고?"

가베돈은 이상한 경험이었지만 일본인 특유의 편안하고 유머러스한 분위기에서 진행되었다는 점을 말해두고 싶다. 이런 분위기가 언론 매체를 통해서는 거의 전달되지 않지만 말이다. 일본인 하면 대중적으로 받아들여지는 이미지와는 반대로 그들은 유머 감각이 꽤 좋다. 괴상한 쇼 프로그램이나 코스프레 코스튬을 입은 사진을 인스타그램에서 볼 때, 일본인들은 이를 열린 마음으로 수용하며 함부로 판단하지 않는다는 걸, 그리고 꽤 재밌는 구석도 있다는 점을 기억해야 한다.

얼굴이 달아올랐던 게 좀 가라앉자, 초콜릿 공장을 나와 어린이들이 좋아할 만한 하우스텐보스의 다른 곳으로 걸음을 옮겼다. 나는 순전히 애스거와 에밀에게 고마움을 표현하기 위해 이 방문을 준비했다. 지난 며칠간 둘은 딱히 흥미로운 주제가 아닌 김 양식과 소주 증류 기술에 대해 끊임없이 이어지는 전문가 수준의 토론을 끝까지 앉아서 들어야 했다. 이번 목적지는 순전히 아이들을 위한 보상이어서 내가 여기서 즐거운 시간을 보낼 거라고는 전혀 기대하지 않았는데, 가베돈 밀회를 즐긴 건 그렇다 치고 결론적으로 정말 재밌었다. 합판과 섬유 유리로 네덜란드 도시를 적당히 흉내 냈을 거라고 예상했지만, 건물은 제대로 된 재료로 지어졌고 실제 도시 그대로인 데다 벽돌과 화려한 주철로 만든 가로등의 디테일까지 아주 아름다웠다. 일본인은 무언가를 만들 때 모든 걸 깨끗하고, 정갈하고, 상당히 고급스럽게 만든다. 튤립은 장관이었고 2월인 걸 고려할 때 적잖이 놀랄 만한 풍경이었다. 최고였던 건 줄 설 일이 없다는 점이었다. 줄을 조금이라도 서야 하면 '잠시 기다려주세요'라는 안내판이 입구에 세워져 있었다.

음식도 디즈니랜드에서 먹을 수 있는 것보다 수준이 높았다. 현지 식품을 주로 판매하는 셀 수 없이 많은 기념품 가게에서는 명란젓, 말린 니보시にぼし(정어리), 네덜란드 치즈 같은 걸 살 수 있었다. 그중에서도 최고는 밤이 되면 하우스텐보스 전체에 3D 조명을 쏴서 건물 외관이 동영상 화면으로 변신하는 거였다. 66미터 높이의 시청 탑은 거대한 폭포가 되고 운하의 표면은 디스코 스타일의 쿵쿵거리는 댄스플로어가 되었다.

야외에서 열렸던 '베니스 가면무도회'에 가봤더니 아바의 히트곡에 맞춰 다 같이 춤추고 있었다. 하우스텐보스에는 롤러코스터나 전형적인 스릴 넘치는 놀이기구는 없었고 비슷한 느낌의 액티비티로는 집 와이어zip wire가 있었다. 이걸 타기 위해서는 육체적 질병이 전혀 없으며 '정신적 피해'를 입을 수도 있음을 인지한다는 길고 긴 손해 배상 양식에 사인해야 했다. 여섯 살짜리도 재밌게 탈 수 있는 수준에 너무 지나치게 조심하는 듯 보였고, 저녁 때 교도소라고 불리는 귀신의 집에 갔을 때도 여전히 예방 조치가 뭔가 이상하다고 느꼈다. 하지만 그 교도소는 결과적으로, 놀이동산이든 뭐든, 내가 가봤던 모든 곳 중 가장 견디기 힘든 곳이었다. 예상했던 시시한 '귀신의 집'이 아니었고, 극도의 공포를 느끼며 덜덜 떨어야 했다. 교도소에 들어서면서부터 속이 뒤집히는 포름알데히드 냄새가 진동했다(테마가 '지옥에 있는 교도소 병원'이었다). 수술실과 아주 정교하고 소름 끼치는 잘린 팔다리 전시물을 지나면서, 나는 품위를 지키기 위해 있는 힘을 다해 종종걸음으로 지나가야 했다. 그뿐 아니라 갑자기 끼익 열리는 문 때문에 혼이 빠지는 줄 알았으며, 숨겨진 스피커에서 나오는 생생하고 끔찍한 신음 소리와 비명 소리 덕분에 진짜 돌아버리는 줄 알았다. 나는 몸을 덜덜 떨며 만신창이가 되어 건물을 나왔다.

로봇 호텔 프런트 데스크에는 계산을 정확히 하기 위해 사람이 조종하는 로봇 공룡과 로봇 여성이 있었다. 공룡에게 체크인하겠다고 전달했지만 공룡은 우리의 명령에 미동도 하지 않고 가만히 서서 그럴 기분이 아니라고 했다. 공룡이 정신을 차려 명령을 수행하길 기다리는 동안, 리센과 나는 하나 남은 마카다미아 초콜릿을 두고 열띤 토론을 벌이기 시작했다. 그 마카다미아 초콜릿은 편의점에서 주로 파는 상품으로 우리 부부는 약간 중독된 상태였다. 우리 목소리가 커지자 공룡이 드디어 움직이기 시작했고 일본어로 우리를 혼내기 시작했다. 결국 직원 한 명이 커튼 뒤에서 마지못해 나와서 오즈의 마법사처럼 수동으로 체크인해주었다. 마치 이 모든 값비싼 애니매트로닉스●가 다 소용 없다는 걸 인정하는 듯했다. 우리를 방으로 안내한 '여행 가방 카트 로봇'도 머리를 긁적이게 만들긴 마찬가지였다. 로봇은 빙하가 녹는 속도만큼 느렸고 방에 있던 다른 로봇도 작동을 안 하기는 마찬가지였다. 그 로봇은 침대 옆 테이블에 쪼그리고 앉아 있다가 TV나 다른 움직임에 갑자기 반응하여 우리를 놀라게 하는 것 외에 실용적인 목적은 없어 보였다. 전원을 끄는 방법도 몰라서 로봇은 밤새도록 오작동했다. 아무 때나 '자동'으로 조명이 켜지는 기능 덕분에 중국 비밀경찰이 쓰는 듯한 수면 박탈 고문으로 우리에게서 무슨 정보라도 캐내려는 것 같았다. 나는 문득 일본의 사디스트적인 몰래카메라에 걸린 게 아닐까 하는 의구심이 들었다. 우리 가족의 감정을 기필코 서서히 파괴하겠다는 목적으로 이 기술을 조작하는 누군가가 양면 거울 너머로 관찰하고 있을 수도 있다는 생각이 들었다.

어쨌든 크게 마음에 담아두진 마시라. 이튿날 하우스텐보스를 떠나면서 나는 여전히 그곳이 세계에서 가장 좋은 놀이 농산이라고 칭찬했으니 말이다. 처음 하우스텐보스에 대해 들었을 때는 완전히 미친 생각이라고 치부했다. 규슈 서쪽 해안에 네덜란드를 모방한 도시라니, 정말 아무렇게나 상상해서 만들었을 거라고 생각했다. 네덜란드가 규슈와 도대체 무슨 연관이 있단 말인가? 일본인들은 왜 네덜란드에 홀딱 빠져 있을까?

● 영화 등을 위해 사람이나 동물을 닮은 로봇을 만들고 조작하는 과정.

사실 이튿날 떠날 때까지도 정말 제정신 아닌 장소라는 생각이 들긴 했지만 나가사키에 이르자 모든 게 이해되기 시작했다.

설탕

포르투갈 사람은 일본인들의 첫 난반南蠻이었다. 난반이란 초기 유럽인을 뜻하는 일본어로 '남쪽 야만인'이란 뜻이다. 1543년 이들이 탄 배가 가고시마 해안에 있는 다네가섬에서 난파당하는 바람에 일본에 들어오게 되었다.

잘 알려진 사실대로 포르투갈인은 일본인에게 튀김 기술을 전해주었다. 덜 알려진 사실은 일종의 스펀지케이크인 카스텔라 레시피도 포르투갈인이 가르쳐주었다는 점이다. 일본인은 튀김 요리와 케이크 레시피에 고마워했을 것이다. 하지만 포르투갈인은 그들의 고아Goa와 마카우Macau 기지에서 새로운 동아시아의 소도시이자 작은 어촌인 나가사키까지 이르는 통상 항로를 개통시킨 후, 소형 화기라는 신무기로 일본의 내전을 촉발하는 데도 일조했다. 그 후 예수회 사람들은 본업에 착수하기 시작했다.

예수회가 도착하고 70년이 채 지나기도 전에 75만 명의 일본인이 가톨릭으로 개종했다. 그러나 1637년 시마바라 반도의 일본인 기독교 농부들이 지도자를 향해 민중 봉기를 일으켰다는 사실은 포르투갈인의 전도 열의가 결국 실패로 돌아갔음을 입증한다. 일본 농부들은 칼 앞에 쓰러졌고, 포르투갈인은 반란에 책임이 있었다. 남은 포르투갈인 무역상은 나가사키항의 작은 인공 섬인 데지마出島섬에 격리되었다. 후에 일본의 지도자였던 도쿠가와 이에미쓰德川家光(도쿠가와 이에야스의 손자)는 중국에서 유럽인의 영향이 커지는 걸 우려했다. 그래서 기독교 신앙을 극형에 처할 범죄로 규정해 1639년 결국 모든 포르투갈인을 일본 밖으로 쫓아냈다. 끔찍하고 잔인하기로 유명한 기독교인 박해가 수년간 이어졌고, 이는 마틴 스코세이지가 2016년에 만든 영화 「사일런스Silence」에 자세히 그려졌다.

그사이 개신교 네덜란드인도 1600년 일본에 도착했다. 수년 전 선원 110명을 태우고 네덜란드에서 출발했던 리프더De Liefde 호[풍차라는 뜻]가 규슈 해안에 도착했을 무렵에는 24명의 선원만 살아남아 있었다. 빨간 머리의 네덜란드인은 대부분 영양실조와 질병으로 사망했다(놀랍게도 리프더호에 달려 있던 에라스무스 선수상을 도쿄 국립박물관에서 볼 수 있었다). 그 이후로도 오랫동안 많은 네덜란드인이 일본에 속속 도착했고 나가사키에서 더 북쪽에 있는 규슈의 히라도에 정착했다.

얼마 후 영국인도 당시 최대 경쟁자였던 네덜란드인을 따라 히라도에 무역 창고를 세웠지만 다른 지역의 식민지 활동으로 얻는 게 더 많아지기도 했고 능력도 모자랐던 등 복합적 요인으로 일본에 3~4년만 머물고 다시 인도로 돌아갔다. 네덜란드인은 꽤 오래 머물렀는데, 200년도 넘게 일본에 살았다. 네덜란드인의 무역 기술과 지식은 일본 지도자들에게 매우 중요한 정보가 되었고 덕분에 네덜란드인은 일본이 쇄국 정책으로 문을 완전히 닫아버리기 전까지 세금을 면제받으며 사업을 승승장구 이어갔다.

쇄국 정책, 즉 '사코쿠さこく'가 1651년 본격적으로 시행되기 시작했다. 이 기간 네덜란드인은 포르투갈인이 떠나 비어 있던 데지마섬으로 이동하라고 '초대'되었다. 아마도 네덜란드인은 이곳에 임시로 체류할 거라고 예상했겠지만, 이 초승달 모양의 작은 섬에 1853년까지 감금되었다. 미국의 페리 해군 사령관이 도쿄만으로 들어와 일본을 위협하여 다시 외국 무역을 재개할 것을 요구할 때까지 말이다.

1만 제곱미터 정도에 불과한 섬에 200년이나 갇혀 있었다는 사실. 바로 그게 일본에서 살았던 네덜란드인에 관한 신기한 이야기다. 그동안, 간단히 말하자면 유럽의 시선으로는 데지마와 나가사키의 항구 사이 좁은 나무다리가 일본과 바깥세상의 유일한 연결점이었다. 어떤 일본인도 일본을 떠날 수 없었고, 어떤 외국인도 일본 땅에 발을 들여놓을 수 없었다. 그랬다간 아주 고통스러운 죽음을 맞게 될 뿐이었다. 많은 사람이 오렌지색 색안경을 끼고 일본의 하우스텐보스가 기이하다고 생각하지만, 일본의 입장에서는 네덜란드와 일본 간 무역사의 아주 타당한 기록인 셈이다.

물론 나가사키는 데지마 건설 사업이 시작된 이후, 특히 미국이 1945년 8월 9일에 원자폭탄을 투하한 이후로 알아볼 수 없을 정도로 변했다. 하지만 놀랍게도 네덜란드 상인들의 거주지는 여전히 남아 있다. 매립지로 둘러싸여 있고 더 이상 빨간 머리의 야만인이 살지 않고 있는데도 말이다.

우리 가족은 각각 수입, 수출용인 두 항행용 수로 옆의 입구에 섰다. 오늘날에는 갤리언●과 정크[사각형 돛을 단 바닥이 평평한 중국 배]가 지나다니는 대신 해상 교통을 위해 열려 있는 이 수로를 통해 지금은 일본인이 당연시하는 제품과 기술, 아이디어가 쏟아져 들어왔다.

하우스텐보스에서 이런저런 당황스러운 경험을 겪고 난 후, 오늘은 우리에게 역사를 가르쳐줄 수 있는 사람과 함께 데지마를 방문하는 행운이 찾아왔다. 데지마 복원사무소의 관리자 마미쓰카 준지였다. 그는 네덜란드인이 데지마에 머무는 동안 어떤 건물은 나무로 짓고, 다른 건물은 진흙 벽과 합판으로 짓는 등 서로 어울리지 않는 스타일과 재료로 지은 다양한 건물을 복원하고 재건설하는 작업을 감독했다. 데지마의 '하이 스트리트'를 걸어가면서 한때 네덜란드 무역상의 거주지였던 곳에 멈춰 서자 마미쓰카가 설명했다.

"일본인에게 이 섬은 거의 외국 땅이나 마찬가지죠. 유럽과

● 15~17세기에 사용되던 3~4층 갑판의 스페인 대형 범선.

거래했던 모든 무역은 이 수문을 통해 진행됐고 네덜란드가 관리했습니다."

다음 건물에는 네덜란드와 무역하는 동안 수문을 통해 일본에 소개된 제품이 전시되어 있었다. 품목은 다음과 같다.

육두구, 시나몬, 흑후추, 정향, 상아, 칠리, 초콜릿, 담배, 커피, 빵, 사탕수수, 코끼리, 호저, 나무늘보, 호박, 오랑우탄, 와인, 맥주, 예방접종 및 청진기, 토마토, 치즈, 천문학, 파인애플, 사진, 양배추, 감자

호저가 일본 문화에 끼친 영향에 대해선 내가 뭐라 말할 수 없지만, 현재 일본에 이런 물건이 없다는 건 상상도 할 수 없다. 아마도 가장 중요한 물건은 네덜란드인이 카리브 지역을 통해 남아메리카에서 처음으로 가져온 사탕수수일 것이다. 전에도 설탕은 중국에서 의료용으로 소량 수입되었지만, 다도 문화와 '와가시ゎがし'[일본 화과자] 또는 일본식 디저트(우연히 19세기에 데지마를 통해 들어온, 사탕무로 만든 설탕인 첨채당)가 발전하면서 19세기 이후 사탕수수로 설탕을 제조하는 업자가 급격히 증가했다.

섬의 기후가 사탕수수를 기르기에 적합하기 때문에 설탕은 규슈 요리에 특히 큰 영향을 끼쳤다. 오늘날까지도 규슈 음식은 다른 지역 음식보다 달기로 유명하다. 예를 들면, 장어에 가장 흔히 쓰이는 다레垂れ나 베이스팅 소스basting sauce는 도쿄의 소스보다 더 달았다. 그리고 우리가 가고시마에서 먹었던 생선 완

자인 사쓰마아게도 달았다. 심지어 간장까지 달아서 사실 좀 거슬렸다.

마미쓰카는 매년 7월과 8월에 화물을 싣고 도착했던 네덜란드 배에 대해 설명해주었다. 바타비아(현재 자카르타)에서 불어오는 여름 바람을 타고 한 달이 걸려 일본에 도착했으며, 10월에 떠날 때는 사케는 물론 생달나무, 실크, 도자기, 은이나 구리 같은 귀금속을 가득 싣고 갔다고 한다. 네덜란드는 구리에 대한 욕심이 대단해서 결국 1년에 배 두 척만 보내도록 제한해야 했다.

네덜란드 동인도 회사●의 상주 직원들은 노골적인 감시를 받으며 드물게 도쿠가와를 만나러 갔다. 그 밖에는 하릴없이 당구와 배드민턴을 치고 반쯤 불법인 현지 매춘부의 방문을 즐기는 게 다였다. 그 결과 나가사키에는 수많은 혼혈아가 태어났고, 오페라 「나비부인」(푸치니의 오페라는 나가사키가 배경이지만, 20세기 초반 미국인과 일본인의 관계를 그리고 있다)에서 벌어지는 일들이 흔히 일어났다. 억류된 네덜란드인은 부채꼴 모양의 섬에만 머물렀고, 그나마 규제를 덜 받던 경쟁국인 중국이 실크 무역을 하던 항구를 창문을 통해 바라보는 게 바깥세상 구경의 전부였다.

네덜란드인은 가능한 한 암스테르담에서 살던 것처럼 살려고 애썼다. 일본 본토에서는 엄격히 금지되던 돼지를 기르고 도축해서 먹었던 것이다. 그래도 일본이 기독교를 금지하는 건 존중

● 1602년 아시아 지역에 대한 무역 · 식민지 경영 · 외교 절충 등을 위해 영국 · 네덜란드 · 프랑스 등이 설립한 독점적 특허 회사.

해서 크리스마스 대신 '동지冬至'를 기념했다. 어떤 이들은 이곳에서 10년 동안 살다가 서서히 미쳐가기도 했다고 한다. 이들의 숨 막히는 지역 공동체는 데이비드 미첼이 쓴『야코프의 천 번의 가을The Thousand Autumns of Jacob de Zoet』에 멋지게 묘사되어 있다. 미첼은 등장인물을 데지마섬에서 실제 거주했던 주민으로 설정했다. 책의 대단원에는 실제 일어났던 사건이 나온다. 영국 해군 소형 호위함인 페이튼호HMS Phaeton가 1808년 나가사키 항구로 들어와 네덜란드인을 공격하는 장면이 그려진다(프랑스가 네덜란드를 합병한 3년 동안 지구상에서 네덜란드 국기가 펄럭였던 장소는 데지마섬이 유일했다).

오늘날 매년 약 50만 명의 방문객이 데지마 박물관을 찾는다. 나가사키는 일본의 다른 도시들이 사실상 문호를 닫았을 때 세계를 향해 문을 열었던 유일한 도시인 만큼, 도시의 핵심 이미지를 국제무역센터로 설정했다. 이렇게 나가사키는 네덜란드와의 연결 고리를 기념하고는 있지만, 사실은 중국에서 더 큰 영향을 받았다는 사실도 인지하고 있다.

일본의 다른 지역이 조선과 거래하기도 했지만 중국이야말로 쇄국 기간 일본과 교역이 허락되었던 유일한 나라였다. 2000명의 중국 상인과 직원이 나가사키항의 데지마섬 근처에 둥지를 틀고 살았다. 네덜란드인들보다 훨씬 더 큰 규모였다. 중국인은 일본인에게 덜 위협적으로 보였으므로 무역 지구를 더 자유롭게 출입할 수 있었다. 그래서 오늘날 나가사키는 네덜란드보다 중국의 영향이 훨씬 더 두드러진다. 우리 가족은 축제와 행사로 차이나타운이 시끌벅적할 때인 중국 설 기간에 나가사키를 방문하게 되었다. 우리가 묵었던 호텔 매니저는 정교한 용춤 공연에서 용을 움직이는 팀 중 한 명이었다. 그가 공연이 그날 밤에 있으니 보러 오라고 초대해주었다.

행사는 도시 광장의 임시 야외 공연장에서 열렸다. 날씨는 몹시 추웠지만 광장은 사람들로 북적였다. 공연이라면 이미 하우스텐보스에서 총천연색으로 실컷 본 뒤였지만, 이번 공연도 볼거리가 굉장했다. 수천 개의 알록달록한 연등에 빛나는 용이 있었고, 가장 눈에 띄는 자리에는 손오공의 이야기를 표현한 15미터 높이의 빛 조각상이 자리하고 있었다. 댄서들이 긴 막대를 이용하여 머리 위로 용을 조작하는 기술과 복잡한 안무는 실로 대단했다. 특히 춤이 끝나고 새로 사귄 친구인 호텔 매니저가 용의 머리를 들어보라고 해서 들어보니, 족히 10킬로그램은 돼 작은 냉장고를 드는 느낌이었다.

공연이 끝나고 포크번[돼지고기로 속을 채운 만두처럼 생긴 음식]이나 한두 개 먹을까 하고 사람들로 꽉 찬 골목을 어슬렁거렸고 거기서 더 많은 연등을 볼 수 있었다.

이튿날 우리 가족은 나가사키에서 중국 요리의 영향을 받은 음식을 더 먹어보기로 했다. 멀티 코스 뷔페인 싯포쿠卓袱 요리는 일본과 중국, 네덜란드의 영향을 받았다지만 막상 네덜란드의 영향은 찾아볼 수 없었다. 교토의 가이세키 요리와는 정반대인 싯포쿠 요리는 돼지와 설탕은 물론, 해산물이 많이 들어 있고 훨씬 자유로운 분위기였다. 한때 도쿄처럼 근사했지만 제2차 세계대전 이후 미국 식품이 섞여 들면서 싯포쿠 요리는 수준이 좀 낮아졌다. 힘든 시기 쇠락의 길을 걸었고 동시에 중국을 너무 모방하는 것처럼 여겨졌다. 싯포쿠 요리가 최초의 퓨전 요리가 될 수도 있었을 텐데. 안타까운 마음이 들었다.

유서 깊은 료테이料亭(전통적 여관과 음식점이 합쳐진 형태)인 하시모토에서 중국식으로 빨간 도료를 칠한 4인용 원형 식탁에 앉아 식사를 했다. 도미로 만든 맑은 국에 생선 지느러미가 하나 떠 있는 오히레お鰭로 시작했다. 숟가락을 입에 대려고 하자 음식점 3대째 주인인 하시모토 유미가 크게 기침했다. 싯포쿠 전통에 따르면 주인이나 여주인이 '맛있게 드십시오'라는 뜻의 '오히레 오 도조'라고 말하기 전에는 누구도 숟가락을 들면 안 된단다.

주인의 입이 떨어진 직후 우리는 허겁지겁 국을 먹었고 다음은 천천히 삶아 익힌 삼겹살(중국의 영향을 받은 '부타노카쿠니豚の角煮')과 튀김 반죽에 노른자만 넣는다는 나가사키식의 놀라운 맛의 튀김 코스가 뒤따라 나왔다. 그리고 전형적인 싯포쿠 콜드 스타터인 흰 강낭콩 요리를 먹었고 디저트로는 '단팥죽' 또는 '우메완梅椀'이라고 하는 팥죽에 모치를 넣은 아주 단 음식이 나왔다.

싯포쿠 식사에서 중요한 건 페이스였다. 식사는 국으로 조용히 시작되었고 식탁에는 이미 콜드 디시가 올라와 있었다. 사케를 받고 건배하고 있노라면 갑자기 특별 요리가 나왔다. 식사 마지막에는 아주 달콤한 디저트가 나왔는데 아마도 네덜란드의 영향이 이거지 싶었다.

하이라이트는 아주 귀한 생선인 '구에ヶェ'였다. 나가사키에서는 '아라ァラ'라고 하는 이 생선은 아주 드물게 잡히고 흔히 '다금바리'라고 하며 참다랑어보다 더 귀하고 더 비싸다. 맨해튼에 있는 비싼 스시 레스토랑인 마사Masa에서 겨울 특별 메뉴로 내고 가격은 1인당 500달러까지 올라간다. 마사 레스토랑은 엄청난 돈을 내고 규슈에서 구에를 직수입한다고 한다. 하시모토는 생선 슬라이스당 500엔이라고 살며시 알려주었다. 다금바리는 다시마를 먹기 때문에 맛의 풍부함이란 이루 말할 수 없을 정도였다. 나는 에밀과 애스거가 생선을 거의 남긴 걸 보고 하시모토가 방을 나가자 남은 조각을 재빨리 먹어치웠다. 약간 데쳐 나온 생선은 역시 전통적으로 날생선을 먹지 않는 중국인을 배려한 조리법일 것이다.

싯포쿠 요리가 이렇게 비싸고 만들기 복잡하다는 건 나가사키 주민은 집에서 싯포쿠 요리를 만들어 먹지 않는다는 뜻이기도 하다. 하시모토는 결혼이나 생일같이 중요한 기념일에만 가는 음식점이다. 관상용 정원이 딸린 전통적인 나무집으로, 종이로 만든 미닫이 벽과 밖을 둘러싼 데크인 '엔가와ぇんがわ'가 있다. 1940년대에는 미군 부대 사관들이 이 집에 살았단다. 그리고 오늘날 나가사키에서도 몇 안 되는 게이샤가 있는 곳이다(나가사키에는 열여덟 명의 게이샤가 남아 있는데 혹시 관심이 있다면 세 시간을 함께하는 데 드는 비용이 2만1000엔이다).

우리가 식사하는 동안 정원에 있던 잉어 연못으로 눈발이 우아하게 흩날리기 시작했다.

뭉근한 불로 익힌 돼지고기와 단맛이 나는 싯포쿠 요리를 먹으니 상하이 음식이 생각났다. 두 도시 모두 단맛을 좋아하기로 유명한데 나가사키에서 가장 유명한 케이크이자 수백 년 전 남쪽 오랑캐가 가져온 카스텔라만 봐도 그렇다.

카스텔라의 기원은 사람마다 하는 말이 다르며, 포르투갈 혹은 스페인(포르투갈 사람은 기독교로 개종할 가능성이 있는 사람에게 뇌물로 주었다고 한다) 둘 중 하나란다. 늘 그렇듯 일본인은 수백 년 동안 카스텔라 레시피를 가다듬어 옅은 노란색 스펀지 느낌이 나는 매우 촉촉한 케이크로 진화시켰다. 조밀한 기공이 있고 케이크 위아래로는 얇고 부드러운 갈색 껍질이 있다. 카스텔라야말로 나가사키의 진정한 아이콘으로, 일본 전역의 편의점에서 조각으로 판매된다. 직사각형 상자에 정갈하게 담긴 나가사키 카스텔라는 선물로 인기가 높다. 현지인은 우유나 녹차와 함께 아침으로 먹는 걸 좋아한다. 살짝 더 희한했던 건 일본 황실 납품업체이자 나가사키 최고의 카스텔라 가게인 쇼칸도匠寛堂 매니저가 해준 말인데, 카스텔라가 에너지를 준다며 마라토너에게 특히 인기가 높다는 거였다.

아이들과 나는 놀랍도록 푹신한 카스텔라의 비결을 알아보기 위해 메가네 다리眼鏡橋(1634년에 지어진 일본에서 가장 오래된 아치형 돌다리) 바로 옆, 나가사키 중심에 있는 쇼칸도 식품점에 방문했다. 약 1제곱미터 크기의 나무틀에서 다양한 종류의 케이크를 수제로 굽고 있었다. 도쿄 황실로 보내는 특별 제품에는 노른자 다섯 개에 흰자 세 개 비율의 달걀과 조청, 일본 설탕을 사용했다. 설탕은 대단히 촉촉해서 이것이 가장 중요한 재료가 아닐까 생각했다. 계란 흰자 외에 다른 팽창제는 사용하지 않았다. 텍스처가 조밀하지만 가벼운 파운드케이크같이 만들 수 있는 비결은 고도로 숙련된 장인이 조심스레 증기 온도로 굽는 동안 반죽을 세 번 섞는 기술인 '아와기리'다.

쇼칸도 매니저는 일본 최초의 카스텔라 레시피가 16세기 후반에 기록되었다고 주장했지만 카스텔라의 역사에 대해서는 잘 알지 못했다. 그래서 나는 규슈에서 서해안을 따라 북쪽으로 여행해, 유럽인이 가장 먼저 정착했던 일본의 최서단 항구인 히라도에 도착했다. 리센과 에밀은 나가사키에 남겨두고 이튿날 애스거와 함께 식용 역사 수업을 찾아 떠났다. 나중에 우리는 그 수업이 최고였다고 생각하게 되었다.

"포르투갈 배가 처음 온 건 1550년이었고 카스텔라 같은 케이크를 많이 가져왔습니다. 그야말로 리스본에서 온 거라고 할 수 있죠." 히라도의 전설적인 제과업체, 쓰타야鳥屋의 장인인 마쓰오 도시유키가 카스텔라의 기원을 설명하면서 특별한 카스텔라인 카스도스ヵスドース를 만들었다. 카스도스는 카스텔라보다 더 가볍고 더 달다. 마쓰오는 카스텔라를 구운 후, 틀을 탁탁 내리쳐 공기를 빼고 케이크를 조각으로 잘라 달걀노른자에 담그고 뜨거운 설탕 시럽에 떨어뜨린 다음 알갱이가 큰 설탕에 굴렸다. 거의 견딜 수 없을 정도로 달았지만, 텍스처가 워낙 가벼워 괜찮았다.

쓰타야는 히라도에서 거의 500년 동안 카스도스를 만들어왔지만 회사의 역사는 더 오래전인 1502년 포르투갈이 일본에 도착하기 전으로 거슬러 올라간다. 마쓰오는 24대째 주인이다. 히라도는 일본에 설탕이 들어오기 전부터 이미 당과류의 중심지였다. 팥이나 쌀가루를 재료로 과일이나 꿀의 단맛을 더한 젤리 느낌의 과자류를 만들었다. 네덜란드인, 영국인과 무역하는 기간 내내, 히라도 지도자는 마쓰우라 부족의 족장이었고 그들의 후손은 아직도 많이 남아 있다. 일본 기준으로 봤을 때 그 부족이 유난히 부유해진 이유는 새로 등장한 외국인과 무역을 했던 덕분이었다. 도쿄에서 멀리 떨어져 있다는 특징 때문에 드물게 자치권을 가질 수 있었다. 돈도 많은데 고립되어 있으니 덧없이 시간을 흘려보낼 때가 많았기에, 히라도 주민은 시간을 때울 요량으로 자신만의 최고의 방법을 찾아냈다. 그게 바로 다도茶道다.

히라도가 다도에 얼마나 집착하는지 잘 드러나는 사례가 있다. 1841년 당시 마쓰우라 부족의 지도자가 쓰타야에게 다도에 곁들일 최고의 케이크와 화과자 100종을 만들어오라고 했단다. 기록에 따르면 카스도스도 그중 하나였다.

마쓰오가 이 모든 걸 설명하는 동안 나는 오래전에 히라도에 도착했던 케이크는 딱딱하게 굳어 구더기가 득실거리는 건빵이 아니었을까 생각했다. 짐작건대 스페인의 카스티야에서 이름을 따왔을 듯한 카스텔라(카스도스도 마찬가지)는 포르투갈 케이크인 팡데로Pão de Ló[스펀지케이크]와 비슷하다. 그런 케이크가 여러 달 동안 배에서 상하지 않았을 리가 없다. 오히려 포르투갈인이 일본에 들여온 건 일본인이 본 적이 없는 오븐을 이용한 제빵 기술과 달걀을 이용하는 방법이었을 가능성이 높다. 그러나 나가사키에서 먹었던 심플하지만 거의 완벽한 케이크인 카스텔라와 카스도스는 온전히 일본인이 만들어낸 결과물로 봐야 할 것 같다. 카스텔라를 촉촉하게 하는 필수 재료는 쌀 시럽과 일본 설탕이기 때문이다.

마쓰다는 카스도스를 굽는 데 사용하는 나무틀에 먼저 종이를 넣은 다음 유산지를 나란히 놓는 모습을 보여주었다. 마지막으로 카스텔라 바닥에 설탕을 뿌리고 오븐에 넣었다(오븐은 난반Nanban이라는 브랜드였다). "역사가 너무 깊어서요. 제가 레시피를 바꿀 순 없습니다. 오랫동안 구전으로 이어져왔죠. 제가 할 수 있는 일은 최상의 재료를 사용하고 전통을 존중하는 게 전부입니다."

나는 애스거에게 '마쓰오가 얼마나 역사와 전통을 중시하는지 봤지?' 하는 시선을 던졌으나 애스거는 다른 제빵사가 갓 구운 카스도스의 옅은 노란색 가장자리를 자르다 떨어뜨린 부스러기를 주워 먹느라 정신이 없었다.

그에게 물어보고 싶은 게 하나 있었다. 사실 카스텔라에 관한 게 아닌 개인적인 질문이라 좀 망설여졌다. 마쓰오가 500년 역사를 가진 회사의 24대 계승자라면, 직업을 선택할 수 있었을까?

"아니요, 선택할 수 없었습니다! 어릴 때부터 여기서 일했지요. 그리고 후쿠오카와 도쿄에서 교육받았지만 일본의 디저트 문화에서 히라도가 얼마나 중요한지 깨달았습니다. 마을 규모는 작지만 설탕을 가장 먼저 접한 곳이라 과자류의 역사가 길죠. 카스도스를 계속 만들고 할 수 있는 한 최고의 품질로 유지해야 한다는 책임감을 느낍니다. 그게 이곳의 역사를 나타내기 때문이죠."

마쓰오는 가업을 이어받아 승승장구시켰다. 9년 전 쓰타야는 히라도 중심가의 목이 좋은 주소로 새롭게 이전했다. 그 집은 일본 역사에서 가장 주목할 만한 외국인 중 한 명이 살던 집이었다. 그는 가장 처음 일본에 도착한 네덜란드 배인 리프더호에 타고 있던 스물네 명의 '빨간 머리 야만인' 생존자 중 한 명으로 영국인이었다.

영국 켄트 출신의 윌리엄 애덤스는 항해사였고 숙련된 조선업자였다. 살아남은 개신교 신자들은 리프더호에 실려 있던 무기를 일본인에게 모조리 몰수당했고, 적대적인 포르투갈 예수회 통역사 앞에서 완전히 속수무책이었던 초반의 힘든 시기를 보냈다. 애덤스는 가까스로 처형을 피했다. 그는 거기서 그치지 않고 시간이 흐르면서 로맨스 소설에나 나올 법한 믿기 힘든 이야기의 주인공이 되었다. 그는 일본을 통일한 인물이자 위대한 지도자인 도쿠가와 이에야스의 고문으로 기용되었다. 영국으로 치자면, 난파당한 배에 타고 있던 일본인 선원이 헨리 8세의 고문이 된 셈이다. 애덤스는 그의 인맥을 활용해 부를 쌓았고 일본 여성과 결혼하여 사무라이의 지위를 얻은 첫 번째 외국인이 되었다. 그의 삶은 로맨틱 소설인 제임스 클래벌의 히트작 『쇼군 Shogun』에 영감을 주었다. 그래서 나는 애덤스를 생각하면 언제나 리처드 체임벌린[「쇼군」 영화의 주인공]의 이미지를 떠올리곤 한다.

애덤스가 일본에 정착하고 13년 뒤(그는 일본어 이름인 미우라 안진三浦按針으로 알려지게 되었다) 영국 동인도 회사와 처음으로 연락한 사람도 그였다. 갤리언이었던 클로브Clove호는 일본으로 항해하는 내내 괴혈병, 이질과 식인종을 만나 많은 선원이 죽었고, 1613년 6월 겨우 생존한 선원들만 휘청거리며 해변으로 걸어 들어왔다. 그들은 지구본에 글자 그대로 '용이 사는 곳'이라고 표시된 곳으로 파견되어 무역을 허가해달라는 제임스 1세의 친서를 품에 안고 2년 넘게 항해했던 것이다.

앞서 이야기한 대로 영국의 최대 적이었던 네덜란드는 이미 히라도에 성공적으로 정착한 상태였고, 그들은 다른 외국인이 전부 쫓겨나도 오랫동안 견뎠다. 400년이 지난 오늘날까지도 매달 네 번째 일요일마다 히라도 여성들은 네덜란드 코스튬을 입고 중심가를 행진한다. 그러나 2013년에 내가 영국과 일본 무역의 400주년을 기념하는 행사를 취재하러 히라도에 처음 왔을 때는 영국 국기가 중심가에 걸려 있었다.

"세상의 끝에 온 거 같은 기분이죠. 그렇지 않나요?" 그때 내 연락책 렘코 브록직은 아이러니하게도 네덜란드 사람이었는데, 아주 작은 다이하쓰 자동차에 오르며 이렇게 말했다. 당시 히라도는 분명 일본의 끝인 것처럼 느껴졌다. "진짜 일본을 경험하고 싶으면 여기가 제격입니다." 그는 네덜란드 사람 특유의 짜증나는 방식으로 위에서 나를 내려다보며 웃었다.

중심가를 걸어가는 동안 렘코가 인사를 받는 모습을 보아하니 그는 히라도 사람들이 좋아하는 상냥한 남자였다. 그는 지금은 국수 가게로 사용되고 있지만 이전에는 영국인이 실제로 사용했던 창고로 나를 데려가주었다. 그리고 지금은 쓰타야의 새로운 고급 쇼룸인 애덤스의 집과 그가 1620년에 묻혔다는 마을이 내려다보이는 장소도 가봤다.

"저 집을 보세요." 렘코가 언덕에 서서 나무 뒤를 가리켰다. "저 가족의 성은 미우라인데 애덤스가 받은 이름이죠." 친척인가요? 렘코가 어깨를 으쓱였다. "아마도요. 일본에서 기독교 금지를 풀었을 때 외국인의 피가 슬며시 들어갔을 수도 있죠."

일본에 도착한 영국 클로브호의 선장 존 사리스는 무역 허가를 받기 위해 도쿠가와 이에야스를 알현해야 했다. 그건 당시 이에야스의 고향인 시즈오카로 여행해야 한다는 뜻이었다. 사리스는 애덤스와 4주간 동행했다. 일본에 오기 전부터 애덤스는 네덜란드를 위해 오랫동안 일했지만, 사실 그는 모든 걸 혼자 잘해내고 있었다. 하지만 사리스는 애덤스가 지구 반대편에 고립되어 있을 거라고 짐작했다. 그래서 애덤스를 처음 만났을 때 그가 뜨거운 환영 인사를 건네지 않자 당황했을 것이다. 두 사람은 당연히 서로 서먹했다. 사리스는 애덤스를 '귀화한 일본인'이라고 부르며 믿지 않았다. 영국 역사가이자 애덤스 전문 연구자인 제임스 머독은 사리스를 바라보는 애덤스의 관점을 그대로 투영했다. 머독은 사리스를 '1달러에 쩔쩔매고 포르노나 좋아하는 팔레스타인Palestine● 사람'이라고 적었다. 사리스는 유럽에서 처음으로 건너온 선물인 망원경과 함께 제임스 1세의 친서를 자신이 직접 이에야스에게 전달해야 한다고 주장했다. 그리고 일본 지도자 앞에 엎드리기를 거부하며 궁중 예절을 지키지 않고 애덤스의 충고를 무시하며 분노를 드러냈다. 그래도 사리스는 여행하면서 일본인을 관찰할 시간이 있었던 듯하다. 일기에서 그는 '치즈(두부)'를 좋아한다고 기록했고 일본 여인을 '표정이 아름답고 손기술이 좋으며 걸음걸이가 곧다'라고 썼다. 비록 이빨을 검게 물들이는 관행은 다소 좋아하지 않았지만 말이다.

이에야스는 새로 온 영국인 방문객인 사리스를 아주 후하게 대접했는데 아마도 애덤스를 존중하는 뜻에서 그랬을 것이다. 하지만 사리스는 현재 도쿄인 에도로 다시 떠나야 한다는 걸 듣고 분개했다. 이에야스의 아들인 도쿠가와 히데타다[1579~1632]에게 무역을 허가해달라고 마지막으로 간청하기 위해 히라도에서 1000킬로미터 가까이 더 가야 했기 때문이다.

마침내 허가는 받아냈지만 영국인들의 다음 이야기는 그리 영광스럽지 않다. 그들은 온천과 녹차를 즐기게 되었고 마을에서 아이를 낳기도 했지만, 동인도 회사의 히라도 지점을 운영하기 위해 남겨진 영국인은 술과 창녀로 인해 조금씩 제정신을 잃어갔다.

● '교양 없는 사람'이란 뜻으로도 쓰임.

사리스가 일본을 떠나고 한참 후 영국과의 무역 협상을 마무리하기 위해 '불운'이라는 단어의 창조자인 듯한 남자, 리처드 콕스Richard Cocks가 등장한다. 그의 무지함과 게으름 때문에 일본의 동인도 회사는 완전히 대실패로 끝났다. 영국은 일본인이 어떤 물건을 원하는지 혹은 물건을 어떻게 팔아야 하는지 전혀 파악하지 못했다. 콕스는 1623년 히라도 창고를 떠나 고향으로 가던 중 사망했다.

다시 히라도에서 렘코와 나는 리처드 콕스를 기리는 동상 앞에 섰다. 더 가까이 가서 보니 명판에 'Richard Cocs'라고 잘못 쓰여 있었다. 심지어 죽은 후에도 불명예가 콕스를 따라다녔다. 그는 자신이 네덜란드에서 태어나지 않은 걸 저주했으리라.

내 나라 영국이 결국에는 규슈섬에서 부진을 만회했다고 말할 수 있어 다행이다. 일본이 19세기 중반 문호를 다시 개방한 후, 스코틀랜드 사람인 토머스 글로버가 나가사키에 도착했다. 그는 당시 겨우 스물한 살이었으며 영국 산업혁명의 신제품을 많이 가지고 왔다. 그는 일본 땅에서 증기기관차를 처음으로 운행한 사람이었다. 게다가 일본의 첫 서양식 공장인 나가사키 제철소를 설립하는 데도 크게 기여했다. 이 공장은 나중에 미쓰비시 회사가 된다. 뿐만 아니라 박하Japanese Mint와 석탄광도 들여왔다. 아마 그중에서도 가장 반가운 사실은 글로버가 나중에 기린맥주가 된 회사의 창업을 도왔다는 것일 테다.

그렇다. 맥주. 포르투갈 사람은 케이크와 튀김을 가져왔다. 네덜란드 사람은 그 외 중요한 건 다 가져왔다. 하지만 우리 영국인은, 일본인에게 맥주를 가져다주었다.

그리고 드디어 미국인이 왔다.

햄버거

일본에는 오키나와부터 홋카이도에 이르기까지 미국 기지가 여덟 개 있고 약 5만 명의 군인이 주둔하고 있으며 4만 명의 군인 가족과 미 국방부가 고용한 5000명이 거주하고 있다. 내가 상관할 일이 아니니 뭐라 딱히 할 말은 없지만, 아직도 일본이 어떤 면으로는 점령지라는 사실은 꽤 놀라웠다.

특히 흥미로웠던 사실은 사세보 미군 기지가 여전히 존재한다는 점이었다. 왜냐하면 미 공군이 발사한 첫 번째 원자폭탄이 떨어진 곳은 히로시마였고, 3일 후인 1945년 8월에 두 번째 원자폭탄 '팻 맨Fat Man'●이 떨어졌던 곳이 바로 사세보에서 겨우 한 시간 정도 떨어진 나가사키였기 때문이다.

● 원자폭탄의 코드명. 모양이 굵고 둥글었기 때문에 붙은 이름이다.

애스거와 나는 히라도로 우회해 리센과 에밀을 다시 만난 후, 이튿날 오전 원자폭탄이 떨어진 장소와 가까운 나가사키 평화박물관을 방문했다.

나가사키에 폭탄을 투하한 타당한 이유가 뭐였든 간에 미국이 사용한 폭탄이 수만 명 시민의 목숨을 앗아가고, 한 도시를 폐허로 만들고, 오랫동안 땅을 오염시킨 건 사실이다. 그러니 그런 선상에서 생각해본다면, 10년 안에 미국의 대표 음식인 햄버거가 오늘날 마을의 이름이 될 줄 누가 상상이나 했겠는가. 하지만 사세보는 일본에서 햄버거를 판매한 첫 번째 도시가 그들이라고 자랑스럽게 공표했다. 사세보는 일본 전역에 '버거 도시'로 알려져 있고 호빵맨을 그린 만화가, 다카시 야타세가 그린 버거 모양의 도시 마스코트까지 있다.

사세보는 미국의 패스트푸드가 일본을 침범하기 시작한 도시라는 점 외에는 별다른 특징이 없는 항구 마을로 보였다. 다양한 저지방 채소, 간장과 생선을 기본 삼아 다소 검소한 일본 전통 식사에서 고지방 튀김과 고기가 잔뜩 들어간 패스트푸드의 광란으로 변화한 곳이 사세보다(어떤 이는 재앙이라고 표현할 만하다).

사세보시의 관광 주임인 미야우치 히데오는 기차역의 중앙 홀이 내려다보이는 비좁고 어수선한 사무실에 있었다. 우리 가족은 사세보 버거의 탄생 설화를 들으려고 찾아온 참이었다.

미야우치는 한국전쟁을 이유로 1950년대에 많은 미군이 사세보로 왔고, 그들에게 음식을 공급하기 위해 현지 음식점들이

값싼 맥주와 프렌치프라이를 만들기 시작했다고 했다. 곧 햄버거가 메뉴에 추가되었지만, 언제 또는 누가 가장 먼저 햄버거를 만들었는지는 아무도 정확히 모른단다. 사실은 사세보시가 100주년이었던 2001년 따로 홍보할 만한 좋은 방법을 찾지 못해 사세보를 버거의 도시로 홍보하기 시작했다고 멋쩍게 고백했다.

"우리는 햄버거가 이 마을의 특별한 문화란 걸 인지하고 있었습니다. 누구나 햄버거를 일상적으로 먹죠. 하지만 다른 현에서 온 사람들이 독특하다고 생각하는 점은 일본 사람은 음주 후 라멘을 먹는데 우리 사세보 시민들은 버거를 먹는다는 겁니다."

햄버거 가게 위치가 표시된 지도도 이미 있었고, 다카시의 마스코트도 적극적으로 활용되었다. 사세보 출신 소설가 무라카미 류•가 쓴 소설 『69』에 사세보가 등장하는데, 소설을 기초로 영화가 만들어진 덕분에 버거 축제를 꾸릴 수 있었다. 그래서 사세보가 버거 도시라는 명성이 전국적으로 알려지게 되었다.

몇 년 전 햄버거가 사세보에서 최고의 주가를 누렸을 때는 거의 40개의 햄버거집이 있었고 5만 명이 버거 축제에 참석했으

• 가끔 '다른 무라카미'라고 일컬어지는 무라카미 류는 국제적으로 더 잘 알려진 무라카미 하루키의 친구로, 일본에서 널리 알려진 존경받는 인물이다. 나는 무라카미 류를 인터뷰한 적이 있는데, 그가 글을 쓰는 용도로만 사용하는 신주쿠의 아주 고급스러운 고층 호텔 스위트룸에서 만났다(그는 호텔 스위트룸을 작업용으로만 썼다. 그게 가끔 생각난다). 그는 약간 위협적인 인물이었고 안타까운 오해가 생기는 바람에 우리의 만남은 예상했던 것보다 더 어색했다. 그는 내가 그의 소설에 자주 등장하는 노숙자, 가난, 불평등 같은 사회적 이슈를 점검하려고 간 고위층인 줄 착각했던 것이다. 내가 원했던 건 그저 그의 레스토랑 추천 목록이었다. 그는 기사에 실릴 사진 촬영도 거부했다. 그의 고향 음식인 맛있는 버거에 대한 이 설명으로 오해를 풀었으면 한다.

며 도쿄에는 마치 사세보 버거의 분점인 양 '버거 테마파크'가 문을 열었다. 현재 도쿄의 테마파크는 문을 닫았고 사세보에는 30개의 버거 가게가 남아 있다. 나는 이 버거 열풍이 이제 한물간 게 아닐까 하고 나도 모르게 크게 중얼거렸다. 패스트푸드를 멀리하려는 분위기가 있을 것 같았다. 고메 버거가 유행할 차례인가?

"사세보 버거는 하나의 아이콘입니다. 그리고 품질이 좋기 때문에 패스트푸드라고 할 수 없습니다. 손님이 주문하면 만들기 시작하기 때문에 음식이 나오는 데 시간이 걸립니다." 관광청 주임이 약간 짜증이 난다는 듯 대답했다. "고메라고 부르진 않지만 2014년 일본에서 최고의 소고기로 상을 받았던 나가사키 소고기로 만든다든지 하는 스페셜 버거가 항상 있습니다. 크기가 피자만 한 것도 있고 와플로 만드는 것도 있습니다. 방공호 안에도 햄버거 가게가 하나 있을 정도니까요."

인터뷰는 막바지에 이르렀지만 개의치 않았다. 그는 사세보 버거의 기원에 대해 사실상 아는 게 거의 없었기 때문이었다. 우리 가족은 사세보 버거 지도를 들고 로그 킷Log Kit이라는 이상한 이름의 햄버거집으로 발걸음을 옮겼다. 로그 킷의 내부 장식은 거친 서부의 통나무집 같았다. 미군 기지에서 걸어서 2~3분 거리에 있는 작은 단층집이었다. 이 집이 가장 오래되지 않았을까 하는 생각이 들 정도로 낡아 보였다. 바로 여기가 사세보 버거 현상의 뿌리가 아닐까.

"부모님은 제가 세 살 때 이 음식점을 시작하셨어요. 그때는 군부대에 세탁 서비스를 제공하는 가게였고 자전거 대여도 했습니다. 그다음 제가 나이를 좀 먹고 부대에서 요가를 가르치는 자원봉사를 시작하면서 햄버거를 어떻게 만드는지 보게 되었습니다." 60대의 자그마한 여성인 마루타 노부요는 로데오 복장 같은 빨간 셔츠에 카우보이모자를 쓰고 있었다. 그녀는 사세보 버거를 만들 때 사용하는 방법과 사용하지 않는 방법이 무엇인지 설명해주었다. "맥도널드가 이미 일본에서 판매를 시작한 상태였지만 군인들은 그거와는 다른 햄버거를 먹고 싶어했어요. 어머니가 만들어주던 커다란 홈메이드 버거를 그리워했고 하나만 먹어도 끼니로 손색없는 버거를 원했습니다. 그래서 제가 레시피를 만들어냈죠. 제가 사세보 버거를 시작한 거예요!"

그러면, 그녀가 사세보 시그니처 음식의 창시자인가?

"아구! 그럼요. 특허를 내려고 했다니까요! 아니요, 아니에요." 그녀는 카운터 뒤에서 우리가 주문한 버거를 뒤집으며 혼란스러운 설명을 이어갔다. "내가 시작한 사람은 아니에요. 당시 햄버거를 팔기 시작한 식당이 많았어요. 미국 식당이 많았죠."

주문한 햄버거가 나왔다. 내가 주문한 햄버거는 양상추와 양파, 두꺼운 베이컨이 들어간 거대한 스페셜 버거였다. 깨끗하게 먹기는 힘들었지만 아주 맛있었다. 정말로 엄마가 만들어주던 햄버거가 생각났다. 애스거와 에밀과 리센은 베이컨 더블 버거 두 개와 치킨 아보카도 버거를 시켰는데 정말 열정적으로 먹어댔다. 에밀은 지금까지 먹은 햄버거 중 가장 맛있다고 했다.

어두운 소재라 질문하기가 망설여졌지만, 지척의 나가사키

를 몰살시킨 나라의 대표 음식을 어떻게 겨우 몇 년 만에 사세
보 음식으로 거리낌 없이 수용했는지 마루타에게 물어보았다.

"나는 나면서부터 미국인과 친하게 지냈으니까요. 사세보 사
람은 다 그랬어요. 개인적인 친분도 있죠. 물론 더 나이 든 어르
신은 원자폭탄을 생각하면서 '우리는 버거를 먹을 수 없다'라고
합니다. 하지만 그 말을 들어도 저는 그래요. '그럼 미국 사람들
을 먹어버릴까요?'"

마지막 말은 통역이 잘못된 것 아닌가 했지만, 나가사키 출
신인 그녀의 가족 몇몇이 1945년에 폭탄으로 사망했음에도 불
구하고 이제는 앞으로 나가야 할 때라고 믿었다는 말로 이해했
다. 굉장히 관대한 말로 들리지만 이 태도가 나가사키현에서 딱
히 특이하다고 생각되지는 않는다. 나와 대화를 나눴던 마을 사
람들은 히로시마와 나가사키 사람들이 원자폭탄에 대해 어떻게
근본적으로 관점이 다른지 설명해주었다. 히로시마 사람들은 항
의를 표명했다. 나가사키 사람들은 아마도 그 지역의 기독교 역
사 때문인지, 기도와 화해를 표명했다.

마루타와 대화를 나누던 중 키가 큰 짧은 머리의 30대 미국
인이 들어와 테이크아웃 메뉴를 훑어보기 시작했다. 근처 미군
기지에서 근무하는 군인인 게 분명해 보여서 로그 킷의 버거를
어떻게 생각하냐고 물어보았다. 그는 곰곰이 한동안 생각하더니
이렇게 대답했다.

"후추 맛이 강하고 마요네즈와 케첩이 듬뿍 들어가 있고 계
란도 들어가 있죠. 나도 이제 미국 고향에 가면 버거에 계란 프

라이를 꼭 넣을 겁니다. 진짜 미국 스타일은 아니죠. 사실, 미국
바탕에 일본 스타일을 섞은 거예요."

아리타

"여기서 도예가가 되려면 개인적으로 굉장히 헌신해야 합니다." 사카이다 아쓰시가 진지한 목소리로 말했다. 아쓰시는 일본 역사에서 가장 유명한 도예가인 가키에몬 사카이다酒井田柿右衛門(1596~1666)의 15대손이다. 아쓰시의 아버지 가키에몬 사카이다 14대는 2013년에 생을 마감하기 전까지 일본 정부가 지정한 인간 국보였다. "도예가를 직업으로 생각하고 있고 모든 기술을 마스터하려고 한다면 시간이 걸리죠. 그건 평생의 헌신을 뜻합니다."

아쓰시는 깔끔하게 정돈된 공장 지대 입구에 있는 작은 박물관에서 344년의 역사를 가진 매우 정교한 화병과 접시, 컵, 항아리 컬렉션을 애스거와 나에게 보여주는 중이었다.

리셴과 에밀은 사세보에서 점심을 먹은 후 규슈 위를 가로질러 다음 목적지인 동쪽의 혼슈로 가기 위해 야마구치에서 하룻밤 머무르러 떠났고, 애스거와 나는 오후 동안 명성은 어마어마하지만 크기는 자그마한 마을 아리타에 들렀다.

규슈 서북쪽, 숲이 무성한 계곡의 가파른 언덕에 자리잡고 있는 아리타 마을은 일본의 비공식적 도자기 수도다. 내가 방문했던 일본 전역의 가이세키 레스토랑에서 사용하던 접시와 그릇을 제작한 장소이자, 가끔은 일본 전통 멀티 코스 요리를 뒷받침해주고 은근히 격을 높여주는 역할을 하는 자연과 계절 풍경이 그려진 미묘하게 반짝이는 그릇의 탄생지다. 더 분명한 상징적 페어링의 예를 들자면, 밤밥이 있는 가을 풍경이 그려진 밥그릇도 있고, 생선회가 있는 바다 풍경으로 장식된 접시도 있다. 하지만 대부분은 일본 전통 예술의 이미지인 음식 재료의 그림이나 달이 변하는 모습 등이 시각적으로 아름답게 그려져 있다. 이런 그림이 무슨 의미인지 해석하려고 하다니 나는 무슨 생각을 했던 걸까? 비록 그림의 상징성을 해석해내지는 못했지만, 중국 도자기와 비슷한 대담한 붉은색과 로열 블루로 장식한 아리타 도자기가 매우 우아하다는 건 알고 있다.

나는 이 마을의 매력을 우연히 알게 되어 이곳으로 발걸음을 옮겼다. 몇 달 전 런던 메이페어에 있는 노부 레스토랑의 한 행사에 참석했을 때였다. 이전에 내가 노부에게 아사쿠라 노리에 대해 질문했던 바로 그 행사다. 허리가 꼿꼿하고 햄스터처럼 볼이 볼록한, 미국과 유럽의 일본 음식업계의 거장인 노부는 아리타 장인과 협력하여 새로운 테이블웨어 라인을 출시했고 나는 그걸 기념하는 식사에 초대되는 행운을 누렸다.

우리는 레스토랑 내실에서 식사하기 전, 노부와 아리타 장인이 협력하는 과정을 다룬 디스커버리 채널에서 방송된 다큐멘터리를 시청했다. 프로페셔널한 주방에서 그릇을 닦는 과정 중 깨지기 쉽고 화려한 아리타의 그릇이 겪는 잔혹한 현실에 대해 노부가 직접 아리타 장인에게 설명하면서 새로운 그릇을 만들어 달라고 부탁하는 장면이 나왔다. 다큐멘터리의 숨은 의미는, 매일 쓸 수 있는 그릇을 더 많이 제작해 장식용 도자기 제조업의 침체된 시장을 부활시켜보려는 것이었다.

일부 도자기는 이 새로운 테이블웨어의 출시를 기념하기 위해 일본에서 런던까지 공수한 것이었다. 나는 도시에 처음 온 시골 쥐 분위기를 풍기는 약간 수줍은 사람들 앞으로 안내되었다 (유럽은 물론 해외여행이 처음인 사람도 있었다). 문득 곧 일본을 여행하면서 규슈에 가는 길에 아리타를 지난다는 게 생각나 그들의 유명한 작업실을 보러 가도 되겠냐고 물었다. 그들은 기꺼이 오라고 해주었다.

아리타는 일본 도자기의 탄생지다. 임진왜란 당시 일본이 조선을 침략했을 때, 수백 년의 도자기 기술을 갖고 있던 중국에서 기술을 배운 조선인 도공들이 일본으로 잡혀 와 규슈에서 그릇을 만들기 시작했다. 도기는 흙으로 만들지만 자기는 백토인 카올린kaolin[또는 고령토]을 사용한다. 카올린을 가루로 만들고 물과 섞은 뒤 맨발로 반죽해 특별한 흙을 만드는 것이다. 그 다음에는 고온의 불로 굽는데 이 과정을 통해 훨씬 더 고급스러운 자기가 탄생한다. 수십 년간 규슈에서 자기를 만들던 조선인 도공들은 아리타에서 가까운 이즈미산 언덕에서 백토광을 발견했고 처음으로 쪽빛 무늬를 넣었다. 중국 제품과 유사하지만 좀더 인상주의풍으로 자연을 그린 간결한 제품을 만들기 시작했다.

가키에몬 사카이다가 1643년 자기에 유약을 바르기 시작한 곳도 아리타 마을이다. 아마도 나가사키에 있던 중국인 공예가에게 기술을 배운 것 같다. 이 기술로 가키에몬은 유약을 바를 수 있게 되었고 디자인에 더 많은 색상을 넣는 작업이 가능해졌다. 그는 주로 적색에 황색과 녹색으로 나무와 새를 그렸고, 그 사이로 여백을 살린 '이로에色繪', 글자 그대로 '색채 그림'이란 뜻의 회사 시그니처 스타일을 만들어냈다.

1659년 네덜란드 동인도 회사는 중국이 영국과 전쟁을 벌이느라 중국에서 도자기를 구하지 못하게 되자, 그 빈틈을 메우기 위해 데지마에서 아리타 도자기를 수출하기 시작했다. 결과적으로 아리타에서 제작된 도자기는 나중에 규슈보다 남쪽에 있는 도자기 경쟁 지역인 사쓰마에서 만들어진 도자기와 함께 유럽의 군주와 귀족의 사랑을 받으면서 유명해졌다. 도자기는 유럽으로 건너간 일본의 첫 번째 문화 상품이었고 엄청난 매력을 불러일으킨 물건의 시초가 되었지만, 약삭빠른 네덜란드인은 아리타 그릇 스타일을 다른 방향으로 이끌었다. 당시 유럽인의 취향을 만족시키기 위해 그림과 문양을 중국풍으로 그리라고 요구했던 것이다. 17세기 말 아리타 도자기는 금보다 더 가치가 높아졌고 마이센Meissen[독일 도자기], 델프트Delft[네덜란드 도자기], 세브르Sèvres[프랑스 도자기], 스포드Spode[영국 도자기]의 초기 자기 산업에 직접적인 영향을 끼쳤다. 마리 앙투아네트의 어머니인 마리아 테레지아는 합스부르크가 대공이었는데 아리타 도자기의 열렬한 팬이었다. 2만 점의 도자기를 소유했던 작센의 왕 아우구스투스 2세는 자기 100점을 쓸어오기 위해 군사 600명을 보낸 것으로 알려져 있다. 오늘날 이스탄불에 있는 톱카프 궁전Topkapı Palace부터 런던의 빅토리아 앨버트 박물관까지 여러 장식 미술관에서 아리타 그릇을 전시하고 있다. 네덜란드가 유럽으로 실어왔다고 알려진 500만 점의 자기 중 아프리카를 돌아오는 1년간의 항해에서 살아남은 그릇인 셈이다. 요즘에도 아리타 자기는 중국 자기처럼 물건이 많지 않아 경매에서 수만 파운드에 거래된다.

사카이다 아쓰시는 가키에몬 회사의 시설 중 일반인에게는 공개하지 않는 작업실 뒤쪽을 보여주었다. 먼저 우리는 이 귀한 예술품을 이어가는 데 평생을 헌신하고 있는 사람들이 유령같이 흰 점토를 이용해 그릇을 만드는 수작업실로 안내되었다(나는 사실 색을 칠하고 유약을 바른 다음 문양을 그리지 않은 그릇을 더 선호하지만 이 말은 하지 않았다).

"가키에몬 도예가가 되기로 마음먹었다면 완성품을 만들 때까지 10년은 기다려야 합니다. 다음 세대에게 가르치려면 30년 동안 적절한 훈련을 거쳐야지요." 사카이다가 설명했다. 어떤 도예가는 40년 넘게 있었다고 한다. 10년의 연습 기간에 20년간 기술을 다듬는 기간이라니. 뇌 전문 외과 의사가 학교를 졸업하는 게 더 빠르겠다. 나는 열심히 듣고 있던 애스거에게 의미심장한 눈빛을 보냈다.

만약 애스거에게 흠이 있다면(어디까지나 '만약'이다) 다른 10대와 마찬가지로 부단히 노력하는 것에 대해 그다지 열정적이지 않다는 점이다. 말하자면, 악기를 연주하기 위해 복잡한 기술 훈련을 하는 것이나 설거지를 제대로 끝내는 것 등의 노력 말이다. 나는 애스거가 고도의 집중력과 장기간의 헌신을 통해 한 사람이 성취할 수 있는 경지에 대한 통찰력을 배웠으면 하는 마음으로 애스거를 데리고 온 것이었다. 그런데 아리타는 영감보다 반감을 주고 말았다. 사카이다는 말을 이었다.

"처음 몇 년 동안은 흙을 준비하는 방법을 배웁니다. 그리고 물레에서 연습하는 데 몇 년 걸리지요. 10년째가 돼서야 무언가를 만들 수 있도록 허락받습니다. 대개 찻잔같이 작고 둥근 그릇입니다." 듣자 하니 그 시점에도 굉장한 '성년식' 같은 건 없나 보다. 그의 말에 따르면 만족이라는 건 내면에 있고 개인적인 거란다. 더 심한 건 가키에몬 회사는 '쇼쿠닌しょくにん'(직역하면 '노동자' 더 정확히 하면 '장인')의 자유로운 예술적 표현을 금지한다는 것이었다. 지속성은 늘 창조성에 도움이 되는 요소다. 하지만 사카이다는 이런 빙하처럼 느린 진행에도 불구하고 도제 중 중퇴자는 한 명도 없다고 주장했다. 훈련하는 데 이렇게 오랜 시간이 걸린다면, 새로운 도제를 찾는 데 어려움은 없을까 궁금했다. 이건 일본 음식계에서 일하는 사람과 얘기할 때마다 늘 나오

는 걱정거리였기 때문이다. "아니요. 문제는 없습니다. 일을 배우 겠다고 오는 열정 넘치는 젊은이들이 많습니다." 그럼 돈을 많이 주나? "쇼쿠닌이 되기 위해서는 강한 개인적 헌신이 필요합니다. 이 일을 배우는 건 아마 끝이 없을 거예요."

아니라는 말이군.

가키에몬식으로 유약을 칠한 자기는 특별한 과정을 거쳐 만 들어진다. 예를 들어, 단순한 디너 플레이트도 성형, 무늬 넣기, 칠하기, 초벌구이, 유약 바르기, 재벌구이를 포함해 11개의 단 계를 거친다. 그중 어떤 단계에서라도 아주 작은 흠이 발견되면 그 그릇은 파기해야만 한다. 그나저나 가마를 담당하던 그 사람. 휴, 안쓰러워 어쩌나. 현지에서 나는 이즈미산 흙은 '니고시데'라 는 우윳빛 흰색을 띠는 점토가 된다. 그래서 푸른 빛이 도는 여 타 흰 도자기와는 다른 색을 내는데 정말 화가 날 만큼 굽기가 어렵다. 가마에 들어간 그릇 중 절반 정도가 굽기 과정에서 살 아남지 못한다. 가마를 담당하는 사람은 도예가들이 며칠도 아 니고 어떨 땐 몇 년에 걸쳐 만들기도 하는 그릇을 깼다는 책임 을 면하기 어려울 것이다. "네, 갈등이 좀 있죠. 정확히 말해 싸 우는 건 아니지만……" 사카이다가 말끝을 흐렸다.

토요일이었지만 가키에몬 도예가 열두 명 정도가 일하고 있 었다. 진흙 맨바닥인 작업장은 창문보다 낮아 도예가의 눈이 우 리의 무릎 높이였다. 도예가의 머리 위로는 기둥을 가로지르는 나무판자가 있고 그 위로 그들의 결실이, 색을 칠하기 전의 삭막 하게 하얀 컵과 단지와 화병들이 나란히 놓여 있었다. 도예가마다 나무 의자에 흰 방석을 올리고 앉아 물레를 굽어보고 있었다. 옆으로는 작은 물통과 견본, 스크래퍼, 캘리퍼스, 작은 크리켓 방망이 같은 관련 도구가 모두 일정한 형태와 크기로 늘어서 있었다.

도예가는 모두 남자였지만 색칠 작업실에는 대여섯 명의 여자가 앵글포이즈 조명을 받으며 항아리와 화병을 부지런히 칠하고 있었다. 두꺼운 사슴 털에 짧고 두툼한 대나무 손잡이가 달린 붓을 썼다. 사카이다가 두 작업실에 성별이 나뉘어 있는 이유를 설명했다. "흙을 준비하는 일은 대단히 몸이 고된 일입니다. 색을 입히는 일은 그렇진 않거든요."

색칠 작업자는 두 종류가 있다. 하나는 윤곽을 그리는 일이고 다른 하나는 색을 채워 넣는 일이었다. 우리는 창문을 통해 세 명의 작업자가 교실처럼 일렬로 앉아 있는 작업실을 지켜보았다. 애스거가 지적한 대로 조용히 앉아 있는 그들 중 누구도 헤드폰을 쓰고 있지 않았다.

나는 애스거에게 이걸 보고 무슨 생각이 들었는지 묻기가 망설여졌다. 여기서 공예를 배우며 10년을 보내는 게 상상이나 가능할까? "아아아니요. 그렇게는 못 할 거 같아요. 다른 데로 금방 옮기겠죠. 제가 실천력이 좋잖아요." 나도 뭐라고 잔소리는 하지 않았다. 가키에몬 도예가로 성공하려면 특별한 사고방식이 필요하다는 느낌이 들었다.

작업실을 나오면서 한 도예가가 방금 내던져진 컵을 들여다보고 있는 걸 보게 되었다. 그는 컵을 들고 한동안 빛에 이리저리 비춰보았다. 정확한 두께를 알아보려고 두드려본 다음, 측정기를 꺼내 치수를 쟀다. 그의 표정은 감정을 드러내지 않았지만 분명 무언가가 마음에 들지 않은 것이다. 그는 두 손으로 컵을 부수더니 휴지통에 획 던져버렸다.

다레

규슈에 머무는 동안 마지막으로 수행할 임무가 하나 남아 있다. 내가 찾고 싶은 마지막 퍼즐 조각은 당연히, 규슈에서 마지막으로 먹고 싶은 음식이었다. 이 특별한 음식은 일본에서 '계속 쓰는 다레'라는 걸 찾는 내 1년간의 추적의 하이라이트가 될 것이었다. '계속 쓰는 다레'라니, 그게 무엇인가? 설명하기 전 먼저 두서없이 소개하고자 한다.

이 시대의 저널리스트에게는 두 가지 황금률이 있다. 먼저 절대 다른 기자가 쓴 온라인 기사에 댓글을 달지 말 것. 그리고 자신이 쓴 기사에 달린 댓글을 절대 읽지 말 것. 나는 일상적으로 이 두 규칙을 모두 어기는데, 가끔 댓글을 읽다가 깨달음을 얻을 때가 있다. 예를 들자면, 내가 『가디언』에 기고했던 온라인 기사에 달린 댓글이 기억난다. 오사카 음식의 경이로움에 관해 쓴 기사였다. 댓글은 이런 취지였던 것 같다. "음, 나는 일본에 1년 살았지만 일본 음식은 다 똑같다. 모든 음식을 간장과 설탕으로 요리하니까."

이 말은 어느 정도 사실이다. 많은 일본 음식이 부엌에서 다시(다시마와 대개는 가쓰오부시, 말린 표고버섯을 넣고 우려낸 일본식 '국물')나 생강, 마늘 혹은 설탕의 대체로 쓰는 미린(요리용 사케)과 함께 간장이나 설탕에 뭉근히 조리는 방식으로 요리된다. 일본에 2주 넘게 있으면서 달콤한 감칠맛을 없애줄 레몬즙이나 식초가 흩뿌려진 음식이 당길 때가 있었다. 하지만, 간장과 설탕은 단맛과 아미노산의 너무나 완벽한 조합이라 대개 유혹을 뿌리치기 힘들었다.

간장-설탕 조합의 정점은 쓰쿠다니佃煮•다. 하지만 제대로 만들어진 쓰쿠다니는 맛이 단조롭기는커녕 사람들이 아직 발견하지 못한 보석이다. 다시를 만들고 남은 다시마부터 조개, 작은 오징어 같은 여러 재료를 사용하고, 각각 따로 간장과 설탕에 조려 다양한 종류의 쓰쿠다니를 만들 수 있다. 쓰쿠다니는 간장과 설탕의 중독성 있는 달콤함덕에 맛이 풍부한 데다 발효까지 되어 거의 소고기 기본 양념 같은 음식이다. 쌀이나 샐러드에 맛을 더하기에도 안성맞춤이고, 도시락과 같이 조금씩 먹거나 사케 안주로 먹기에도 그만이다.

쓰쿠다니의 풍미가 특히 내 흥미를 끌었다. 페란 아드리아의

• 어패류, 육류, 채소류, 해조류 등에 간장을 넣고 조린 음식.

남동생 알버트는 1990년대로서는 굉장히 혁신적으로 여겨졌던 올리브 오일, 비트와 월계수 잎을 이용한 맛있는 디저트로 지평을 넓힌 근대 유럽의 첫 번째 요리사일 것이다(마카롱 마스터인 피에르 에르메도 언급하지 않을 수 없다. 비록 그의 케첩 마카롱은 세월의 시험을 견뎌내지 못했지만 말이다). 하지만 일본 요리는 이런 식으로 단맛과 짠맛을 오랫동안 섞어왔다. 예를 들면, 찐 야채에 설탕을 넣거나, 조린 쇠고기 요리 스키야키에 설탕을 넣는다. 그리고 설탕은 그릴에 구운 음식에 끼얹는 다양한 다레 소스에도 들어간다. 전통적인 가이세키 요리를 먹는 동안 모든 음식이 짤 거라고 예상했다가 초반에 단맛이 느껴진다거나 혹은 단맛과 짠맛이 섞여 있는 코스 요리를 먹게 될 수도 있다. 나는 최근에 갔던 하라주쿠 근처 현대식 소바 음식점에서 스타터로 새우와 감이 굉장히 조화롭게 어우러진 음식을 먹었다. 달고 짠 맛이 거의 동시에 느껴진다는 점에서 쓰쿠다니도 이와 비슷하다.

쓰쿠다니가 유래된 곳은 지도에서 정확히 짚어낼 수 있다. 지명으로 알 수 있기 때문이다. 바로 쓰쿠다섬으로, 도쿄만에 있는 인공 섬이다. 쓰쿠다니는 활기 넘치는 오코노미야키(주로 두껍고 짭짤한 팬케이크라고 묘사되는 서양식 일본 요리지만 사실 그 이상의 요리다) 거리와 더 유명한 몬자야키もんじゃ焼き(오코노미야키의 더 질퍽한 도쿄 버전) 식당에서 멀지 않은 곳에 있는 오래된 가게 세 곳에서 아직도 만들어지고 있다. 쓰쿠다니 거리는 한때 어촌이었던 느낌을 여전히 간직하고 있었다. 여러 대에 걸쳐 사는 가족이 있다고 들었는데, 그들은 집을 계속 보유하고 있다가

자손에게 물려주길 좋아한다고 한다. 아마도 그래서 긴자의 고층 건물이 보이는 곳에 위치하고 있음에도 고층 아파트가 이곳을 집어삼키지 못했으리라. 빨래한 옷을 아직도 베란다에 너는 동네이며 운하를 따라 작은 상점과 신사가 점점이 흩어져 있다. 우리 가족이 일본에 오기 1년 전, 나 혼자 왔을 때는 아침에 상점 주인이 문밖의 인도에서 물청소를 하고 있었고 아이들은 거리에서 뛰어놀고 있었다. 도쿄 중심가에서는 보기 힘든 장면이다. 스미다강으로부터 매립지 구역을 안전하게 막고 있는 벽에 다다르자, 간장 졸이는 냄새가 강하게 흘러나왔다. 이 섬의 쓰쿠다니 가게 세 곳은 모두 강변 근처에 있었다. 그중 1848년부터 7대째 운영되고 있는 쓰쿠젠 다나카야는 방문을 기꺼이 허락해주었다.

가게 직원의 안내를 따라 건물 뒤로 빙 돌아가자, 어두운 동굴 같은 부엌에서 하얀 방수천의 작업복 바지를 입고 불 위에 놓인 커다란 통에서 부글부글 끓는 검은색 액체를 굽어보는 에비하라 쓰토무를 발견했다. 그에게 쓰쿠다니의 기원에 대해 물어보았다.

"여긴 한때 어부들의 섬이었습니다. 고기를 보존할 요량으로 국을 끓였는데 점점 보존하는 게 그다지 중요해지지 않게 되었죠. 그래서 맛에 집중하기 시작했습니다."

그들은 단순히 늙은 어부가 아니었다. 17세기 일본의 쇼군이었던 도쿠가와 이에야스가 어부들에게 원래 고향인 오사카의 쓰쿠다무라에서 새로운 수도인 에도로 옮기라고 명령했던 것이다. 누구는 어부 중 한 명이 쇼군의 목숨을 구했다고 하고, 누구는 일본에서 제일 실력이 좋은 어부들이니 에도에서 해산물을 신속히 공급받기 위해 필요했기 때문이라고 했다. 어부들은 에도성에서 얼마 안 떨어진 이 섬에 자리를 잡았고 특별어업권을 받았다.

"작은 생선은 팔 수 없으니까 보관해두려고 바닷물에 끓이곤 했습니다." 쓰토무가 설명을 이어갔다. 나중에는 고기, 생선, 야채나 곤충까지 간장으로 끓였고, 집에서 재배한 사탕수수에서 수월하게 얻은 설탕까지 단지에 넣어 끓이니 보존하기 쉬움은 물론 맛도 좋아질 수밖에 없었다. 어부들은 이런 방식으로 재료를 재사용할 수 있다는 것도 깨달았다. 다시를 만들기 위해 한번 끓였던 다시마는 쌀밥의 맛있는 양념으로 쓸 수 있었다.

현재 쓰쿠젠 다나카야는 내가 가장 좋아하는 작은 조개로 만든 쓰쿠다니를 포함해 스무 종류를 판매한다. 내가 방문했을 때 쓰토무는 쉽게 타서 제대로 만들기가 가장 어려운 동시에 가장 잘 팔리기도 하는 다시마 쓰쿠다니를 만드느라 분주했다.

"다시마를 서너 시간 끓이고 작게 자른 다음 간장과 설탕에 한 시간 반 동안 끓입니다." 복잡한 과정이라고 보기는 힘들고 간장에다 무슨 특별한 걸 첨가해야 하는 것도 아니었지만(그는 업소용 크기의 기코만 간장을 사용했다) 저렴한 쓰쿠다니와 좋은 쓰쿠다니는 큰 차이가 있다. 좋은 제품은 모든 걸 아우르는 맛이 있고 단순히 졸인 간장 맛이 아니라 음식 재료 고유의 맛이 난다. 저렴한 제품은 소금기와 탄 맛 같은 게 느껴진다.

쓰토무가 가장 좋아하는 맛은 망둑어로 만든 쓰쿠다니로, 내겐 흙 맛과 냄새가 나는 생선으로 만든 것이었다. 쓰쿠다니로 끓이면 뭔가 굉장히 풍미가 좋은 음식이 되겠지만, 분명 그다지 맛있지는 않을 것 같았다. 일본 전통 음식이 대개 그렇듯 쓰쿠다니도 쇠락의 길을 걷고 있다. "뭐, 냄새 때문에 집에서 만드는 음식은 아니죠. 이걸 먹는 사람들은 나이를 먹어 세상을 떠나고 있고요." 쓰토무는 우울한 전망을 내놓았다. "사람들이 요즘 밥보다는 빵을 더 먹죠. 물론 안타까운 일이지만, 내가 뭘 어떻게 할 수 있는 건 아니니까요." 이 섬에는 쓰쿠다니 가게가 열두 곳이나 있었고 학생들의 도시락마다 쓰쿠다니가 가득했던 게 일상이었다. 하지만 쌀의 소비량이 줄어들자 곁들일 양념도 감소하기 시작했다. "사케를 마시는 일부 젊은 사람들이 쓰쿠다니를 재발견했습니다. 어쩌면 언젠가 모든 일본인이 다시 이걸 찾게 될지도 모르죠." 확신할 수 없다는 말투였다.

그는 처음에는 나를 좀 낯설어하더니 나중에는 쓰쿠다니의 위대한 비밀을 알려줄 정도로 편안해했다. 이 가게를 시작한 1843년에 그 기원을 두는 기본 소스 다레가 그 비밀이다. 그는 매일 소스를 약간 남겨 한쪽에 놓고 이튿날 아침 쓰쿠다니를 새로 만들 때 베이스로 사용한다고 했다. 170년간 계속 이어져온 '모체' 소스가 이 특별한 쓰쿠젠 다나카야 맛의 비밀이었다.

일본에서 다레는 어디에나 존재한다. 다레의 재료와 비율이 다 다르니까 말이다. 다레는 풍미 가득한 단맛이 나는 어두운 갈색의 다목적 소스다. 쓰쿠다니의 베이스가 되는 건 당연하고 다른 음식에도 쓰인다. 다레는 미린이나 설탕을 추가하기도 하고 가끔은 마늘이나 생강으로 맛을 돋운 다음 졸이거나 걸쭉하게 만든, 말하자면 기본적으로 간장이다. 야키토리에 붓으로 바르거나 굽기 전의 우나기(장어)에 바를 수 있다. 스키야키나 샤부샤부를 찍어 먹는 소스용으로 묽게 만든 다레도 볼 수 있고, 스시 셰프들이 초밥 위에 반짝이는 막('니키리')을 만드는 데 사용하기도 한다. 헷갈리게도 다레는 라면 국물의 매우 강렬한 맛을 내는 베이스를 의미하기도 한다. 면에 국물을 넣기 전에 그릇에 넣는, 간장을 베이스로 한 또 다른 갈색 액체(비록 나중에 넣을 때도 있지만)로 일종의 라면 에센스다. 나와 얘기했던 라멘 요리사는 다레가 '라면의 영혼'이라고 주장하기도 했다. 다레는 또한 다코야키와 오코노미야키에 두껍게 바르는 중독성 강한 데리야키 스타일의 소스로 쓰이기도 한다. 이렇게 다양한 다레에는 과일(사과, 토마토)부터 참기름, 허브나 향신료까지 아무거나 다 첨가할 수 있다. 그러니까 낡은 기차의 객실 의자에 오코노미야키 소스를 바른다면, 그 의자도 맛있을 것이다.

나는 그날 쓰쿠다니섬에서 전철역으로 발걸음을 옮기면서 계속 다레에 대해 생각했다. 쓰토무의 소스가 정말로 내연기관과 전구, 전화기보다 이른 19세기 중반에 뿌리를 두고 있을까? 나는 일본 요리사가 하루 동안 사용했던 다레 중 남은 것을 냉장고에 두었다가 이튿날 아침 다레를 만들 때 베이스로 다시 쓰는 행위를 수년 동안 이어서 하는 관습이 늘 신기했다. 마치 그 행위가 건강에는 그 어떤 위협도 없다는 듯 말이다. 나는 수십 년간 똑같은 다레를 계속 이런 식으로 사용해온 야키토리 가게에서 식사한 적이 있다. 가끔은 젊은 요리사가 스승을 떠나 스스로 새로운 다레를 만들 때도 스승은 일종의 '시작점'으로 자신의 다레를 좀 나눠주기도 한다. 제빵사가 발효 원종을 사용하는 것처럼 말이다. 한번은 자신의 다레가 60년이 되었다고 주장하는 단출한 야키토리 가게에 갔다. 다른 가게에서는 자신의 다레가 제2차 세계대전이 일어나기 전으로 거슬러 올라간다는 말을 들은 적도 있다. 그리고 쓰토무는 쓰쿠다니 부엌에서 똑같은 다레를 19세기 중반부터 계속 써왔다고 주장하고 있다.

생각이 여기까지 미치자 일본에서 가장 오래된 다레는 어떤 건지 궁금해졌다. 그래서 나의 이번 임무가 탄생한 것이다. 규슈를 여행하는 동안 결국 또 길을 돌아가게 만든 임무가 말이다. 내가 하는 일이 다 그렇듯 이번 '임무'도 딱히 집중을 해야 한다거나 부담이 큰 건 아니었다. 그냥 핑계에 지나지 않았는데 사실 이번에는 아리타를 출발해 야마구치에서 하룻밤 자러 가는 길에 우연히 있던 우나기 맛집을 가볼 요량이었다. 나는 거기서 다른 모든 다레를, 특히 쓰토무의 다레조차 큰 차이로 이길 수 있는 가장 오래된 다레의 뒤를 밟을 수 있다고 믿었다.

나는 규슈 북쪽 사가현의 야나가와柳川시에서 3대째 이어오는 장어 식당 모토요시야本吉屋의 문을 통과하기도 전에, 이미 일본에서 가장 오래된 다레를 찾는 나의 임무가 끝났음을 직감했다. 예스러운 초가지붕을 얹은 식당 입구 옆의 거대한 산업용 통풍구는 두꺼운 장어 기름이 쌓여 거무스름했다. 부엌에서 음식 냄새를 빨아들여 길거리로 곧장 배출하는 시스템은 간판을 앞뒤로 매고 다니는 광고맨이나 네온사인 또는 대형 간판보다도 훨씬 더 효과적인 홍보 수단이었다. 애스거와 나는 아리타 자기 투어를 마친 후였기에 굶주린 배를 부여잡고 식당 앞에 한동안 서서 장어구이의 냄새와 고대의 소스 냄새를 한껏 들이켰다. 아, 신이시여. 냄새가 끝내줍니다. 공기를 먹고 싶을 정도였다.

애스거가 문으로 허겁지겁 들어갔고 나도 뒤따라갔다. 우리는 식당 매니저인 이치야스 겐을 만났다. 그는 335년 전에 식당 문을 연 이후로 계속 운영해온 모토요시야 집안의 사위였다.

"1681년 식당을 열었을 때와 정확히 똑같은 음식을 제공하고 있습니다." 머리부터 발끝까지 챔피언 운동복을 입은 쾌활하고 통통한 이치야스가 활짝 웃으며 말했다. 그 음식이란 우나기 노세이로무시うなぎのせいろむし로 쌀밥에 민물장어구이와 계란 지단을 얹은 것이다. 계란 지단은 이 지역에서만 얹어 먹는다고 한다. 밥 자체에 황홀한 다레를 덮고 '세이로'라고 알려진 나무 찜 통せいろ에서 쪘다. 장어 토막을 숯 위에서 굽고 한 번씩 계속 소스에 담가준 다음(이 기술을 '가바야키かばやき'라고 한다) 밥 위에 놓고 가운데에 계란 지단을 흩뿌려준다. 찜통에 옮겨 마지막으로 한 번 더 찐 다음 고급스럽고 반들반들한 옻그릇에 내왔다.

숟가락을 들기 전 다레에 경의를 표해야 했다. 이치야스가 우리를 데리고 부엌을 지나 별도의 공간에서 하얗게 뜨거워진 숯과 껍질 벗긴 장어를 요리하느라 분주한 요리사를 만나게 해주었다.

"이게 우리 식당에서 가장 중요한 보물입니다." 이치야스가 윤기가 흐르는 검은 소스가 그득히 담긴 커다란 도자기를 가리켰다. 나는 그윽하고 잔잔한 표면 바로 위에 코를 대고 생선 캐러멜 향기를 깊이 들이마셨다. "누구도 이 다레를 흉내 내거나 집에서 만들 수 없습니다. 우리는 멈추지 않고 300년 이상을 만들어왔으니까요."

이 신비로운 액체를 아사 직전의 늑대처럼 바로 벌컥벌컥 들이켜고 싶은 강력한 유혹과 싸우면서도 나는 겐에게 다레에 관해 다소 곤란한 과학적 진실을 제시해야 한다는 걸 잘 알고 있었다. 1년 전, 일본 TV 프로그램에서 분석한 바에 따르면 이런 방식으로 계속 사용한 다레는 몇 주 내로 사실 완전히 모든 분자가 바뀐다는 게 증명되었다는 말을 건넸다.

놀랍게도 겐은 동의했다. "아, 아니요, 아니요. 이 다레에 330년 된 맛이 있다고 믿지 않습니다. 물론 아니지요. 하지만 비밀 재료가 들어가 있죠."

모토요시야 다레의 두 가지 주재료는 간장과 설탕 시럽이었고 나중에 좀더 구슬리자 세 번째 '비밀' 재료를 결국 털어놓았지만 비밀로 할 만한 건 전혀 아니었다.

"소스의 비밀 재료는 담갔다 빼는 장어의 맛입니다! 장어를 더 많이 담글수록 더 맛이 좋아지죠. 이 맛이 거기서 나는 겁니다. 그러니까 생각해보세요. 가장 바쁜 7~8월에는 정말로 맛이 좋죠. 성수기에는 장어가 300개까지 나갑니다. 하지만" 겐은 갑자기 진지한 투로 말했다. "다레를 만드는 방법은 비밀이죠." 음,

결국 비밀인가? 아마도 '약한 불'이 아닐까 한다.

겐의 말대로 일본에서 장어를 먹는 시기는 전통적으로 여름이다. 나는 달콤한 갈색 소스로 번들거리는 구운 장어와 고봉으로 담긴 쌀밥을 먹는 게 어떻게 사람을 '시원하게' 하고 일본의 후덥지근한 여름과 싸우는 데 '에너지를 준다'는 건지 의아했고 논리적으로도 이해가 안 갔다. 겐도 인정하듯 사실 장어는 추위를 막기 위해 지방을 쌓아두는 겨울에 더 맛이 좋다. 그는 운하 맞은편의 아리아케만 근처의 야나가와시의 규슈 우나기가 특히 세계에서 가장 맛있다고 단언했다.

야나가와는 한때 장어의 주요 서식지였고 특히 강과 바다 사이에서 발견되는 흰점박이 장어인 '호시아오'(정확한 이름은 앙귈라 자포니카Anguilla Japonica)가 많았지만, 오늘날 일본 야생 장어는 어느 종이건 거의 남아 있지 않다. 지난 30년간 장어 개체 수는 90퍼센트 감소했고 정부는 뒤늦게 장어를 멸종 생물 목록 Red List에 포함시켰다(유럽도 마찬가지다. 장어 개체 수가 지난 60년간 80퍼센트 줄었다. 특히 1980년대에 현저히 줄어 이제 장어는 공식적으로 멸종 위기종이다).

우리는 이제 막 민물 장어에 대해 알아가고 있는데 장어는 점점 더 사라지고 있다. 연구자들이 이 이상한 생물체의 생태에 대해 새로운 사실을 발견하기 시작한 20세기 초반까지, 장어의 생식 주기는 알려진 게 없는 미스터리여서 역사 속 위대한 지성들의 애간장을 태웠다. 장어가 어디서 왔고 어떻게 번식하는지 전혀 알 수 없었다. 아리스토텔레스는 장어가 지렁이의 한 종류라고 믿었고 프로이트는 장어의 생식기를 연구하는 데 오랜 세월을 보냈다. 현재 전 세계 장어 개체의 절반은 사르가소해[북대서양·남태평양의 일부]에서 알을 낳고 다른 절반은 서부 마리아나 해구[서태평양 마리아나제도 동쪽에 있는 해구]에서 알을 낳는다고 알려져 있다. 일본 장어는 후자에서 온다. 장어는 바다 건너 수천 킬로미터를 이동해 민물 강과 호수로 와서 10~14년을 산다.

지구 전체의 장어 수확량의 4분의 3은 일본에서 소비된다. 요새 일본이 소비하는 장어는 대부분 중국 농장에서 수입한 것이다. 야생 일본 장어는 극히 귀해져, 희소성 때문에 가격이 최근 열 배까지 올라 일본의 유서 깊은 장어 식당이 문을 닫을 정도다.

"정말, 정말 큰 문제죠." 겐은 일본의 장어가 줄어드는 걸 걱정했다. "이유는 두 가지입니다. 날씨 변화와 산업화된 농업 때문에 장어의 서식지가 사라졌기 때문이죠." 장어의 전체 개체 수는 가공할 만한 기생충에 영향을 받았으며, 둑과 강의 수문 같은 인공장애물이 장어의 이주를 막은 것도 원인이다.

모토요시야에서 사용하는 장어 전량은 규슈 남쪽의 미야자키와 가고시마현 농장에서 기른 양식 장어였다. 양식 장어는 뼈가 가늘어 지방이 더 많고 맛이 일정하며 요리할 때 냄새도 덜 난다. 하지만 새끼 뱀장어 혹은 '유리 뱀장어'를 야생에서 잡아 기르는 것이 장어의 멸종 위기에 대한 해결책은 아니다. 이를 해결하기 위해서는 장어 포획 사육을 실제로 지속 가능하게 만들 방법을 찾아야 한다. 긴키대학의 연구자들은 최근 가짜 장어를 개발했다. 메기에게 특별한 사료를 먹여 더 기름지게 하고 특유의 흙 맛이 나지 않도록 만든 것이다. 장어와 비슷한 이 메기가 최근 소량으로 판매에 들어갔다.

"절대 사용하지 않을 겁니다. 하지만 언젠가 누군가는 장어를 포획 사육하는 방법을 알아내겠죠. 가능은 하겠지만 굉장히 비싸겠죠. 그건 확실해요."

다레로 돌아가보자. 제가 이 다레를 전부 사는 데 5000만 엔을 드리면 어떨까요? 그는 웃음을 터트리며 고개를 저었다. 500억 엔은요? 아니요. 이 소스는 식당의 명성과 부의 근원입니다. 계속 같은 다레를 쓰는 것에 위생적인 문제는 없나요? 서양에서라면 그런 식당은 건강과 안전 수칙 기타 등등을 위반했다는 이유로 문을 닫을 거 같습니다. "온종일 데우니까요. 그리고 쌀밥 그릇이랑 장어는 찌고요. 그래서 그건 문제가 안 됩니다."

나는 그 자리에 서서 자욱한 연기 속에서 다레를 바른 장어를 요리하는 모습을 지켜봤다. 불 주변의 벽은 온통 끈끈한 갈색 액체로 얇게 코팅되어 있었다. 그는 막 구운 장어를 다레에 담근 후, 지방으로 반짝이는 장어를 다시 그릴에 놓았다. 귀한 소스 몇 방울이 뜨거운 숯 위로 떨어지자 맛있는 훈제 향이 돌았다. 입에 침이 고였다. 이제 먹을 시간이었다.

애스거와 나는 다다미가 깔린 작은 방에서 낮은 식탁을 두고 무릎을 꿇고 앉아, 쌀밥에 다레를 바른 장어 두 마리가 올라간 붉은 옻그릇을 받았다. 장어는 크레오소트* 색깔을 띠었고 다레는 조명 아래에서 반짝였다. 장어에서 지방과 설탕, 간장 풍미가 났고, 풍부한 맛에서 수많은 장어가 남긴 지난 수 세기의 울림을 감지할 수 있었다. 앞으로 이런 음식을 더 많이 만나길 바랄 뿐이다.

● 콜타르로 만든 진한 갈색의 액체. 목재 보존재로 쓰임.

4장

주고쿠

조개

기차 창가에 시험관이 나란히 놓여 있다. 리센의 오키나와 고구마 새싹은 이전처럼 파릇파릇하진 않아도 아직 살아서 햇볕을 마음껏 쬐고 있다. 객차 안은 아주 환했다. 일본 본섬의 서쪽 끝, 야마구치에서 일본해 해안을 따라 혼슈로 가는 특급 완행열차의 객차 안으로 창밖의 눈 덮인 풍경이 아침 햇살을 반사해 비추기 때문이었다.

우리가 탄 특급 열차가 신칸센은 아니었지만 그래도 상관없었다. 나는 여행 속도를 좀 늦추고자 일부러 시마네島根현을 통과하는 길을 택했다. 우리는 규슈에서 이 마을 저 마을을 옮겨다니며 굶주린 팩맨 캐릭터처럼 명소와 맛집을 찾아 거침없이 내달려왔다. 하지만 내가 한 번도 방문한 적이 없거니와 가게 되리라고 꿈도 안 꿨던 이 지역에서는 삶이 좀더 느린 속도로 흐른다고 했다.

일본인이 '다른 일본'이라고 하는 이곳은 마치 달의 뒷면처럼, 영혼과 전설의 장소이자 유령과 악마 그리고 일본의 수많은 신화와 우화가 탄생한 곳이다. 시마네현은 일본에서 인구가 가장 적은 현(홋카이도보다 적다)일 뿐 아니라, 인구가 가장 빨리 줄어들고 있는 현이기도 하다. 신칸센 라인은커녕 역이 생길 계획도 없고 중심 도로도 거의 없다. 20만 명이 살고 있는 유일한 시내인 '물의 도시', 마쓰에松江가 우리의 목적지였다. 한 시간 내내 창문으로 사람이라고는 코빼기도 보질 못했고, 대나무 숲과 산 그리고 한쪽으로는 논밭, 다른 한쪽으로는 하얀 파도만이 펼쳐져 있을 뿐이었다.

시마네는 일본의 모든 지역 중 외국인 관광객이 가장 찾지 않는 지역이지만 큰 볼거리가 하나 있다. 아마도 일본에서 가장 오래된(언제 지어졌는지 아무도 정확히 모른다) 신사일 이즈모 다이샤出雲大社다. 1년에만 일본인 관광객은 물론 중국인과 한국인 관광객 수백만 명이 이 신사를 보러 온다. 이즈모 다이샤는 결혼의 신이자 추수와 사업, 건강의 신인 오쿠니누시大國主神를 위해 지어졌다. 참, 그리고 오쿠니누시는 일본을 건국한 사람이기도 하다. 그러나 이 신사에 오는 대부분은 짝을 찾게 해달라고 기도하러 오는 싱글 여성이다. 그러니 싱글 남성도 얼마나 많이 오겠는가. 우리가 갔을 때는 구애가 벌어지는 현장 증거를 발견하지 못했지만, 종교적인 스피드 데이트가 가능한 곳인 셈이다. 어쨌든 이 신사는 지나치게 고요한 장소로 어마어마한 향나무에 둘러싸여 있다. 일반인은 출입할 수 없는 거대한 성소와 대중을 위한 기도실이 있으며, 신사 입구에는 일본에서 가장 큰 시메나와(건물을 정화해준다는 볏짚으로 땋은 줄)가 걸려 있다. 마치 짚으로 된 현수교 밧줄 같았다.

마쓰에가 문화적으로 유명해진 이유가 하나 더 있다. 라프카디오 헌이 한동안 마쓰에에 살았기 때문이다. 그는 19세기 후반 사람으로, 눈이 한쪽만 있었고, 아일랜드-그리스계 저널리스트였다. 1890년 마쓰에로 와서 마을의 사무라이 딸과 결혼했다(사무라이의 딸은 헌의 두 번째 아내였다. 그의 첫 번째 아내는 10대 노예 출신으로 헌이 신시내티에 있는 동안 만났다. 미스터 헌. 흥미로운 남자 아닌가). 영어 선생인 헌은 일본에 관한 책을 많이 썼다. 책은 일본이 쇄국 정책을 끝내면서 점점 서구화되어가는 것을 비난하는 내용이 대부분이다. 비록 헌과 그가 쓴 책을 기억하는 사람은 거의 없지만, 그는 그가 매력적이라고 굳게 믿었던 중세 일본이 빠르게 사라져가는 걸 직접 목격한 사람이었다. 인생 말년에는 이런 글을 남겼다. "이렇게 사라져가는 것 외에 이제 일본에서 귀중히 여길 만한 게 뭐가 남았단 말인가?"

일본에 처음 왔을 때 헌은 1868년 지어진, 사무라이가 살았던 이 아름다운 집에 15개월 동안 살았다. 우리 가족은 그 집 앞에서 라프카디오 헌 기념 박물관장인 다네 유미코를 만났다. 체격이 자그마하고 머리를 바짝 자른 중년 여성인 다네가 설명해주었다.

"마쓰에에 사는 모든 주민은 자라면서 헌에 대해 배웁니다.

헌은 오감이 뛰어난 사람이었기 때문에 나는 그가 쓴 글을 좋아합니다. 책을 읽노라면 머릿속에서 마치 장면이 그려지는 거 같아요. 헌은 색깔과 소리를 생생히 표현했습니다. 아마도 절반은 장님이라서 그랬겠지요. 그리고 일본인 입장에서 보면, 우리는 보지 못하고 넘겼지만 그가 목격했던 걸 읽는 게 흥미롭습니다."

헌은 특히 시마네의 유령 이야기와 전설을 좋아했다. 자신의 첫 번째 집에 관해서 쓴 책인 『신들이 머무는 수도The Chief City of the Province of the Gods』에서 헌은 마쓰에 성에 관한 전설을 들려준다. 성이 건축되는 동안 성벽에 이름 모를 처녀를 산 채로 매장했다는 이야기다. "망각된 신을 위한 제물로 바쳐진 것이었다. 그녀의 이름은 전혀 기록에 남아 있지 않다. 그녀가 아름다웠고 춤추는 걸 아주 좋아했다는 사실 외에는 아무것도 알려지지 않았다." 성이 완공되고 난 후 마쓰에 길거리에서는 처녀들이 춤추는 걸 금지하는 새로운 법안이 생겼다. "오시로야마 언덕에서 언제, 어떤 처녀가 춤을 추든 그 위대한 성은 지하부터 꼭대기까지 흔들렸기 때문이다."

그는 또한 시마네 옆에 있는 일본에서 일곱 번째로 큰 호수인 신지宍道호 너머로 지는 석양에 반했다고 기록하고 있다. "빛이 꿈결처럼 부드럽다. 색에는 분쟁이란 것이 없구나. 이 동양의 나라는 자연에 어긋남이 없다. 바다와 하늘 어디에나 음영과 농담이 있어 주석朱錫에서 나오는 뿌연 수증기에 갇힌 것 같다." 신지호의 일몰 풍경은 여전히 유명한 장관이다. 안타깝게도 우리 가족이 머무는 동안에는 해가 모습을 드러내지 않았다.

헌은 더 온화한 기후를 찾아 규슈의 구마모토를 향해 서둘러 마쓰에를 떠났다(그의 집은 유리창이 없고 종이창만 있었다). 그리고 마을 주민들이 일본인과 결혼한 외국인이라는 이유로 그의 아내를 힘들게 했음에도 오늘날 일본에서 그의 추억을 가장 소중히 여기는 곳은 이 잊힌 도시다.

마쓰에가 일본 문화에 가장 크게 공헌한 게 뭐냐고 일본인에게 물으면 아마 다도라고 말할 것이다. 이곳의 특별한 '다도 학교'는 교토, 가나자와 학교와 더불어 가장 훌륭한 3대 다도 학교로 알려져 있다. 일본의 다도에 대한 나의 아량이 좁디좁은 건 사실이지만, 나는 마쓰에 버전으로 이제는 폐물이 된 중노동의 의식을 직접 경험해보고 싶었다. 마쓰에 사람들이 일본에서 맛차를 가장 많이 마신다고 하니, 맛차를 잘 만들지 않을까 생각했다.

마쓰에의 다도는 17세기 후반 영주였던 마쓰다이라 하루사토(후나미로도 알려져 있다)에 의해 만들어졌다. 맛차를 준비하는 과정은 지나치게 규칙이 많을 뿐 아니라 지루할 정도로 복잡하다. 또한 딱 봐도 비싸 보이는 세 종류의 화과자(와가시わがし)가 곁들여진다. 와카쿠사(초록색), 야마카와(분홍색과 흰색의 각설탕), 나타네노사토(유채꽃으로 물들인 노란색)가 그것이다. 후나미는 이에 영감을 받아 특별한 시까지 썼다.

우리는 도시가 내려다보이는 숲이 무성한 언덕에 놀랍게도 여전히 자리하고 있는 후나미의 찻집에서 다도와 화과자를 체험해보았다.

　고요함과 정신이 멍해질 정도의 지루함은 그 차이가 실로 종이 한 장 차이였고, 적어도 나는 (그리고 내 가족도 동의할 거라 확신한다) 다도 체험을 도저히 못 할 것 같아 걱정되기 시작했다. 안경을 쓴 무뚝뚝한 여성 강사가 후나미 찻집의 초가지붕의 각도와 역시 오래된 역사를 가진 다른 찻집 초가지붕의 각도를 비교하며 너무나도 중대한 둘의 차이점을 잘 관찰해야 한다고 설명을 시작하자마자, 다도는 내가 생각한 선을 이미 넘고 말았다. 강사는 설명을 계속 이어갔고, 입구가 70×70센티미터 크기인 이유는 손님이 무릎을 꿇고 들어가도록 하기 위해서라고 했다. 모든 방문객이 평등하다는 사실을 일깨우기 위해서라고 하지만, 나는 어쩌면 환대의 기본 원칙을 간과한 게 아닐까 하는 생각을 지울 수 없었다. 그건 그렇다 치고, 찻집이 생긴 시기에 함께 지어진 화장실은 끝없이 계속되는 의식이 진행되는 동안 방광이 터질 듯한 손님들을 안심시키기 위해 찻집 바로 옆에 있었다. 하지만 강사는 화장실이 전시용이라고 했다. 내가 잘못 들은 거겠지. 하지만 몇 번을 더 물어본 끝에 확실히 알게 되었다. 화장실은 늘, 계속, 순수하게 장식용이었던 것이다. 이건 심지어 다도의 기준으로 봐도 쓸데없이 가학적이었다.

　강사가 드디어 우리에게 맛차 표면의 작은 거품을 먹어보라고 권하고, 더 큰 거품이 이는 다른 찻집의 프로스팅 테크닉과 어떻게 다른지 대조해 설명한 다음, 찻잔을 90도 시계 방향으로 돌려 잔의 아름다움에 대해 충분한 시간을 들여 감상하고, 규정대로 왼손바닥을 찻잔 아래에 두고 잔을 다시 90도 돌려 입으로 가져가서 마셔본 맛차는, 맛은 좋았다. 하지만 화과자는 달아도 너무 달았다.

이후 우리 가족에게는 단순하고 빠른 음식 처방이 절실했는데 근처 이즈모 소바出雲そば 음식점이 해답이 되어주었다. 이즈모 소바는 메밀 씨앗을 통째로 갈아 가루를 만들고(보통은 메밀 껍질을 벗긴다) 그렇게 만든 면을 국물에 넣어주는 게 특이했다. 짙은 색깔의 국수는 만족스러웠고 겨울 음식으로 제격이었지만, 맛있긴 맛있어도 우리가 시마네에 온 진짜 이유인 전설적인 신지호의 '일곱 가지의 진미'에 소바는 포함되지 않았다.

둘레가 약 45킬로미터인 신지호는 지도상으로 보면 아주 가느다란 은색의 땅으로 바다와 나뉘어 있어 호수가 아닌 저수지처럼 보인다. 마쓰에는 신지호와 더 큰 호수인 나카우미호 사이의 동쪽에 있다. 나카우미호는 바닷물이고 신지호는 '반함수'로 바닷물과 민물이 섞여 있다. 이 세밀하게 균형 잡힌 생태계는 호수 안에 사는 생물들을 맛있게 만들었지만, 환경 변화에 극히 취약하게 만들기도 했다는 사실을 알게 되었다.

이튿날 아침 6시, 에밀과 나는 일본으로 가져온 옷이란 옷은 다 껴입었다. 우리는 선외 모터가 달린 신지 어부 조합원, 가와바라 마사키가 모는 작은 배에 앉아 있다. 나란히 있는 다른 배와 함께 호수 중간에서 물결에 살살 흔들리는 중이었다.

다른 배를 타고 있는 남자, 야노 주니치는 10년 넘게 재첩 조

개인 시지미しじみ를 잡아왔다. 검은색의 엄지손톱만 한 크기의 시지미는 호수의 일곱 진미 중 가장 유명한 음식 재료다. 주니치는 우리와 대화를 나누면서 8미터 길이의 목봉 혹은 '조렌'이라고 하는 걸 들어올렸다. 봉 끝에는 커다란 양동이같이 생긴 삼태기가 달려 있었다. 그 봉을 들어 올리는 것도 힘들 거 같지만 삼태기의 무게만도 15킬로그램은 나가 보였다. 재첩이 가득 차 있으니 다 합치면 25킬로그램은 족히 넘을 것이었다. 삼태기를 의도적으로 무겁게 만든 이유는 호수 바닥에 닿도록 넣어야 귀중한 재첩을 건져낼 수 있기 때문이다. 감칠맛이 풍부한 이 시지미는 일본 전역에서 인기가 높다. 일본에 사는 사람은 누구나 시지미가 최고의 된장국을 만든다는 사실을 알고 있다.

"물결이 치면서 생기는 힘을 읽을 줄 알아야 조렌을 다루기 쉽습니다." 주니치가 설명했다. 삼태기를 얼음처럼 차가운 물에 잠시 넣고 있으니 조개가 배 위에 있는 분류 기계로 어마어마한 소리를 내며 쏟아졌다.

최근 들어 주니치가 채워야 할 할당량은 40퍼센트나 줄어들었지만 그래도 그걸 채우는 게 쉽지 않단다. 호수의 염분과 산소의 균형 상태가 계절과 날씨에 따라 변동이 심하고 수온 상승과 오염에도 영향을 많이 받기 때문에 조개업의 미래가 걱정된다고 했다.

그날 오후, 우리 가족은 일곱 가지 진미 메뉴로 유명한 100년이 다 되어가는 음식점, 오모이가와思川에서 조개 맛을 보게 되었다. 진미는 계절 메뉴이기 때문에 스즈키(농어), 우나기, 잉어,

시라우오(뱅어), 시지미 다섯 가지만 먹어볼 수 있었다. 늦여름에 먹을 수 있는 두 가지 진미는 새우의 일종인 모로게 에비와 작은 은색 생선인 마아사기(빙어)다.

최고의 음식은 잉어였다. 회를 국수 모양 비슷하게 잘라 가지런히 놓았고, 위에 어란을 뿌렸다. 유난히 달콤했던 다시에 뱅어를 넣은 계란 만두도 훌륭했다. 그리고 시지미를 우려 깊은 맛이 나는 된장국 육수는 말이 안 나올 정도로 감칠맛이 훌륭했다.

요리사 다다시 나가오가 호수가 내려다보이는 레스토랑의 코너 룸에 앉은 우리를 위해 모든 음식을 준비해주었다. 식사 후 우리는 진미에 대해 얘기를 나눴다. 그는 호수가 따뜻해진 겨울, 마을 산업단지에서 발생하는 끔찍한 오염, 1960년대부터 논에 뿌려진 농약이라는 삼중고를 겪고 있다며 미래가 그리 밝지 않다고 했다.

"그냥 모든 게 다 감소하는 추세입니다. 특히 빙어는 물이 차가워야 해서 더 그렇죠. 호수는 최대 깊이가 6미터밖에 안 되기 때문에 물고기가 시원한 물을 찾아 깊이 들어갈 수가 없으니 열에 더 영향을 받습니다. 지방 정부도 수량을 확보해보려고 했는데 잘 안됐죠. 11월부터 조업하는 뱅어는 올해는 새해까지도 소식이 없다가 아주 조금만 잡혔고 1월이 돼도 소량만 잡을 수 있었습니다." 우리가 먹은 장어는 신지산이 아니었다. 더는 먹을 만큼 잡히지 않기 때문이다.

일본이 주변 자연환경에 접근하는 방법에는 모순이 있는 것 같다. 내가 아는 일본인은 대부분 자연과 계절을 진심으로 존중한다. 물론 자연은 그들의 국가 종교인 신도神道[조상과 자연을 섬기는 일본 종교]와 밀접한 관련이 있다. 친구들은 가능한 한 시골에서 시간을 보내며 나중에 퇴직하면 홋카이도나 오키나와 같은 데로 가고 싶다거나 시코쿠에서 사찰 트레킹을 하고 싶다고 말한다. 동시에 산업과 농사로 일본의 자연이 훼손된다는 말도 들었다. 결코 일본에 국한된 이야기는 아니지만, 자연을 대하는 일본인의 입장에는 좀 특이한 면이 있다. 알렉스 커가 『개와 악마들: 현대 일본의 몰락Dogs and Demons: The Fall of Modern Japan』에도 썼듯, 일본인은 자연과 계절을 숭배하지만 자연을 조정하기 위한 수단이란 수단은 다 사용한다. 강의 물길을 바꾸고, 산비탈에 콘크리트를 들이붓고, 해안가에 수십억을 들여 인공적인 콘크리트 제방을 만들어 해안 지대를 메워버린다. 이런 방법 중 일부는 비록 잘못 판단해서 그런 것일 수 있지만 지진, 화산 분출, 해일, 산사태, 홍수처럼 정기적으로 이 땅을 크게 괴롭히는 재해에 대응하는 지극히 이해할 만한 반응이긴 하다. 어쨌든 일본에는 자연과 인간 사이에 흥미로운 긴장감이 있는 것 같다.

나는 일본의 천연자원, 재건의 이야기, 지속성 혹은 자원 보호에 관한 긍정적인 이야기를 더 찾아보기로 했다. 예상보다 더 빨리, 일본의 또 다른 위대한 호수에서 그런 이야기를 만났다. 비록이 특별한 진미는 생각 외로 안 좋은 뒤끝이 있었지만 말이다.

5장

간사이

삭힌 생선

우리 가족은 마쓰에松江를 떠나 기차를 타고 교토로 향했다. 교토에서 상인들의 집이었던 역사 깊은 마치야町家에 머물 예정이었다. 나무와 흙벽이 둘러싸고 있는 아늑한 이 건물은 유난히 정면이 좁고 깊이가 훨씬 깊은데, 옛날에는 건물 정면의 길이를 기준으로 세금을 책정했기 때문이다. 건너편의 영업 중인 방직공장도 마찬가지여서 매일 9시부터 5시까지 숙소의 1층에 난 전면 창을 통해 방직공들이 일하는 모습을 지켜보는 재미가 쏠쏠했다.

도착한 이튿날 아침, 나는 일본에서 가장 큰 호수 비와琵琶호의 서쪽 해안을 따라가는 완행열차에 올랐다. 교토에서 북쪽으로 24킬로미터 거리다. 가는 길은 사실 기대감보다 두려운 마음이 컸다. 먹기 어렵고 무시무시하기로 유명한 일본 음식과 데이트 약속이 있었기 때문이다.

일본 요리 문화에 대해 공부하기 시작했을 때 가장 놀라웠던 건 정말 여러 가지 발효 음식 혹은 '삭힌' 음식이 수 세기에 걸쳐 존재했다는 점이었다. 일본인은 빵, 치즈나 유제품(요즘은 다 먹지만), 김치를 먹는 전통이 없었다고 생각했기 때문에 자극적이거나 냄새나는 음식은 싫어할 거라고 짐작하던 중이었다.

그건 완전히 틀린 생각이었다. 얼마나 확실히 틀렸는지는 시오카라しおから를 처음 조우하고 명확히 깨달았다. 시오카라는 해산물과 생선 내장을 소금에 절여 발효시킨 음식이다. 대개 오징어, 게, 해삼, 생선 내장으로 만들지만 보아하니 생선처럼 생긴 건 전부 시오카라로 만들 수 있는 것 같다. 처음 시오카라를 입에 넣었을 때 썩은 생선 내장 맛의 진면모를 알 수 있었다. 끈적이고, 역겹고, 악취가 너무 고약해서 토할 것 같은 음식이었다. 너무 혐오스러워 앙두예트andouillette(프랑스 돼지 곱창 소시지)나 카수 마르주Casu marzu(이탈리아의 구더기가 있는 치즈)가 아기 이유식처럼 보일 정도였다. 그 후 나는 '일본인은 밍밍한 음식과 흰색 요리를 좋아한다'는 편견을 버리게 되었다.

간장, 된장, 가쓰오부시, 사케나 각종 절임, 미린, 다시마 그리고 그 무서운 낫토(발효된 콩)를 만들기 위해 사용하는 방법을 잠깐만 생각해봐도 일본인이 음식 보존과 미생물, 박테리아, 곰팡이, 효모, 효소를 통해 맛을 내는 방법의 장인이라는 사실을 알 수 있다. 일반 사람들도 잘 모르는 점은 그들이 발효 액젓도

수세기 동안 만들어왔다는 사실이다. 그리고 이제 수염과 문신, 가죽 앞치마를 두른 젊은 서양 요리사들이 일본에서 영감을 찾으면서 갖가지 '썩은' 음식에 집착하기 시작했다.

나는 더 많이 발효시킨 음식을 즐기기는커녕 먹기라도 할 능력을 얻어보려고 굉장히 노력하는 중이었건만, 나의 이 새로운 열린 자세는 얼마 전 굉장한 도전과 맞닥뜨린 적이 있다. 일본에서 가장 인기 있는 음식 월간지 『단큐Dancyu』의 전 편집장, 미쓰타니 무네키의 식사 초대를 받아 혼자 도쿄를 찾았다. 식사가 거의 끝나갈 무렵, 이자카야 요리사가 집에서 만들었다며 게, 오징어, 해산물 난소 같은 발효 진미를 내오기 시작했다. 나는 어떻게 양해를 구해볼까도 고민해봤지만, 모든 게 그렇듯 발효 내장 젓갈에도 맛있는 게 있고 맛없는 게 있다는 걸 알게 되었다. 그리고 일본 최고의 미식가 중 한 명이 초대한 자리라는 피할 수 없는 사회적 압박이 아니더라도, 그 음식은 정말 맛있었다. 물론 사케를 마셨던 게 도움이 됐다. 비꼬려는 말이 아니고 시오카라는 사케와 같이 먹으라고 만들어진 음식이다. 생선 단백질이 맛있는 아미노산으로 바뀌면서 만들어지는 찝찔한 감칠맛은 특히 사케랑 잘 어울리는 데다, 내장의 질척거리는 맛을 깔끔히 없애준다.

내가 미쓰타니와 식사하면서 기대했던 게 바로 이런 종류의 경험이었다. 그는 나이에 비해 빨리 센 풍성한 흰머리와 체크무늬 셔츠를 자주 입는 특징 때문에 군중 속에서도 쉽게 눈에 띈다. 말할 때 단어를 신중히 고르며 일본 음식업계의 모든 사람을 알고 있는 듯했다. 그래서 그는 특별한 음식, 메뉴에 나와 있지 않은 음식, 미식가들이 갈망하는 음식을 먹을 수 있다.

그날 저녁, 작은 접시에 담긴 삭힌 생선 내장을 마구 먹으면서 우리의 대화는 같은 음식 카테고리의 신화에 나올 법한 음식, 아마도 스시의 기원이 되는 음식으로 옮겨갔다. 그건 바로 후나즈시ふなずし다. 이 음식은 쌀밥 안에 염장한 붕어를 넣어 만드는, 고대부터 내려온 붕어 보존법이다. 소금이 위험한 박테리아를 모두 죽이고 쌀이 부패하면서 발생한 젖산이 생선을 보존한다.

일반적으로 이렇게 삭힌 쌀을 이용한 음식을 나레즈시熱鮨라고 한다. 태국에 그 기원이 있다고도 하고 중국과도 관계가 있을 수 있단다. 일본에서는 붕어뿐 아니라 다른 해산물 그리고 수렵육을 보존하기 위해 8세기에 이 방법이 사용되었다는 기록이 있다. 산란기의 암컷 붕어를 사용해 알을 건드리지 않은 채 만드는 게 가장 이상적이라는 후나즈시는 요즘에는 일본에서도 드물지만, 비와호에서는 아직도 특산물로 팔고 있다.

후나즈시는 최대 3년까지 발효시키는데 그동안 생선뼈는 부드러워지고 살은 치즈 같은 질감과 맛이 나게 되지만 미쓰타니는 이런 방식으로 8년간 발효시킨 아유(은어)가 집 냉장고에 있다고 아무렇지도 않게 얘기했다.

"8년이요?" 내가 물었다.

"8년이요." 그가 고개를 끄덕였다.

"그거 정말 먹어보고 싶네요." 물론 전부 다 먹겠다는 뜻은 아니었고 예상 밖의 놀라운 말을 듣게 될 줄은 꿈에도 예상하지 못했다. 며칠 후, 나는 미쓰타니가 놀라운 걸 준비했다는 메시지를 받았다. 그는 항상 이런 식이다. 절대 직접 연락하는 법 없이 늘 중개인을 통해 대화한다. 교황 같은 존재인 것이다. 하지만 음식에 관심이 있는 사람이라면 그의 초대를 허투루 넘기지 않는다. 그가 메시지를 보내면 바로 달려가는 이유는 기억에 남을 만한 식사가 보장되기 때문이다. 그래서 우리 두 사람은 서부 도쿄의 한적한 지역인 오기쿠보의 빌딩 1층에 작은 나무 동굴같이 숨겨진 레스토랑, 우토우Utou에서 만났다. 그 레스토랑은 승려 같은 갈색 법복을 입고 나무 카운터 뒤에서 음식을 만드는 아오모리 출신의 요리사, 곤 사토루가 운영하는 곳이었다. 미쓰타니 무네키는 나 말고도 유망한 발효 음식 전문 기자인 후지타 지에코도 초대했다.

일본 발효 음식의 파격적이면서도 고약한 냄새로 가득 찼던 그날의 저녁 식사 여정은 지에코가 가져온 사케, 농도와 색깔이 벽지에 바르는 풀 같은 여과되지 않은 술로 시작되었다. 나는 지에코에게 언제부터 발효 음식에 집착하기 시작했냐고 물어보았다.

"한 25년 전에 취재차 사케 양조업체에 가게 되었습니다. 그리고 완전히 반해버렸죠. 당시 젊은 사람도 사케에 관심이 없었지만, 내 딸도 나이가 들면 사케를 마시지 않겠구나 하는 생각이 들기 시작했어요. 일본 음식 문화가 점점 더 걱정되더라고요. 패스트푸드, 워킹맘, 가족을 위해 요리를 하지 않는 것, 이런 변화들 있잖아요. 하지만 이런 발효 음식이 진짜 일본인의 패스트 푸드입니다. 만드는 건 장인이 몇 달에 걸쳐 만들지만, 품질이 좋다면 요리해서 먹는 데는 금방이거든요. 그러면 양질의 음식을 먹는 거죠."

사케 양조업체를 방문했던 다마스쿠스●적 경험을 한 후, 그녀는 사케 전문 기자로 활동하기 시작해 다른 발효 음식에까지 관심을 넓혔고, 사케와 일본 음식은 서로 완벽하게 어울리며 아주 건강한 조합이라는 사실도 알게 되었다. "사람들은 일본 음식이 너무 짜다고 말하기도 하지만 다시 국물은 발효된 재료로 만들어지기 때문에 몸에서 염분을 제거해주는 데 오히려 도움을 줍니다."

우리가 대화하는 중에 계속 물이 뚝뚝 떨어지는 소리가 들려 이 식당은 배관에 문제가 있구나 하고 생각했다. 그런데 알고 보니 스피커에서 나오는 소리였고 「수이킨쿠쓰 음의 풍경 Soundscape of Suikinkutsu」●●이라는 CD를 틀어놓은 거였다. 사토루는 손님들이 자신이 준비한 발효 음식을 제대로 즐길 수 있도록 완벽하게 차분한 분위기를 준비해놓은 것이었다.

사토루가 커다란 마시멜로같이 생긴 음식이 담긴 접시를 카운터로 건네주었다. "일본에서 가장 유명한 한펜입니다." 미쓰타

● 사울이 그리스도인들을 박해하러 가던 중 하나님을 만나 바울로 이름을 바꾸고 그리스도인으로 변한 장소.
●● 수이킨쿠쓰水琴窟는 일본 정원 기법의 하나로 동굴 속의 물방울 떨어지는 반향음을 정원 내에서 즐기는 것을 가리킨다.

니를 보고 미소를 지으며 말했다. 한펜은 생선과 산마를 갈아 계란 흰자를 이용해 만든 경단으로 구름같이 가벼운 느낌이었다. 이 부드럽고 감미로운 맛의 음식을 먹으니 그래도 안전한 음식이 나오겠구나 하고 생각하게 되었다. 그런데 나중에 생각해보니, 아마도 그렇게 안심시키려는 의도였던 거 같다. 그다음 애피타이저는 식초에 절여 냄새가 강한 쌀과 적채가 한 스푼 나왔다. 쌀알은 곤죽 같은 상태로 발효되어 있었다. 이 음식은 내 미뢰를 벌떡 곤두서게 했고 다음부터는 어마어마한 진짜 진미가 나오기 시작했다. 사토루는 우아한 패턴의 사각형 도자기에 이시카와현에서 가져온 민물 장어로 만든 첫 번째 나레즈시를 곤죽 같은 질감의 쌀밥과 고추, 당근을 곁들여 내놓았다.

불길하게 반짝이는 그 음식은 병든 래브라도견이 반쯤 소화한 다음 게워낸 음식 같았다. 이쯤부터 다른 친구들이 두세 명 합류했는데 모두가 이 음식을 먼저 맛보는 주빈이 되고 싶어했다. 나는 젓가락을 내밀어 이 의심스러운 곤죽을 약간 집어 냄새를 맡아보고 내가 왜 이랬을까 후회한 후 입에 넣어보았다.

사실 맛은 그렇게 이상하지 않았다. 발효되어 시큼한 맛과 기분 좋게 톡 쏘는 고추 맛이 느껴졌다. 건강한 음식인가요? "아, 그럼요. 대단히요." 지에코가 무겁게 내린 긴 앞머리 뒤로 웃는 눈으로 말했다. "몸이 아플 때 할머니가 주는 음식 같은 거죠. 젖산이 나쁜 박테리아를 죽이거든요."

만약 내가 감기에 걸렸는데 할머니가 침대 가에서 이 음식을 먹여준다면 어떨까? 다음에는 누카(현미를 도정해 정백미를 만들 때 벗겨지는 쌀겨)에 묻어두었던 태평양 고등어와 두껍게 썬 냉훈 연어, 3주 동안 누룩에 숙성시킨 단단한 점액질 질감의 청어 회를 잘게 썰어 올린 접시가 나왔다.

그리고 드디어 기대와 두려움이 반반 섞인 감정으로 고대해온 음식이 등장했다. 바로 미쓰타니가 자신의 냉장고에서 8년 동안 숙성시켰다는 민물 은어였다. 은어를 6개월 동안 염장하여 모든 수분을 추출한 다음 쌀밥을 눌러 담아 보존한 것이다. 사토루는 또 다른 아름다운 직사각형의 도자기에 반쯤 액체가 된, 쌀로 감싸여 살짝 짓이겨진 은어 일곱 조각을 내놓았다. 끝만 살짝 맛보았다. 당연히 풍미가 무시무시했다. 엄청나게 시고, 역시 발효된 맛과 놀라우리만치 풍부한 감칠맛과 이 뒷맛은…… 완전히 똑같았다. 이 맛은 내가 아는 맛인데. 믿을 수 없이 톡 쏘는 숙성된 파르메산 치즈와 놀랍도록 닮아 있었다. 나는 이런 맛이구나 하고 중얼거리면서 대여섯 조각을 야금야금 행복하게 먹을 수 있었다.

아마도 나레즈시를 10년 전에 먹었더라면 토했을 테지만, 몇 년 전부터 블루치즈를 먹어버릇하면서 입맛이 변하자, 이제는 일본의 장기 발효 생선의 매력을 이해하기 시작했다. 내 표정이 공포에서 신중한 호기심으로 그리고 넋이 나간 즐거움으로 바뀌는 걸 보고 미쓰타니는 이렇게 말했다. "이건 아무것도 아닙니다. 내가 아는 어떤 사람은 30년 숙성시킨 나레즈시를 갖고 있습니다. 그건 거의 액체예요."

나에게 이런 걸 같이 먹자고 하다니 정말 대단히 후한 대접이었다. 삭힌 생선으로 이렇게 감동할 줄 누가 알았겠는가? 하지만 그날 저녁 식사는 사토루가 이시카와에서 발효시킨 복어 이리를 내놓으면서 형세가 악화됐다. 기탄없이 말하자면, 이건 지에코가 선물로 준비한 유명한 독어毒魚의 삭힌 정액이었다.

"200년 전에는 복어를 쌀과 쌀겨에서 발효시켰습니다. 쌀에 3년간 넣어 모든 독을 추출하지요. 요즘에는 복어를 양식하기 때문에 더는 독성이 없습니다." 독성이 상당히 빠져나갔을 거라는 말은 아직 연구 단계에 있다는 생각은 차치하고라도, 나는 내 앞에 놓인 '문제의' 접시를 가만히 살펴보았다. 쌀겨는 복어 이리를 흰색에서 진흙 같은 갈색으로 변색시켰다. 겉모양은 눌린 진흙 같았고 냄새는 버려진 컨테이너 이동 주택 같았으며 질감은 너무 익힌 간 같았다. 더 먹고 싶은, 발효된 은어가 갖고 있던 젖산의 감칠맛은 나지 않고 복어 이리는 시고 쓰기만 했다. 정말 두려운 음식이었다.

몇 달 후 교토에 머물고 있던 가족을 하루 떠나, 미쓰타니가 안내해준 모든 '스시' 류의 어머니인 후나즈시의 고향 비와호로 가는 기차에 내가 타고 있다는 건 정말 설명 불가능한 일이었다.

나는 그때까지 태어나서 후나즈시를 먹어본 경험이 없었지만 내 만화 캐릭터는 먹어봤다. NHK TV에서 내 책을 원작으로, 나를 캐릭터로 만화를 제작한 사건은 약간 당황스러운 일이었다. 아마도 개가 거울로 자신을 보면 이런 느낌이리라. 내 아바타를 보면 약간 닮은 듯도 하지만 사실 혼란스러워질 뿐이었다. 불안한 인지적 불협화음이라고나 할까. 내가 할 수 있는 거라곤 TV 화면을 보고 멍멍 짖지 않으려고 애쓰는 것뿐이었다(내 만화 캐릭터 마이클은 고집이 세고 노이로제에 걸린 멍청이로, 신경질적이고 굉장히 거들먹거리는 투로 얘기하는 캐릭터라는 점을 밝혀둔다. 그리고 술을 너무 많이 마시고 그로테스크할 정도로 많이 먹는다. 뚱뚱한 데다 초록색 폴로셔츠를 입고 있다. 이건 말도 안 된다. 나는 초록색 폴로셔츠가 한 장도 없다).

현실의 사람을 만화로 만드는 작업은 쉽지 않을 테니 약간의 허구적인 파격이 들어가야 한다는 건 이해한다. 예를 들면, 우리 가족은 귀신 같은 오코나미야키 요리사를 만나본 적이 없을 뿐 아니라 600미터 크기의 고딕 롤리타Gothic Lolita●를 본 적도 없다. 나는 섹시한 소와 텔레파시로 얘기한 적도 없다고 밝혀두겠다. 하지만 만화에서는 이 모든 일이 일어났다. 그리고 NHK 시리즈의 에피소드 중 내 캐릭터가 후나즈시에 도전하는 내용이 나왔다. 만화에서 나는 두려워했지만 끝내 '맛있다'라고 선언했다. 물론 실제로 난 그렇게 말한 적이 없다. 우리 가족은 후나즈시가 만들어진 비와호를 방문하지 않았다. 솔직히 말하면, 일부러 피해왔다. 나는 실제로 먹어보지도 않았지만 나를 대신한 아바타는 후나즈시의 팬이라고 공표하고 말았으니 더 당황스러워질 뿐이었다. 이제는 정말로 비와호로 가서 원점에서 정확한 후

● 고딕풍과 롤리타 패션의 특징을 묶은 일본의 패션 스타일.

나즈시를 먹어볼 시간이 된 것이다. 리센과 아이들은 삭힌 생선을 맛보려고 어둡고 비 오는 겨울날에 여행하는 걸 별로 내켜하지 않았기에 나는 혼자 교토의 마치야에서 비와의 서쪽 호반에 있는 오미다카시마近江高島역으로 갔다.

특별한 종류의 붕어(니고로부나)로 만드는 나레즈시는 비와호의 해안을 따라 발전되었다. 비와호에서는 붕어를 많이 잡을 수 있고, 가까운 북쪽의 와카사만에서 소금을 얻을 수 있으며(와카사에서 그 당시 수도였던 교토를 지나는 도로는 소금 고속도로라고 불리기도 했다) 양질의 쌀도 있었기 때문이다. 지금의 사치스런 홋카이도 멜론이 그렇듯, 수 세기 동안 비와호에서 만든 후나즈시는 매우 값비싼 선물이었다. 비록 그런 시절은 예전에 이미 끝났지만, 아직도 후나즈시는 매년 일왕에게 선물로 바쳐진다.

일본인끼리도 후나즈시는 '먹을 줄 알아?' 하는 음식에 속하는 듯하다. 나는 후나즈시가 스웨덴의 발효 청어인 수르스트뢰밍surströmming이나 아이슬란드에서 상어 고기를 지하에 2년 정도 묻었다가 먹는 하칼hakarl과 비슷하지 않을까 하고 생각했다. 나는 두 음식을 다 먹어보았는데 산패한 매캐한 맛은 결코 잊을 수 없다. 그래서 기타시나 회사 주변으로 갈 때 발걸음을 조심스럽게 옮길 수밖에 없었다. 1619년에 세워진 이 회사는 일본에서 하나 남은 후나즈시 전문점이다. 판석이 깔려 있는 도로에 나무로 지어진 매력적인 집이었고 찾기는 어렵지 않았다. 그저 계속 몰려오는 불쾌한 냄새, 사워크림 같은 시큼한 냄새, 하지만 물리도록 달콤한 냄새를 따라가기만 하면 됐다.

기타시나 가게와 카페 안에서 주인인 마리코와 아쓰시 기타무라 부부를 만났다. 수줍어하면서도 친절한 30대 부부였다. 아쓰시는 깔끔한 회색 오버롤과 모자를 쓰고 있었다. 발효실에 들어가기 전 그가 건넨 일회용 작업복과 종이 모자를 착용해야 했다.

"걱정하지 마세요." 사악한 냄새의 근원지로 점점 다가갈수록 내가 걱정하자, 이걸 눈치챈 마리코가 말했다. 이쯤 되니 구역질 반사를 억제하는 나의 능력이 진심으로 걱정되기 시작했다. "안 좋아해도 괜찮습니다. 특이한 냄새인 거 알아요. 후나즈시를 만드는 과정은 가정 요리에서 파생되었어요. 그래서 자연 상태의 온도와 습도, 빛에 그냥 놔둡니다."

다카시마高島는 일본의 위대한 발효의 수도 중 한 곳이다. 후나즈시만이 아니라 일본 최고의 된장과 사케, 식초가 다카시마에서 생산된다. 호숫가에는 발효에 좋은 눈과 비가 많이 내려 겨울에도 비교적 습도가 잘 유지되는 편이다. 여름에는 냄새가 굉장하겠구나 싶었지만 후나즈시를 즐길 수 없는 사람은 늘 있기 마련이니까. 기타시나 부부는 코를 싸매는 사람들에 익숙하다고 했다. 우리는 회사 앞에 있는 카페를 지나 뒤에 있던 냄새의 근원지로 향했다. 나는 이제 너무 익은 카망베르 치즈와 말똥, 하수구 냄새를 맡고 있다. 솔직히 후나즈시에 관심을 둔 걸 후회하는 중이었다. 그리고 발효실을 구경하고 나면 후나즈시를 만드는 데 인생을 바친 사람들이 지켜보는 가운데 그걸 맛보는 순서도 있음을 정확히 인지하고 있었다.

나는 목소리를 내어 중얼거렸다. 왜 썩은 음식을 보러 가는데 위생복을 입어야 하죠? (이렇게 무례하게 묻지는 않았다.)

"대개 우리 가족만 출입을 허락합니다." 마리코가 서늘한 목재 골조의 창고 문을 열며 대답했다. "대대로 전해온 규칙입니다. 왜냐하면 여기에 있는 모든 박테리아의 움직임을 중요하게 생각하고 박테리아 생태계의 균형을 깨지 않으려고 조심하기 때문이에요. 통에 있는 박테리아만이 아니라 서까래와 벽에 살아 있는 박테리아까지 포함됩니다." 나는 갑자기 내게 붙은 박테리아가 매우 신경 쓰였다. 얘들이 말썽부리면 안 되는데.

발효실 바닥은 매우 낡은 향나무 통으로 거의 덮여 있었다. 어떤 건 양동이 크기고, 어떤 건 와인 오크통 크기였다. 모두 나무 뚜껑이 덮여 있었고 작은 맷돌같이 생긴 동그란 화강암 돌로 그 위를 무겁게 눌러놓았다. 뚜껑 위로 붉은 기가 도는 구름 같은 회색 액체가 스며 나와 있고 표면에는 곰팡이가 끼어 있었다. 마리코는 사진은 개인용으로만 사용해달라고 했고 저장통의 모습이 식욕을 떨어뜨릴까 우려했다. 그녀의 우려는 틀리지 않았다.

아쓰시는 어떻게 후나즈시를 만드는지 설명해주었다. 붕어 비늘을 벗기고 씻은 후 배에 젓가락으로 작은 구멍을 내어 내장을 꺼낸다. 껍질이 갈라지지 않게 해야 해서 굉장한 기술이 필요하다. 이 작업은 암컷이 산란기인 4월과 5월에 진행한다. 어란을 건드리지 않고 만든 후나즈시가 자르고 나면 더 예쁘고 가격이 높기 때문이다. 생선은 소금에 절여 통에서 2년간 보존해 위험한 박테리아가 다 죽게 둔다.

아쓰시는 친절하게도 2년 전에 만든 통을 준비해주었다. 그는 후나즈시를 만드는 과정의 두 번째 단계를 보여줄 참이었다. 그는 파란색 고무장갑을 낀 손으로 통을 열어 위에 있는 소금을 긁어내고 악취를 줄줄 풍기는 액체에서 생선을 끄집어냈다. 음식이라기보다는 고고학 유물 같았다. 나는 맞설 것이냐 도망갈 것이냐를 두고 심각하게 고민 중이었다. 맥박이 요동치기 시작했다. 엉덩이를 꽉 조였다.

"이제 생선을 씻어서 햇빛에 걸어 말립니다. 소금이 있던 자리에 찐쌀밥을 채워놓고 다시 통에 1년 동안 보존합니다." 물론 쌀은 시가현에서 손으로 수확해 말린 특별한 쌀을 사용했다. 사케, 간장과 된장을 만들 때는 이 단계에서 발효를 시작하기 위해 대개 누룩을 사용한다. 그러나 후나즈시는 쌀이 자체적으로 젖산 박테리아를 만들기 때문에 생선뼈를 무르게 하는 건 물론 단백질을 '특별한' 냄새와 시큼한 풍미의 원인인 아미노산으로 변하게 한다.

마리코는 원래는 료테이[고급음식점]였던 400년 된 이 회사의 18대 주인이다. 그녀는 냄새나는 생선에 둘러싸여 자랐다. 그녀가 아기였을 때 어머니는 그녀를 등에 업고 통에 참치를 넣는 일을 했을 것이다. 하지만 마리코의 남편은 핫초 된장八丁味噌으로 유명한 나고야 출신이다. 핫초 된장은 어두운 색의 자극적인 된장으로, 전통적으로 곡물 저장기 크기의 향나무 통에서 발효시키고 큰 돌로 눌러놓는다. 아쓰시는 미래의 아내를 만나기 전까지는 후나즈시를 본 적이 없었다. 둘은 교토의 전설적인 가이세키 레스토랑 깃초의 부엌에서 일하며 만났다고 했다. 아쓰시가 웃으며 말했다.

"후나즈시에 대해서는 아는 게 없었죠. 어떤 냄새가 나는지도 몰랐어요. 하지만 이 회사에 출입을 허락받고 정말 배운 게 많았고 이제는 냄새를 이해하게 되었습니다."

"이 사람이 후나즈시를 처음 먹었던 때가 기억나요. 마치 전기가 온몸을 통과한 것처럼 스릴을 느끼더군요." 남편이 수줍게 고개를 끄덕였다. 부부는 교토에서 끝도 없이 복잡한 가이세키요리를 평생에 걸쳐 배울 계획이었지만, 2000년 마리코의 아버지가 병환으로 눕자 고향으로 내려와 회사를 이어받았다.

기타시나는 줄어드는 수요와 함께 더 심각한 문제인 천연자원의 부족 때문에 최근 존폐의 위기에 처해 있다. 1930년 회사의 전성기 때는 도쿄와 교토, 나고야에 지점이 있었지만 많은 일본 전통 음식이 그렇듯 특히 제2차 세계대전 후 서양 음식이 유입되면서 사람들의 입맛이 변했다. 그리고 환경 문제까지 발생하기 시작했다.

"물고기를 잡는 게 점점 더 어려워지니까 아버지는 회사를 닫으려고 했었죠." 마리코가 설명했다. 최근 수십 년간 비와호 남부는 급속히 산업화되고 인구가 늘었다. 호숫가의 다른 지역도 마찬가지로 콘크리트 벽이 세워지면서 붕어는 갈대 서식지를 잃었다. 붕어는 강을 통해 논밭으로 이동해 알을 낳고 다시 호수로 돌아가지만 이제는 수많은 인공물에 길이 막혀버렸다.

"전성기와 비교하면 개체 수가 줄고 물고기 크기는 작아졌지만 10년 전에 지방 정부가 개체 수를 늘리려 노력해줘서 사정이 나아졌습니다."

1년 동안 비와호에서 붕어가 단 한 마리도 잡히지 않은 해도 있었지만 지방 정부의 캠페인 후 이제 다시 공급이 안정되었다. 마리코는 카페로 돌아가며 설명을 이어갔다. 진실의 순간이 빠르게 다가오고 있었다.

"사람들은 후나즈시의 냄새가 고약하다는 고정관념을 갖고 있어요. 하지만 6개월이 지나면 후나즈시에 넣었던 쌀을 새로운 쌀로 갈아줍니다. 그래서 그렇게 나쁘진 않습니다. 계속 쌀을 갈지 않고 놔두면 정말 냄새가 나쁘지요." 이쯤 되자 나는 마리코의 목소리가 멀리서 윙윙거리는 소리로밖에 들리지 않았다. 내가 인지하고 있는 세상은 우리 앞에 놓인 반쯤 부패된 반짝이는 생선으로 꽉 차 있었다. 살은 물러 축축했고 1년간 보존된 쌀은 약간 누렇게 변했다.

"어떤 주민들은 이걸 아직도 집에서 만든답니다." 마리코가 말하고 남편은 생선에서 반쯤 액체화된 쌀을 긁어냈다. "맛은 생선마다 다른데 어떤 박테리아가 둥지를 틀었는지 그리고 후나즈시를 만들 때 사케로 손을 씻었는지 아니면 우리가 하는 것처럼 미린에 손을 씻었는지에 따라 다릅니다." 나는 아쓰시가 후나즈시를 숙련된 솜씨로 정확하게 잘라 접시에 완벽한 나선형으로 놓기 시작하는 모습을 뚫어져라 쳐다보았다. 생선 배에 있는 밝은 주황빛 어란과 은빛 생선 껍질과 빛나는 흰쌀의 단면이 예쁘게 대조를 이루었다. 약간 이상한 모양의 아방가르드한 목걸이처럼 보이기도 했다.

최근 들어 서구 미디어는 '좋은' 박테리아가 소화부터 비만, 심지어 우리의 심리 상태(소위 '기분')에 이르기까지 몸에 유익한 것만 가져다준다는 기사를 자주 다룬다. 이 '좋은' 박테리아는 특히 발효 음식에 풍부하다. 드디어 후나즈시의 시기가 도래하게 될까? 후나즈시가 건강한 음식의 대명사로 뜰 수 있을까?

"락트산 균이 특히 건강에 좋습니다. 오사카와 나가하마의 대학에서 연구 중이지요. 저는 더 많은 사람이 락트산 균의 건강상의 이점을 깨닫게 될 거라고 믿어 의심치 않습니다. 어떤 연구는 후나즈시가 혈압을 낮춰주고 알레르기를 줄여주며 장내 환경에도 도움이 된다고 발표했습니다. 하지만 후나즈시를 좋아한다면 아마도 사케를 같이 마시겠죠. 그러니 몸 건강은 제자리가 되겠네요." 마리코는 웃음을 터트렸다. "이 동네에서는 감기에 걸리거나 배가 아프면 후나즈시를 약처럼 먹습니다. 그리고 사케가 아니라 밥하고 같이 먹죠."

이제 나는 질문할 거리도 떨어지고 말았다. 더 이상은 진행 방해를 못 하겠다. 이제는 맞닥뜨려야 한다. 아쓰시가 나에게 접시를 건네자 나는 후나즈시를 한 조각 들어 입에 넣었다.

자, 이쯤에서 걱정했던 것보다 맛있었다고, 정말 즐겁게 먹었고 냄새만큼 나쁜 맛이 아니었다고 말할 수 있다면 얼마나 좋겠는가? 하지만 맛은 끔찍했다. 특히 너무 시어서 깜짝 놀랐다. 볼에 주름이 쫙 갈 정도로 시었고 레몬 열 개를 먹은 듯했으며 그

신맛 다음에는 곧장 기분 나쁜 쓴맛이 따라와 볼이 실제로 상기되는 게 느껴질 정도였다. 그리고 그 씹는 느낌. 미끈거리는 살과 어란의 알갱이 느낌이 합쳐져 정말 감당하기 힘들었다.

제대로, 객관적으로 말하자면 한 조각을 몽땅 먹은 건 바보 같은 짓이었다. 10년 전 오키나와에서 발효 두부를 먹었던 일을 기억했다면 조금씩 먹기 시작했어야 했다. 그리고 사케가 도움이 되었다. 내가 괴로워하는 걸 마리코가 눈치채고 사케 한 잔을 주었고, 사케를 마시자 즉각 한 마리에 8400엔인 후나즈시의 신맛을 부드럽게 해주었다.

"이건 신맛이 덜한 겁니다"라며 기타시마가 내놓은 신제품은 보통 쓰는 쌀밥 대신 사케를 만들고 남은 쌀지게미로 발효시킨 후나즈시였다. 나는 이제 더 조심스러운 자세로 새로운 제품을 맛보았다. 더 달고 더 부드러웠다. 정말 맛있어서 다시 먹을 수도 있을 것 같았다.

"동네 사람들에게는 이게 전통 후나즈시입니다. 하지만 일본 전역에서 오는 손님들은 저마다 개인적으로 후나즈시에 얽힌 다양한 추억이 있습니다. 우리 제품은 그 모든 것을 떠올리게 해주죠."

마리코와 아쓰시는 기타시마 회사가 나레즈시의 전통을 앞으로도 400년간 더 이어가길 바랐다. 그들의 아들, 마사키는 열다섯 살인데 이미 후나즈시에 대단한 관심을 보였다. "아이에게 달렸지만 맡아주길 바라고 있죠. 벌써 물고기와 쌀농사에 대해 많이 배우고 있습니다. 2013년에는 자기 통에다가 생선 50마리

를 쌀이 아니라 소금으로만 절여놓았습니다. 더 오래 보존되게
요. 2020년쯤 개봉할 겁니다. 그걸 기다리는 손님도 있어요. 그
애가 19대가 되겠죠."

오사카 1

가족과 함께 교토에 머무는 동안, 일본 서부 지역의 주요 음식 잡지인『아마카라 테초Amakara Techo』측에서 신칸센으로 30분 거리인 오사카로 와달라는 초대를 받았다. 그 덕에 나는 친절한 편집자들과 함께 오사카 주변을 둘러보고 지역 별미도 맛볼 수 있었다. 사실 초대는 필요하지 않았다. 오사카를 방문할 때마다 늘 새롭고, 놀라우며, 맛있는 음식이나 진기한 음식을 먹었기 때문이다. 오사카 사람들은 먹기 위해 사는 사람들 같았다. 게다가 안내자로 말할 것 같으면 10여 년 전 나에게 처음으로 오사카 음식의 경이로움을 알려준 오랜 친구 사쿠라이 히로시로, 방송작가이자 음악가인 동시에 봉 뷔브르bon viveur[여흥을 즐기며 사는 사람]이며 저명한 미식가다. 나처럼 당당한 대식가인 히로시는 오사카 맛집 정보를 완벽하게 꿰고 있다.

우리 일행은 쓰루하시鶴橋 시장을 방문하는 것으로 오사카 투어를 시작했다. 생선 골목에서는 이케지메いけじめ 장인 하야카와 히로히사에게 생선 손질을 배울 기회가 있었다. 일본인의 이 특별한 손질법은 생선의 척추와 주요 혈관을 절단한 다음, 길고 단단한 철사를 머리부터 꼬리까지 척수 신경에 집어넣어 신경을 마비시킨다. 이렇게 하면 생선살에 젖산이 쌓이는 것과 피가 들어가는 걸 방지할 수 있다. 히로히사는 이 방법으로 사후 경직을 늦춰 10시간에서 15시간까지 생선을 신선하게 유지할 수 있다며, 간사이 지역에서 시작한 기술이라고 자랑스럽게 덧붙였다. 나는 이케지메가 중소 크기 정도의 생선에만 사용되는 줄 알았는데 그는 참치처럼 큰 생선에도 효과가 좋다고 말했다.

히로히사는 옆 수조에서 꺼낸 꿈틀거리는 문어를 능숙하게 다루며 성별을 구분하는 방법을 설명해주었다. 답은 바로 빨판이었다. 암컷은 빨판이 나란히 2열로 늘어져 있지만, 수컷은 마구잡이식으로 있다(아직 과학적 증거를 찾지 못했어도 꽤 설득력 있게 들린다).

나는 오사카 덴마 지역에서 먹을 점심 식사가 가장 기대됐다. 수년 전 『오로지 일본의 맛』을 쓰느라 오사카를 처음 방문했을 때, 히로시와 그의 친구 한 명이 즐겨 찾는 음식점들이라며 나를 데리고 다녔고, 그중 '덴마'라는 우동집에서 맥주와 사케, 일본 소주를 잔뜩 퍼마시는 것으로 판을 끝낸 적이 있다. 그 집의 우동이, 특히 같이 나온 신선한 다시가 매우 인상적이었다. 가쓰오부시와 말린 고등어로 우려낸 다시는 머리카락이 바짝 곤두

설 정도로 풍미가 기가 막혔다. 그때 나는 이제껏 먹어본 음식 중 가장 맛있다고 고백했고 책에도 그렇게 썼다.

몇 년이 지나 『오로지 일본의 맛』이 일본어로 출판된 후, 나는 정보통을 통해 덴마 우동집 주인이 힘든 시기를 겪었다는 소식을 들었다. 부엌을 책임지던 남편이 중병에 걸려 일할 수 없게 됐다는 것이다. 그런데 한 손님이 식당을 그만두려던 아내에게 내가 책에서 다시를 극찬했다고 말해주었고, 그 말에 힘을 얻어 식당을 다시 운영하게 되었다는 이야기였다(적어도 내가 들은 바는 그랬다). 어쨌든 내 책을 읽고 많은 사람이 우동집을 방문한 건 분명해 보였다.

자연스레 나는 덴마를 다시 방문해 그 말이 사실인지 알아보고 싶었고, 당연히 우동 한 그릇은 얻어먹겠거니 하고 있었다. 주인 야마사키 사치코는 오사카 상업 지구 옆길의 우동집에 들어서는 우리를 따뜻하게 맞아주었다. 그녀는 내가 다녀간 후로 매우 힘든 시간을 보냈다며 사연을 털어놓았다. 식당이 입점해 있는 건물을 재개발하려는 주인과 긴 법정 투쟁을 벌였지만 결과적으로 아무런 소득이 없었고, 뒤이어 40대 중반에 불과했던 남편 요신키가 뇌출혈로 쓰러졌다. 남편은 한쪽 몸이 마비되어 식당에서 일할 수 없게 되었다. 설상가상으로 이듬해 연말, 건물에서 쫓겨나는 신세가 되었다. 사치코는 첫 아이까지 임신 중이었다.

"식당 문을 닫으려고 했어요. 그게 남편의 뜻이었죠." 사치코가 나직이 말했다. 그녀의 부모가 덴마 지역에서 우동집을 이전할 만한 장소를 찾아냈고, 오빠가 부엌일을 돕기로 발 벗고 나섰다. 그들은 사치코의 남편이 퇴원하자마자 우동집을 다시 열었다. 1년간 남편은 부엌에서 애썼지만, 일이 너무 고된지라 결국지금은 어머니와 지내고 있다고 했다. 사치코의 오빠가 내 혼을쏙 빼놓았던 다시를 한동안 책임졌지만 지금은 그녀가 혼자 해내고 있다.

앞머리를 내린 마흔여덟의 부끄러움 많고 어려 보이는 사치코는 자신이 해낸 일이 자못 자랑스러운 듯 말하더니 이내 자세를가다듬고, "그래도 문제가 생기면 남편에게 전화한답니다"라며양전한 목소리로 말했다.

이 일련의 일들은 내 책이 일본어로 출판되기 '전에' 일어난게 자명했고 내가 덴마를 '구했다'는 설도 사실이 아닌 것으로판명 났지만, 적어도 내 책을 읽은 사람들은 일본 각지에서 그집을 찾아갔다.

"서점에서 작가님 책을 본 적은 있지만 우리 식당 얘기가 나온 줄은 꿈에도 몰랐죠." 사치코는 말을 이었다. "그런데 한 2년전에 책을 읽었다는 손님이 왔어요. 책에서 단서를 찾아 우리식당을 찾아왔다고 하더라고요. 단서라고는 덴마 지역에 있는우동집이라는 것뿐이었어요. 나중에는 일본 전역에서 찾고 있다는 사실을 알게 됐죠. 그리고 나서 일본 음식이 유네스코 세계문화유산으로 지정되자 처음으로 TV에서 촬영을 왔습니다. 정말 작가님을 만나고 싶었어요. 책에 나온 게 너무 기뻤거든요.작가님을 위해 다시를 만들 생각에 긴장되고 기대에 못 미치면 어쩌나 걱정돼서 어젯밤엔 한숨도 못 잤답니다."

나 역시 우동 맛을 과장한 게 아닌가 싶어 약간 걱정이 됐지만 음식은 내가 기억한 그대로였다. 감미롭지만 약간 씁쓸한, 만족스러운 뒷맛을 주는 놀라운 훈제 향. 단순한 음식이지만 재료는 최상급을 쓰고 기술은 완벽하다는 증거였다. 사치코는 먼저 홋카이도산 중 가장 높은 등급을 받은 다시마를 밤새 차가운 연수에 담가놓았다가 물을 거의 끓기 직전까지 데워 아침마다 신선한 다시를 만든다. "연수가 감칠맛을 최대한 뽑아내거든요." 그녀가 힘주어 말했다. 뜨거운 물에서 다시마를 빼낸 다음, 말린 생선 세 가지를 넣는다. 정어리와 가다랑어, 고등어를 넣어 향이 스미게 하고 육수를 채로 거르면 기본 다시primary dashi[또는 이치반다시いちばんだし]가 된다. 거기에 설탕, 간장, 사케와 미린을 넣는다.

"MSG는 사용하지 않습니다." 사치코는 집게손가락을 흔들며 강조했다. "MSG를 첨가한 음식은 먹고 나면 목이 마르지만 천연 다시는 그렇지 않거든요."

물론 일본 전역에 있는 음식점 수천 곳이 이 집처럼 매일 훌륭한 다시를 만든다는 데는 의심할 여지가 없다. 덴마는 으스대거나 가식적이지 않은, 매일 다닐 수 있는 소박한 동네 음식점이다. 실내 장식도 평범하고 우동 한 그릇 가격은 600엔 정도에 불과하다. 그러나 첫 경험이란 절대 잊지 못하는 것이고 나에게는 덴마의 잘 만든 신선한 다시가 그랬다. 이 집은 늘 내 마음속에 특별히 기억될 것이고 우동 면발도 꽤 좋았다고 덧붙이고 싶다.

그날 우리의 다음 목표는 다코야키たこ焼き였다.

나는 오사카를 대표하는 이 음식을 여러 번 먹어보았다. '문어 볼' 혹은 다코야키라고 부르는, 문어 조각이 안에 들어 있는 맛있는 도넛으로 반원의 홈이 파인 특별한 판에다 솜씨 좋게 굽는 음식이다. 대개 굉장히 풍미 좋은 갈색 소스와 함께 제공된다. 하지만 내가 만들어보려고 한 적은 한 번도 없었다.

나는 일본 하면 떠오르는 멋진 쇼텐가이, 즉 지붕 덮인 쇼핑 아케이드에 있던 작은 다코야키 노점에서 직접 다코야키를 만들어볼 기회를 얻었다. 모던한 가게가 우글우글 모여 있는 쇼핑몰의 완벽한 대안이라 나는 이런 아케이드를 좋아한다. 오사카는 특히 이런 쇼핑 아케이드로 유명하다. 해외 체인점은 고사하고 국내 체인점도 거의 찾아볼 수 없고, 지붕 덮인 단층 건물의 골목에는 전통적으로 '부부'가 운영하는 소규모 가게와 음식점, 사람들이 쉬는 공간이 있다. 훌륭한 생선 가게와 청과물 가게는 물론, 늘 신선한 두부를 파는 가게가 있고 말린 해조류와 모치 카페, 커피콩을 갈아서 파는 가게, 오래된 실력 좋은 철물상, 복잡한 패턴의 니트류와 가연성 높은 재료로 만든 바지를 파는 저렴한 옷가게도 있다.

이 쇼텐가이에 내 오사카 친구들이 알려준 대단히 맛있는 다코야키 가게, 우마이야うまい屋가 있다. 우리 일행은 요리사 기타다이조가 달궈진 판의 반구 홈에 반죽을 부은 다음 모양이 잡히자 솜씨 좋게 반죽을 뒤집고, 아직 액체 상태인 '야키' 볼의

다른 면이 잘 익고 있는지 신중히 확인하는 걸 지켜보았다. 나는 직접 다코야키를 만들어보겠냐는 권유를 받고 시도해봤지만, 만들어보고 나니 그의 기술이 더 대단해 보일 뿐이었다. 내 다코야키는 완전히 축 늘어진 모양이었지만 그래도 맛은 좋았다.

택시를 타고 돌아오는 길에 기타 다이조가 만든 높은 수준의 다코야키에 대해 얘기하던 중, 살짝 무례한 아이디어가 떠올랐다. 왜 다코야키 안에 다른 재료는 안 넣을까? '다코'('문어'란 뜻)란 이름을 붙일 순 없게 되겠지만 사케와 미린으로 천천히 조린 맛있는 삼겹살을 한 조각 넣는 건 어떨까? 아니면 살짝 절인 고등어를 넣어 신맛이 반죽을 톡 뚫고 나오게 하면 어떨까? 혹은 과일이나 초콜릿 조각을 넣어서 달콤한 다코야키를 만드는 건?(나중에 이미 있다는 걸 알았다.)

생각이 거기에 미치자 다른 생각이 줄을 이었다. 이게 어쩌면 일본 음식의 최대 약점일까? 음식의 미와 계절감, 독특한 지역 특성, 싱그러운 정갈함. 이런 것들로 다소 창의성이 부족한 게 아닐까? 그래서 일본의 젊은 요리사와 레스토랑 고객은 이탈리아 요리나 서구의 패스트푸드, 중국에서 온 라멘에 매력을 느끼는 걸까? 아마도 일본인은 외국 요리에 다양한 실험을 하는 게 더 편할 수도 있다. 일부 일본 요리는 변화를 주거나 재창조해서는 안 되고 혹은 손을 대도 안 될 것처럼 보인다. 가이세키 요리에 관한 모든 규칙부터 소바 혹은 야키토리와 오코노미야키를 만드는 고정된 조리 방법은 마치 돌에 새겨진 불변의 법칙인 양 논의의 대상이 될 수 없는 듯하다. 반면 다른 요리 분야에서는 다양한 라멘 가게와 먹물 빵으로 만드는 햄버거 가게가 생기고, 이탈리안 피자 위에 놀라운 토핑들을 올리거나 스파게티 위에 우니 소스를 뿌리는 등 각종 혁신이 일어나고 있다. 잘 알려진 대로 특정 요리를 완벽히 마스터하려고 애쓰고, 더 좋은 재료를 찾고, 우동이나 초밥을 더 잘 만드는 기술을 연마하기 위해 고군분투하는 많은 일본인 요리사가 있다. 그리고 이런 점은 내가 일본 전통 요리 문화를 사랑하는 이유 중 하나다. 하지만 난 궁금해졌다. 일본의 페란 아드리아, 헤스턴 블루먼솔은 어디 있단 말인가? 전통 음식을 자유롭게 요리하거나 클래식한 요리를 재창조할 준비가 된 혁명가들은 어디에 있을까? 혹은 이런 시각에서 본다면, 새로운 토착 재료를 찾아 현대식으로 재해석하는 레네 레드세피 같은 인물이 있나?

이 질문에는 『아마카라 데초』의 지조 고즈에 기자가 답변할 수 있을 것 같다. 나는 교토의 가족에게로 돌아가기 위해 기차역으로 가는 택시 안에서 그녀에게 이렇게 낙담했다고 무심코 이야기했다. 속 재료는 왜 항상 문어여야 하나, 왜 장어는 안 되나? 택시 뒷좌석에 나와 나란히 앉아 있던 그녀는 내게 고개를 돌려 가볍게 웃으며 이렇게 말했다.

"우리는 다코야키 만드는 법을 바꾸지 않아요. 왜냐하면 가장 좋은 방법, 최고의 방법을 이미 발견했기 때문이죠. 최고의 방법을 찾았는데 왜 바꾸려고 하겠어요?"

맞는 말이었다. 그리고 아주 많은 일본인이 지조의 의견에 동의한다고 생각한다. 하지만 또 정신없이 오사카 맛집 탐방을 마

치고 나니 일본 요리에 개혁할 만한 요소가 아주 많이 남아 있
다는 걸 알게 되었다. 다만 어디를 봐야 할지 알기만 한다면 말
이다.

오사카 2

오사카에서 오래된 옷가게가 모여 있는 곳에 자그마한 동네 음식점이 있었다. 1935년부터 같은 집안이 4대째 운영하는 곳으로 오므라이스, 햄버거 등 집에서 만든 저렴한 요쇼쿠洋食 요리(서양 요리를 일본식으로 해석한 요리)를 주로 단골손님에게 파는 집이었다.

10년 전, 이 소박한 가정식 요리집에서 평생을 일해온 노인장은 당시 스물아홉 살이었던 아들에게 가게를 물려주었다. 아버지는 아들이 같은 방식으로 이어가려니 했지만, 유럽에서 요리사로 일했던 아들은 다감각多感覺을 사용하는 미스터리한 신경미식학자neuro-gastronomer● 미겔 산체스 로메라 박사의 마력에

● 신경미식학neuro-gastronomy: 뇌가 맛을 어떻게 인지하는지, 그것이 인간 문화에 왜 중요한지 연구하는 학문.

푹 빠져 있었다. 미구엘 박사는 신경과학자였지만 독학하여 요리사가 된 인물로 맛을 첨가한 물을 뉴요커에게 판매(결과적으로 성공하지 못했다)했던 일로 유명해진 사람이다. 불가사의한 로메라의 지도 아래, 아들의 요리에 대한 접근법은 돌이킬 수 없이 새로운 방향으로 들어섰다. 아들에게는 아주 원대한 계획이 있었고 일단 아버지에게 부엌 지휘권을 물려받고 나자 계획을 실행하기 시작했다. 문제는 그 누구도 단골손님에게 바꾸고 싶은 게 있냐고 묻지 않았다는 점이다. 단골들은 아들의 아방가르드한 현대 유럽 요리에 전혀 마음이 움직이지 않았다. 부자는 다투게 되었다. 결국 아버지가 불 앞으로 돌아올 수밖에 없었고 이미 형성된 단골손님을 계속 만족시키기 위해 이전과 똑같은 음식을 파는 식당을 예전에 일했던 식당 바로 코앞에다 새로 열었다. 그러는 사이에도 아들은 자신의 비전을 끈질기게 따랐고, 주목할 만한 요리사라는 입소문이 점점 퍼져나갔다. 결국 그는 새로운 고객층을 잡았고 국제적으로도 인정받았다. 10년 후 그의 음식점은 세 번째 미슐랭 별을 얻었다.

이는 후지와라 데쓰야藤原哲也의 이야기로 그가 운영하는 후지야 1935는 일본을 비롯해 전 세계 사람들의 입방아에 가장 많이 오르내리는 레스토랑 중 한 곳이다. 나는 10년 전 처음 일본을 방문했을 때 후지야에서 식사한 후 큰 충격을 받았다. 당시 후지야는 여전히 분자 요리 붐에 빠져 있었고 기포와 젤로 해체된 아주 독창적인 음식을 제공했다. 어떤 요리는 초현대적 디자인의 흰색 캡슐 모양이었는데 입안에서 툭 터지며 엄청나게 맛있는 무언가가 흘러나오는 게 정말이지 너무 맛있어서 하나 더 달라고 요청했던 기억이 있다.

이후 후지야의 명성은 날로 높아져만 갔고, 이번 여행에서 간절히 다시 가고 싶은 마음에 다코야키를 먹고 며칠 후 후지야에 예약했다. 하지만 레스토랑에 도착하고 나니 전에 왔을 때와는 완전히 달라져 있었다. 인테리어가 모두 바뀌어 다이닝 룸은 위층으로 올라갔고 오픈 키친은 없어졌으며 음식도 전부 바뀌었다. 현대 유럽과 일본 그리고 새롭게 북유럽 요소가 들어간 퓨전 요리였다.

"아버지의 레스토랑을 물려받았을 때는 유럽에서 막 돌아왔을 때라 유럽이 가장 큰 영향을 끼쳤죠." 키가 크고 마른 체격의 후지와라는 최고의 요리사가 다들 그렇듯 지친 기색이 역력했다. "하지만 시간이 흐른 지금은 일본 음식에 경험이 많이 쌓였고 천천히 진화되었습니다. 지금은 요리의 영감을 계절에서, 자연에서 더 많이 얻습니다."

그는 가장 크게 영향을 받은 사람으로 전설적인 요리사 나카히가시 히사오를 언급했다. 그는 음식 재료를 직접 채취하러 다니고 쌀을 중요시하기로 유명하다. 그의 레스토랑 소지키 나카히가시草喰 なかひがし는 교토에 있다. "거기서 식사를 해보니 산과 들판이 느껴졌습니다. 그런 식의 진짜 일본 요리는 배워 본 적이 한 번도 없었습니다. 하지만 그건 중요하지 않습니다. 요즘은 일본인 특유의 감각이 들어간 요리를 새롭게 만들어보고 있습니다. 어렸을 때의 음식과 계절의 느낌을 떠올리면서 말이죠."

10년도 지나지 않아 오므라이스 집에서 미슐랭 별 세 개를 받은 집으로 탈바꿈한 건 정말이지 오사카다운 속도라고 할 수 있겠다. 일본에서 두 번째로 큰 도시인 오사카에서는 모든 일이 신속히 진행된다. 교토 사람과 달리 오사카 사람은 과거를 아스픽[고기나 생선의 국물을 젤라틴으로 투명하게 굳힌 것. 보관하다가 조금씩 꺼내 먹는다]으로 보존하지 않는다. 그들은 미래를 포용하는 수준을 넘어 미래를 향해 돌진한다. 오믈렛과 햄버거 가게에서 하이 콘셉트의 미식가를 위한 근현대적인 성지로 탈바꿈한 후지야 1935 레스토랑의 급진적인 변화는 오사카에서 특별한 사건이 아니다. 이 도시는 영구적으로 빨리 감기 버튼에 맞춰져 있다. 사람들은 더 빨리 걷고, 말하고, 먹는다. 인스턴트 라멘과 서서 먹는 식당(앉으라고? 시간 낭비야!)이 시작된 곳이며 캔에 든 맥주를 팔기 시작한 곳이다. 평면 에스컬레이터와 컨베이어 벨트 스시도 물론 오사카에서 개발되었다. 하나는 사람이 빨리 가도록 한 것이고, 다른 하나는 음식이 사람에게 더 빨리 가도록 한 것이다.

사실 오사카에서는 먹고 쇼핑하는 것 외에 별로 할 거리가 없다. 인스턴트 라멘 박물관(강력 추천)을 방문해도 좋지만 그것 말고 문화 시설은 별게 없다. 사실상 공원이나 열린 공터도 없다. 성城에 가는 게 오락거리일 정도다. 이렇다 보니 오사카 사람의 전형인 '구이다오레くいだおれ', 즉 '먹다가 재산을 탕진하는 일'을 못할 이유가 없는 것이다. 이 도시, 완전 내 취향이다.

오사카가 패스트푸드로 유명한 건 사실이다. 다코야키나 오

코노미야키 같은 소위 B급 음식 말이다. 한번은 어떤 주민이 이런 말을 했다. "오사카 음식의 본질은 싸고, 빠르고, 맛있다는 겁니다." 하지만 오사카는 단순한 패스트푸드 천국이 아니다. 이곳은 최근 뉴욕에서 파리, 런던의 하이엔드 다이닝 풍경으로 급격하게 뜬 '갓포かっぽう'라는 레스토랑 형식의 근원지이며, 일본에서 가장 창의적이고 세련된 레스토랑의 고향이기도 한다.

지금 '갓포'는 조엘 로부숑의 라틀리에(2003년 레프트 뱅크에 처음 문을 열었고 지금은 전 세계에 지점이 있음) 체인이나 뉴욕의 모모후쿠 고Momofuku Ko는 물론 모든 주방에서 유행 중이다. '갓포'란 말은 글자 그대로 '잘라서 요리한다'란 뜻이지만 요리사와 보조 요리사가 손님을 마주 보고, 정해진 멀티 코스 메뉴를 내놓는 카운터가 있는 레스토랑을 뜻한다. 이 형식의 기원은 사무라이가 다도에 곁들일 음식을 만들며 손님에게 요리 기술을 뽐냈던 봉건 시대로 올라간다는 말도 있지만, 일반적으로 19세기 오사카에서 발전되었다는 설이 일반적이다.

종교적인 엄숙함마저 있는 가이세키 레스토랑에 갈 때는 약간 위축될 수 있다. 한번은 교토의 전통 가이세키 레스토랑 앞에서 어찌할 바를 몰라 어리둥절하던 호주 사람이 무릎을 꿇고 들어가는 걸 보고 '아 저런……' 하고 안타까워한 적도 있다. 하지만 갓포는 친근하고 격의 없는 곳이다. 음식은 세련되고 아름답지만, 요리사는 손님과 대화를 나누고 손님들도 서로 떠들며 농담을 주고받고 사케 잔을 채운다.

오사카 유흥지구인 기타신치에 있는 가장 좋아하는 갓포, 고류弧柳에 들어갔는데 열두 명 정도의 손님이 카운터에 앉아 대화하고 있었다. 요리사 마쓰오 신타로와 그의 보조는 어떻게 하는지는 몰라도 전통적이면서도 현대적이고 신중하지만 발랄하며 가끔은 어려운 요리, 예를 들면 머스타드와 새우를 곁들인 멧돼지 베이컨이나 유럽에는 거의 없지만 일본에서는 높이 평가받는 졸인 아귀 간을 빠른 속도로 내놓고 있었다. 식사는 먼저 중국식 집 주변에 인공 눈이 흩뿌려진 모양으로 장식한 생선회와 놀라울 정도로 부드러운 오징어가 나왔다. 어떤 요리는 많은 사람이 일본 요리에서 가장 두려워하는 요소가 총 집약된, 식초를 듬뿍 넣은 잔뼈가 많은 차가운 생선이었지만, 요리사가 준비하는 다음 요리를 보고 우려하던 마음은 곧 사라졌다. 등골이 오싹할 정도로 톡 쏘는 다시를 베이스로 한 맑은 국이다.

잠시 후, 나는 멍한 상태로 기타신치의 미로 같은 호스티스 바에 등장했다. 회 접시 그림처럼 살짝 눈이 내리고 있었지만, 한때 오사카의 게이샤 거리였던 이곳은 사람들로 인산인해를 이루었다. 이제 게이샤는 열 명 정도밖에 남지 않았다고 들었다. 스타킹과 과일 선물을 파는 상점도 있었고, 인이어를 끼고 짙은 정장을 입은 남자들이 골목마다 서성이고 있었다. 가끔 문이 열리면 담배 연기와 부드러운 재즈 음악이 잔잔하게 흘러나왔다. 몸에 딱 붙는 핑크 드레스를 입은 여자가 작달막하고 뚱뚱한 양복 입은 나이 든 남자의 팔짱을 끼고 비틀거리며 나와, 밖에서 대기하던 반짝이는 검은색 도요타로 굴러 들어갔다. 전형적인 오사카 풍경이다.

나는 오사카 친구가 추천해준 플루트 플루트Flute Flute라는 술집을 찾고 있다. 드디어 간판을 발견하고 계단을 내려가 일본 특유의 지하 술집으로 들어갔다. 수백 개의 다른 바처럼 가게는 좁고 조명은 흐릿하고 바 스툴이 몇 개 있었다. 스피커에서는 낮고 부드러운 재즈가 흘러나왔다. 하지만 큰 차이점이 있었다. 바 뒤로 술병이 나란히 있는 게 아니라 올리브 오일 간장부터 포도 간장, 훈제한 간장, 심지어 하얀색 간장(물리학의 법칙을 거부한 게 분명하다)까지 100가지의 간장이 늘어서 있다. 최고는 시모노세키 항구에서 온 성게 간장으로 거의 참을 수 없을 정도로 강렬한 성게 풍미가 났다. 우니야말로 인간이 감당하기에는 너무 훌륭한, 지구상에서 가장 감칠맛이 뛰어난 음식 재료인 게 분명했다.

나는 운영자 중 한 명에게 물었다. 어쩌다가 샴페인과 간장을 합칠 생각을 하게 되었습니까? "간단합니다." 그가 웃었다. "둘 다 발효된 음식이니까요. 아주 훌륭한 마리아주입니다."

조금 후 나는 권투선수에서 배우로 전향한 아카이 히데카즈 및 TV 스태프들과 함께 플루트 플루트로 돌아왔다. 그와 오래된 친구처럼 길거리에서 '우연히' 만나는 장면을 연출하기 위해서였다. 그런 뒤 함께 도시를 쏘다니며 서로 좋아하는 장소를 보여주는 콘셉트였다. 매주 방영되는 「마키의 황홀한 레스토랑」이라는 인기 있는 음식 프로그램 촬영이었다. 그나저나 아직도 마키가 누군지 모르겠다.

이 프로그램을 위해 나는 이미 전날 교토에서 레스토랑 네

곳을 다녀왔다. 일본식 정원이 있던 지하의 이름 없는 '숨은' 라멘 가게, 캐주얼한 분위기의 와규 야키니쿠집(고기를 식탁의 가스그릴에 구워 먹는 곳), 직접 말아서 먹는 데마키 즈시(스시롤) 집으로 사진이 기가 막히게 찍히긴 하지만 장난감처럼 적은 양이 나오는 인스타그램용 가게, 현대적인 가이세키 레스토랑이었다. 그날 나와 함께 갔던 유명인은 납작한 펠트 모자를 쓴 오동통한 니시다이 히로시와 잘 알려진 여배우 야스다 미사코였다.

녹화가 진행되는 이틀 동안 간혹 유머를 시도했다. 하지만 위험한 발상이었다. 오스카 와일드식 농담을 던지기만 하면, 젊고 말쑥한 남자 통역원이 다른 사람들을 위해 통역하길 기다려야 했고 그들이 유머를 해석하기까지 더 기다린 다음 결국엔 과장된 웃음을 보상으로 받았으니 말이다.

어깨를 움츠리거나 짧은 울부짖음으로만 소통하며 프로그램을 대본 없이 녹화하는 동안, 음식에 관해서는 박학다식한 권투선수 출신 아카이는 느릿느릿 자신의 빈 사케 잔을 다시 채우는 멋진 방법을 알고 있었다(이제는 나도 배웠다). 그는 잔이 어디서 만들어졌나 보려는 것처럼 과시하듯 잔을 들어 모두가 그의 잔이 비었다는 걸 보게 했다. 코미디언인 통통한 니시다이는 의사소통이 전혀 안 됐음에도 불구하고 뼈까지 유머가 박힌 재밌는 사람이었다. 앙상하게 마른 여배우 야스다는 일본 TV에 나오는 모든 여자가 그렇듯 웃거나 먹을 때 부끄럽게 입을 가리는 경향이 있었지만, 항구에서 일하는 노동자처럼 엄청나게 많이 먹었다. 모든 음식을 끝낸 건 물론이고 하늘거리는 크림색 드레스에 단 한 방울도 흘리지 않았다.

하루를 함께 보내는 동안 아카이는 나를 효고에 있는 어마어마하게 고급스러운 구시카쓰 집에 데려갔다. 그곳은 빵가루를 정교하게 입혀 튀긴 꼬치(다진 돼지고기와 들깻잎으로 감싼 가지 튀김은 정말 놀라웠다)를 파는 집이었다. 다음은 기타구에 있는 내가 좋아하는 오노미치 무라카미(오코노미야키 집으로 대표 요리는 모치와 치즈 토핑)에 갔다가 플루트 플루트로 발걸음을 옮겼다.

플루트 플루트에서 촬영하는 동안 운영자 중 한 명인 무라카미 오노미치가 간장을 맛볼 수 있는 가장 좋은 방법으로 돈부리를 제안했다. 그러더니 나더러 아카이를 위한 특별한 돈부리를 직접 만들어보는 게 어떻겠냐고 제안하며 연출자에게도 묻는 게 아닌가. 미처 저항할 새도 없이 어느새 나를 졸졸 따라다니는 카메라 스태프와 함께 근처 슈퍼에 서 있게 되었다. 그 권투 선수에게 어필할 만한 재료로 완벽한 돈부리 조합을 즉석에서 구상해내야 했다. 내가 뭘 만들든지 플루트 플루트의 요리사들과 아카이의 정밀한 검토 대상이 될 뿐 아니라 텔레비전으로 온 나라에 방영될 형편에 처했다.

나는 슈퍼에서 껍질 콩과 방울토마토를 집어 들었고, 일본인의 '특색'을 위해 양하襄荷(일종의 생강이지만 더 달고 맛이 약하다)를 선택했다. 그리고 계산을 하러 나가는데 일본 슈퍼에는 잘 없는 소시지가 보였다. 나는 냉장고 선반에서 소시지를 꺼내 들고 플루트 플루트로 돌아와 일본 TV 시청자에게 깊은 인상을 심어주기 위해 무언가를 만들기 시작했다. 내 앞에 있는 기대에 찬 아카이를 두고 바 뒤에 서서 토마토를 넷으로 등분하면서 부엌에다 껍질 콩을 데쳐달라고 부탁했다. 나는 세상이 아직 맛보지 못한 무언가를 창조하기 위해 이탈리안 음식의 감칠맛 파워를 소환할 요리를 염두에 두고 있었다. 하지만 곧 내가 토핑을 너무 많이 올렸다는 게 명백해졌고 욕심을 내려놓지 않으면 용서가 안 될 정도로 뒤죽박죽인 음식을 내놓을 지경에 이르렀다. 결국 나는 소시지와 양하만을 선택했다. 결과적으로 카운터 너머의 아카이에게 꽤 괜찮은 돈부리 요리를 내놓을 수 있었고, 그는 오사카 '구이다오레' 정신으로 그럴듯한 열광적인 반응을 보이며 마구 퍼먹었다.

오사카 일정의 끝이 다가오는데 나는 아직 안 먹어본 음식이 있다는 미련이 남은 상태로 이 놀라운 도시를 다시 떠나게 되었다. 이곳은 정말 양질의 먹거리가 너무 많다. 예를 들면, 김치 한 조각이 먹고 싶을 때 가는 한국인 거리인 구로몬黑門 시장도 언급하지 못했다. 그러나 오사카에서 가장 좋은 레스토랑은 도심에서 멀리 떨어진 곳인 요두가와강 북쪽 교외 주거지에 여기저기 흩어져 있었다. 어느 날 저녁, 나는 그곳에 갔다가 바둑판처럼 늘어선 회색 집들 사이에서 길을 잃어 30분쯤 헤매다가 드디어 자그마한 일본식 정원으로 들어가는 입구를 발견했다.

가시와야柏屋의 다다미가 딸린 별실과 계절 메뉴, 멀티 코스 가이세키 메뉴는 정신적 고향인 교토에서 50킬로미터쯤 떨어진 곳에 있었다. "그렇습니다. 교토로 옮길까 종종 생각한답니다." 마쓰오 히데키는 레스토랑과 위치가 어울리지 않다는 내 얘기에 수긍하며 이렇게 말했다. "사실 교토에서 단골손님이 많이 옵니다. 우리는 오히려 여기에 있다는 사실 자체로 유명하답니다."

내가 방문했을 때는 봄이 고개를 드는 계절이라 초록 새싹이 나고 모든 것이 겨울잠에서 깨어나고 있었다. 마쓰오는 손님을 새로운 계절로 이끌기 위해 밤에 메뉴를 디자인했다. 부드럽고 푹신한 복어 이리 만두, 겨자 잎과 매화꽃, 국수가 연상되는 아주 작은 붕장어가 메뉴였다. 그리고 내가 제일 좋아하는 일본 음식인 유바(두부껍질)도 있었고, 고급 재료인 전복과 게, 마쓰오가 가장 좋아한다는 로컬 새우도 나왔다.

"저는 비용을 넘어서 만족감을 드리려고 요리합니다." 충격적일 정도로 좋았던 식사 후, 우리는 녹차를 마시면서 대화를 나눴다. 마쓰오는 가이세키 요리는 이야기를 전달하는 방식이라는 말을 덧붙였다. 모든 접시에 의미가 있지만 사람들은 점점 더 그걸 이해하거나 알려고 하지 않는단다.

"단골손님은 이해해주지만 요즘 사람들은 신경도 쓰지 않습니다. 더 많이 설명하고 즐거움을 주기 위해 더 노력해야죠." 그는 식탁에 놓인 앞뒤가 없는 젓가락을 가리켰다. 그 젓가락은 예를 들면, 내가 신과 함께 식사했다는 걸 상징하는 걸까? "이런 음식을 이해하려면 시간이 걸립니다. 작가님은 일본에 올 때마다 조금씩 배우겠지만 사람들은 거의 우연히 혹은 레스토랑 목록을 들고 투어하기 위해 방문합니다." 비통하거나 힐난하는 목소리라기보다는 아쉬운 듯 체념한 목소리였다.

가시와야는 계절과 문화, 예술을 명상하듯 감상하는 느낌으로 요리를 제공했다. 내 기쁨의 탄성 외에 들리는 소리라고는 에어컨 돌아가는 소리가 전부였고, 나는 오로지 내 앞의 기똥차게 맛있는 음식에만 집중했다.

오사카에서 보낸 마지막 날에는 다른 요리가 당겼다. 내가 좋아하는 또 다른 갓포 레스토랑, 오사카 요리집 아사이東迎다(기기와 아사이로 알려졌다). 나는 옆자리에서 날아오는 왠지 향수를 불러일으키는 담배 연기를 온몸으로 맞으며 길고 검은 광택이 도는 카운터에 앉았다. 바삭한 복어 껍질과 아귀 간, 고사리 전분 만두, 멋지게 짭짤하고 미끈거리는 발효한 해삼 내장이 나오는 세트 메뉴는 마음을 빼앗기기에 충분했다. 그동안 흰옷을 입은 여러 명의 요리사는 카운터 뒤로 제비처럼 몸을 숙였다 나왔다 했다.

나는 식사가 끝나자 어려 보이는 여자 친구와 뫼르소를 나눠 마시고 있던 비즈니스맨에게 고개를 돌려 말을 걸었다.

"굉장한 식사네요." 나는 볼로 숨을 내쉬며 말했다.

"오사카에 오신 걸 환영합니다!" 그가 잔을 들며 답했다.

6장

시코쿠

유자

과일 때문에 범죄를 저지를 일이 있겠냐마는 나는 유자라는 명목으로 늘 중죄를 범한다. 일본을 방문하고 유럽으로 돌아갈 때마다 여행 가방에 유자를 열 개 정도 밀반입한다. 귀중한 도자기처럼 꽁꽁 싸매고 내가 지을 수 있는 최고의 포커페이스를 장착한 다음 뻔뻔하게 세관을 성큼성큼 통과하는 것이다. 집에 무사히 도착하면, 그 어떤 것과도 비교가 안 되는 향기가 나는 가방을 활짝 연다. 유자즙을 사용해 폰즈나 소르베를 만들기도 하지만, 무엇보다 유자 제스트를 크림에 넣어 초콜릿 가나슈에 향을 내는 게 최고다.

아마도 감귤류 과일이 가장 다양한 나라가 일본일 텐데, 그 많은 과일이 일본 너머로는 잘 알려지지 않았다. 클레멘타인 같은 미칸, 귤, 다이다이(쓴맛의 오렌지), 만백유晩白柚(일종의 포멜로) 등 귤 종류가 무한하다. 헬레나 애틀리가 쓴 정말 멋진 책 『레몬이 자라는 나라: 이탈리아와 감귤 이야기The Land Where Lemons Grow: The Story of Italy and Its Citrus Fruit』에 따르면 모든 감귤은 원래 중국에서 유래한다고 하지만 일본 감귤은 대부분 지난 수십 년 동안 일본에서만 재배되었다. 우리가 가고시마에서 방문했던 사쿠라지마 화산섬에서 자라는 고미칸 같은 감귤류는 수백 년 전 일본에서 진화시킨 것이다. 200년 된 고미칸 나무는 화산이 많은 사쿠라지마의 산비탈에서 여전히 자라고 있다.

모든 과일이 환상적이지만 그중에서도 최고는 유자다. 더 달고 둥글며 향이 좋고 귤보다 더 시큼털털하지만 자몽처럼 쓰진 않다. 유럽에서 가장 비슷한 과일을 찾는다면 아마도 베르가모트겠지만, 그래도 전혀 같진 않다. 유자를 반으로 자르면 씨로 가득 차 있고 제일 좋은 부분은 오일이 강렬한 꽃 향을 내는 껍질이다.

유자는 디저트로 이국적인 향을 내는 파티셰에게 오랫동안 친숙한 과일이었다. 예를 들면, 조엘 로브숑은 굉장한 유자 수플레를 만든다. 유자는 최근 음식업계의 주류가 되기 시작했다. 유자 맛 하겐다즈 아이스크림부터 맥주나 껌까지, 모든 음식에 유자 맛이 등장했다. 심지어 요전에는 덴마크 동네 슈퍼에서 유자 맛 감초 사탕도 보았다. 덴마크 사람들은 유자가 뭔지 짐작도 못 하는데 말이다. 그런데 일본인은 유자를 디저트에 사용하지 않고, 강렬한 제스트를 국이나 해산물 또는 붉은 고기에 추가하거나 목욕할 때 집어넣기도 한다.

800년경에 중국 이창宜昌 지역에서 단단한 탱자枳를 귤과 이종교배해서 얻은 유자가 일본으로 건너간 걸로 추정된다. 하지만 중국에서 유자를 찾아보시라. 중국 음식 전문가 휴시아 던롭에게 유자에 대해 물었더니 중국인은 말린 귤껍질을 요리에 사용할지는 몰라도 감귤류는 많이 사용하지 않는다고 답변했다. 나는 과일에 관한 놀라운 책인『과일 사냥꾼The Fruit Hunters』의 저자 애덤 골너에게도 중국에서 유자를 본 적이 있냐고 물었다. 하지만 그는 보지 못했다고 했다. 일본 최고의 파티셰 중 한 명인 나가에 게이코(미슐랭 별 세 개를 받은 피에르 가니에르 레스토랑에서 일했다)는 중국에서 요리 시연을 할 때 유자를 요청했더니 포멜로를 주었다고 했다. 중국은 유자를 완전히 잊은 것처럼 보였다.

일본은 그렇지 않다. 유자는 점점 더 인기를 얻고 있다. 일본 유자나무의 대략 절반 정도는 오사카에서 내해를 지나는 짧은 거리에 있는 시코쿠 섬에서 자라고, 시코쿠 유자를 최고로 친다. 자연 상태에서 자라는 유자를 보고 싶다면 시코쿠는 반드시 가봐야 할 곳이다. 게다가 나는 유자를 몇 알 밀반입하는 범죄를 저지르는 것에서 한발 더 나아가, 아예 씨를 가져와 유자나무를 직접 키우고 싶었다. 그래서 시코쿠의 유자 농부의 집을 방문해 몇 가지 유용한 조언을 얻을 셈이었다.

막중한 유자 임무를 띠고 시코쿠에 갔다가 (이 여행은 가족과 함께 여행하기 몇 달 전 이야기다) 옆길로 살짝 새게 되었다. 이 섬에는 양질의 음식이 너무 많았고, 암초 해안과 가파르게 우거진 계곡에 독특한 음식이 있었다. 시코쿠는 일본에서 우동 국수로는 최고라고 알려져 있다. 해산물도 매력적이다. 그리고 일본에서 가장 희귀한 도사土佐 소고기가 있다. 유명하고 기름이 많아 숟가락으로 떠먹어도 될 정도로 부드러운 와규에 비해, 도사는 유럽 소고기처럼 질기지만 맛이 더 좋다. 시코쿠는 일본에서 문어 이빨을 진공 포장하여 주유소에서 에너지 드링크와 껌 옆에서 나란히 판매하는 유일무이한 장소다. 문어 이빨은 씹을 때 우두둑 소리가 나는 게 썩 기분 좋은 느낌은 아니었다.

내가 유자에 정신을 쏟지 못한 이유는 또 하나 있다. 시코쿠에는 '베쿠하이可杯'라는 술 마시는 게임이 있기 때문이다. 규칙은 정확히 모른다. 사실 규칙이 아예 없었는지도 모르지만, 목적은 최단 시간 내에 외국인을 취하게 하는 것 같았다. 일본인은 더 많이, 더 빠르게 취하게 하려고 다양한 부비트랩이 있는 특별히 제작된 사케 잔을 사용한다. 어떤 잔은 바닥에 구멍이 있어 잔을 내려놓으면 사케가 흐른다. 다른 잔은 그로테스크한 코가 달린 얼굴 모양을 하고 있어 내려놓고 싶어도 내려놓을 수가 없다. 시코쿠 사람, 특히 고치현 사람은 술 마시는 걸 굉장히 좋아한다. 사실 다른 일본인에게 이 지역 사람의 특징이 뭐냐고 물으면 한 단어로 대답할 것이다. '술고래.'

나는 섬의 주도인 고치의 메인 도로에 있는 연기 가득한 히로메ひろめ 시장을 걷다가 베쿠하이 잔과 처음 맞닥뜨렸다. 토요일 점심시간이라 현지 대표 음식, 가쓰오다타키かつおのたたき(볏

짚에서 구운 가다랑어)를 맛있게 먹고 있는 동네 사람들로 가득했다. 참치의 한 종류인 기름지고 색이 짙은 생선을 중독성 있는 숯으로 태우는 방법으로, 요리하면 생선 껍질은 연기로 까맣게 되고 살은 선홍색으로 남는다. 유명한 '구로시오' 난류가 해안을 지나가면서 가다랑어도 일본 해안을 따라 지나간다. 고치는 일본에서 가다랑어가 가장 많이 잡히는 큰 항구로, 고치 사람이 일본에서 가다랑어를 가장 많이 먹는다. 늦가을을 최고로 치는 가다랑어는 대개 생마늘과 파를 곁들여 먹는다. 이건 일본에서도 드문 방법이다. 하지만 시장에는 그 외에도 먹거리가 많았다. 토마토와 풋콩, 성게로 맛을 낸 밝은 색의 두부는 한 번도 본 적이 없는 음식이었다. 영국 정원의 골칫거리인 일본마디풀[명아자여뀌]은 씹히는 질감이 놀라웠고 맛은 섬세했다. 그리고 가장 어울리지 않았던 건 거북손이 쌓여 있던 광경이었다. 거북손은 문어와 조개를 교배한 것 같은 아주 희귀한 조개류로 공룡 발톱같이 생겼다. 포르투갈이나 스페인에서 자주 봤고 가격은 상당히 비쌌다. 물살이 아주 거센 해안가 바위에서 자라기 때문에 채취하기가 위험하다고 알려졌지만, 여기서는 여섯 개에 겨우 380엔이었다. 그래도 가장 놀라웠던 건 고치의 전통 해산물 플래터인 사와치皿鉢 요리였다. 조개류와 회가 정교하게 진열되어 있고 가운데에는 집게발이 없는 랍스터와 비슷하게 생긴 갑각류가 있었다.

일본의 네 번째 본섬인 시코쿠는 겨우 225킬로미터의 길이로 작은 섬이며 방문객도 가장 적다. 도쿄 사람에게 물어보았지만 시코쿠에 가본 사람이 많지 않았고 외국인은 훨씬 더 드물었다. 예전처럼 여전히 외딴 은신처 같은 느낌이 나고 계속 휘몰아치는 내해의 소용돌이로 인해 본토와 단절된, 해적과 망명자의 고향이다. 마을 사람들은 스스로를 주류와는 거리가 먼 아웃사이더로 여겼고, 이자카야에서 낯선 사람을 환영하는 정도로 봐도 꽤 느긋한 사람들인 것 같았다. 시코쿠 주민들은 나에게 술과 음식을 건네곤 했는데, 도쿄에서는 한 번도 없던 일이었다(개는 친화적이지 않았다. 고치의 옛 이름을 딴 개인 도사견은 로트와일러처럼 투견으로 유명하다. 고치의 특정 장소에 가면 아직도 투견 대회를 볼 수 있다).

시코쿠 방문객이라면 누구나 먹어야 할 요리가 하나 있다. 바로 사누키 우동이다. 두껍고 보드라운 하얀 밀가루로 만든 국수로 도쿄처럼 국물에 담겨 나오는 게 아니라 소스와 함께 나온다(일본인에게는 이런 차이점이 아주 중요하다). 나는 시코쿠에서 동북쪽에 있는 가가와현의 고토히라 마을에서 '우동 택시'를 운영한다는 얘기를 들었다. 운 좋게 택시를 불러 타면 택시 운전사가 가장 좋아하는 우동집에 데려다준다고 했다. 어느 날 아침 나는 머물고 있던 료칸인 고토히라 고단에서 나와 접수 담당자가 표시해준 사누키 우동집 지도를 들고 당당히 길을 나섰다. 시간은 아침 8시 전이었고 행인이라고는 전혀 없었으며 차도 거의 없었는데, 나오자마자 우동 택시가 횡 지나갔으니 내가 얼마나 놀랐겠는가. 택시 지붕 위에 달린 플라스틱 우동 그릇을 알아보기도 전에 택시는 내 시야에서 사라졌고, 나는 굼뜬 반사 신경을 원망하며 터벅터벅 걷기 시작했다. 하지만 골목을 돌아 200미터 정도 앞을 보니 택시가 떡하니 대기하고 있었다. 마치 내 임무를 알아채고 기다리는 말 잘 듣는 강아지처럼 말이다. 나는 택시에 올라 한마디면 다 해결되는 '부탁합니다'를 내뱉었다. 몇 분 후, 나는 3파운드[약 4400원]도 안 되는 가격으로 지금껏 먹은 우동 중 가장 맛있는 우동이었던 곤피라金比羅 우동 가게에 앉아 있게 되었다. 간장과 다시를 섞어 낸 소스는 강렬한 풍미가 있었고 국수는 내 젓가락 윗부분보다 더 도톰했지만 엄청나게 부드럽고 매끈했다. 그중에서도 백미는 우동 위에 뿌려져 있던 바삭거리는 튀김용 밀가루 반죽이었다.

그러고 나서, 중심가에서 아래로 몇 미터 내려와 우동 아이스크림을 파는 가게 밖에서 아쉬운 마음에 잠시 어물쩍거렸다. 옆으로는 간장과 잘게 썬 파를 토핑으로 올린 소프트아이스크림 포스터가 걸려 있었다(비참하게도 문을 닫은 채였다). 나는 멈춰서 부엌의 열린 창문으로 우동 요리사가 일하는 걸 지켜보았다. 그는 카운터 뒤에 서서 조용하고 몽환적인 환상에 젖어 있는 것마냥 이상하게 몸부림치고 있었다. 이 사람은 이와사키 기요타카로 면을 더 잘 늘어나게 하기 위해 밤새 숙성시켰던 우동 반죽을 냉장고에서 꺼내 반죽을 치대는 중이었다(그는 양말을 신고 있었고 반죽은 비닐 안에 있었다는 점을 밝혀두겠다).

우리는 대화를 나누기 시작했다. 이와사키는 23년간 우동을 만들고 있다고 했다. 어디서 왔어요? 그가 묻기에, 영국이라고 했다.

"내가 기타를 칠 줄 압니다. 폴 매카트니를 정말 좋아해요!"라고 소리치더니 비틀스의 「And I Love Her」첫 네 마디를 기타를 치는 흉내를 내며 부르기 시작했다. "두-두, 두-두우." 나는 도입부를 부르며 화답했다. "I give her all my love, that's all I do." 테니스 시합하듯 내가 한두 줄 부르면 그가 노래를 받아 부르기 시작했다. 자, 이런 일은 도쿄에서는 일어나지 않는다.

유명한 88개 사찰 순례를 언급하지 않는다면 제대로 시코쿠를 소개한 글이 아닐 것이다. 많은 은퇴자가 직장을 그만두면 가고 싶어하는 순례길로 모두 도는 데는 3개월이 걸린다. 자, 순례길은 이제 말해뒀으니 됐다고 치자. 나는 그런 영적인 산책길보다는 고치의 야외 길거리 시장에 더 구미가 당겼다. 일본에서 야외 시장으로는 가장 큰 규모로 1690년대에 생겨 아직도 도시 중심을 통과해 1.6킬로미터 정도 늘어서 있다. 일요일마다 장이 서며 지역 농산물과 농산품, 과일, 채소 그리고 지금껏 본 적이 없는 물건들을 판다.

주인공은 감귤이다. 먹을 만한 중과피가 있는 일향하日向夏도 있고 부드러운 라임 같은 나오시치直七도 있지만 내가 찾아간 목적은 숭고한 유자였다. 한창 수확 철인 11월이었던지라 주스, 젤리, 말린 유자, 미용 제품 등 관련 상품은 물론 유자가 잔뜩 쌓여 있었다. 노점상들이 입을 모아 하는 말은 유자에 대해 더 알고 싶으면 우마지馬路 마을이 최고의 장소라고 했다.

우마지는 레몬으로 유명한 이탈리아의 아말피처럼 유자 하나로 유명한 곳이다. 1000명의 주민이 거주하며 거의 모든 주민이 유자를 재배하거나 관련 일에 종사한다. 아말피처럼 우마지도 일본에서 가장 아름다운 마을 중 한 곳이다. 고치에서 한 시간 반가량 언덕을 올라갔다. 폭이 좁고 유속이 빠른 아스다강을 따라, 숲이 조밀하게 우거진 언덕 너머 가을 단풍 사이로 문득 강렬한 노란색 별의 성운 같은 자그마한 유자 과수원이 보였다(가을에 나뭇잎이 사탕처럼 강렬한 빨강, 레몬노랑, 라임초록, 복숭앗빛으로 단번에 물드는 일본 단풍나무보다 더 아름다운 나무가 있을까).

우마지 유자정보센터에 가장 먼저 들렀다. 관리소장인 나가노 모모타는 이 작은 과일로 만드는 무수한 제품을 소개해주었다. 유자는 즙, 제스트, 중과피, 씨까지 모든 부분이 사용된다. 즙은 일본 소주와 유자술은 물론 각종 음료수, 아이스크림과 사탕에 들어가고 유자즙과 꿀과 설탕을 넣어 만든 차도 있다. 차는 잼처럼 보이지만 뜨거운 물에 녹여 마시며 한국에서 특히 인기가 많다. 진짜 유자잼도 있고, 유자 폰즈, 유자 다시, 유자 미린, 유자 간장, 유자 타바스코인 유자스코도 있다. 유자 된장은 발효된 된장의 그득한 감칠맛을 유자가 뚫고 나오는 놀라운 맛이었다. 그리고 독특하게도 마을 사람들은 스시용 쌀밥에 간을 하기 위해 유자 식초를 사용했다. 짜고 남은 유자 껍질을 욕조에 넣어 천국 같은 향기를 더하기도 하고, 씨는 구워서 가루로 만들어 미용 관련 제품에 사용한다. 귀한 유자꽃은 꺾어서 페이스 크림을 만들 때 넣고 봄의 새잎은 맑은 국에 넣어 먹는다(약간의 유자 향과 신맛이 난다고 한다). 하지만 주스와 제스트를 제외하고 내가 가장 마음에 들었던 유자 제품은 유자 고쇼柚子胡椒로

겨우 50년 전에 규슈에서 만들어진 톡 쏘는 양념이다. 소금을 넣은 유자 중과피에 고추를 넣어 만든 것이며 생선이나 쌀, 소고기를 요리할 때 매우 유용하다. 세계적으로 유명해질 일본 음식의 차세대 주자라고 생각한다. 예견하건대 음식에 집착하기로 유명한 일본에서 유자 관광은 우마지 마을 사람들에게 수입을 더해줄 것이다.

유자나무는 5월 첫째 주에 핀다. 10월 말부터 몇 주간 유자를 키우는 190명이 다 함께 매년 700톤, 가치로 환산하면 1700만 파운드[약 246억 원]어치를 수확한다. 수확이 끝나면 가지치기를 시작해 12월부터 이듬해 3월까지 계속한다. 관리소장 나가노 모모타와 내가 유자정보센터 마당에 서 있는 동안 햇살 같은 동그란 과일을 가득 실은 앙증맞은 다이하쓰 트럭이 끝없이 드나들었다. 트럭이 도착하면 무게를 잰 다음 나갈 때 트럭 무게를 빼는 방법으로 무게를 단다고 했다.

유럽에서 유자의 수요가 늘자 일부 농부가 남프랑스에서 유자를 기르기 시작했지만 유자나무 재배는 장기간 연구해야 할 힘든 문제가 많다고 한다. 마을 위쪽 언덕에 있던 히로유키 시모타의 과수원을 방문했을 때 설명을 들을 수 있었다.

50세가량으로 보이지만 이제 60대가 된 시모타는 쌀농사가 너무 힘에 부치자 유자 농사로 방향을 틀었다. 일본 농림수산성은 최근 나이 든 농부에게 유자 농사를 지으라며 보조금과 묘목을 제공하고 조언도 해주지만 힘든 문제는 연이어 발생하고 있다.

시모타는 이 마을이 계곡에 있는지라 유자가 충분한 빛을 받지 못한다고 했다. 우마지 유자가 다른 지역에서 자란 유자처럼 예쁘지 않은 이유다. 한편 추운 기후는 향을 더 강하게 한다. 나무가 강할수록 생존하는 힘이 더 강하고 과일의 풍미는 더 좋아진다. 비록 살아남은 나무와 죽은 나무의 경계는 종이 한 장이지만 말이다. 바람도 곤충이 날아다니는 데 있어 중요하다. 그래서 바람 신을 달래기 위해 정기적으로 봉납과 기도를 드린다. 유자나무가 튼튼해 보여서 유자나무를 집에서 재배하겠다는 나의 원대한 계획에 힘을 얻으려는 찰나, 유자 농사 꿈나무인 나에게 나쁜 소식이 전해졌다.

"유자나무에서 열매가 열리기까지는 15년에서 20년이 걸립니다." 시모타가 자신의 야구 모자에서 애벌레를 툭 쳐내며 무심히 말했다. 내가 정말로 집에서 유자나무를 씨앗부터 키운다면 엄청나게 정성을 들여야 한다는 사실이 명백해졌다. 유자나무가 좋아한다는 닭 배설물과 오래된 유자 껍질, 향나무 톱밥을 듬뿍 주는 건 당연하고 말이다.

나는 가까이에 있던 나무에 달린 열매를 안타까운 마음으로 만지작대다가 손가락을 가시에 찔렸다.

"가시 조심하세요." 내가 피를 빨자 시모타가 말했다. 하지만 이 가시는 시모타의 원수, 근처에 사는 사슴은 단념시키지 못했다. 사슴은 사람보다 숫자가 더 많고 유자나무 껍질을 씹어 먹는다. 시모타의 묘목을 삼켜버리는 야생 토끼에게도 가시는 문제가 안 되긴 마찬가지였다.

"유자로 돈을 많이 벌진 못합니다." 유자 농사가 잘 되냐고 묻자 시모타가 이렇게 대답했다. 그는 품질을 유지하기 위해 각 나무가 생산하는 과일의 양을 조절하는 방법인 가지치기를 하고 있다. "하지만 이곳은 96퍼센트가 숲인데, 계곡을 건너다니면서 이 노란 과일이 숲을 물리치고 더 많아지는 걸 보면 기분이 아주 좋아집니다."

늘 그렇듯, 시코쿠를 방문한 후 나는 유자를 집으로 밀반입해왔다. 이번에는 과일에서 모든 즙과 껍질을 다 쓴 다음 씨를 남겨두었다. 씨앗에서 유자나무를 키우고 말리라, 20년간 정성을 쏟겠다고 엄숙하게 다짐했다. 이 나무에서 열린 유자는 유럽에서 구할 수 있는 최고의 유자가 될 것이고, 다 내 꺼다.

아와지에서 새로 사귄 친구가 가르쳐준 대로 나는 씨앗의 얇은 바깥 껍질을 살살 벗겨 좋은 흙에다 심어 창가에 두었다. 흙이 말랐을 때만 물을 주면서 매일 화분을 점검했다.

2주 후, 싹은 고사하고 아무런 변화가 없었다. 6주 후에도 변화가 없으면 절대 싹이 트지 못한다는 내용을 읽은 터라 초조해졌다. 6주가 되었지만 흙의 표면에서 초록이라고는 보이지 않았다. 하지만 기적이 일어났다. 새싹이 한 개, 나중에는 여섯 개가 났고 처음에는 약했지만 점점 더 강해지더니 짙은 초록색의 반짝이는 유자 잎이 정말로 자라기 시작했다.

다음 며칠에 걸쳐 연약한 묘목 중 다섯 개는 잎을 떨어뜨렸지만, 남은 유자나무는 약 20센티미터까지 잘 자라고 있다. 이런 속도라면 은퇴할 때 딱 맞춰 과일을 얻을 수도 있겠다.

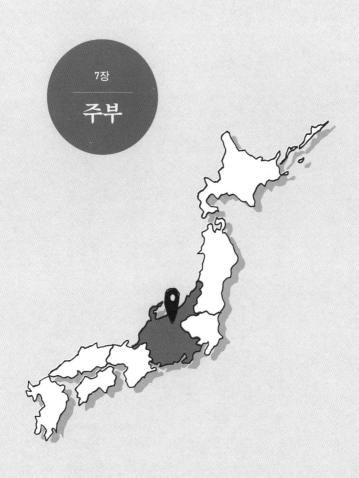

7장

주부

세계 최고의 레스토랑

이렇게 생각해보자. 일본이 지구상에서 제일 위대한 음식 국가로 안목이 가장 뛰어난 사람들이 살고 있는 곳이라면, 그리고 (미슐랭은 물론 내가 물어본 모든 요리사가 확실히 인정하듯) 세계에서 레스토랑 문화가 가장 발전한 나라라고 친다면, 세계 최고의 레스토랑은 일본에 있다고 적어도 우길 수는 있을 것 같다. 그렇지 않은가?

광고를 많이 하는 각종 글로벌 레스토랑 순위 목록, 예를 들면 산 펠레그리노San Pellegrino 50 베스트 같은 건 유럽과 미국에만 초점을 맞추는 경향이 있다. 하지만 누구도 그 레스토랑 순위를 진지하게 받아들이진 않을 것이다(순위 목록을 만든 건 손님이라고 요리사에게 강조하는 해당 레스토랑 홍보 담당자는 예외로 하자). 예를 들면, 수년간 그 목록에서 최고의 일본 레스토랑이라고 꼽힌 곳은 심지어 일본에 있지도 않다. 페루의 수도 리마는 런던보다 더 많은 레스토랑을 순위에 올렸다. 그러니 산 펠레그리노 목록과 친 프랑스 성향을 보이는 라이벌 순위 목록인 라 리스트La Liste(프랑스 정부가 지원하여 프랑스 레스토랑을 더 높은 순위에 올리려는 의도가 있다)는 좀 말이 안 된다고 결론 낼 수 있겠다.

아마도 지금 이 시대에 세계 최고와 최악의 레스토랑을 가려내기 위해 의지해야 할 수단은 사용자가 쓴 소셜 미디어 레스토랑 리뷰 사이트의 하이브마인드hive mind[집단지성과 비슷한 의미]일 것이다. 그러므로 만약 세계 최고 레스토랑이 일본에 있다고 동의한다면, 가장 좋은 오픈 소스 웹사이트는 레스토랑 순위를 알려주는 타베로그Tabelog다. 세계 최고의 레스토랑을 찾아야 한다면 실제 음식점에 가서 자기 돈을 내고 먹은 사람들이 후기를 쓰고 평가하는 타베로그가 제격이다.

일본에서 가장 인기 있는 온라인 레스토랑 사이트 tabelog.com에는 매달 5000만 명 이상이 방문한다. 많은 일본인이 외식하러 새로운 음식점에 가볼 때 이 사이트의 점수를 단 하나의 중요한 기준으로 삼는다. 거의 500만 명의 다이너가 번거로움을 무릅쓰고 타베로그에 후기를 남겼다. 영국과 미국의 사용자 리뷰 사이트는 사용자가 짜증을 풀어내고 거슬렸던 일을 앙갚음하려는 글로 문제를 앓지만(그래서 두 나라의 리뷰 사이트는 전혀 쓸모가 없다), 흥미롭게도 일본인은 점수를 보통 5점 만점에 2.5~3점 정도로 준다. 예를 들어, 긴자에 있는 아주 유명한 스시 레스토랑이자 전 세계인에게 최고의 스시집으로 인정받는 스키야바시 지로는 점수가 3.95다.

글을 쓰고 있는 이 시점까지 한동안 tabelog.com에서 역대 가장 높은 점수를 받은 음식점은 4.6을 받았다. 그 음식점은 300달러짜리 테이스팅 메뉴가 있거나, 리넨 식탁보가 깔렸거나, 아프리카에 있는 작은 나라의 GDP보다 비싼 와인 셀러를 갖춘 프랑스 음식의 성전 같은 곳이 아니다. 외국인이 예약하려고 전화하면 전화를 끊어버리는, 여섯 자리짜리 긴자의 스시 레스토랑도 아니고, 테이블을 잡으려면 도요타 CEO를 알아야 하며 극히 일부만 간다는 콧대 높은 교토의 가이세키 레스토랑도 아니다. 세계에서 가장 위대한 음식 국가의 제일 인기 있는 오픈 소스 레스토랑 리뷰 사이트에서 지금껏 가장 높은 점수를 받은 음식점은 사람들 말에 따르면 꽤 거칠고 서비스가 빠르며 화로에서 수렵육을 석쇠로 구워주는 수렵육 전문점으로, 나고야 동북쪽 기후현의 멀찍이 떨어진 언덕에 있다.

내가 이 발할라[오딘 신이 사는 곳]에 대해서 처음 들은 건 몇 년 전으로 거슬러 올라간다. 헬로키티에 세계적인 성공을 가져온 숨은 주역인 백만장자 천재 사업가, 야마구치 유코를 인터뷰했을 때였다. 나는 도쿄 서부에 있는 으리으리한 산리오 본사 회의실에서 구릿빛 머리카락을 갈래머리로 묶고 고딕 롤리타 복장을 한 60대 초반의 (아마 나이는 비밀이지 않을까) 이 놀라운 여성을 만났다. 처음 한 시간가량은 젊은 일본 남자가 이 귀엽고 말 없는 분홍색 고양이의 최신품을 구매하게 한 기발한 전

략을 얌전히 앉아 들었다. 그러나 그녀가 유명한 본 비방트bonne vivante[사교적이고 세련된 미식가]라는 걸 알고 있었기에, 진짜 듣고 싶은 건 그녀가 좋아하는 레스토랑 이름이었다. 결국 야마구치는 도쿄의 훌륭한 레스토랑 이름을 몇 개 알려주었는데(가구라자카에 있는 화려한 현대식 가이세키 레스토랑), 일본에서 가장 아끼는 레스토랑의 이름을 말할 때는 얼굴이 추억에 잠긴 듯 아련해지더니 야나기야柳家라고 속삭이는 것이었다.

이쯤 되자 말할 것도 없이 거기서 식사를 해보고 싶었고 몇 년 후 우리 가족이 교토에서 나가노로 가는 길에 야나기야 근처를 지나간다는 걸 알아내자 예약을 해보기로 했다.

일본의 최고 레스토랑인 만큼 절대 쉽지 않으리라 예상했어야 했는데. 물론 야나기야는 '이치겐산 오코토와리一見さんお断り', 즉 '처음 온 손님은 받지 않는' 레스토랑이었다. 바꿔 말해, 어떤 늙은 얼간이가 난데없이 전화를 걸어 돈을 내겠으니 음식을 달라고 예약하면 받지 않는다는 말이다. 야나기야의 대답은 아주 간단했다. 안 됩니다. 전에 야나기야에서 먹어본 경험이 있거나 야나기야를 갔던 사람의 개인적인 추천을 받아야 했다(비록 우리에게는 문제가 되지 않았지만 일행이 네 명 이상이어야 했다). 나는 단념하지 않고 음식을 사랑하는 일본인 친구들을 향해 더듬이를 꺼내 훑기 시작했다. 그게 통하지 않자, 멀리 지인들과 친구의 친구로 옮겨갔다. 결국 나는 세 도시에 걸쳐 다섯 명을 건너야 운이 닿을 수 있었다. 나를 실제로 야나기야에 연결해준 마지막 연결 고리는 나와 만난 적도, 내가 들어본 적도 없는 사람이었다.

이런 전략까지 쓴 게 딱히 자랑스럽진 않지만 끈질기게 머리를 쓴 덕분에 우리 가족은 호텔에서 친절히 인쇄해준 버스 시간표를 손에 쥐고 나고야에서 약간 떨어진 시골 버스 정류장에 내리게 되었다. 마지막 한 시간 정도는 전부 일본어로 쓰여 있어도 실수하지 않길 바라며, 호텔 컨시어지가 알려준 대로 시간표에서 30개의 버스 정류장을 순서대로 지워나갔다. 내가 아는 거라고는 시간표에서 스물여덟 번째 정류장에서 내려야 한다는 거였다. 그게 미즈나미瑞浪이길 바라면서 말이다.

어느새 어둑해진 마을을 응시하자니 산길을 따라 그저 집이 몇 채 일렬로 있는 게 전부인데 '마을'이라는 표현은 살짝 과장된 표현이 아닌가 싶었다. 그나저나 야나기야는 어디 있담? 일본 최고의 레스토랑이니 찾기 쉽겠지, 하늘에서 빛이 내려와 비추지 않을까 했지만, 그런 건 전혀 없었다. 미즈나미에서 생명체의 표시라고는 작은 슈퍼마켓에서 새어 나오는 조명 빛이 전부였지만 계산대에 있던 젊은 여자는 '야나기야'에 대해서는 전혀 아는 바가 없었거니와 근처에 음식점이 있다는 것도 몰랐다.

조짐이 안 좋은데. 가족들은 비난의 눈빛을 쏘기 시작했고 솔직히 상처 되는 비판의 말을 열 번도 넘게 들었지만, 일본에서 종종 그렇듯 나를 구원해준 사람은 관절염으로 허리가 굽은 할머니였다. 할머니는 우리가 어디에 가고 싶어하는지 정확히 이해했고 지도까지 그려주었다.

우리는 감사하다고 손을 흔들어 인사한 후 버스 시간표를 할머니가 그려준 미스터리한 지도로 바꿔 들고 슈퍼 주차장을 건너갔다. 골목을 몇 번 돌자 어둠 속에서 또 길을 잃었지만 뜬금없이 수호천사 할머니가 갑자기 다시 나타났다. 할머니는 우리가 목적지로 제대로 가고 있는지 따라오고 있었고 마을 위로 희미한 불빛을 손가락으로 알려주었다.

가파른 언덕을 오르자 쭉 뻗은 목재 골조 건물의 종이 창문 뒤로 환영의 빛이 부드럽게 흘러나왔고 입구에서 아기를 등에 업은 예쁘고 젊은 여성이 환영해주었다. 음식점 안은 종이 스크린으로 방이 나뉘어 있었다. 2004년 빈티지의 로마네 콩티 와인 병이 입구에 있지 않았다면 평범한 시골 여관으로 착각했을 법했다. 우리는 신발을 신발장에 넣고 작은 슬리퍼로 갈아 신은 다음 젊은 여인을 따라 안으로 들어갔다.

열린 문을 통해 보니 방마다 중앙에 화로가 놓여 있었다. 네모난 식탁의 뚫린 가운데에 피라미드 형태로 조심스럽게 꽂은 막대 모양 숯이 붉게 타고 있고 손님은 다다미가 깔린 바닥에 식탁 주변으로 둘러앉아 있었다. 웃음소리와 접시와 잔 부딪히는 소리가 들려왔다. 우리도 느긋해지면서 어깨에서 긴장이 풀리기 시작했다. "레스토랑 같지 않고 사람이 사는 집 같아요." 애스거가 말했다. 좋은 레스토랑에 가면 느껴지는 따뜻하고 편안하고 유쾌한 분위기여서, 잘하는 집에 왔구나 하고 비로소 안심이 되었고 기분 좋은 저녁을 보낼 것 같았다.

레스토랑 매니저이자 헤드 셰프의 동생인 동시에 제2차 세계대전 직후 야나기야를 세운 사람의 손자인 야마다 마사시가 우리 방으로 들어왔다. 야마다는 친근하고 수다스러운 남자로 인디고색의 사무에(헐렁한 작업복)를 입고 록스타 헤어스타일에 수염을 기르고 있었다. 그가 그날 저녁 이미 하얗게 달아오른 숯을 돌보고 화로인 '이로리'에서 식사를 요리해 서빙해줄 것이었다.

그런데 애피타이저에서부터 고난에 직면하고 말았다. 여섯 시간 동안 쓰쿠다니식으로 요리한 벌 유충이 흔들거리는 아름다운 와비사비[佗·寂, 훌륭한 상태에 대한 열등한 상태를 표현한 예술 양식] 도자기 그릇에 담겨 나온 것이다. 하지만 다음부터는 정말 즐거운 식사 여정이 시작되었다. 야마다는 현지에서 잡은 지 얼마 안 된 지방이 층층이 숨겨진 다양한 수렵육을 나무 꼬치에 끼워 재에 꽂아 불타는 숯 방향으로 각도를 맞춰 완벽하게 구워냈다. 처음으로 나온 야생 오리 껍질은 씹는 식감이 좋은 데다 맛 좋은 지방이 뚝뚝 떨어졌고 다음에는 오리 안심과 가슴살이 나왔다. 그다음은 멧돼지였다.

"교미한 적이 없는 암컷 멧돼지가 늘 최고로 맛있습니다!" 야마다가 멧돼지 꼬치를 재에 꽂아 조심스럽게 뜨거운 숯으로 각도를 기울이며 말했다. 고깃덩어리마다 곧 맹렬히 타오를 노란 지방으로 두껍게 쌓여 번들거렸다. "처녀 멧돼지 고기는 맛이 부드럽고 지방은 더 단맛이 납니다. 멧돼지는 야생 타로와 밤을 먹고 사니까요. 이건 이틀 전에 잡은 겁니다. 아버지가 사냥꾼들은 늘 신선한 고기를 먹는다고 하셨는데 우리가 그렇게 먹는 거죠."

처녀 멧돼지의 맛, 특히 지방의 달콤한 맛은 오랫동안 내 기억 속에 머물 것이다. 멧돼지가 곰 젤리를 퍼먹은 것 같았다. 다음 코스인 사슴도 못지않게 좋았다. 톡 쏘는 유자 고쇼와 함께 나왔고, 굉장한 레드 와인을 마셨을 때처럼 깊은 허브 향이 입안에 오래도록 머물렀다. 역시 사슴 고기도 지방이 진짜 주인공이었다. 엄청난 지방의 풍미는 글자 그대로 머리카락이 곤두서는 본능적인 전율을 선사했다.

나는 야마다에게 야나기야가 온라인상에서 인기를 얻고 있는 비결에 대해 물어보았다. "워낙 사적으로 운영하고 방마다 요리사가 따로 있어서 그런 것 같습니다." 그는 오리 다리를 끼운 꼬치에 레스토랑의 70년 된 간장과 생강 다레를 바르면서 말했다. "이런 방법으로 요리하는 식당이 아주 드물죠. 게다가 고기는 현지에서 잡은 것이고 모든 게 자연에서 옵니다. 아버지는 별난 분이셨어요. 30~40년 전에 모든 사람이 농장에서 기른 와규에 빠져 있을 때도 야생 고기를 강조하셨죠. 와규의 문제가 뭔지 아세요? 맛이 다 똑같다는 겁니다. 저는 고기마다 각각 특징이 있는 게 좋습니다."

야마다 마사시는 계절에 대해서도 알려주었다. "오리는 11~12월이 좋고, 야생 멧돼지와 곰도 마찬가지입니다. 그 후로 곰은 동면에 들어가죠." 여기서 말하는 곰은 홋카이도에서 발견되는 회색곰이 아니고 더 작은 '반달곰'으로 분명 먹기에도 더 좋아 보였다. "진짜, 진짜 다시 와서 곰을 먹어보고 싶어요." 에밀이 나를 팔꿈치로 꾹꾹 밀며 말했다. 봄은 '산사이山菜'의 계절로 고비 같은 살짝 쓴맛이 나는 직접 캔 산나물과 민물송어의 계절이란

다. 늦봄은 맛있기로 유명한 강에 사는 '은어'의 계절이고 귀한 장어의 계절이다. 야나기야에서도 설명을 들었지만 이렇게 야생 고기를 먹는 건 정말 드문 일이다. 야마다도 인정했듯 가격도 비싸다. 요즘에는 1킬로그램에 약 1만2000엔 정도 한다.

"아주 찾기 힘들거든요. 제공업체가 여덟 곳 있긴 하지만, 야생 장어는 양식보다 열 배는 더 좋습니다. 양식 장어 냄새를 맡아보셨나요? 양식은 근육이 없어서 다 지방이에요. 비밀이지만 양식업자들은 화학제품과 호르몬제를 많이 먹입니다. 양식 연어도 마찬가지지요. 야생 장어는 자연 음식을 먹고요."

여름의 장어 다음에는 송이버섯의 가을이다. 이건 일본판 포르치니로 프랑스인의 트러플만큼이나 귀하다. 하반기에는 야마다가 부끄러운 듯 말한 '비밀 새'가 메뉴에 오른다. 아마도 불법인 것 같았다. 크기가 작고 몸 전체를 다 먹는 새인 오르톨랑(프랑스 대식가들이 사랑하는 새 그리고 프랑수아 미테랑의 마지막 식사로 유명함) 같은 걸까? "네, 정확합니다. 이불 뒤집어쓰고 몰래 먹는 음식 같은 거죠."

야마다가 설명하는데 종이 슬라이드 문이 열리더니 길고 풍성한 반짝이는 검은 머리의 작은 남자아이가 아장아장 걸어 들어왔다. 야마다의 귀여운 아들 슈였다. "언젠가는 이 아이가 여기서 일하길 바랍니다." 슈가 자신의 명함을 제대로 두 손으로 정중히 내밀자 그가 말했다. 명함에는 이름, '야마다 슈메'가 적혀 있었고 직함은 '헤드 웨이터'였다.

애스거와 에밀이 슈와 노는 사이, 나는 야마다에게 말도 안

되는 예약 시스템, 특히 외국인을 차별하려는 의도로 보이는 '이치겐산 오코토와리'에 대해 질문했다.

"외국인을 받지 않으려는 게 아닙니다. 단골손님을 계속 만족시키고 싶은 거죠." 그는 부드럽게 웃었다. "여기에 수십 년씩 오는 손님들이 있고 어떤 분은 36년째 계속 오시죠. 그분들이 매번 올 수 있게 해야 합니다. 우리에게는 그게 매일 밤 테이블을 가득 채우는 것보다 더 중요합니다."

야나기야는 유명인의 마음도 사로잡았다. 그중에는 '아이언 셰프' 모리모토와 2005년 은퇴하기 전까지 축구의 전설이었던 나카타 히데토시도 있다.

나는 나카타를 만난 적이 있다. 도쿄 중심부에 있는 날렵하고 조명이 어두운 사무실에서 그가 런칭했던 아주 비싼 사케에 대해 인터뷰했다. 그는 사케의 브랜드를 좀더 국제적으로 만들어 외국인들도 쉽게 알아볼 수 있게 하고 싶다고 했다. 사케 레이블은 나도 도저히 이해할 수 없었던지라 나쁜 아이디어는 아닌 듯했다. 제조업체별로 더 확연하게 구분해, 일본의 국가주에 대해 상대적으로 무지한 사람들이 쉽게 알 수 있게 만들어야 그들이 좋아하는 업체를 손에 꼽을 수 있게 된다는 건 일리가 있는 말이었다. 나카타의 사케 브랜드 아이디어의 유일한 단점은 사케 가격이 한 병에 거의 800파운드[약 115만 원]라는 점이었다. 어쨌든 나카타는 자신은 콩나물은커녕 채소라고는 전혀 입에도 대지 않는다고 무심히 말했다. 그러니 고기만 파는 야나기야는 그의 애정을 듬뿍 받았으리라.

식사는 불 위에 고리로 달아놓았던 나베 무쇠솥 요리로 마무리되었다. 가쓰오부시와 구운 오리 뼈로 다시를 내고 오리고기와 찐 야채를 넣은 요리였다. 쌀밥도 약간 나왔지만 그쯤에서 우리는 의식이 혼미할 정도로 배가 불러 더는 먹을 수 없었다.

"여기보다 더 맛있는 레스토랑을 생각해내기가 힘들더라." 야마다가 다른 방으로 가서 우리의 대화를 듣지 못하게 되자 리센이 입을 열었다. 에밀은 더 맛있는 집을 몇 군데 안다고 단언했고 애스거는 중간 지점에서 타협을 봤다. "음식으로 보면 세계에서 가장 맛있는 음식점이 될 수 있을 거 같아요. 내 톱 10 목록에서 아래쪽에 들 만하네요."

야마다는 친절하게도 레스토랑 운전사에게 부탁해 우리 가족이 집까지 계속 버스를 타고 가는 대신 나고야에 있는 호텔로 기차를 타고 갈 수 있도록 가장 가까운 기차역에 데려다주었다. 우리는 음식을 소화하느라 제대로 잠을 이루지 못했다. 일본에서 가장 세련된 요리는 아닐지라도 강력한 1위 후보가 충분히 될 만한 레스토랑이었고 최고의 식사 경험 중 하나였던 건 분명했다.

곤충

나는 대자로 뻗어 있다. 상하의가 붙은 형광 스키복을 입고, 키스 해링의 그림에 나오는 사람처럼 팔다리를 아무렇게나 벌린 채로 엎드려 눈 더미에 파묻혀 있다. 방금 어찌어찌 하다 보니 스키 한쪽이 눈 한쪽을 찔렀다. 정확히 어디가 아픈지 일일이 열거해보진 않았지만, 미처 인지하지 못했던 통증이 여기저기서 느껴졌다. 내가 가진 품위란 품위를 이 슬로프에 모두 내어준 건 말할 것도 없다.

리셴은 엎드려 누워 있는 남편을 더 잘 보려고 잠깐 돌더니 휙 하고 하쿠바산 리조트를 내려갔다. 애스거는 더 천천히, 하지만 완벽히 통제하며 박자를 맞춰 내려가면서 엎어져 있는 나를 활강 경기 깃대로 이용하려는 듯 약간 비비적거리더니 슬로프를 내려갔다. 그리고 저기 흘끗 보이는 흐릿한 색깔은? 에밀이다. 고

통에 잠긴 아버지가 있는 방향으로는 걱정의 눈길조차 주지 않고 직선 코스를 선택해 내려갔다.

야나기야 식사 다음에 우리 가족은 나가노에서 정말 즐겁게 지냈다. 나는 눈에 누운 채로 오야키(테니스 공만 한 메밀만두)를 먹으며 쓰마고妻籠로 돌아갔으면 싶었다. 오야키는 정말 맛있었다. 쓰마고는 오래된 교토-에도 나카센도中山道 고속도로 옆 언덕에 있는 깨끗하게 보존된 중세 시대 같은 마을이다. 일본에서 최초로 유적지로 보존된 마을인 만큼 200년 된 집과 가게가 많았다. 그 옛날 지어진 나무 기와지붕 위로 폭풍에 날아갈까 돌을 잔뜩 얹은 집도 있었다. 이곳이 이제는 인기 관광지가 되었다. 잘된 일이다.

그런데 이건 아니다. 어딘가가 아팠다. 아마도 발목 같긴 한데 태어나서 처음 받는 스키 강습 도중 예상보다 너무 이른 단계에 스키 사고가 일어난 충격으로 내 몸은 내 몸이 아니었다. 눈 위에 가만히 누워 눈 원숭이를 생각하기로 했다.

지고쿠다니 야생원숭이공원의 머카크 원숭이[아시아·아프리카산의 짧은꼬리원숭이]는 전형적인 일본의 아이콘으로, 내가 꼽은 일본에서 반드시 봐야 하는 볼거리 목록에 오랫동안 들어 있었다. 킴 카다시안의 욕실에 출입이 허용된 파파라치처럼 인공 온천을 둘러싸고 열정적으로 사진을 찍고 있는 사람이 많았음에도 불구하고, 원숭이공원은 기대를 저버리지 않았다. 특히 몇 달 전 원숭이들이 알 수 없는 이유로 사라졌다는 이야기가 흥미로웠다. 원숭이 200여 마리가 그들이 사랑하는 온천에서 열흘간이나 한 마리도 보이지 않았다. 그래서 연구자들이 깊은 산 숲으로 들어가봤더니, 무리 전체가 거대하고 난잡한 파티라고밖에 표현할 수 없는 일에 열중하고 있었단다. 광란 파티를 벌이느라 원숭이가 온천으로 내려오지 않는 상황이 관광 수입에 끼칠 영향을 우려해, 주민들이 먹이로 원숭이를 유인해 온천 주변으로 다시 내려오게 했다는 이야기였다.

우리 가족은 마스모토 성을 방문했다. 60층의 거대한 검은색 탑은 일본에서 가장 오래된 요새로 그날 하늘은 구름 한 점 없이 파랬고, 들쑥날쑥한 지붕 위로 까마귀가 빙글빙글 돌던 완벽한 겨울날이었다. 우리는 공원에서 사무라이 옷을 입은 주민들과 사진도 찍고 말고기를 전문으로 하는 근처 식당에서 정말 맛있게 식사했다. 배, 동맥, 심장 같은 다양한 부위를 회로 먹었는데 누렇고 하얀 고무 같은 '갈기 지방'만 빼면 모든 부위가 맛있었다. 우리 중 누구도 말을 먹는 데 불만을 제기하지 않았다. 에밀의 말은 이랬다. "고양이 같은 애완동물은 아니잖아요. 그렇죠?"

전통적으로 나가노에서 높은 소비량을 보이는 말고기는 마을 사람들이 장수하는 원인으로 알려져 있다. 나가노 주민은 이제 일본에서 가장 장수하는 사람들로 오키나와 사람들을 추월했다. 나가노 남성의 평균 기대 수명은 80세가 좀 넘고 여성은 87세. 말고기가 소고기나 돼지고기에 비해 칼로리는 3분의 1이고 지방은 8분의 1이기는 해도, 나가노 사람들의 장수 요인은 일본인 평균보다 채소를 더 많이 먹는다는 점이라는 게 더 신빙성 있어 보인다. 혹은 나가노의 특별한 음식, 우리가 나가노에 온 진짜 이유인 나가노 남쪽의 이나伊那시에서 하루 전날 먹었던 곤충 요리 때문일까?

곤충에게서 단백질과 비타민을 얻게 될 거라는 의견이 점점 더 많아지고 있다. 만약 우리가 메탄을 생성하는 소나 항생제로 가득한 돼지 외의 무언가로 70~80억 인구를 먹여야 한다면, 남아메리카, 아프리카, 호주에서 1000년 전에 했던 것처럼 다리가 대여섯 개 달린 음식을 먹는 역겨움을 극복해야만 할 것이다. 결국, 정말로, 그런 점에서 곤충과 새우나 랍스터가 무엇이 다르단 말인가? 환경적으로는 논쟁의 여지가 있을 수 있다. 소고기 1킬로그램을 생산하는 데 물 1500리터가 필요한데, 같은 양의 물로 곤충은 10배를 수확할 수 있다. 킬로그램당 곤충 고기(곤충 살? 뭐라고 해야 할지 정해진 용어가 필요하지 않을까?)는 닭고기보다 단백질 함량이 더 높다.

"우리 메뚜기에 관심을 두는 사람들이 요새 크게 늘었습니다." 나가노의 변두리 산야에 위치한 식용 곤충 전문가 쓰쿠하라 야스하루 가족이 운영하는 80년 된 음식점과 가게에 방문했을 때였다. "살아 있는 메뚜기를 구매해서 직접 집에서 요리해 먹는 사람이 늘었습니다. 어떤 날은 5~6킬로그램을 팔 때도 있죠." 최근 식용 곤충을 주제로 열렸던 유엔 회의를 다룬 TV 프로그램에 쓰쿠하라가 등장하면서 나가노 곤충 요리는 일본에서 더 유명해졌다. 그러나 나가노는 이미 식용 곤충 혹은 식충성食 虫性 중심지로 유명했다. 수백 년 동안 나가노 사람은 꿀벌 애벌레, 메뚜기, 사나기(누에 번데기), 가장 비싼 곤충 진미인 자자무시('뱀잠자리'로 25그램당 가격은 1200엔)를 먹어왔다. 곤충이 나가노의 주요 음식 공급원인 것은 전혀 아니지만 흉년에는 가난한 사람들에게 음식 대용이 되었다.

곤충은 대개 보존 음식 형태로, 간장, 소금, 미린과 설탕에 조린 쓰쿠다니식으로 조리된다. 쓰쿠하라 가게 캐비닛에 전시된 것으로 보자면 곤충은 괴상하게 캐러멜화된 과자 같았다. 꿀벌 애벌레를 제외하고는 통통한 와일드라이스[쌀이 아니라 북아메리카 원산인 수초] 같았고, 어떤 건 밝은 갈색, 어떤 건 어두운 갈색이었다. 그러나 그다음에는 징그러운 구더기같이 생긴 다리와 송곳니가 많은 곤충이 눈에 들어왔다. 그다지 끌리지는 않았다. 사실 그의 캐비닛을 보고 있자니 하노이 곤충 레스토랑에서 겪었던 쓸쓸한 기억이 새록새록 떠오르기 시작했다. 꿀벌 애벌레도 전혀 당기지 않았지만, 쓴맛의 검은색 전갈에는 제대로 트라우마가 생겼다. 눅눅한 톱밥으로 가득한 플라스틱 달걀 상자를 먹는 느낌이었다. 그래, '랍스터와 다른 점'이 바로 그거다.

검은 직모에 둥그런 얼굴의 쓰쿠하라는 국제 식충학계에서 유명인이었다. 네덜란드에서 열린 곤충 식이자 회의에서 그가 준비해온 곤충은 내놓자마자 순식간에 다 팔렸다(믿을 수 없지만 네덜란드는 유럽에서 식용 곤충 소비량이 가장 높다. 네덜란드의 슈퍼마켓 체인점에서 곤충으로 만든 '미트볼'을 내 두 눈으로 목격했다). 그는 곤충을 먹는 비슷한 관습이 있는 나라로 자주 출장을 간다. 특히 라오스를 자주 간다고 했다. "거기 아이들이 하루에 3~5

킬로그램까지 채집하더라고요!"

수 세기 동안 나가노 사람이 늘 그래왔듯 쓰쿠하라도 논밭에서 곤충을 수확했다. 도호쿠의 더 먼 북쪽에서는 메뚜기를 선호하지만 규슈에서는 꿀벌 애벌레를 주로 먹었다. 에도 시대 때 나가노에서는 곤충 판매상이 집집이 돌아다니며 '곤충 사세요' 외치던 게 '두부 사세요' 소리처럼 흔했던 게 분명했다.

"초등학생과 할머니, 할아버지들이 미야기(2011년에 쓰나미 피해를 입은 해안) 논밭에서 메뚜기를 엄청나게 잡았고 어떨 땐 하루에 7~8톤도 잡았죠. 하지만 원전 사고 이후로는 부모들이 못하게 합니다. 지금은 우리가 야마가타현의 오지에서 잡습니다." 현재는 꿀벌 애벌레도 위기를 맞은 상태다. 쓰쿠하라는 꿀벌이 북쪽으로 이동한다는 사실을 알아냈는데 아마도 온도 상승 때문에 본능을 따라 밀려간 것 같단다. "원래 히로시마에서 유충을 잡았지만 이제는 잡지 못합니다. 지금은 홋카이도에서 유충이 점점 더 많이 보입니다." 분명 농약도 곤충 요리의 또 다른 적일 것이다.

우리는 나가노 관광청의 친절한 초대로 이나시에 갔다. 쓰쿠하라와 나는 라오스 누에 배설물로 만든 차를 마시며 대화를 나눴다. 만화 주인공 가족이 곤충을 먹는 걸 잘 관찰하라고 관광청이 초대한 게 분명한 두 명의 사진사와 케이블TV 카메라맨, 두 명의 저널리스트가 슬금슬금 들어왔다. 나는 모든 걸 열중해서 찍고 있는 이 사람들을 보기 위해 노트북 너머로 고개를 들었다. 낯선 사람들로 가득한 방에서 감시의 눈길을 한껏 받으며 잘 우린 누에 배설물(약간 신맛이 났고 전혀 이상하지 않았다. 쓰쿠하라 표현을 빌리자면 "대변인 줄 전혀 모르겠죠?")의 미묘한 차이에 대해 토론하는 건 어색함 그 자체였다.

나는 그래도 질문을 꾸역꾸역 이어나갔고 우리는 모두 누에 유충을 먹어보았다. 유충은 구운 구더기같이 생겼고 플라스틱 느낌의 껍질이 있었는데 일단 그게 부서지면 불쾌한 땅콩 같은 부드럽고 파슬파슬한 안쪽이 드러났다. 다음에 먹어볼 메뚜기는 약간 새우 맛이 났다. 배 부분이 부드러웠지만 뾰족뾰족한 다리 때문에 고역이었다. 우리는 쓰쿠하라의 부엌으로 자리를 옮겼다. 양쪽에는 세례반[세례용 물을 담는 큰 그릇] 크기만 한 깊고 넓은 냄비가 있었고 그는 냄비에다 간장과 미린을 넣어 곤충을 끓였다. 그리고 작은 팬을 가져와 마가린에 소금, 후추를 넣고 꿀벌 유충을 튀겼다. 꿀벌의 알을 먹어야 한다는 협박에 괴로워하던 리센은 양이 너무 많다고 이의를 제기했지만 유충은 견과류를 넣은 치킨 같은 뒷맛이 느껴져 생각보다 괜찮았다.

쓰쿠하라와 그의 가족보다 더 좋은 식충성食蟲性 광고는 찾기 힘들 것 같았다. 그는 71세라고 했지만 쉰 살이라고 해도 믿었을 것이다. 41세의 아들 신야가 회사를 물려받아 꾸려가고 있다. 쓰쿠하라의 어머니 하루미는 아흔아홉 살인데 최근까지도 회사 일에 적극적으로 참여했다고 했다.

"어머니는 우리 가족에게 가장 중요한 분이죠." 쓰쿠하라가 신문에서 오린 어머니의 사진을 보여주며 말했다. 그녀의 토실토실한 얼굴은 건강한 빛으로 빛났다. "우리에게는 신적인 존재입니다."

야구 모자를 뒤로 쓰고 소매가 없는 재킷을 입은 쓰쿠하라 는 은퇴할 생각이 전혀 없어 보였다. 그는 아직도 곤충을 조사 하고, 새로운 곤충을 찾아 새로운 음식을 만들고 있다. "곤충을 먹으면 건강에는 물론 환경에도 좋다는 걸 증명하기 위해 대학 과 협력하여 곤충 요리를 연구합니다. 그리고 곤충은 화학제품 으로 죽여야 할 해충이 아니라 자연에서 중요한 요소라는 사실 을 사람들에게 알리려고 노력 중입니다."

그는 일본인의 먹이 사슬에 새로운 곤충을 끼워 넣을 계획을 하고 있다. "노린재를 팔아볼까 합니다. 남아프리카에서는 가끔 빵에 넣어 먹죠. 이름이 좋게 들리지 않고 독특한 냄새가 있다 는 건 알지만 그래서 특별한 맛이 나는 겁니다. 얼마나 맛있는 지 설명도 못 하겠네요."

나는 유럽, 호주와 남아메리카의 전위적인 레스토랑 몇 곳에 서 최근 곤충을 메뉴에 올렸다는 걸 그가 알고 있는지 궁금했 다. 얼마 전 나는 코펜하겐에 있는 레스토랑 노마의 첫 번째 매 드 푸드캠프MAD FoodCamp 심포지엄에서 무대 위에 올랐다. 상 파울루에 있는 DOM 레스토랑을 운영하는 브라질 요리사 알렉 스 아탈라를 소개하기 위해서였다. 그는 연설을 끝내며 살아 있 는 개미를 맛보라고 나눠주었다. 개미를 눌러서 맛을 보라고 했 다. 개미는 생강과 라임의 훌륭한 풍미가 있었다. 그 후 노마 레 스토랑은 생새우 위에 일종의 시즈닝처럼 개미를 올려 서빙하기 시작했다. 그 후로 레스토랑 실험실에서는 발효시킨 메뚜기로 일종의 피시 소스도 만들어냈다.

쓰쿠하라는 물론 이걸 다 알고 있었다. 그리고 2015년 노마 레스토랑이 도쿄에 팝업 형식으로 새우 위에 개미 요리를 올려 서빙한 다음, 도쿄의 다른 요리사도 피자나 카레라이스 위에 개미를 올렸다는 이야기를 들었다. 그는 꿀벌 유충과 벌집을 우린 알코올음료뿐 아니라 곤충 발효도 연구하고 있다. 알코올음료는 아미노산(집을 잇는 풀로 사용되는 꿀벌의 침에서 얻음)이 열여섯 종류나 들어 있다. 최근에는 케임브리지대학에 조사 목적으로 꿀벌 유충 버터를 보내기까지 했다.

우리 가족은 플라스틱으로 포장한 곤충을 선물로 잔뜩 받고 고맙다고 쓰쿠하라에게 인사한 후 그의 음식점을 나왔다. 곤충을 우리 식탁에 올릴 수 있을지 장담은 못 하겠지만, 모든 사람이 반드시 그렇게 해야 한다고 확신했다.

이튿날 다시 스키 슬로프 위, 나는 스키에서 다리를 빼내고 천천히 초보자용 슬로프의 나머지를 전부 엉덩이로 내려와 힘없이 호텔 방으로 돌아갔다. 관광청 친구가 친절히 보내준 신문 기사가 이메일 첨부로 달려 있었다. 전날 곤충 레스토랑을 방문했던 이야기를 다룬 기사였다.

차를 마시고 있는 내 사진 위로 이런 머리기사가 붙어 있었다. '영국 저널리스트, 대변 차를 마시다.'

와인

야마나시山梨현 고슈甲州시에는 1200년 됐다고 전해지는 불상이 있다. 유일무이한 건 아니지만 대단하긴 대단하다. 다이젠사의 이 불상이 특별한 점은 왼손에 포도를 한가득 들고 있다는 것이다.

이야기는 치료와 약의 부처인 노라이 야쿠시가 다이젠사를 세운 승려이자 이 불상을 만든 교키에게 모습을 드러내 포도송이를 잔뜩 주었다는 718년으로 거슬러 올라간다. 교키는 체리나무 한 토막으로 포도를 들고 있는 노라이 야쿠시를 똑같이 조각했을 뿐 아니라 이 사건을 포도가 의학적·종교적으로 중요하다는 표식으로 받아들였다(현재 조각상은 세월이 흐르며 약해진 상태라 5년에 단 한 번 공개하고 있다). 또한 그는 일본에서 처음으로 사원 내에 포도나무를 심은 사람이었다.

이 이야기가 역사적으로 정확한지 아닌지는 알 수 없으나 포도가 일본에 처음 온 시점이 교키 시대 즈음이었다는 건 맞는 말이다. 일본 포도를 분석한 DNA 전문가가 일본 포도는 카프카스●산産임을 밝혀냈으므로 불교 스님과 함께 중국과 실크로드를 통해 들어왔을 것이다. 그 포도는 고슈 종(고슈시에서 이름을 따옴)일 가능성이 높고, 이후 일본에서 생식용으로 재배되어 왔다.

포도는 참 맛있고 다 좋지만 내가 야마나시현에 간 이유는 와인이었다. 나고야에서 출발해 도쿄를 지나가다가 리센과 아이들은 가장 좋아하는 도시인 도쿄를 하루 더 탐험하라고 놔두고, 나는 홀로 일본 최고의 와인을 찾아 길을 나섰다.

교키의 포도 계시 이후로도 일본은 수백 년 동안 와인을 만들지 않다가 16세기 포르투갈 예수회 사람이 들어오면서 와인을 만들기 시작했다. 예수회 사람은 아마 고슈 포도를 이용했겠지만 그들의 초기 와인은 기독교의 다른 모든 문화와 함께 쫓겨났다. 그리고 19세기 후반 일본이 서양 세계에 문호를 재개방하기로 한 다음에야 일본 와인 산업은 그 길고 느린 발효 작업에 착수했다.

그 시절, 다카노 마사나리와 쓰치야 스케지로라는 두 젊은이가 고향인 야마나시현의 가쓰누마勝沼를 떠나 프랑스식 와인 제조법을 배우기 위해 프랑스로 날아갔다. 그들은 고국으로 돌아

● 흑해와 카스피해 사이에 있는 지방으로 코카서스 지방이라고도 함.

와 아직도 일본에서 가장 큰 회사 중 하나인 메르시앙Mercian을 운영했다. 하지만 여전히 일본에서 와인이 뜨기 전이었다. 와인 제조업자는 이 단조로운 생식용 포도 품종에서 무언가 마실 만한 걸 만들어보려고 수십 년간 실수를 거듭하며 애썼지만 기린과 삿포로 같은 자국 맥주가 등장하자 설 자리를 빼앗겼고, 특히 위스키는 제2차 세계대전 이후 저렴한 수입 와인에 의해 거의 전멸하다시피 했다. 그러다가 점점 부유해진 일본이 서양 문물을, 특히 음식을 선뜻 받아들였던 1970~1980년대의 황금기가 도래했다. 비록 일본인이 자국 와인에 관심을 두었던 이유는 와인이 신문물이라는 점 혹은 맹목적 애국주의 때문이었지만, 외국 와인 수입도 증가했고 일본 와인도 시장에 설 자리를 만들기 시작했다.

그동안의 경험을 통해 나는 일본 와인은 마실 만하지 않다는 편에 기울어 있었다. 많은 와인이 수입 냉동 포도 주스 농축액으로 만든 공산품이었고, 대개 꽃 향과 비누 맛이 나는 화이트 와인으로 해러즈 백화점의 향수 코너를 활기차게 지나간 듯한 뒷맛이 입안에 남았다.

그러니 뭘 귀찮게 신경 쓴단 말인가? 결국 일본에서 확실히 만들기도 쉽고 복잡성과 맛으로 와인과 비교한다고 해도 뒤지지 않을 뿐 아니라 현지 음식과도 더 잘 어울리는 사케(자, 난 분명히 말했다)가 있는데 말이다.

나는 무지에서 비롯되어 뿌리박힌 편견에 사로잡힌 채로 그냥 사는 편이다. 그러면 일이 더 간단히 풀리니까. 그래서 일본 와인도 마실 만하다고 결론 내린 적은 딱 한 번인데, 객관적으로도 나 혼자만 그렇게 생각하는 건 아니었다. 일본 와인을 다뤘던 『재팬타임즈』에서 이런 헤드라인을 읽었기 때문이다. '일본 와인: 생각보다 나쁘지 않다.' 태풍, 습도, 비와 상대적으로 낮은 일조량에다 포도에 적합하지 않은 빈약한 토양까지 이 모든 게 합쳐진 환경 때문에 일본은 절대로 프랑스를, 혹은 요즘 같아서는 영국조차도 상대할 수 없는 와인 국가일 것이다. 그리고 맛없는 와인을 마시기에 인생은 정말이지 너무 짧다. 그러니 일본에 머무는 동안 선택할 수 있는 술은 아주 단출했다. 단호히 사케에만 집중했던 것이다.

그런데 일본 와인이 변하기 시작했다는 소식이 슬슬 내 귀에 들려오기 시작했다. 2009년과 2014년 사이 역대 기록을 경신하며 와인 판매가 35퍼센트 상승했고 일본 편의점에서 일본 와인을 보는 게 평범한 일이 되었다. 사실 요즘에는 사케만큼 일본 와인도 흔히 구매할 수 있고 미슐랭 별을 받은 도쿄의 레 크레아시옹 데 나리사와Les Créations des Narisawa 같은 고급 레스토랑에서도 메뉴에 고슈 와인을 올리기 시작했다. 영국의 마크스 앤 스펜서에서도 한 병에 12.99파운드[약 1만8000원]에 고슈 포도로 만든 일본 와인을 판매하고 있다.

최근 이렇게 성공할 수 있었던 원인은 대부분 여성 주류 소비자 덕분이지만, 일본인은 유럽 레스토랑에서뿐만 아니라 자국에서도 와인 마시는 법을 배우는 중이다. 나에게 다마스쿠스 같았던 순간은 도쿄 메구로目黒에 있는 내가 좋아하는 야키토리

집, 도리시키의 요리사 이케가와가 훌륭한 일본 피노 누아 한 잔을 권해줬을 때였다. 제대로 만든 드라이한 알자스 피노 누아 못지않게 훌륭해서 함께 시간을 보내고 싶은 와인이었다.

나는 일본 와인 산업에 대한 글을 읽고 일본 와인을 더 마셔보기 시작했다(이게 나의 알코올 섭취를 정당화하는 구차한 변명이다). 깨달은 사실은 이렇다. 일본에서, 특히 홋카이도에서 내추럴 와인 생산자 수가 증가했고 주요 도시에서 와인바가 급속도로 늘어나고 있다. 생산자는 나가노와 규슈에서 와인을 생산하고, 큰 재난을 입었던 미야기현을 와인 투어 관광지로 만들려고 애쓰고 있지만, 일본에서 포도주 양조업을 하는 주요 지역은 여전히 야마나시현이다. 이곳은 후지산의 다른 편으로, 도쿄에서 서쪽으로 두세 시간 떨어져 있는 고후 분지에 양조업체가 집중되어 있다.

도쿄에서 탄 기차는 나무가 울창한 산과 강이 흐르는 계곡을 통과하며 올라갔고 터널을 지날 때마다 조이트로프*를 통해 풍경을 보는 것 같았다. 어둠 속을 달리다 환하게 보이는 풍경은 엄청나게 경사가 급했고 다시 어둠, 그리고 후지산이 언뜻 보이다가 마침내 눈앞에 야마나시 평원이 모습을 드러냈다. 평원은 거대한 캐노피로 덮여 있었고 비바람을 맞지 않도록 네모난 흰 종이로 정성스레 감싼 포도가 땅에서 2미터 높이의 퍼걸러[덩굴식물이 타고 올라가게 지어진 구조물]를 타고 올라가 있었다.

---

* 동그란 구멍으로 보면 그림이 살아 움직이는 것처럼 보이는 장난감.

나는 고후 분지 중심지에서 약간 시골 같은 분위기의 농장 지역인 가쓰누마勝沼 역에서 내렸다. 이 마을에만 40개의 와이너리가 있다. 택시를 타고 얼마 지나지 않아 담쟁이덩굴로 뒤덮인 그레이스 와이너리Grace Winery 입구에 도착했다. 본관으로 들어가자 나를 안내해줄 미사와 아야나가 기다리고 있었다. 그레이스 와이너리는 아야나의 증조부인 미사와 조타로가 1923년에 세운 곳이다. 그녀는 와이너리를 운영하게 된 첫 번째 여성이었다.

"제가 어렸을 때는 와인을 만드는 일이 남자의 일이라고 생각했습니다." 1923년에 심은 나무가 원래 있던 헛간 지붕의 가운데를 뚫고 자란 걸 둘러보면서 아야나가 설명해주었다. 아야나에게는 나무같이 굳건해 보이는 무언가가 있었다. 다정하고 친절했지만 강철 같은 단단함이 있었다. 그녀는 수행해야 할 사명을 짊어지고 있는 사람이었다.

"사람들은 고슈 포도로 훌륭한 와인을 만들지 못할 거라고 했지만 할아버지와 아버지는 가능하다고 보셨죠." 그녀는 그레이스 와인을 만드는 거대한 스테인리스 강철 탱크 옆에 서서 이야기했다. "나는 두 분이 시작하신 걸 계속 이어가고 싶습니다. 훌륭한 와인을 만드는 데는 대여섯 세대가 걸리죠."

그레이스 와이너리는 상대적으로 적은 양인 1년에 20만 병을 생산하고 그중 10퍼센트만 수출한다. "더 수출하고 싶긴 해도 마음만 먹으면 도쿄에서 전량 판매가 가능합니다." 그레이스 와인 중 가격대가 높은 와인은 대략 5000엔 정도였다. 고슈 와인으로는 비싼 편이지만 더 비싼 와인은 두 배까지 나가는데 사실상 일본 와인 업계에서는 들어보지 못한 가격이었다.

고슈 포도로 정말 훌륭한 와인을 만들었다는 실적이 없기 때문에 뉴월드●의 최고 와인 또는 심지어 유럽 와인조차도 상대하기 힘들 게 분명했다. "매년 어렵습니다." 아야나가 수긍했다. "빈티지[포도의 생산연도]에 따라 차이가 큽니다. 10년마다 좋은 품질이 나오죠." 기후 문제가 많고 임금도 오르는 데다 땅값마저 상승하고 있다. 도쿄에서 두 시간 거리에 있는 땅 한 덩어리로 할 만한 수익성 좋은 일이 널린 데다 독사까지 활개를 치고 다닌단다. 아야나는 그레이스 와인에는 살충제나 농약을 전혀 쓰지 않고 유기농 비료만 준다고 강조했다.

일본인은 식용 고슈 포도를 키우기 위해 생산성이 좋은 재배 방식인 (아까 기차에서 흘끗 봤던) 50미터 너비의 거대한 캐노피에서 포도 덩굴을 키운다. 그리고 핑크빛이 도는 유난히 두꺼운 포도 껍질은 포도를 습기로부터 막아줘 곰팡이가 생기지 않게 하고 생산량과 직결되는 햇볕을 가능한 한 많이 받을 수 있게 해준다. 이런 방식으로 재배한 포도나무 한 그루에는 많으면 500송이까지 열린단다. 만약 식용 포도를 기르는 게 목적이라면 이런 높은 수확률이 장점이 되겠지만 좋은 품질의 와인을 만들기 위해선 알맞은 당도가 나와야 한다. 하지만 그렇지는 않았다. "소출량이 어마어마한 걸 보고 그 방식으로 정말 바꾸고 싶

● 와인 역사가 비교적 짧은 미국, 호주, 칠레 등을 말함. 올드월드는 프랑스, 이탈리아, 독일 등 유럽 국가다.

었습니다. 하지만 그런 방식은 신선하고 프루티한 와인에는 괜찮지만 제가 만들고 싶은 묵직한 고슈 와인에는 바람직하지 않죠. 저는 슈퍼 고슈 와인을 만들려고 합니다."

몇 년 전부터 아야나는 수직으로 포도 덩굴을 재배하는 전통적인 방식으로 실험을 시작했다. 포도나무당 겨우 20송이가 나오지만 품질이 더 좋고 맛도 풍부한 포도가 맺히게 된다. 이 기술은 그녀가 버건디와 보르도에서 3년 동안 포도주 양조법을 공부하면서 배운 것인데 그런 교육을 받은 사람은 가족 중 그녀가 최초였다.

"프랑스의 어떤 포도밭에서는 일본인을 처음 본 사람도 있었어요. 일본 여자는 말할 것도 없고요." 아야나가 회상에 잠겨 말했다. 하지만 야마나시가는 산에 사는 사람들이다. 여성은 특히 강인하며 힘든 삶에 익숙하다고 했다.

"고슈가 아주 뛰어난 품종이라는 걸 증명하고 싶습니다." 그녀가 한 번 더 강조했다. 우리는 이제 짙은 안개에 싸인 포도로 가득한 계곡에서 한참 위의 전망대로 운전해 올라갔다. "아버지와 할아버지는 여기서 한평생을 헌신하셨습니다." 아야나는 조용하고 진지하며 감정적인 목소리로 말했지만 두 어른 이야기를 꺼낼 때면 목소리가 더 차분해졌다. 그녀는 아버지가 고슈 포도를 씨앗 단계부터 키워 더 뛰어난 와인을 만들기 위해 오랫동안 시도했지만 결국 포기했다고 했다. 그녀가 시작한 포도 덩굴을 수직으로 세우는 방식을 통해 고슈 포도를 더 좋은 품종으로 개발할 수 있게 되면서 제대로 된 와인용 포도를 생산할 수 있었다.

"아버지가 아주 자랑스러워하겠어요." 내가 이렇게 말을 건네자 그녀가 잠깐 말을 멈췄다. 울지도 모르겠구나 했지만 단단한 표정으로 다시 돌아왔다. "아버지가 옳았다는 걸 증명하고 싶었습니다."

아야나에 따르면 런던이 세계에서 가장 중요한 와인 시장이라고 한다. 그래서 『디캔터』에서 호평을 받고 상을 받은 그레이스 와인이 전시장에 나열되어 있었다(월드 와인 어워즈에서 금메달을 받은 와인도 있었다. 일본 빈야드에서는 최초였다). 그리고 야마나시를 '일본의 보르도'라고 칭했던 영국 와인 전문가 잰시스 로빈슨의 찬사도 분명 중요하게 여기는 것 같았다. 하지만 좋든 나쁘든 여전히 중요한 한 사람, 와인 업계에서는 누구보다도 목소리가 큰 사람의 의견이 남아 있었다. 로버트 파커. 그의 기본적인 와인 랭킹 시스템은 전 세계 와인 산업을 바꿔놓았다. 아야나가 애쓴 그레이스 와인 개혁을 파커는 어떻게 평가했을까? 나는 파커가 사실 그레이스 와인을 방문했고 그가 방명록에 글을 쓴 것도 알고 있었다.

우리는 와인 테이스팅을 하러 본관으로 돌아왔다. 아야나는 전화하러 나가고 나이가 지긋한 남자가 들어와 자신을 소개했다. 이 사람이 그녀의 아버지, 미사와 시게카즈로 나이는 70대였다. 앞에 놓인 와인에 대해 대화를 조금 나눈 뒤 내가 파커 이야기를 꺼내들었다.

그랬더니 그가 테이블에서 갑자기 벌떡 일어나 방을 나가는 것이었다. 내가 무슨 말을 한 거지? 파커가 평을 나쁘게 줬나? 그레이스 와인 사람들은 헤비하고 프루티한 와인에 집착하는 미국적 성향과 뉴월드 와인 업계에도 똑같은 잣대를 들이대는 파커의 평가를 경멸하는 걸까?

몇 분 후에 돌아온 그의 손에는 방명록이 들려 있었다. 그는 파커가 2004년에 방문했을 때 서명했던 페이지를 자랑스럽게 펼쳐 보였다.

그레이스 와인 여러분,

2004년산 고슈 와인의 훌륭한 품질을 축하드립니다. 여러분의 와인에 아주 깊은 인상을 받았습니다. 성공을 기원합니다.

초대해주셔서 감사합니다.

로버트 파커

파커는 나중에 100점 중 87/88점을 주었다. 10.5퍼센트로 도수가 낮은 가벼운 와인으로는 좋은 점수다. 아야나가 돌아오자 아버지는 느긋하게 걸어 나갔다. 그녀는 와인을 맛보라고 여러 가지를 준비해주었지만 테이스팅은 시작부터 좀 삐걱거리고 말았다. 엔트리 레벨 와인인 그리 드 고슈Gris de Koshu는 다소 산도가 강하고 향수 냄새가 나서 일본 화이트 와인에 대한 내 편견이 맞다 싶었다. 약간 비싼 그레이스 고슈 화이트 와인은 맛이 더 나았고 미묘했지만 내 입맛에는 너무 섬세했다. 아야나는 깨끗한 맛이 스시와 잘 어울린다고 했고 나는 드라이하고 프루

티하고 시큼한 맛이 야키토리나 튀김과 잘 맞을 것 같다고 생각했다. 다음은 퀴베 미사와 아케노 고슈Cuvée Misawa Akeno Koshu로, 아야나가 고안한 수직 포도 덩굴 시스템으로 수확한 포도로 만든 와인이었다. 이 와인 맛이 훨씬 나았다. 화산토의 미네랄한 맛이 났고 강한 감칠맛의 '뒷맛'이 오래가는 와인이었다. 친근한 캐러멜 풍미가 나는 로제도 좋았다. 하지만 다음에 나온 건 다른 와인이었다. 아야나가 다섯 번째로 권한, 카베르네 소비뇽과 메를로를 블렌딩한 레드 와인은 정말 대단했다. 우아하고 복잡하며 타닌이 적당하게 느껴지는 게 진정 보르도가 연상되는 맛이었다. 와인은 테이스팅을 위한 것이었고 테이블에는 타구도 있었지만 나는 마시는 걸 멈출 수 없었다. 다시 전화가 와서 아야나가 방을 나간 사이에 이 환상적인 와인을 벌컥벌컥 들이켜고 싶다는 생각이 나도 모르게 들었다.

"고슈는 나의 열정이자 사랑을 쏟는 대상입니다." 아야나가 창밖으로 포도밭을 바라보며 말했다. 나는 이 위대한 레드 와인을 다시 한번 꿀꺽 삼켰고 그녀가 눈을 다시 테이블로 돌렸을 때는 동의하며 고개를 끄덕이는 수밖에 없었다.

8장

도쿄

라멘

라멘이라면 지긋지긋할 것이다, 그렇지 않은가? 국물에 유자를 넣는 가게를 발견했다거나 '국수를 밀가루부터 직접 만든다'는 '엄청난 가게'를 알아냈다는 라멘에 미친 사람들이 야단법석을 부리니 신물이 날 만도 하다. 라멘 혁명, 라멘 버거, 라멘 부리토, 라멘 전쟁을 다룬 기사가 잡지마다 쏟아진다. 다카다노바바高田馬場 뒷골목에서 먹었던 것만큼 맛있는 라멘은 절대 먹을 수 없을 거라든가, 규슈에 가지 않고는 하카타 라멘을 제대로 알 수 없다라든가, 삿포로에 가보지 않고는 버터 콘 라멘을 먹었다고 할 수 없다고 떠들면서 훌륭한 라멘이 무엇인가에 대해 일장 연설을 늘어놓는 라멘주의자들이 꼴도 보기 싫을 것이다.

나도 라멘, 특히 맛있는 라멘을 먹는 건 좋아하지만 이 모든 헛소리를 참는 데 한계가 왔다. 도쿄에서 보냈던 어느 날 저녁,

한계점에 도달하고 말았다. 국수 요리를 고급스럽게 업그레이드 해서 '가이세키 라멘'이라고 자칭하는 에비스의 라멘 레스토랑 이었다.

전통적으로 가이세키 식사란 제철 재료를 이용해 정해진 코스를 선보이며 심플하지만 예술작품 같은 그릇에 내오는 요리다. 가족들은 따로 저녁을 먹으라고 하고 검은색으로 번쩍이는 레스토랑의 바 앞의 황금색 나뭇잎 모양 테이블 매트가 깔린 자리에 홀로 앉아 있으려니, 이 분위기가 라멘으로는 어떤 모습으로 나올지 진심으로 궁금해졌다.

혁명적인 사실 1번: 손님이 음식 사진을 찍을 때 사진이 잘나오도록 직원이 특별한 조명을 제공해주는 레스토랑은 처음이었다. 나는 조명을 거절했지만 나 외에 모든 손님은 불편하기 짝이 없는 움푹 파인 콘크리트 의자에 앉아 소란스럽게 사진을 찍었다(일본에서는 핸드폰으로 사진을 찍을 때마다 예외 없이 찰칵 소리가 난다. 에스컬레이터를 오르는 여성을 찍는 성희롱 사건이 안타깝게도 빈번히 일어나 이를 방지하기 위해 법안으로 만들어졌다).

오르 되브르는 환영받는 느낌이라기보다는 경고의 느낌으로 다가왔다. 볼품없는 호박과 고르곤졸라 치즈 반죽이 지워지지 않는 얼룩처럼 내 기억 속에 여전히 각인되어 있고, 되직하고 너무 짰던 버섯수프를 생각하면 몸이 다 떨릴 지경이다. 라멘과 늘같이 나오는 차슈는 라멘 그릇 옆에 별도로 놓기 마련인데 어떤 이유에서인지 고기를 재스민 차에 데친 다음 추가로 토치로 구워놓았다. 자, 이제 알 만할 것이다. 라멘이 마침내 등장했을 때는 꽤 괜찮아 보였지만 면발이 얇아 아쉬웠다(나는 국수가 얇은 걸 싫어한다. 라멘에 소면을 넣으면 남은 열기로 면이 너무 익어버리기 때문에 적합하지 않다).

식사가 마무리되어가자, 파스타 회사 바릴라Barilla의 로고가 그려진 티셔츠를 입은 레스토랑 주인이 등장했다. 그는 밖에 나와 있는 내내, 손님들에게 자신이 차고 있던 커다란 시계를 자랑하고 다녔다. 나는 우울하고 절망스러워졌으며 배고픈 상태로 레스토랑을 나왔다.

가이세키 라멘을 먹은 일은 내 안에 잠들어 있던 위기의식을 수면 위로 떠오르게 했다. 그 레스토랑은 빠르고 저렴하고 맛있어야 하는 음식에 장식을 주렁주렁 달아, 라멘 한 그릇이 가지고 있던 모든 훌륭한 장점을 다 없애버린 듯했다. 라멘에서 가장 중요한 것은 단 두 가지, 국수와 국물이지만 요즘 라멘집은 '콘셉트'니 겉치레니 하는 부분에 더 관심을 두는 것 같다. 하지만 나는 콘셉트나 해체비평, 한껏 꾸민 그릇은 원하지 않는다. 약간 씹는 맛이 있는 도톰한 면발과 간장에 담근 반숙 달걀, 부드러운 차슈 한 조각과 벨트를 풀어버리게 하는 깊고 풍부한 국물을 1000엔 이하로 먹고 싶다. 너무 많은 걸 요구하는 걸까?

그건 아니라고 생각했지만 내 믿음은 흔들리고 있었다. 나는 라멘에 다시 확신을 가질 필요가 있었다. 라멘 세계에서 맛있고 단순하고 저렴하며 한결같은 라멘을 계속 먹을 수 있다는 실현 가능한 꿈을 꾸는 게 여전히 옳은 생각이라고 믿고 싶었다.

고마바駒場 공원의 도쿄 올림픽 경기장 옆, 바람이 휘몰아치는 콘크리트 벌판은 쌀쌀한 수요일 오후 고독을 느끼기에 이상적인 장소는 아니지만, 매년 며칠간 이곳은 라멘 쇼의 본거지가 된다. 20개의 라멘 가게를 임시로 여는데 일본 최고의 라멘 요리사도 참가한다. 나는 다양한 인종의 라멘광들과 함께 길게 줄을 선 다음, 실망스러운 라멘을 세 그릇 먹었다. 첫 번째 라멘집은 아키타에서 온 가게였는데 너무나도 짰다. 두 번째 그릇은 일흔 살의 여성 요리사가 만든 라멘이었다. 처음에는 괜찮겠다 싶었지만 다 먹고 나자 심하게 기름졌다. 세 번째 라멘은 '타이'라는 감성돔으로 국물을 냈는데 그 귀한 생선을 낭비한 꼴이었다.

첫 번째 라멘을 만든 요리사와 이야기를 나눠보았다. 그는 '일본 문화를 라멘으로 해석하고 싶었다'고 했다. 소바의 전통에 영감을 받아 가게에 온 손님 앞에서 주문받은 라멘 국수를 만들었다.

"유행하는 맛보다는 문화에 더 관심이 많습니다." 그는 열심히 설명했다. "음식점을 100년간 유지해서 기술을 다음 세대에게 물려주고 싶습니다." 노랗게 염색한 머리에 흰 테두리의 선글라스를 끼고 평화를 상징하는 귀걸이를 한 요리사는 일본 밖에서 먹었던 모든 라멘은 '틀렸다'라고 일축했다.

나는 이미 라멘 요리사들이 거들먹거리며 떠드는 연설에 익숙했다. 어떤 요리사는 이런 말도 했다. "라멘은 아메리칸 드림과 비슷합니다. 자신을 자유롭게 표현함으로써 돈을 왕창 벌 수 있죠." 다른 요리사는 라멘이 '완벽한 음식'이라고 주장했다. 이런 말도 안 되는 이야기는 깊은 역사적 뿌리를 갖고 있다. '라멘 나치'라고 불리는 요코하마의 라멘 요리사 미노루 사노는 돈을 내고 라멘을 먹는 손님들이 대화하는 것을 금지하고, 향수 뿌리는 것도 금지하는 규칙으로 유명하다. 그의 라멘을 제대로 음미하면서 먹기 위해서란다. 도쿄 서부 게이오대학 근처에는 1960년대로 거슬러 올라가는 '전설적인' 라멘 전문점, 라멘 지로(스시 요리사 지로 오노와는 연관이 없다)가 있다. 이 집은 기름지고 마늘 냄새가 나는 돈코쓰 라멘으로 유명한데 여섯 가지 라멘 계명을 내걸었다. 처음 세 개는 이렇다.

1. 순수하고 진실하며 아름답게 살아라. 산책하고 책을 읽고 돈을 절약하고 미소를 지어라. 주말에는 낚시하고 경전 필사를 생활화하라.
2. 세계를 위해, 사람과 사회를 위해.
3. 사랑 & 평화 & 연대감.

아니, 진짜, 장난하나.

나는 음식에 관한 글을 쓰면서 인생과 창의성에 대해 허세를 부리며 일장 연설하는 상당수의 요리사를 참아내야 했다. 미슐랭 별을 받은 이탈리안 요리사가 가장 심하다. 하지만 라멘 요리사는 일반적으로 더 지루한 철학적 이야기에 심취하는 경향이 있다. 아마도 일본에서는 라멘 같은 패스트푸드는 소위 'B급' 요리로 치기 때문에 그런 요리에 평생을 바쳐야 한다는 데서 오는 불안함 때문일 것이다. 혹은 가이세키 요리나 스시 같은 콧대 높은 일본 요리와 경쟁해야 한다는 압박감 때문일까. 아니면 모든 걸 한 그릇에 담아야 한다는 상대적으로 제한된 틀이 그들을 좌절하게 하고 이런 허망한 연설로 감정을 배출하게 하는 걸까. 어쨌든 가이세키 라멘집과 라멘 페스티벌을 겪고 나니 자꾸 회의적인 생각이 고개를 들었다. 수년간 내가 귀중히 여겼던 근본적인 진실, 신중히 형성한 라멘 세계관은 깨졌거나 적어도 금이 간 상태였다. 나는 오랫동안 일본을 가보지 않은 사람에게 일본에서 라멘은 신뢰할 수 있는 음식이며 세계 어느 곳보다 훨씬 맛있고 도쿄에서 맛없는 라멘을 먹는 일이란 글자 그대로 불가능하다고 누누이 강조해왔다. 런던이나 뉴욕의 라멘집을 선의로 소개해주는 어리석은 사람에게는 이렇게 말하곤 했다. "런던이나 뉴욕에서 최고의 라멘이라면 일본에서는 그냥 평균 정도의 맛입니다." 지금 생각하면 정말 거만하고 잘난 체하는 태도였다. 그때도 내 태도가 그렇다는 건 알고 있었지만 일본에서 위대한 라멘이란 어떤 건지 숨기지 않고 분명히 알려주는 게 내 책임인 것 같았다. 불쌍한 라멘 초보자에게 지구 반대편으로 건너가야만 제대로 된 라멘을 먹을 수 있다고, 일본에 맛없는 라면은 없다고 알려주는 게 의무인 것 같았다. 하지만 결국 도쿄에서 저품질의 라멘을 먹는 일이 가능하다는 증거가 나왔다. 내가 라멘 세계에서 중요하게 생각하고 진심으로 믿었던 본질을 갉아먹는 문제가 될 만한 변화였다.

일본에서! 라멘이 이렇게 맛없을 수 있다면 이 나라와 음식

문화에 대해 내가 또 오해하는 게 있을까? 일본 음식을 소개받은 후 지나온 그 수많은 시간이 망상에 사로잡힌 신기루 같은 거라면 어쩐단 말인가? 나는 대중에게 일본 음식이 얼마나 대단한지 설명하는 데 많은 에너지와 커리어를 투자했기 때문에 아마도 일본 음식의 단점과 실패를 못 본 척했거나, 심하게는 부정했을 수도 있다. 일본 요리가 완벽하다는 생각을 스스로 주입해 내가 틀렸고, 단점을 잊었으며, 식사 시간에 헛소리한 꼴이라면?

해독제가 필요했다. 그것도 빨리. 그리고 쓰케멘つけ麺을 발견했다.

쓰케멘은 라멘이지만 흔히 알고 있는 라멘이 아니다. 라멘의 뚱뚱하고 약간 느린 남동생 정도로 생각하면 되겠다. 국물에 면이 들어 있는 게 아니다. 국수 그리고 국물이다. 찍어 먹는다. 두 개의 그릇에, 하나는 우동처럼 통통하고 부드러운 면까지는 아니지만 거의 비슷하게 두꺼운 밀면이 담겨 있고, 다른 그릇에는 진하게 농축된 딥과 수프 중간의 풍미 좋은 점성의 액체가 나온다. 딥이라고 할 정도로 되직하진 않고 수프라고 할 정도로 옅지는 않다. 쓰케멘은 먹고 나면 더 배가 부르고(기본 라멘은 국수가 180그램인데 쓰케멘은 350그램으로 거의 두 배 들어간다) 더 지저분하게 먹게 된다.

비록 쓰케멘은 1950년대부터 존재했지만 요새 들어 인기를 얻었다. 여성만을 대상으로(이 점이 흔히 일본에서는 최고로 인기가 있는 음식이라는 표시다) 하는 쓰케멘 레스토랑이 있다는 사실만 봐도, 최근 들어 쓰케멘의 인기가 더 높아졌다고 할 수 있다. 그리고 여러 라멘 요리사와 대화해보니 쓰케멘 요리사는 라멘 요리사의 특징인 말도 안 되는 유사 지식인 흉내를 내는 경향이 덜했고 그저 따뜻하고 맛있는 음식을 손님에게 제공하려는 경향이 더 강했다.

구 올림픽 공원에서 라멘 쇼가 펼쳐지고 있던 때, 다른 라멘 페스티벌인 쓰케멘하쿠, 즉 라멘 대 쓰케멘 최후의 대결이 신주쿠 근처에서 한창 진행 중이었다.

가부키초는 도쿄의 홍등가로 지저분한 호스티스 바, 파친코 가게, 불법 술집은 물론 악명 높은 '소프랜드soaplands'●와 러브 호텔, 마사지숍이 모여 있는 곳이다. 가부키초나 신주쿠 고르덴 가의 인접한 소굴에 외국인이 혼자 갔다가는 지나치게 비싼 '테이블 차지cover charges'로 바가지를 쓰게 된다. 혹은 술에 약을 타거나, 매를 진탕 맞거나, 특히 끈질긴 성병에 걸리게 될지도 모른다. 일전에는 끔찍한 야쿠자 폭동이 있었다. 마쓰바카이松葉會 갱단의 보스가 택시 운전사와 다툼을 벌였다. 그런데 라이벌 갱단인 스미요시카이住吉會의 보스인 이토 지카히로가 우연히 거길 지나갔고 마쓰바카이의 보스에게 헐뜯는 말을 했다. 주먹이 오고 가던 싸움은 곧 50여 명의 폭력배가 길거리에서 요란하게 패싸움하는 지경으로 악화되었다. 100명이 넘는 경찰이 출동했다. 가부키초의 밤은 늘 이런 식이다.

이런 모든 불법 행위와 일본인의 접대 기본 원칙을 완전히 무

● 겉으로는 목욕 서비스라고 하지만 실제로는 매춘이 성행하는 곳.

시하는 가부키초는 일본의 전형적인 모습이 전혀 아닌데도 어째선지 황궁이나 하마리큐온시浜離宮恩賜 정원만큼이나 도쿄의 아이콘으로 자리잡았다. 나는 사람들이 하수구 관광에 끌리듯 이상하게 가부키초에 끌렸다. 거기에는 텍스처가 있었다. 분명 가부키초는 책임감 있는 부모라면 외부의 영향을 쉽게 받는 어린이들을 절대 데려올 만한 곳이 아니지만, 나는 며칠 전 아이들을 데려와 웃기는 로봇 레스토랑에 가서 재밌는 시간을 보냈다.

아마 여행기 시리즈를 다루는 TV 프로그램에서 로봇 레스토랑의 영상을 본 적이 있을 것이다. 눈을 데굴데굴 굴리는 인종주의자 비슷한 코미디언이 진행하며 빡빡한 예산 때문에 며칠만 간단히 찍는 프로그램 말이다. 대부분 로봇 레스토랑을 갔다가 '게이샤'와 만나고, 온천을 한 다음 꿈틀거리는 해산물을 좀 먹고 한국 편을 찍기 위해 이동한다.

로봇 레스토랑은 레스토랑이라기보다는 액정 화면에 네온 조명, 레이저와 거울이 섞인 난잡한 파티장이라고 할 수 있다. 공중그네를 탄 비키니를 입은 제이팝 댄서와 5미터 위에서 리모컨으로 작동하는 가슴이 거대한 사이보그가 있고, 가짜 공룡과 로봇이 전투하는 광경이 펼쳐진다. 쇼가 끝날 무렵에는 실제 크기의 형광 조명을 두른 탱크가 등장한다. 약간 마약에 취한 카니발 퍼레이드이자 공상과학 섹스 쇼 같았고 음식은 끔찍했다. 바를 겸한 대기실도 재미있는 공간이었다. 액정 화면에 만화경, 엄청난 도금, 크리스털 샹들리에, 디스코 조명과 벽에 거울이 달려 있었다. 간질병 환자의 악몽이 틀림없었다. 다이어트 알약을 너무 많이 삼킨 리버차리●의 머릿속을 보여주는 것 같았다. 여기는 모두가 가봐야 할 곳이다. 한 번은!

우리가 들어서자 좌석 안내원이 애스거와 에밀에게 쇼에 참가해 로봇과 '전쟁'을 해보지 않겠냐고 했다. 그녀의 제안은 아이들의 대조되는 성격을 더 극명하게 보여주었다. 다른 사람의 즐거움이 되기에는 너무 쿨한 에밀은 제안을 거절했다. 애스거는 어떤 상황에서든 관심의 중심이 되는 게 늘 즐거운 아이라 기쁘게 승낙했다. 그래서 쇼가 거의 절정에 이르자 애스거는 자리에서 일어나 무대에서 벌어진 전투에 참가했다. 애스거는 커다란 권투 글러브를 낀 거대한 로봇에게 주먹을 퍼부었고 우리는 야광봉을 정열적으로 흔들며 응원했다.

가부키초에 밤이 찾아들면 게으른 사람과 길에서 사는 사람이 다양한 색의 태피스트리처럼 모두 거리로 나온다. 야쿠자 조직원, 포주, 술집 경비원 같은 사람들이 서성였지만 해가 밝으면 가부키초는 그저 초라해 보일 뿐이었다. 나는 인상적인 냄새를 풍기는 도쿄의 신오쿠보 코리아타운을 지나쳐 고층 건물로 둘러싸인 작은 도시공원에서 열리고 있던 쓰케멘 페스티벌로 발걸음을 옮겼다.

공원 양쪽 끝에 있던 포터캐빈[차량에 달린 이동 가능한 작은 음식점]을 부엌으로 바꾸고, 일본 최고의 라멘집과 쓰케멘집 열

● 팝과 클래식 명곡들을 화려한 스타일로 연주했다. 2013년 그의 삶을 소재로 영화 「쇼를 사랑한 남자Behind the Candelabra」가 만들어졌다.

곳의 임시 가판대가 세워져 있었다(다섯 곳은 라멘집이고 다섯 곳은 쓰케멘집이었다). 공원 중앙에는 차양이 커다랗게 설치되었고 라멘 마니아들은 탁자에서 후루룩 소리를 내며 라멘을 먹고 있었다. 국물이 특이한 라멘집이 있었는데 한 번도 들어본 적이 없는 양 뼈로 국물을 낸 집도 있었고 버섯으로 낸 집도 있었다.

이 모든 것을 안내해준 야노 다카무네는 일본에서 가장 유명한 라멘 잡지 『라멘 워커Ramen Walker』의 편집장이다. 나는 잡지 발행인 가도카와(내 책의 일본어판 발행인이기도 하다)와 함께 그를 두세 번 만났었다.

페스티벌 입구에서 감청색 재킷에 회색 바지, 검은색 배낭을 멘 전형적인 샐러리맨 복장을 한 야노를 발견했다. 우리는 다양한 가게를 샅샅이 살피기 시작했다. 야노는 라멘 가게와 요리사에 대해 믿을 수 없을 정도로 상세히 알고 있었다. 얼마나 오래 줄을 서야 하는지부터, 요리사들이 어디서 배웠는지, 얼마 동안 배웠는지, 그들의 국물이 왜 스승의 국물과 다르게 됐는지 그 복잡한 사연을 다 알고 있었다. 라멘 가게를 운영하면 어느 정도 이익을 얻는지에 대해서도 해박한 지식을 갖고 있었다. "괜찮은 라멘 가게를 네댓 개 운영하고 있다면 가족 모두가 벤츠 한 대씩은 굴릴 수 있죠." 우리가 페스티벌 주변을 걸어 다니는 동안 그는 설명을 이어갔다.

야노는 라멘 슈퍼파워를 가진 클라크 켄트 같았다. 그와 함께 다니기만 하면 긴 줄을 건너뛰는 능력뿐 아니라 부엌 뒤로도 출입하는 능력이 생겼다. 이런 방법으로 나는 하야사카 마사키를 만날 수 있었다. 그는 혼슈 동부에 있는 센다이의 라멘 집 우후신五福星의 운영자이자 라멘 연합회의 회장이기도 했다.

나는 임시로 세워진 부엌 뒤에서 그를 소개받아 재료와 기술에 대해 틀에 박힌 대화를 시작했다. 하야사카의 국수는 '실크겔'(그게 뭔진 몰라도)이 특징이며, 이번 행사를 위해 그는 돈코쓰와 다시마, 다양한 말린 생선(정어리, 가다랑어, 오징어), 두 종류의 육수를 섞었다고 했다. 아주 좋은 방법 같았다. 돼지 뼈를 끓여 나온 우윳빛 국물인 돈코쓰는 내가 좋아하는 타입의 라멘은 아니다. 나는 국물이라면 말린 생선을 조금이라도 사용하는 것이 맛있는 라멘을 위한 전제 조건이라고 생각한다.

하야사카는 각이 진 몸매에 덩치 좋은 남자로 머리를 바짝 깎았다. 소용돌이 모양의 분홍색과 흰색이 섞인 셔츠에 스트레치 팬츠를 입고, 한쪽 귀에는 청석이 달린 은색 귀걸이를 하고 염소수염을 자랑스럽게 기르고 있었다. 눈에 띄는 신체적 특징도 있었는데 조금 후에 언급하겠다.

그는 열여섯 살 때 서양식 부엌에서 일을 시작해 스물세 살 때 라멘의 길로 들어섰다. 그는 그 이유를 이렇게 설명했다. "라멘으로 더 많은 사람을 좀더 쉽게 행복하게 해줄 수 있으니까요. 그리고 라멘 요리사가 되면 손님이 식사할 때 얼굴을 볼 수 있습니다." 하야사카는 이제 40대에 들어섰고 돈과 소유물로 행복해질 수 없다는 결론에 이르렀다고 했다. "항상 제자들에게 그렇게 얘기해요. 마흔까지는 내가 '1차 성공'이라고 부르는 돈, 여자, 자동차에 관심이 있겠지만 그 이상은 아니다. 그리고 다른 것들을 생각해야 한다고 합니다. 그다음은 성공의 '두 번째 수준'인 베푸는 시기가 시작되죠. 1차 성공만 거뒀다면 부끄러운 줄 알아야 합니다."

그는 설교조로 말하거나 거만한 체하지 않고 진심에서 나오는 부드러운 목소리로 말했다. 우리는 임시로 세운 포터캐빈 부엌 뒤에 있던 천막 작업실에 앉아 있었다. 주변에는 음료수, 재떨이, 밥솥이 있었고 신기하게도 멕시코 레슬링 선수가 쓰는 마스크가 텐트 옆에 걸려 있었다. "얼마나 부자이든 간에 그게 사람을 행복하게 할 수 있는 건 아닙니다. 그리고 다른 사람을 행복하게 하지 못한다면 당신은 아무것도 아닙니다. 라멘은 내가 선택한 행복의 매체입니다."

우리가 이야기하는 동안 하야사카는 한 손으로 교자를 만들었다. 그는 팔이 하나뿐이었다. 원래 팔은 두 개였지만 6년 전, 소름 끼치는 사고로 오른팔 전체를 잃었다. 어느 여름 오후, 하야사카는 음식점 뒷방에서 국수를 만들고 있었다.

"내 국수는 가수분해율이 높습니다." 그가 사연을 털어놓기 시작했다. "손님이 국수를 쉽게 소화하도록 국수에 물을 많이 사용해야 하죠. 수분 함량이 낮으면 특이 어린이나 노인은 소화하기가 어려워요. 하지만 여름에는 반죽이 너무 끈적하게 되니까 수분 함량이 높은 면발을 만들기가 더 어렵습니다."

반죽을 섞기 위해 하야사카는 산업용 반죽기를 사용했다. 그는 핸드폰에 저장되어 있던 사진을 보여주었다. 반죽기는 거의 농업기계처럼 무시무시한 강철 통에 한 번에 30킬로그램의 밀가루를 반죽할 수 있는 돌아가는 칼날이 달려 있었다. 요리사들이 다 그렇듯 그도 아무런 거리낌 없이 돌아가는 반죽기에 손을 넣고는 했다. 프로의 부엌에서 안전장치라니, 그건 아마추어에게나 필요한 것이니까. 하지만 그날은 기계가 돌아가는 와중에 반죽을 조절하려고 손을 뻗었다가 심하게 끈끈해진 반죽에 손이 들러붙어 끼고 말았다. 그의 오른팔 전체는 복구할 수 없을 정도로 망가졌고 결국 오른쪽 어깨에서 절단해야 했다.

"내가 할 수 있는 일과 할 수 없는 일이 무얼까 생각해보았습니다." 내가 그에게 사건 후에 삶을 어떻게 받아들였냐고 묻자 그가 입을 열었다. "요리사가 음식을 만들려면 냉장고 안에 있는 걸로 만들어야죠. 인생도 마찬가지입니다. 사람들은 내가 팔을 잃고, 할 수 있는 일을 50퍼센트 잃었다고 생각할 수도 있어요. 하지만 아닙니다. 나는 인생을 50퍼센트만 사는 게 아니라 인생을 충만히 살고 있습니다. 내가 할 수 없는 단 한 가지 일은 두 손을 모으고 기도하는 거였습니다. 그래서 감사를 표시할 다른 방법을 찾아야 했죠."

그는 오른손잡이였으므로 병원에 있는 동안 왼손 훈련을 시작했다. 한 달 내로 글씨를 다시 쓸 수 있었다. 두 달 반 후 퇴원했고 다음 날 부엌으로 출근했다.

하야사카는 개인적으로 비극적인 사건을 겪으면서 2011년 3월 그의 고향인 센다이 해안에 어마어마한 피해를 가져온 지진과 쓰나미 희생자들의 상황에 더 공감할 수 있게 되었다고 믿었다. 그의 음식점은 직접적인 피해를 보지 않았지만 그는 곧장 행동을 개시해 세 시간 정도 걸리는 재앙의 근원지로 향했다. 초등학교 아이들에게 라멘 만드는 법을 가르쳐주려고 준비해두었던 이동 부엌을 차에 실은 채였다. 그는 결국 8개월을 매일같이 운전해 재난 지역으로 갔다. 공급자와 재료 생산자 그리고 가스나 물 제공처에 전화를 돌리며 첫해에 10만 그릇의 라멘을 제공했다. 그러나 그는 사람들을 먹이는 일 그 이상을 했다. "집과 친척을 잃은 사람들이 나를 보고, 팔이 하나 없는 요리사를 보고, 계속 살아야겠구나 생각한 거 같더군요."

하야사카는 그의 팀이 일하고 있는 부엌으로 나를 초대했다. 직원들은 모두 검은색 옷을 입고 있었고 그중 한 명은 멕시칸 레슬링 마스크를 쓰고 있었다. 가게 밖으로 길게 줄을 선 사람들을 위해 라멘을 계속 만드느라 정신이 없어 보였다(그날의 메뉴는 평소 만들던 돈코쓰 라멘이 아니었다). 그렇게 있다 보니 어느새 나는 기본 교육을 잠깐 받고 라멘을 만드는 부엌 군단에 끼게 되었다.

요리사가 뜨거운 부엌에서 일하면서 쾌감을 얻을 수 있다고 분명 공감은 할지언정, 나는 프로 요리사들의 부엌에서 일하는 걸 좋아하지 않는다. 그리고 그날 라멘 부엌에서 일했던 경험은 다른 데서 일했을 때처럼 스트레스 받는 일이었다. 하야사카는 국수를 삶는 기술과 국수가 다 되면 물을 흔들어 빼는 기술을 가르쳐주었다. 그리고 국물을 단 한 방울도 흘리지 않고 국수를 그릇에 부드럽게 미끄러트려 넣는 것도 보여주었다. 나는 겨우겨우 라멘 열두 그릇 정도를 만들었는데, 국수를 삶고 물을 뺀 다음 라멘의 본질과 맛을 결정하는 다레를 한 국자 넣고 국물을 붓는다. 그리고 차슈, 미트볼, 미역과 파를 토핑으로 올린 다음, 나를 보고 의아해하는 손님들에게 카운터 너머로 라멘을 건네주었다. 그리고 두 손 들어 포기하고 전문가들에게 부엌을 맡기고 나왔다(그들도 안심한 게 분명했다).

부엌에서 힘들게 일한 후 하야사카와 나는 라멘파와 쓰케멘파의 차이점에 대해 좀더 이야기를 나눴다. 그는 대부분 둘 다 좋아하지만 쓰케멘을 먹는 방법에는 중요한 차이가 있다고 했다. 쓰케멘은 열기가 오래가지 않아서(그래서 내가 갔던 도쿄의 쓰케멘집에서는 반쯤 먹은 그릇에 엄청나게 뜨거운 조약돌을 넣어 국물을 다시 데우는 방법을 사용했다) 빨리 먹어야 하고 재료는 입안에서 섞이게 된단다. "서양 음식은 감자 한 번 먹고 고기 한 번 먹고 하지만, 일본은 한 그릇 음식에서 여러 재료를 동시에 먹고 입에서 섞어 복잡함과 맛의 변화를 조절합니다. 그게 일본인의 방법이고 쓰케멘 역시 그런 방법으로 먹는 겁니다." 쓰케멘은 더 간단하고 투박하며 대개 라멘보다 짜지만 대단히 반응이 좋다고 했다.

그는 국수가 더 중요한가 국물이 더 중요한가 하는 오래된 라멘 난제에 대해서는 어느 편일까? 내가 물어봤던 요리사 대부분은 '둘 다'라고 대답했지만 하야사카는 단호히 국수라고 말했다. "일본 땅은 북쪽부터 남쪽으로 길고 가는 형태이기 때문에 습도와 계절이 아주 다양합니다. 라멘의 지역별 특징은 다양한 국수와 함께 개발되었죠. 남쪽에서는 습도 때문에 가수분해율이 낮습니다. 물을 많이 사용하지 않으니까 국수는 알덴테로 하고, 그러니 후쿠오카의 돈코쓰처럼 국물은 더 진해야겠죠. 북쪽에서는 면에 물을 더 넣을 수 있으니 국물이 옅어도 되고 국수는 국물에서 더 익지 않겠죠. 그러니 보세요. 국수가 모든 걸 좌지우지하잖아요."

마지막으로 하야사카의 라멘을 먹을 때는 좀 어색했던 게, 그가 만든 라멘은 그다지 내 취향이 아니었다. 약간 물이 많이 들어간 느낌이었고 차슈는 색깔이 회색으로 별로였다. 그래도 그는 라멘 요리사의 고귀함을 재생시키는 데 대단히 큰일을 했다고 생각한다. 그리고 페스티벌에는 맛있는 라멘도 많았다. 그중 최고는 도쿄 외곽에 있는 지바의 마쓰도에서 온 도미타とみ田 라멘집의 쓰케멘이었다. 국수는 밧줄처럼 두껍고 찍어 먹는 소스는 소꼬리 곰탕 색깔에 엄청나게 크고 부드러운 차슈가 들어 있었다(그리고 요리사는 활짝 웃으며 MSG를 살짝 넣었다고 말했다).

여러분도 한번 맛을 봤으면 좋겠다. 나는 히스클리프가 캐서린● 을 갈망하듯, 시부야역에 조각상이 세워진 충견 하치코가 주인을 갈망하듯, 나도 도미타의 쓰케멘을 다시 맛볼 수 있길 갈망하기 때문이다. 그게 위대한 라멘의 진짜 힘이다.

● 에밀리 브론테의 소설 『폭풍의 언덕』의 남주인공과 여주인공.

차

흰색 실험복을 입은 남자가 옆에 있던 갈색빛의 물 항아리에 놓여 있던 대나무 국자를 꺼냈다. 먼저 손잡이를 조심스럽게 든 다음 정확히 계산된 태극권 같은 동작으로 그릇을 들었다. 뜨거운 물을 떠서 널찍하고 평평한 사기그릇 안에 있던 짙은 초록색 잎에 부었다. 우려내는 시간은 짧게 몇 초 정도였다. 뚜껑을 닫아 잎과 물을 빙빙 돌리다가 마지막 한 방울까지 격렬하게 흔들어 내 앞에 있던 작은 흰 잔에 조르륵 부어주었다. 그렇게 나온 건 극소량의 빛나는 황금색 액체였다.

잔을 들어 입술에 대고 한 모금 마셔보았다. 마셔본 차 중 가장 맛있었다. 풍성하고 싱그럽고 구운 맛에, 쓰고 신선하면서 약간 단맛도 나는 게 지구 전체를 추출한 듯한 맛이었다.

같은 찻잎에서 두 번째로 나온 차는 좀더 오랫동안 우렸고

양도 더 많이 나왔다. 세상에 처음보다 나은 게 있다면 바로 이 두 번째 우린 차로, 깊고 풍부한 맛에 기분 좋게 쓴 뒷맛이 났다. 목이 긴 와인 잔에 얼음을 넣은 세 번째 차를 마시자 머리가 윙 울리는 기분이 들었다. 나는 커피를 마시지 않는 사람이라 그렇게 많은 양의 카페인에 익숙하지 않았다. 머리가 빙빙 도는 상태에서 매우 이성적인 티 마스터가 이제 잎에 폰즈를 뿌려 먹어보라고 제안하자 넙죽 받고 말았다. 그런데 먹어보니 맛이 있었다.

영국을 떠나온 지 10년이 넘었지만, 나는 아직도 절반은 그런대로 영국인이라고 생각한다. 길게 줄을 서는 것도 잘 참고 누가 내 발을 밟으면 사과한다. 맥들린칼리지[케임브리지대학 기숙사]와 홀본Holborn[옛 런던의 수도 자치구 중의 하나]도 제대로 발음할 줄 안다. 하루 중 가장 푸짐한 식사를 저녁에 먹고 「아버지의 군대Dad's Army」• 오프닝 타이틀이 나오면 눈물을 흘린다. 물론 이 두 가지 행동을 동시에 할 때도 있다. 펍에 가면 고향에 온 거 같고, 말도 안 되는 소리지만 아직도 환율 계산을 파운드로 한다. 예의를 차리면서도 수동적으로 공격하는 걸 엑조세Exocet[프랑스제 대함 미사일]급으로 정확하게 할 수 있다. 심지어 가는 세로줄 무늬 정장도 한 벌 갖고 있다. 하지만 내가 적절한 영국인이 되기에는 늘 한 가지 부족한 면이 있었다. 그걸로 부적격자인 셈이었다. 영국에 살았던 오랜 세월 그리고 그 후로도 나는

• BBC에서 방영했던, 제2차 세계대전이 배경인 시트콤.

차를 마셔본 적이 없었다. 단 한 모금도 말이다. 종교적인 이유는 아니었고 내 가족과 친구들이 차를 안 마시는 것도 아니었다. 그냥 어쩌다 보니 차를 마시지 않게 되었다. 미지근하고 우윳빛이 도는 갈색 액체에 설탕을 넣은 차는 그다지 매력적으로 보이지 않았다.

종종 곤란한 순간도 있었다. 취직됐거나 개를 잃어버렸거나 이모가 비행기 사고로 돌아가셨거나 혹은 뭘 해야 할지 모를 때, 늦은 아침이나 오후 중반이거나 텔레비전이 광고 타임이거나 또는 비가 올 때, 어디에 있든 상황이 어떻든 영국인이 제안하는 단 한 가지는 이거다. "차 한잔 하실래요?" 당신이 만약 제안을 거절한다면 그들은 이제 도대체 뭘 해야 할지 갈피를 잡지 못하고 허둥댄다. 내가 커피를 안 마시는 것도 도움이 됐다고 보긴 힘들다. 나는 아무래도 벨기에 사람인가 보다.

그리고 일본에 처음으로 왔다. 초밥집에 가서 식사를 마치자 두툼한 자기 컵에 뜨겁고 맑은 옥색 액체가 나왔다. 좀 식기를 기다렸다. 이미 일본인은 다른 인종보다 고온의 음식에 참을성이 훨씬 더, 아주 많다는 걸 아프게 경험하고 얻은 교훈이었다. 그리고 머뭇거리며 마셔보았다. 정말 맛있었다. 풀 냄새에 신선하고 매력적인 쓴맛, 이전에 한 번도 먹어보지 못한 맛이었다. 일본 녹차인 반차番茶였다. 내가 차를 다 마시다니! 드디어 어른이 되었다. 그리고 나는 차를 좋아하게 되었다.

그 첫 경험 이후 일본차의 세계를 탐방하기 시작했다. 크게 설명하자면, 가장 밑에는 세 번째 혹은 네 번째 수확한 잎으로

만든 녹차인 반차가 있다. 반차만 해도 22개의 등급이 있는데 그중 호지차ほうじ茶는 이상적으로는 숯에 덖어 만든 차로 구수하게 볶은 맛이 난다. 내가 커피를 마신다면 아마도 가장 유사한 맛일 것이다(사실 다른 녹차보다 카페인은 더 적다). 구키차莖茶도 낮은 등급의 차로 치는데, 잎의 줄기로 만들어지기 때문이다. 가격대가 더 높은 등급인 신차*로는 센차煎茶와 교구로玉露가 있다. 이 차는 처음이나 두 번째 수확한 잎을 쓴다. 센차는 일본 녹차에서 가장 흔한 차지만 테루아의 특징, 농업 기술, 블렌딩, 숙성과 제작 과정에 따라 가장 좋은 센차는 더 고급인 교구로('옥의 이슬'이란 뜻)만큼 훌륭한 것으로 친다. 교구로는 차 세계에서 건강에 굉장히 관심이 많은 깐깐한 사람 느낌이다. 직사광선을 차단하는 차광막 아래에서 재배하기 때문에 아미노산이 풍부한 클로로필 레벨이 높아진다.

이외에도 일본차는 종류가 많다. 무기차(보리로 만듦), 소바차(이름대로 메밀차), 녹차 이름으로는 드물게 흑차도 있고, 센차와 교구로를 만들고 남은 겉로 만드는 저렴한 고나차도 있다. 가마이리차, 가부세차 그리고 수령이 30년 이상 된 차나무의 잎으로 만드는 고이차도 있다. 맛차같이 'ㄱ'으로 시작하지 않는 차도 있다. 맛차는 다도에서 주로 사용한다. 맛차는 교구로나 가끔은 센차 잎으로 만들고 찐 다음 맷돌로 가루를 내 등급을 나누는데 서양에서 마시는 건 대부분 좋은 차다.

● 5월 초 입춘에서 88일째 되는 날 딴, 처음 수확한 여린 잎을 사용해서 만드는 차.

이 다양한 차는 모두 정확히 같은 차나무(Camellia sinensis)에서 만들어진다. 향수를 불러일으키는 차이자 내가 어렸을 때 싫어했던 차인 빌더스 티builder's tea●를 만드는 것과 똑같은 나무다. 다른 점이라고는 일본차는 대부분 발효하지 않는다는 사실뿐이다. 발효하지 않으면 흑차보다 덜 퀴퀴하고 탁한 맛이 덜 날 뿐 아니라, 차에 폴리페놀, 즉 몸의 콜레스테롤과 지방을 줄이는 데 도움을 준다는 강력한 항산화제를 보존한다는 장점이 있다.

돌이켜보면, 뒤늦게 차 공부를 시작했을 때 반차부터 마시기 시작해 풀 냄새와 쓴맛이 나는 녹차로 천천히 옮겨간 다음, 센차를 마시고 더 풍성한 맛의 구키차, 호지차, 겐마이차玄米茶[현미차]로 갔다면 더 좋았을 것이다. 그런 다음 첫 잎차로 만드는 등급이 높은 교구로를 마시고, 마지막으로 제대로 된 어른이 마신다는 맷돌에 가는 고급 맛차에 도전했어야 했는데, 그렇게 하지 못했다. 내가 저지른 큰 실수는 아사쿠사에 있는 전통 카페에서 굉장히 걸쭉한 고이차를 마시는 어려운 일에 불쑥 뛰어든 것이었다. 고이차는 쓰고 되직하고 거품이 있어 마치 두꺼비 쓸개즙을 마시는 느낌이었고, 차를 향한 나의 여정을 몇 개월 퇴보하게 했다.

그러나 마치 구조된 동물이 우리에서 야생으로 조심스레 나아가듯 서서히 음식점에서 식사를 마친 다음 다시 반차를 마시

● 진하게 내려 우유, 설탕과 함께 커다란 머그잔에 마시는 블랙 티.

기 시작했고, 교구로의 고지를 향해 천천히 사다리를 오르기 시작했다.

요즘은 집에서 매일 아침 일본 녹차 비슷한 걸 만들어 마시지만, 일본에서 마셨던 그윽한 맛은 전혀 흉내낼 수가 없다. 이유를 알아내고자 도쿄 중심부인 니시아자부西麻布의 갤러리 단지에 있는 매우 세련된 모던 티 하우스, 소엔Souen을 찾아갔다. 도쿄의 전통 찻집과 음식점에서 12년 동안 차를 공부한 티 마스터, 사쿠라이 신야가 그곳에서 조용하고 인상적인 방법으로 일본의 전통 다도 문화를 개혁하고 있었다.

그리고 늦기 전에 고백해두겠다. 나는 일본의 여러 음식과 문화에 페티시가 있다고 인정하며 오랫동안 일본을 좋아해온 사람으로서 다도를 사랑하고 차를 마시는 방식을 숭배했어야 했거늘, 마쓰에서도 봤듯 난 그렇지 않다. 약간은 종교의식, 약간은 명상, 약간은 행위예술 같은 다도에는 미학적인 관점은 물론 훌륭한 성품도 필요한데, 안타깝게도 나 같은 사람에게는 과한 요구다. 살아가는 동안 '조화' '존경' '순수함' '평온'(다도에는 이렇게 네 가지 교리가 있다)을 더 많이 발휘하며 살 수 있다는 점에는 이의를 제기하지 않겠다. 하지만 나이 지긋한 깐깐한 여성이 두 시간 동안 맛차 한 잔을 만드는 걸 보는 게 도대체 어떻게 내 인생에서 이런 요소를 향상시킨다는 건지 이해할 수가 없다.

사쿠라이의 차를 마신 건 매우 다른 경험이었다. 비록 그도 여전히 품위 있는 속도로 만들었지만 말이다. 그나저나 스타벅스는 정말 아니다. 커피파인 리센, 애스거와 에밀은 도쿄 미드타운 복합문화공간의 흥미로운 곳을 돌아다니게 놔두고 나는 스트레스를 받은 상태로 서둘러 롯폰기 근처에 와서 조용한 뒷골목에 있는 찻집을 힘들게 찾은 터였다. 하지만 사쿠라이가 그의 '티 메뉴'에서 여러 가지 코스 중 첫 번째를 만들기 시작하면서, 그가 계산된 속도로 '완전히' 몰입하는 모습을 보고 그의 상태에 맞춰 내 기분을 조절해야 한다는 걸 눈치챘다. 천천히. 집중. 즐기자.

그리고 정말로 즐길 수 있었다. 세 번 우린 교구로와 호지차를 마셨고 딸려 나온 보석 같은 계절 화과자 그리고 덖은 차와 어울리는 뛰어난 절임 요리는 정말 맛있었다. 절임 요리는 가이세키 요리가 원래는 다도에서 진화했다는 사실을 떠올리게 해주었다. 차를 마시는 도중에 위장이 쓰린 걸 방지하기 위해 맛있는 음식을 작은 코스로 내오곤 했기 때문이다.

사쿠라이는 마지막으로 맛차 가루를 체로 거르고(맛차는 특이하게도 정전기 때문에 뭉치는 경향이 있다) 휘저어 되직하고 거품 있는 맛차를 만들었다. 그 카페인 수치는 실제로 별이 보이는 수준이었다. 맛차의 경우 단순히 잎의 풍미를 물로 우리는 게 아니라 잎을 가루로 소비하기 때문이다. 나는 길거리로 나와 몰려오는 현기증에 휘청거리며 혼자 이렇게 중얼거렸다. "아, 마약에 취해 살면 대충 이런 느낌이겠구나."

소엔의 티 메뉴에서 내가 깨달은 가장 중요한 사실은 차에서 찻잎의 품질을 제외하면 물이 전부라는 것이다. 사쿠라이는 교구로의 경우 시즈오카에서, 덖은 차는 후쿠오카와 가까운 야메에서 물을 공급받고 있다. 그는 매우 부드러운 연수를 구하기 위해 규슈 남부 가고시마까지 간다고 했다. 찻잎을 우리는 물의 온도도 결정적이다. 그는 물을 주전자에서 주전자로 옮겨 교구로는 50도 이하로 식히고 맛차는 80도로 낮췄다.

일본에서 차는 서남부의 규슈에서 자라고 멀리로는 날씨가 몹시 추운 북쪽 니가타에서까지 재배된다. 하지만 도쿄에서 신칸센으로 한 시간 거리인 시즈오카靜岡가 일본 최대의 차 산지이고 품질 면에서도 최고로 쳐준다.

차 교육은 며칠간 더 이어졌다. 시즈오카에서 차를 재배하는 모리우치 요시오를 방문했다. 그는 여러 번 상을 받은 전설적인 차 장인으로 시즈오카현 혼야마本山에서 거의 200년 동안 차를 재배해온 가족의 아홉 번째 세대다. 심지어 황족에게도 차를 공급하고 있다.

"차가 이 지역에 들어온 건 1214년이었습니다." 모리우치는 자랑스럽다는 듯 말했다. "기후가 차를 기르기에 적합했죠." 사계절이 아주 분명하고 강수량이 많고 안개도 잦아, 찻잎이 해를 직접 받는 걸 막아주어 차를 더 달게 만든다. 비록 좋은 차란 떫은맛, 단맛, 쓴맛, 감칠맛까지 모두 한 번에 느껴져야 하지만 말이다. 모리우치도 우린 찻잎을 먹어보라고 권했다. 그때 즈음에는 아주 자연스럽게 먹을 수 있었다.

모리우치는 파릇파릇하고 풍성한 차나무에 농약을 치지 않고 키운다. 그래서인지 일부 차나무에는 놀라운 크기의 거미줄이 있었다. 바로 옆에는 차 가게와 집, 마을 사원이 있었다. 그와 아내가 어린잎의 끝을 어떻게 찌는지 보여주었고(70도에서 딱 20초간 찐다) 창고에 있는 금속 뚜껑이 달린 당구대 같은 데서 찻잎을 굴렸다. 찻잎 굴리기*는 고도의 기술이 필요한 작업으로 잎을 계속해서 움직여 각 찻잎의 형태가 완벽하게 바늘 모양이 되게 해야 한다. 그렇지 않으면 찻잎이 과열되어 망치게 된다. 유념 과정 중 찻잎의 무게는 60퍼센트 감소한다.

고품질의 센차로 유명한 모리우치는 40그램에 5000엔이다. 상쾌하고 거의 바다의 풍미마저 느껴지는데, 아마도 위치가 바다와 아주 가깝기 때문일 것이다. 하지만 비싼 가격은 고품질의 녹차를 마시는 일본인이 점점 더 줄어드는 이유가 되기도 한다. 일본에 설치된 모든 자판기에서 저렴한 녹차 음료수를 팔고 있긴 하지만(어떻게 하는 건지 몰라도 여름에는 차갑게, 겨울에는 뜨겁게 판다) 집에서 차를 우려 마시는 일본인은 최고일 때 비하면 20퍼센트 줄어들었다. 모리우치가 설명하듯 품질이 좋은 녹차는 일본 전통 식사 후에 나오기 마련인데 전통식을 먹는 일본인이 줄어들다 보니 녹차를 마시는 일도 함께 줄어들었다고 했다.

모리우치의 녹차는 아마도 내가 마셔본 차 중 가장 맛있는 차였던 것 같다. 하지만 일본을 여행하면서 차를 소량만 생산하고 그 마을 너머로는 판매하지 않는 조용한 찻집을 우연히 발견할 때가 많았다. 내가 가장 좋아했던 차는 시코쿠 남부산産

---

* 유념採捻은 롤링rolling이라고도 한다. 찻잎에 물리력을 가해 세포벽을 터뜨려주는 과정이다.

이었다.

유자를 찾으러 다니던 때였다. 섬의 주도인 고치에서 일요일 장이 크게 섰는데(내가 일본에서 본 시장 중 최고였다) 대마 수지樹脂 비스름하게 생긴 갈색 블록 모양의 차를 파는 가판대가 문득 눈에 들어왔다. 한 서양인이 차 봉투란 봉투는 말 그대로 모조리 쓸어 담으면서 어리둥절해하는 주인 손에 서둘러 지폐를 찔러주고 있었다. 나는 그에게 왜 그러는지 물어보았다.

"이거 진짜 맛있는 차예요. 가장 맛있는 차죠." 그는 숨을 몰아쉬며 차 봉투를 가방에 욱여넣었다. "유럽에서는 50그램에 100유로 줘야 합니다." 스페인 사람인 그는 바르셀로나에 후각에 관한 박물관을 열 계획이었고 이 차를 전시품에 넣고 싶어했다.

가판대 주인이 나에게 차를 권해 마셔보았더니 날카로운 신맛이 느껴지는 멋진 황금빛 갈색 차였다. 고이시차碁石茶라고 하는데, 발효를 두 번 거친 찻잎을 우려서 마시는 보기 드문 차였다. 한 번은 가비라고 하는 곰팡이로 발효시키고, 한 번은 커다란 향나무 통에 젖산균으로 최대 30일까지 발효시킨다. 이 과정을 거치면 찻잎은 약간 '토탄土炭(바둑판에 있는 검은 선처럼 생겼다고 해서 붙은 이름)'같이 되고 그제야 햇빛에 말린다. 그리고 토탄을 차의 이름대로 작은 사각형으로 자른다. 차는 감칠맛이 풍부하지만 부드럽고, 톡 쏘는 젖산의 뒷맛을 느낄 수 있다. 나는 그 스페인 친구가 몽땅 가져가기 전, 마지막으로 남은 한 봉지를 간신히 잡았다.

차를 찾아 떠난 여행길에 마지막으로 들를 곳이 있었다. 가족과 여행하는 동안 차라는 음료가 시작된 곳을 방문할 기회가 있었다.

일본 음식과 음료 문화가 대부분 중국에서 들어왔듯 비록 약용으로 아주 소량만 들어왔지만, 차도 9세기에 중국을 거쳐 일본으로 들어왔다. 그러나 일본에서 차나무가 널리 경작되기 시작한 건 200~300년 후 한 승려가 차나무를 심기 시작하면서부터다.

그 승려는 오카야마 출신의 묘안 에이사이明庵榮西(1141~1215)로 일본 선종의 창시자다. 그는 1191년 선종의 기원지인 중국 텐타이天台산에 방문했을 때 맛차의 매력에 푹 빠지게 되었다. 명상하는 동안 승려가 깨어 있도록 해주는 실용적인 효과는 물론 약효 성분도 있다고 굳게 믿었다. 에이사이는 두 번째로 중국을 방문하고 돌아오면서 일본에서 재배할 계획으로 차 씨앗 혹은 실제 차나무(아무도 정확히 모른다)를 가져왔다. H. 폴 발리와 구마쿠라 이사오가 쓴 『일본의 차Tea in Japan』는 이를 '일본 다도 역사에서 가장 중요한 사건'이라고 규정했다.

에이사이가 중국에서 돌아와 가장 먼저 도착한 곳은 규슈 동북쪽의 히라도다. 애스거와 내가 히라도를 방문해서 계란이 들어간 스펀지케이크인 카스도스에 코를 박고 먹었던 걸 기억할 것이다. 하지만 그 후에 우리는 1191년 에이사이가 일본에 돌아왔을 때 세운 사원인 센코사에도 갔었다.

에이사이가 히라도에 차를 처음으로 들여왔다는 글을 읽었을 때, 이 역사적 순간의 잔재가 남아 있지 않을까 궁금했다. 명판이나 조각상 아니면 찻집이라도 있지 않겠는가. 하지만 미처 예상하지 못했던 건 일본 녹차 탄생을 기념하는 유적이 살아 있다는 것이었다.

"아침에 에이사이를 위해 기도할 때마다 그와 연결되어 있다는 느낌을 받습니다." 한때 경찰이었지만 은퇴하고 승려가 된 다나카 소칸이 말했다. 우리는 히라도 언덕 위에 있는 센코사 바닥에 앉아 있다.

다나카는 에이사이가 마시던 방식 그대로 맛차를 마셨다. "가장 길게 명상하는 때는 12월 초인데 일주일 동안 25시간을 명상합니다. 가끔 앉아서 졸기도 하죠. 명상하는 동안 녹차를 하루에 두 번 마시면 더 맑은 정신으로 명상할 수 있습니다."

애스거와 내가 방문했을 때는 날씨가 몹시 추웠다. 12월에 목제 건물에서 중앙난방도 없이 잠들면 얼마나 추울지는 그저 상상만 해볼 뿐이었다. 하지만 다나카에게는 해결책이 있었다. "만약 잠이 들면, 다른 승려가 이걸로 쳐서 깨워줍니다." 그는 커다란 막대기를 꺼내 들었다.

"어떻게 하는지 보여주세요." 내가 말했다. "얘한테요." 나는 다다미가 깔린 바닥에 무릎을 꿇고 앉아 창문 밖을 멍하니 쳐다보고 있던 애스거를 가리켰다.

다나카는 청색으로 염색한 승려복을 입고 가슴에 단정히 리본을 묶고 있었다. 머리는 삭발해서 콜리플라워 같은 귀가 드러났다. 한때 유도 챔피언이었다는 증거다. 그는 막대기를 부드럽지만 굳은 자세로 애스거의 등에 댔다. 내 장남은 여기랑 빵집 중 빵집을 갈 걸 그랬구나 하는 표정을 지었다. 애스거는 다나카에게 차분하게 사람들이 이걸 왜 자발적으로 하는 건지 물었다.

"'왜 이걸 해요?'라는 질문에 대답은 없습니다. 이건 사토리悟り/覚り입니다. 살아서 존재한다는 깨달음입니다." 그가 아이에게 설명해주었다.

다나카는 우리를 사원 옆에 있는 그의 집으로 데리고 갔다. 거기서 그는 자신의 인생에 관해 이야기를 더 해주었다. 그는 경찰이었을 때 나가사키현 히라도에 처음으로 왔다고 했다. USS 엔터프라이즈호(항공모함)가 사세보항에 정박해서 반미주의자들이 데모를 벌일 때 경찰로 투입되었던 것이다. 그때 그는 히라도에 마음을 빼앗겼다. 몇 년 후, 일본 땅에서 선종이 처음으로 행해진 에이사이 사원을 되살리겠다는 신념을 갖고 승려가 되어 돌아왔다. 이제 이 사원은 사원을 돌보고 지역 주민에게 도자기 만드는 법을 가르치는 그의 아내, 히로미와 그가 함께 사는 곳이다.

방 가운데 화로 주변에 앉아 있던 애스거와 나, 다나카에게 히로미가 형광 연둣빛의 거품이 나는 맛차를 가져다주었다. 상쾌한 쓴맛이 날 거라고 예상했지만 부드러운 데다 약간 풀 맛이 났다. 이건 어떤 차인데 이런 맛이 나느냐는 말이 나도 모르게 입 밖으로 나왔다.

"우리가 재배한 차는 부드러운 맛이 납니다. 아마도 여기가 시원하기 때문일 겁니다."

나는 차를 마시다 말고 "그게 무슨 뜻입니까?" 하고 물었다.

"에이사이의 차나무에서 수확한 잎으로 만든 겁니다. 길 바로 건너에서 에이사이가 키우던 나무의 자손을 키우고 있습니다. 15년 전 여기서 다도 행사가 크게 열렸을 때 과학자가 와서 우리가 기르는 차나무에서 DNA를 가져갔어요. 그리고 그걸 텐타이산의 차나무와 비교했죠. 똑같았습니다. 그래서 우리 차나무가 에이사이가 심은 것에서 나온 게 맞구나 믿게 되었습니다."

다나카는 우리를 데리고 사원 앞의 좁은 시골길을 건너 나무로 둘러싸여 약간 경사진, 40여 명이 일하고 있는 차밭으로 갔다. 에이사이가 실제로 차나무를 키우기 시작한 장소였다. 에이사이는 더 많은 씨를 갖고 시즈오카를 지나 교토로 여행하면서 여러 차밭을 만들었다. 이후 그는 자신이 쓴 『차에 대한 책』에서 차나무를 재배하는 법, 잎을 찌고 말려 맛차로 만드는 법, 중국식으로 차를 우리고 마시는 방법 등을 사람들에게 가르쳤다. 시간이 흐르면서 차를 마시는 행위는 사원과 관련 있게 되었고 신에게 바치는 공물이자 승려가 명상하는 동안 깨어 있게 해주는 음료, 한가한 사무라이들에게 사랑받았던 다도 문화의 한 부분으로 정착되었다.

그 모든 게 이곳, 히라도 언덕에서 시작된 것이다. "이걸 아는 일본인이 많지 않습니다." 우리가 떠나기 전 감사하다고 인사하자 그가 덧붙였다. "이곳 마을 사람들조차도 모르는 이야기지만 여기가 일본의 녹차 발상지입니다."

소바

에이사이 시대까지는 아니더라도 과거에 좀더 머물까 한다. 왜 그런지는 몰라도 'ㄱ'으로 시작하는 단어로 규정할 수 있는 좀더 최근 시대로 가보자. 쇼쿠닌職人 단어 같은 규율, 규칙, 격, 근면, 견식, 결단 같은 단어 말이다. 그때는 공예가든, 장인이든, 정육점 주인, 빵집 주인 혹은 베이클라이트[과거 전기용품에 쓰이던 플라스틱의 일종] 제조업자든 자기 직업에 자부심을 품고 일했다. 모든 이가 할 수 있는 한 최선을 다해 일하고 고객에게 최선을 다해 봉사하겠다는 무언의 헌신이 있었다. 인스타그램이나 페이스북에 자랑하려고 일한 게 아니고 그저 손님을 위해서, 그게 옳기 때문에 일했다. 더 나아가 사회를 위해 일했다. 그들은 다른 'ㄱ'을 위해서도 일했다. 바로 '근무 태도'다.

바로 이런 태도가 20세기 전반 영국 사람이 품었던 마음가짐이라고 한다면 믿을 사람이 몇이나 될까. 분명한 사실은 그때는 영국도 장인이 가진 기술의 전통을 중요시했고 물건을 실제로 만들었으며 그 물건은 오래갔다는 것이다. 상점에서는 왁스 종이와 끈으로 물건을 포장했고 우유는 집 앞으로 배달됐으며 최신식 진공청소기를 사면 물건이 나보다 더 오래가겠다고 생각했다. 메이드 인 브리튼이란 표현은 품질과 내구성을 의미했다. 그래, 맞다. 타이타닉은 가라앉았다. 하지만 해저에서 저렇게 오랫동안 그대로 남아 있지 않은가!

신문을 읽으면 이제 영국에는 이런 원칙이 더는 존재하지 않는다는 생각이 들 것이다. 그게 사실인지 아닌지는 몰라도, 나는 일본에서는 이 'ㄱ'으로 시작하는 단어들이 아직도 존재한다는 사실을 알고 있다. 수년간 내가 만난 음식업계에 종사하는 일본인 중 영국인의 눈에는 아마도 구닥다리식으로 직업에 헌신한다고 볼 만한 사람의 숫자를 이제는 더는 세지 않는다. 그들은 매일같이 아마도 결코 달성할 수 없을 완벽함을 향해 겸손함과 굳은 의지를 갖고 정진하는 사람들이다. 이제 이런 사람들 중 두세 명을 소개하려고 한다.

열두 시간을 날아 도쿄에 도착해 제일 먼저 먹으려던 음식은 소바였다. 특히 '자루 소바'. 서늘한 정도가 아니라 차갑게 제공되는 국수로 다시와 간장을 기본으로 만든 찍어 먹는 소스에 파와 와사비를 넣는다. 차가운 소바는 좀 적응이 필요하지만 지금은 그게 소바를 먹는 최고의 방법이란 걸 알고 있다. 그리고 단순히 비행기에서 내린 후 내 몸이 가장 원하는 음식이 소바다. 순수하고 금욕적이며 몸에 좋은 미네랄 맛이 나는 소바.

내가 가본 소바집 중 가장 맛있었던 곳은 전형적으로 유명한 소바 음식점인 간다 마쓰야나 다디코쿠야가 아니다. 롯폰기에 있는 믿을 수 없는 우니 소바집 혼무라 안도 아니다. 최고 맛집 은 도쿄 나카노구의 히비야 요시히로가 요리하는, 위아래로 방 이 두 개씩 있는 아담한 음식점이다.

그 작은 가게는 평범한 뒷골목에 있으며 외관은 골이 진 철 판 지붕에 에어컨 실외기, 가스관과 덧문이 정돈되지 않은 모습 이었다. 처음으로 이 가게에 나를 데려간 건 메밀을 기본으로 한 멀티 코스 요리에 내가 쾌감을 느낄 걸 알아챈 일본인 친구들 이었다. 나는 실제로 쾌감을 느꼈다. 소바를 좋아하긴 하지만 나 도 내가 여섯 코스를 먹는 내내 이렇게 좋아할 줄은 몰랐다. 친 구들과 나는 히비야의 앞방에 앉아 그가 뒷방의 오픈 키친에 서 혼자 일하는 걸 바라보았다. 그는 차분히 메밀 죽, 온소바, 냉 소바 그리고 다른 메밀을 기본으로 하는 요리를 만들어 음식과 어울리는 희귀하고 맛있는 사케와 함께 제공해주었다. 그가 만 들어준 메밀 음식 중에서 가장 순수한 요리는 단순하고 아무런 꾸밈 없이 3년 묵은 메밀로 가루를 내어 만든 죽이었다. 섬세한 맛과 견과류 맛, 금속성 맛이 났다. 그게 가장 먼저 나온 소바 음식이어서 아주 대담한 스타트라고 생각했다.

그러니 소바를 공부하고 싶고 어떻게 만드는지 배우고 싶을 때 내가 라스트라다La Strada로 다시 간 건 당연한 일이었다. 소 바 음식점 이름이 '라스트라다'라니, 히비야는 전혀 어울리지 않는 이름을 붙였다(왜 이런 이름을 붙였냐고 물었더니 그는 아무런 의미 없이 그저 이탈리아를 좋아해서라고 했다).

나는 히비야라는 요리사에게도 흥미가 일었다. 그는 혼자 지내길 좋아하는 타입으로 메밀 승려라고 할까, 메밀이라는 거친 곡물에 인생을 헌신한 사람이다. 메밀은 가장 척박한 땅에서도 잘 자란다. 그래서 도쿄에서 소바를 전통적으로 많이 키우는 지역은 땅이 그리 좋지 않다. 히비야는 다정하지만 부끄러움이 많고 진지한 사람으로 중간 가르마에 앞머리를 내렸으며 검은 테 안경을 썼다. 내가 소바를 배우러 다시 그 가게에 나타났을 때 그는 군복 바지에 초록색 크록스 신발, 노란 티셔츠를 입고 있었다.

"정말 훌륭한 소바를 만들고 싶을 때 가장 흥미로운 점은 뭐냐면, 과정이 더 간단해진다는 겁니다." 히비야는 부엌을 정리하며 나에게 설명했다. 부엌은 일본의 일반 가정집 크기와 비슷했다. 그는 물을 한 잔 주었다. 약속 시각보다 내가 좀 일찍 도착해 시간은 정오 직전이었는데 내가 그를 침대에서 일어나게 한 게 분명했다. 부엌과 앞방은 온통 전날 손님이 사용했던 더러운 그릇과 사케 잔 천지였다.

우리는 문가에 있던 빈 사케 병을 넘어 위층 부엌으로 올라갔다. 이곳이 바로 그가 일주일에 다섯 번 점심과 저녁에 손님을 위해 신선한 국수를 만드는 곳이다. 방구석에 맷돌이 있었다. 그가 맷돌에 앉아 메밀을 갈기 시작했다. 맷돌 위짝을 손으로 돌리자 곡식알이 가루로 변했다. 고된 작업이었다. 뾰족한 파스타치오 색깔의 곡물 열 알 정도를 구멍으로 쑤셔넣으면 두 돌 사이의 홈으로 들어간다. 그는 무거운 돌에 힘을 줘서 천천히 돌리고 메밀 몇 알을 구멍으로 밀어넣었다. 메밀가루가 달라붙은 붓으로 조심스럽게 가루를 쓸어 정성스레 모았다. 나는 서서 그를 보고 있었는데 뾰족한 메밀 알갱이가 발밑으로 양말을 뚫고 들어왔다.

"제가 만드는 소바의 맛은 이 맷돌 맛입니다." 히비야가 회색 화강암 맷돌을 힘주어 갈며 말했다. 나는 손으로 메밀을 갈면 전자 분쇄기로 가는 것만큼 가루에 열기가 가해지지 않고 나을 거라 추측했지만 히비야는 그 점에 개의치 않았다. 나는 그가 그저 살벌한 육체노동을 즐긴다고 이해했다. 그는 공들인 노동으로 메밀이 가루로 변하는 과정을 즐기고 있었다.

히비야는 아주 넓적한 빨간 광택이 나는 얇은 그릇(고케바치こね鉢라고 한다)에다 방금 간 메밀가루를 밀가루와 10대 1의 비율로 섞었다. 그다음 찹찹한 물을 넣고 손가락을 약간 벌려 섞기 시작했다. 습기와 가루의 상태에 따라 사용하는 물의 양이 달라진다고 했다. 메밀은 글루텐이 없어서 밀가루를 섞어야 반죽에 찰기가 생긴다. 그러지 않으면 국수가 잘 부러지고 요리하면 흩어질 것이다. 그는 이제 두 손을 사용하여 태극 모양으로 반죽을 섞고 빵가루 같은 질감에 물을 더했다. 물을 좀더 넣더니 눈 깜짝할 사이에 반죽을 동그랗게 만들었고 그릇 주변을 두드려 남은 부스러기를 한 점도 낭비하지 않았다. 이제 그릇에서 반죽을 계속 치댔다. 마치 파테 브리제pâte brisée[타르트 페이스트리 같

은 것의 프랑스 버전]를 준비하는 것 같았다. 드디어 국수를 만들 준비가 되었다. 그는 고케바치를 커다란 나무판자로 덮고, 1미터 길이의 가느다란 롤링핀을 휙 꺼내 들어 재빨리 반죽을 1밀리미터보다 얇게 만들기 시작했다. 롤링하는 특별한 방식이 있었다. 손가락 관절 아래로 손끝을 굴리고 손을 쓱 움직여 기다란 롤링핀 끝까지 갔다가 다시 가운데로 모아 엄지손가락 관절이 다시 만나는 동작을 반복했다.

다음에는 국수를 자르기 위해 더 작고 무거운 판과 커다랗고 기다란 직사각형 칼을 꺼냈다. 칼에 얼룩덜룩한 반점이 있었다. 그는 그게 메밀에 강한(그리고 좋은) 박테리아가 살고 있다는 증거라고 말했다. 우치코라고 하는 특이하고 거친 밀가루를 뿌린 후 납작해진 반죽을 세 번 접은 다음 기계 같은 정확성으로 신발 끈보다 더 얇게 면을 잘랐다. 나도 잘라보라고 해서 시도해봤지만 내가 자른 건 탈리아텔레면같이 나왔다(완전히 망친 건 아니었다. 히비야가 요리하는 음식 중에 아쓰케주리 소바라는 넓은 면으로 요리하는 음식이 있기 때문이다).

가장 트렌디한 소바는 숙성시킨 메밀로 만든 소바로, 메밀을 진공 포장한 다음 꽁꽁 얼려 최대 8년까지 둔다. 이렇게 하면 더 강하고 풍부한 맛과 진한 색이 난다. 이런 유행은 계속되는 기후 변화와 토양의 열화劣化로 메밀 맛이 계속 연해진다는 사실에 대응하기 위해 필요한 조치였다. "일본은 점점 더 더워지고 있습니다. 땅은 고갈되었고요." 히비야가 한숨을 내쉬었다. 결과적으로 중국산 수입이 증가했고 일본 제품은 경제적으로 점점 더 유지하기가 불가능해졌다.

나는 히비야가 어쩌다 소바 요리사로 자리를 잡았는지 궁금했다. 그가 20대 초반이었을 때 모든 사람이 한목소리로 그에게 샐러리맨으로 정착하라고 했단다. 그리고 그도 그렇게 해야겠다고 마음을 먹은 상태였다. 그런데 일을 시작하기 전 유럽으로 떠난 여행이 인생의 전환점이 되었다.

"유럽의 젊은이들은 내가 일본 문화를 존중하는 것보다 훨씬 더 자신의 문화를 존중하더라고요. 더 기분이 안 좋았던 건 내가 유럽 문화에 대해 아는 것보다 그들이 일본 문화를 더 잘 안다는 거였습니다." 히비야는 한참 소바가 유행일 때 일본으로 돌아와 소바 음식점이 도자기, 사케 제조, 유리그릇 등 일본인이 가진 다양한 기술과 요소를 아우르고 있다는 점에 주목했다. 다른 좋은 점도 있었다. "우동이나 라면 가게에서는 오후에 사케를 마시지 않거든요."

히비야는 소바 요리사로서의 경력을 확실히 하기 위해 서른 전까지 7년간 네 곳의 도쿄 전통 레스토랑에서 훈련했다. 현재 나이는 서른아홉이다. 4년 전 라스트라다를 열었고 그의 외골수 기질과 아무것도 섞지 않는 순수한 소바로 도쿄 소바의 열광적 팬들 사이에서 곧 유명 인사로 떠올랐다.

히비야는 내가 소개하고자 하는 두 번째 음식 장인, 호리구치 도모카즈와 공통점이 많다. 그는 도쿄 동북쪽 미노와에 있는 게코Gekko 모치 카페를 운영하고 있다. 히비야와 호리구치는 똑 닮은 쌍둥이 영혼을 가진 것처럼 보였다.

내가 미노와三ノ輪에 간 건 모치 전문가에게 귀띔을 받았기 때문이었다. 그녀는 내가 말랑말랑한 쌀떡의 '노도고시のどごし'('목 넘김이 좋다')를 얼마나 좋아하는지 알기에 플라토닉의 완벽한 경지라는 그 모치를 경험해야 한다고 권했다. 전문가 친구는 호리구치가 대단히 특별한 일을 했다고 했다. 대단히 희귀한 수제 모치 기술을 완성했다는 것이었다.

게코는 허름한 동네 쇼핑 아케이드 혹은 쇼텐가이, 정확한 이름으로는 '조이풀 미노와 쇼핑 스트리트Joyful Minowa Shopping Street'에 있다. 주변에는 생선가게, 정육점, 슈퍼마켓, 차 전문점, 절임류 전문점 같은 가게가 있었고 과거로 돌아간 듯한 오래된 남자 옷을 파는 가게가 있었다. 문양이 들어간 풀오버와 주름이 날카롭게 잡힌 바지를 파는 가게에 이상하게 정이 갔다.

빨랫줄에 걸린 옷 밑으로 머리를 숙여보니, 자그마한 부엌 뒷방에서 호리구치가 옛날 방식대로 무거운 나무망치를 이용해 모치를 내리치고 있었다. 키가 크고 몸이 호리호리한 그는 목이 기다랗고 뾰족뾰족한 머리는 숱이 적었다.

"수제가 나아요." 그는 방금 만들어 모락모락 김이 나는 모치구미もちごめ[끈기가 많아진 찹쌀, 사실 글루텐 프리다]를 나무 기둥을 반원으로 파내어 만든 향나무 그릇에 쏟아 부었다. 그리고 모치구미를 두드려 부드럽고 잘 섞인 배게 모양 덩어리로 만들었다. 나는 쌀알 하나하나가 조밀하고 끈적끈적한 하나의 덩어리가 되는 과정을 최면에 걸린 듯 지켜보았다. 그는 쌀을 찌기 전과 후에 소금도, 설탕도, 어떤 첨가물도 넣지 않았다. 흰색 실

험복을 입은 그는 나무망치를 어깨 위로 들었다가 모치를 향해 사정없이 하지만 통제된 동작으로 내리쳤다. 부엌이 너무 좁아 고양이라도 있었다면 그 동작을 똑같이는 하지 못했을 것이다. 작은 쌀알들이 나무 그릇에서 날아가 벽에 걸린 달력 밑에 붙었다.

20분을 그렇게 쳐서 모든 쌀알이 완벽히 만족스러운 상태가 되자, 그는 그 부드러운 하얀 공 모양의 쌀을 부드럽게 톡톡 친 다음, 자르는 판 위에 감자녹말을 뿌렸다. 얼마 지나지 않아 덩어리는 한 입 크기의 66조각으로 성형되어 그의 앞에 좌우로 나란히 놓였으며 각각은 정확히 45그램이 되었다.

이제 마흔네 살인 호리구치는 지난 13년 동안 일주일에 6일씩 모치를 만들어왔다. 행간을 읽어보니 서른 살 즈음에 중년의 위기가 일찍 찾아온 듯했다. 그때 전자제품 매장에서 일하던 걸 그만두고 모치 전통 제조법을 배우러 길을 나섰다. 작고 무너질 듯한 카페 좌석에는 기념품, 오래된 신문 더미, 짝이 안 맞는 나무 의자와 싸구려 포마이카 테이블이 놓여 있었고 게코 카페를 오픈하던 날 가게 밖에 서 있는 호리구치를 찍은 사진이 누렇게 바랜 채로 벽에 걸려 있었다. 사진에서 그는 일본에서 개업 선물로 흔히 주는 꽃다발이 늘어선 가운데 사무에를 입고 새 나무망치와 새 향나무 통을 들고 서 있었다. 이 사진을 보고 왜 그렇게 가슴이 저렸는지 모르겠다. 호리구치는 환하게 웃고 있지 않았다. 새로운 가게를 시작하려는 사람이 흔히 짓는 그런 표정이 아니었다. 겸손하지만 자신감에 찬 표정이었다. 양쪽으로 아마도 친구인 듯한 사람이 네 명(공동 운영자와 직원들일까?) 서 있었는데도 그는 어쩐지 외로워 보였다. 마치 이 여정을 홀로 가야 하는 걸 알고 있는 것처럼.

내 생각을 입힌 것일지도 모른다. 사실 그가 작업하는 걸 지켜보는 아침 동안, 그와 나는 많은 말을 하지 않았다. 하지만 호리구치는 내가 번역해서 보낸 이메일에 친절히 답장을 보내주었다. 그는 손으로 쌀을 두드려 얻는 부드럽고, 매끈하고, 점성이 있는 모치 질감은 오직 수작업으로만 얻을 수 있으며 기계로는 불가능하다고 썼다. 쌀은 아와모리산이었다. 사용해본 그 어떤 쌀보다 맛있고 단맛이 나서 더 좋다고 했다. 그는 매일 2.5킬로그램의 쌀로 3.8킬로그램의 모치를 만든다. 찌는 시간은 그날의 습도에 따라 다르다. 여름 쌀은 물이 적게 들어 있어 만들 때 더 많은 시간이 걸린단다.

찬장 크기의 부엌에서 일하는 그를 관찰하는 동안 내 귀에 들렸던 소리는 밀가루를 뿌린 작업대에서 모치 반죽을 가볍게 움직이는 소리와 선풍기가 돌아가는 소리가 전부였다. 그때 이 도시와 이 나라에, 바로 이 순간, 호리구치처럼 일하는 수천 명의 남성과 여성이 있을 거라는 생각이 들었다. 조용히 잘난 척하지 않고 온 힘을 쏟아 일하는 장인들. 여러 종류의 일을 철저히 엄격하게 해내고, 할 일을 하고 만들 걸 만들고, 잡념 없이 또는 부자가 되리라는 희망도 없이, 명성이나 환호도 바라지 않고, 그저 국수와 두부, 빵, 사케, 와인, 와사비든 뭐든 목표를 갖고 만드는 사람들. 할 수 있는 한 최고의 제품을 만들기 위해 일하는 사람들. 단순하게 들리지만 고객에게 잠깐의 감각적인 기쁨 혹은 영양분이 뛰어난 음식을 제공하겠다는 고귀한 목표라고 생각한다. 나는 거기에 대단히 깊은 존엄성이 있다고 믿는다. 물론 호리구치를 포함해 사람이라면 누구나 아침에 일어났을 때 일을 계속할 의지를 잃을 수 있다. 계속 고군분투해야 한다는 사실이 그들을 무너트릴 때도 있을 것이다. 뼈마디가 쑤시고, 몸을 다치고, 단조로운 일을 해낼 동기가 피곤함과 권태라는 우울한 안개로 가려질 때도 있을 것이다. 하지만 그들은 여전히 묵묵히 그 길을 걷고 있다. 일본의 음식 장인들은 아주 조금씩 결과물을 발전시키며 기술을 다듬고 연마하여 그저 그게 자신의 길이란 이유만으로 더 높은 곳을 향하여 정진할 것이다.

몇 분 후, 호리구치는 모치 만드는 작업을 끝냈고 나는 카페의 유일한 손님으로 테이블에 앉아 있었다. 그는 내 앞에 메뉴의 전부인 세 가지 그릇을 내주었다. 먼저 간 무, 파 약간과 간장과 다시 소스를 곁들인 모치, 두 번째는 기나코きなこ(콩을 구워 간 것)를 뿌린 모치볼 한 개와 간 검은깨를 뿌린 모치볼이었다. 그리고 세 번째는 맛차를 담은 도자기 그릇에 두 번 찐 뇨끼 크기의 모치로 팥소와 맛차 아이스크림이 함께 나왔다. 마지막 그릇이 특히 복잡했고, 쓰면서 달고 감칠맛이 돌아 미슐랭 별을 받을 만한 가치가 있었다.

사실 호리구치의 모치는 다른 게 필요 없다. 나는 모치만 나와도 얼마든지 맛있게 먹을 수 있다. 모치를 하나 먹었을 뿐인데 방금 찐 쌀의 기가 막힌 맛이 났다. 쌀이란 무엇인가. 쌀은 달콤하고 견과류 맛이 나며 매우 순수하고 깨끗한 맛을 갖고 있다. 나는 쌀이 이렇게 맛있을 거라고는 상상해본 적이 없다. 물론 매우 만족스럽고 편안하고 부드러운 모치의 식감은 말할 필요도 없다.

분명히 나는 쌀에 어떤 의미가 있을 거라고 중얼거렸다. 호리구치에게는 모든 것을 의미했다.

스시

세계 최고의 스시 셰프를 가리기 위한 국제 대회인 글로벌 스시 챌린지의 영국 대회 심사를 맡아달라는 말을 들었을 때 머릿속에 가장 먼저 든 생각은 내가 온종일 먹을 수 있는 스시의 개수였다.

이 상황에 대해 시간을 들여 생각해보았다. 나는 초밥을 엄청 좋아하는 데다 놀라울 정도로 많은 접시를 해치울 수 있기 때문이다. 소화기관이 눈치채지 못하도록 순식간에 먹어치운 다음, 하마처럼 불룩해진 배를 부여안고 열 시간 동안 꼼짝도 하지 않고 가만히 누워 있는 게 그 방법이다.

영국 대회에서 함께 심사했던 동료들은 도쿄에 본사가 있는 세계스시기술협회wssi 직원들과 이번 대회 개최지인 런던 노부 레스토랑의 헤드 셰프, 마에다 히데키였다. 그리고 이번 국제대회를 후원하는 노르웨이 수산물위원회의 영국 이사장인 잭로버트 묄레르Jack-Robert Møller도 같이 심사했다. 아마도 사람들에게 양식 연어를 더 먹이려는 의도가 있는 듯했다.

그날 아침, 나는 내가 먹어치울 맛있는 초밥의 어마어마한 양을 생각하며 아침까지 거른 채 런던 노부에 도착했다(우리 가족이 일본으로 떠나기 몇 달 전인 11월 아침이었다). 대회는 레스토랑 내부의 창문 없는 비공개 연회장에서 열릴 예정이었다. 심사위원 테이블 끝에서부터 길게 두 개의 작업 공간이 나란히 준비되어 있었다. 연회장 밖에는 경주마처럼 초조한 참가자 아홉 명이 안으로 들어오려고 대기 중이었다. 모두 영국 전역에서 초밥을 전문으로 하는 요리사들로 새하얀 가운을 입고 있었다.

대회 시작 전, WSSI의 주 심사자인 오가와 히로토시가 참가자들에게 작업대를 깨끗하고 단정히 유지할 것과 생선을 절대 낭비하지 말 것을 포함한 격려의 인사말을 건넸다. 그는 키가 작고 강렬한 인상의 일본인으로 흰 실험실 가운을 입고 클립보드를 들고 있었다.

"제가 가장 강조하고 싶은 말은 손가락을 베이지 말라는 것입니다. 지금까지 모든 나라에서 손가락을 다친 사람이 있었습니다." 규칙에 따르면 손가락을 다친 사람은 점수가 10점 깎인다는 말도 덧붙였다.

참가자 중 한 사람이 손을 들었다. "계란에 밥을 고정하기 위해 노리를 사용해도 되나요?" 오가와는 일본식으로 집게손가락을 교차시켰다.

"계란은 초밥으로 만들기 가장 어려운 재료입니다. 노리를 사용해서 고정하면 우리가 심사할 수가 없죠. 계란 초밥을 노리 없이 만들지 못한다면 프로 스시 셰프가 아닙니다!" 참가자들 사이에서 불안한 눈빛이 오갔다.

참가자에게는 세 가지 과제가 주어졌다. 첫 번째는 10분 안에 전통적인 에도마에[에도마에는 도쿄 앞바다에서 잡히는 어패류의 통칭이었으나 현재는 도쿄식 요리 또는 에도요리를 일컫는다] 스시 두 접시를 만드는 것이었다. 에도마에는 서양에 가장 친숙한 스타일이다. 초밥과 마키의 형태를 띠며 전통적으로 도쿄만 주변에서 잡히는 생선으로 만든다. 하지만 초밥 열네 피스와 오이 롤 두 줄을 여섯 피스로 잘라 정확히 대회 규정대로 만들고, 그렇게 짧은 시간 내로 WSSI의 기준에 정확히 맞추기란 매우 어려울 것이다. 두 번째 과제는 '창의력'을 시험하는 순서로 한 시간 안에 자기만의 스타일로 40개의 스시를 만들어야 했다. 세 번째 과제는 참가자들의 시그니처 니기리 우시를 하나 만드는 것이었다.

마지막 과제까지 듣고 나니, 오늘 종일 먹게 될 스시가 고작 아홉 개라는 비참한 결론이 내려졌다. 오가와가 설명을 마치자마자 나는 그를 따로 불렀다.

"네, 그렇습니다. 다른 대회에서 스시를 먹는 건 안 좋을 수도 있어요. 위생 문제가 있을 수도 있고, 그렇습니다."

배는 굶주림에 요동을 쳤고 나는 재빨리 기대치를 낮췄다. 오가와는 나에게 '시각적 요소' '위생' '맛' '창의성'으로 카테고리가 나뉘어 있는 점수 표시판을 건네주고, 참가자들의 칼이 얼마나 날카로운지 검사하러 갔다. 심사관은 제공된 식초 물에 참가자가 손을 얼마나 열심히 씻는지를 특히 잘 관찰해야 했다. 참가자는 스시 한 피스를 만들 때마다 손을 식초 물에 담가야 했는데, 그렇게 해야 박테리아를 죽일 수 있기 때문이다. 다른 음식을 준비하는 상황이라면 일회용 고무장갑을 끼고 요리하겠지만 스시를 만드는 사람은 절대 그렇게 하지 않는다. 스시 셰프는 쌀알을 느껴야 하고 생선을 굉장히 세심하게 다뤄야 하기 때문이다. 뉴욕시에서 안타깝게도 식중독 사건이 연이어 발생하자, 최근 뉴욕시 보건부가 스시 셰프도 장갑을 사용해야 한다고 했다가 도쿄에서 비웃음을 산 일이 있었다. 내가 도쿄에서 유명한 스시 셰프에게 이 점을 물었더니 그는 경멸조로 이렇게 소리 질렀다. "장갑을 끼고 스시를 만들 순 없죠!"

완전한 침묵 속에서 10분간의 첫 번째 과제가 시작되자, 대회장은 밥에서 나오는 향기로운 견과류 냄새로 가득 찼다. "일본에서 일하는 요리사는 그리 창의적이지는 않아도 속도는 훨씬 빠릅니다. 일본에서는 시간을 딱 2분만 줍니다." 오가와가 털어놓았다. 하지만 오늘 참가자들에게는 10분도 충분하지 않았다. 그들을 지켜보는 건 괴로운 일이었다. 경연장은 가족 예능 TV 쇼처럼 정신없는 분위기였다. 한번은 분위기를 가볍게 하고자 서식스의 호섬에 있는 레스토랑 와비에서 온 참가자, 파피 셔우드에게 가볍게 말을 걸었다. 오가와가 나를 한쪽으로 불러 세웠다. "10분 과제 중에는 참가자들에게 말을 걸면 안 됩니다!" 시간이 다 되자 참가자들은 엉망진창인, 곧 무너질 것 같은 스시 접시를 놓고 뒤로 물러났다. 접시 위에는 쌀알과 생선 조각이 흩어져 있는 게 꼭 가위손*이 몇 번 손을 봐준 듯했다. 단 한 명을 제외하고 모든 참가자가 과제에 실패했다.

참가자들이 자신만의 스타일로 20개의 스시를 두 접시 준비하는 다음 과제를 준비하는 동안, 나는 노르웨이 수산물위원회 사람과 대화를 나눴다. 그는 이 대회가 노르웨이산 연어를 홍보하기 위한 대회라는 사실을 솔직히 인정했다. 연어는 영국에서는 흔하게 사용되었지만 일본 스시 레스토랑에서는 전혀 그렇지 않았다. 사실 19세기 중반에도 일본은 연어를 스시 재료로 사용하는 데 전혀 관심이 없었다. 그는 글로벌 스시 챌린지에 약 100만 파운드를 투자해 일본, 프랑스, 미국을 포함한 14개 국가에서 대회를 열었다. 마지막 결승전은 도쿄에서 열렸다. 이전에 열렸던 그 어떤 스시 대회보다(WSSI도 개입하고 있다) 야심차게 준비한 큰 대회로, 행사를 계획한 뮐레르와 다른 사람들은 이 글로벌 챌린지 대회가 스시 업계의 보퀴즈 도르Bocuse d'Or**가 되길 바란다고 했다. 비록 뮐레르가 인정하듯 첫 대회가 기대만큼 인재들의 관심을 끌진 못했지만 말이다.

"정말 훌륭한 셰프는 대회에 참가하기 싫어하거든요." 그가

---

* 1990년 팀 버튼 감독의 영화 제목이자 캐릭터. 조니 뎁과 위노나 라이더가 주연.

** 4대 요리대회 중 하나로, 요리사로 이름을 떨쳤던 폴 보퀴즈를 기념하여 2년에 한 번씩 프랑스 리옹에서 열린다.

한숨을 쉬었다. "결국 잃은 건 많은데 얻을 게 뭐가 있겠어요?" 영국 대회 우승자는 결승전이 열리는 도쿄행 여행 경비 일체와 고급 칼을 상으로 받게 된다. 아마도 100만 파운드 예산을 우승자 상금으로 좀더 책정했어야 하지 않았을까.

그럼에도 그날 런던에서 경쟁한 참가자들은 유명 레스토랑의 셰프들이었다. 고든 램지의 메이즈 그릴 파크 워크나 사케 노 하나, 스시 삼바같이(근본적으로 일인 독점체제의 구내식당 수준) 아마도 내가 식사하러 갈 레스토랑은 전혀 아니었지만 말이다. 내가 알지 못하는 레스토랑도 있긴 했다. 슈루즈베리에 있는 하우스 오브 라이징 선의 샘 버틀러 같은 사람은 처음 듣는 이름이었다. 샘은 첫 과제를 잘 해내지 못했다. 참가자들의 요리가 한 줄로 늘어섰을 때, 그의 엉망진창이었던 마키는 마치 슈루즈베리의 스카이라인처럼 보일 정도였다. 나는 그를 보고 연민을 느끼지 않을 수 없었다. 내가 마키를 만들면 정확히 그렇게 되니까.

두 번째 과제, '창의성'으로 넘어갔다. 긴장감은 여전히 높았지만 요리과정은 더 부드럽게 돌아갔다. 참가자는 영국 레스토랑에서 일하고 있어야 하지만 반드시 영국인일 필요는 없었다. 다양한 국적의 참가자 가운데 폴란드 사람, 브라질 사람, 로마에서 태어난 중국인도 있었다. 심지어 노리치[영국 잉글랜드 동부 노픽주의 주도] 출신도 있었다.

다이애나 드 커발로(메이즈 그릴 파크 워크의 셰프)의 스시는 섬세하고 매력적인 맛이었지만 마키에 필라델피아 크림치즈와 망고 필리 소스를 모두 사용하는 바람에 점수를 감점당했다. 한편 런던에 있는 레스토랑, 야신 스시의 셰프인 보이치에흐 포포프는 초콜릿, 훈제 연어와 히비키 위스키 젤리 같은 호기심을 불러일으키는 재료를 가져왔다. 그는 자신의 미각을 심사위원 모두의 마음에 들도록 쓸 계획이라고 말했다. 나는 그의 초밥을 허겁지겁 먹은 다음, 그에게 용기를 주는 미소를 지었다. 런던의 스시 삼바에서 온 타이포 웡도 같은 노력을 쏟았다. 훈연기계, 푸아그라, 캐비어와 동결 건조한 빵부스러기까지 가져왔다. 그는 잭슨 폴록 스타일로 소스를 뿌려 마지막 접시를 내놓았는데 일본인 심사위원들에게는 약간 너무 '뭐가 많아' 보였다.

더 큰 재앙도 있었다. 참가자들은 스시 20피스 접시를 두 개 완성해야 했고 아직 시간이 10분 정도 남은 상황에서 사케 노하나의 셰프가 아주 아름다운 접시 하나를 끝내고는 짐을 싸고 있었다. 나는 그에게 쭈뼛쭈뼛 다가가 속삭였다. "두 접시 만들어야 하는 거, 알죠?" 그는 얼굴빛이 어두워지더니 재빨리 장비를 다시 풀기 시작했다.

10분이었던 에도마에 과제 때와 달리 '창의성' 과제 때는 심사위원들과 참가자들의 대화가 권유되었다. 스시 레스토랑의 전통적인 카운터에서 일하는 스시 셰프에게 손님들과의 상호작용은 셰프의 임무 중 중요한 부분을 차지한다. 나중에 일본 스시 셰프는 나에게 이렇게 말했다. "프랑스 셰프는 부엌에서 일하지만 스시 셰프는 다른 손님과 커뮤니케이션해야만 합니다. 항상 손님을 지켜봐야 합니다."

샘은 슈루즈베리에서 라멘 레스토랑을 시작했고 지금은 스시도 만들고 있다고 했다. 라멘 요리사와 스시 요리사가 '반대편으로 갈 일'이 절대 없는 일본에서는 생각할 수 없는 직업 변화였다. 샘이 가져온 특별 재료는 비트였다. 그때 즈음에는 정말 배가 고팠지만 그래도 이게 그의 샘플 피스가 아니길 나도 모르게 바랐다.

참가자들이 한창 요리하는 가운데 나는 오가와 옆에 앉아서 그의 경력과 WSSI에 대해 물어보았다. 그는 호주 레스토랑에서 일한 후, 2003년 도쿄만 동부에 있는 지바에서 자신의 레스토랑을 열었다. 하지만 운 나쁘게도 2011년 3월 쓰나미 충격으로 건물 밑 지반이 흔들리게 되어 레스토랑을 접어야 했다. 모든 걸 다시 시작해야 한다는 사실을 받아들일 수가 없었던 그는 2012년 WSSI에서 새로운 직업을 얻었다. 그가 세계에서 가장 좋아하는 스시 레스토랑은 지바에 있는 사카에즈시라고 했다. 하지만 내가 도쿄에 있을 때 자주 간다고 수줍게 고백한 저렴한 회전식 초밥집도 사실 좋다고 했다. "왜냐하면 그런 집은 체인점이고, 그러면 좋은 생선을 대량으로 구매할 수 있거든요." 우리는 참가자들에 대해서도 이야기를 나눴다. "8번과 7번 참가자가 일본인 셰프에게 훈련을 받은 티가 납니다." 그가 만족스럽게 말했다.

드디어, 스시를 먹을 시간이 되었다. 참가자들이 창의성을 발휘한 스시 한 피스가 각각 우리에게 왔다. 지금까지는 심사가 갈렸었다. 일본인 심사관들은 전통 스타일을 선호했고 묄레르와 나는 좀 다른 서양식을 선호하는 경향이 있었지만. 우리는 모두 보이치에흐가 만든 스시가 최고라는 데 동의했다. 집에서 훈제한 연어, 초콜릿과 히비키 위스키 젤리는 예상을 깨고 조화로운 맛이었다. 하지만 도쿄 결승전에 가는 사람은 그가 아니었다. 보이치에흐가 거의 이길 뻔했지만, 런던 우승자는 어쩔 줄 몰라 허둥지둥하던 로마 출신 샤자텐이었다. 그는 빅토리아역에 고주 Kouzu라는 레스토랑을 최근 열었다. 이름이 불리자 그는 자신이 우승했다는 사실을 전혀 믿지 못한 채, 나머지 참가자들과 같이 가만히 서 있었다. 결국 우리가 그를 어르고 달래 트로피를 받게 앞으로 나오도록 했다.

"프랑스 음식은 콘셉트, 창의성을 중시하지만, 스시 셰프의 작업은 기술이 더 중요합니다. 프랑스인 셰프는 '왜?'라고 늘 묻지만, 일본인 셰프는 '왜?'라고 묻지 않습니다."

이제 글로벌 스시 챌린지의 런던 대회가 끝나고 몇 달이 흘렀다. 나는 결승전을 위해 도쿄에 심사하러 왔다. 나는 오가와와 노부에서 몇 시간 동안 같이 있었을 뿐인데도 그에게 호기심이 일었고 정말 많은 걸 배웠다. 그래서 그가 런던에서 언급했던, 가장 좋아한다는 스시 레스토랑 사카에즈시에서 그를 만나기로 약속을 잡았다. 우리는 서양에서 스시를 어떻게 인식하는지에 대해 이야기했다. 오가와는 평생 동안 그 인식을 바꾸기 위해 노력해왔다.

"지로에 관한 다큐멘터리● 덕분에 서양 사람도 깨닫기 시작한 것 같습니다. 스시의 심플함 때문에 사실 아주, 아주 성취하기 어려운 경지의 요리라는 게 잘 안 보인다는 사실을 말입니다." 레스토랑 카운터에 앉으면서 그가 말을 이었다. "스시 셰프는 생선 100여 가지를 알아야 하고, 사계절에 따라 각각 다르게 손질할 줄 알아야 합니다."

사카에즈시는 지바 교외에서 멀리 떨어져 있었다. 레스토랑 외관만 봐서는 특히 유명해 보이진 않았지만, 전설적인 스시 레스토랑은 대개 다 그렇다. 그래도 이렇게 사진이 있는 메뉴를 밖에 내놓은 레스토랑은 별로 없다.

내가 도착했을 때 오가와는 이미 카운터에 앉아 있었다. 그는 나를 화강암 카운터 뒤에 서 있던 나이 지긋한 안경 쓴 신사에게 소개해주었다. 그는 짧은 팔의 흰색 요리사 가운을 입고, 돌돌 만 천을 이마에 매고 있었다. 알고 보니 실은 그 요리사 때문에 우리가 거기에 간 거였다.

WSSI와 그 모조직 전국스시위생동업조합연합회의 창시자인 예순여섯의 마사요시 가자토였다. 오가와는 가자토가 일본에서 가장 존경받는 스시 셰프 중 한 명이라고 설명해주었다. 비록 지로 스시같이 미슐랭 별을 받은 유명한 스시 레스토랑이 많은 호화로운 긴자와는 상당히 떨어져 있지만, 사카에즈시는 아베 총리 같은 정치인과 유명인의 단골집이라고 오가와가 속삭였다.

● 「지로의 꿈Jiro Dreams of Sushi」: 데이비드 겔브가 감독한 오노 지로와 그의 레스토랑 스키야바시 지로すきやばし次郎에 대한 영화.

레스토랑은 내년이면 40년이 되지만 주인 가자토는 열일곱부터 스시 셰프로 일했다.

"훌륭한 스시 셰프가 되려면 10년은 걸리지요." 가자토가 우리에게 줄 열두 개 남짓한 빛나는 스시 중 첫 번째 스시를 만들며 말했다. 정교하게 준비한 생선회가 아름다웠다. "일본 요리의 정수는 이겁니다. 간단할수록 만들기가 더 어렵다는 거죠."

첫 번째 초밥을 먹어보았다. 약간 실망스러웠다. 무지한 서양인의 미각으로는 밥에 식초와 소금 간이 너무 약했다.

"일본 스시는 생선의 맛을 더 중시합니다." 내가 감동하는 기색이 없는 걸 오가와가 눈치챈 모양이었다. "서양에서는 맛을 더 추가하죠." 간을 강하게 넣는 건 안 좋은 게 분명하고 밥에 간을 덜 하는 게 분별 있는 선택일 것이다. 집에서 스시를 만들 때 나는 500그램의 쌀(요리하기 전 무게)에 쌀 식초 80밀리리터 정도를 넣는다. 오가와는 이 말을 듣고 코웃음을 쳤다. "아니요, 아니요. 그 정도 쌀이면 30밀리리터 이상 넣으면 안 됩니다!"

가자토는 2010년에 WSSI를 세웠지만 1995년부터 스시를 정확히 만드는 기술을 설명하기 위해(식초 물에 손을 씻어야 하는 것 등) 세계를 여행했다. 오가와가 WSSI에 합류했을 때도 여전히 초창기여서 초반에 두 남자는 자비로 여행 경비를 충당했다. "제 돈을 10만 달러 넘게 썼습니다. 제가 애가 셋이에요!" 오가와가 한숨을 내쉬었다. 이제 WSSI는 정부 보조를 받고 있고 증명서를 더 많이 발급한다. 미국, 호주, 영국에 있는 셰프에게 증명서 500개가 발행되었으며 합격률은 보아하니 겨우 50퍼센트인 것 같았다. 오가와는 외국인 셰프의 훈련 레벨을 구별하기 위해 가라테나 유도처럼 색깔이 들어간 벨트를 현재 개발 중이라고 말했다. 스시에서 검은 띠가 생길지도 모르겠다.

WSSI의 일은 논란의 여지가 없지 않다. 일본에서는 위대한 스시의 비결이 바깥 세계로 전파되는 일에 불안감을 표시하는 이들이 있다(비록 「지로의 꿈」에서 그 비결이 무심코 다 나가긴 했지만). "어떤 셰프는 불만을 표시합니다. '왜 해외에 나가서 우리의 비밀을 알려주느냐? 그건 잘못된 일이다! 이 지식은 일본에만 머물러 있어야 한다. 배우고 싶은 자들은 일본에 와서 배워야 한다.'" 반면 일본 밖에서는 일본인 셰프나 강사의 으스대는 듯한 태도와 스시의 편협한 정의에 대해 분개하는 사람도 있다. "[외국인 셰프는] 자기의 기술에 자신 있어하죠. 그럼요. 하지만 나는 그들을 비평만 하러 가는 게 아닙니다. 그들이 내 기술을 보면 배울 게 있겠구나 하고 알게 됩니다."

반짝거리는 하마구리ハマグリ[백합 조개] 초밥이 도착하자 우리는 잠시 앙상한 외계인 같은 형태에 눈길을 뺏겼다. 마치 해체주의 건축물 같았다. 나는 오가와에게 스시 셰프의 수습생이던 시절을 훑어달라고 부탁했다. 그는 오사카에 있는 쓰지 요리 학교(10년 전 나를 처음으로 일본으로 오게 했던 책, 『재패니즈 쿠킹: 심플 아트』를 쓴 쓰지 시즈오가 세운 학교)에서 공부하기 시작했다. 그리고 쓰키지 어시장에 있는 스시야에서 일했다. 그는 그 시절에 대해 더 자세히 말해주었지만 그다지 즐거운 경험으로 들리진 않았다.

"처음 2년은 칼도 못 만지게 했습니다. 설거지랑 잔심부름만 했죠. 하지만 그 기간은 그릇을 배우기 위한 겁니다. 일본 음식에서 아주 중요한 부분이죠. 청소했던 것도 배워가는 과정이죠. 진공청소기로 방을 밀다 보면 공간을 이해하게 되니까요. 마지막으로는 칼날을 갈기 시작했습니다. 3년째에는 오징어 껍질 벗기기, 손님들과 대화하는 법을 위해 테이블에서 대기하기 같은 기본적인 일을 했습니다. 그리고 사카에즈시에서 2년 반 동안 있으면서 첫해에 마키 만드는 법을 배웠고 그다음 나머지 기간은 니기리를 배우고 마지막으로 회를 자르는 법을 배웠습니다." 오가와는 그때쯤 아내를 만났지만 처음에는 같이 살지 않았다. 스모 선수들처럼 전통을 따라, 수련 기간에는 레스토랑에서 상사와 같이 살아야 했기 때문이다.

가자토는 우리의 대화를 듣고 있었다. "한번은 호주에 갔는데 '하루만 훈련하면 스시 셰프가 될 수 있다!'는 말을 들었습니다." 그는 고등어 조각을 그릴에 올려 냄새를 풍기며 믿을 수 없다는 듯이 말했다. 스시 셰프의 일은 수년간 배워야 하는 믿을 수 없이 복잡한 기술로 생선의 본질적인 맛을 제시하는 것이다. "유럽에서는 소스를 더해 맛을 추가하지만, 우리는 생선 자체에서 맛을 끌어냅니다. 더하는 게 아무것도 없죠."

마침내 오가와는 가자토의 훈련 과정을 끝내고 시드니에 있는 ANA 호텔로 일하러 갔다. 호텔에서 5년간 헤드 셰프로 지냈고 도쿄로 돌아와 자신의 레스토랑을 열었다. "시드니에서도 아주 전통적으로 하려고 노력했죠. 퓨전 스시집이 너무 많았어요."

그는 무시하는 태도로 말했다. "어떤 사람들은 퓨전 스시가 더 어렵다고 생각하지만 나는 전통을 따르는 스시 셰프가 제대로 대접받게 하고 싶었습니다. 더욱 많은 사람이 전통 기술과 스타일을 배웠으면 했어요. 퓨전 셰프도 잘하지만 저는 기본적인 에도마에 스시를 먼저 배울 필요가 있다고 생각합니다. 어쨌든 그런 사람은 별로 없죠."

에도마에 스시가 왜 그렇게 특별한가? 예를 들면, 글로벌 스시 챌린지에서 에도마에 스시는 WSSI 회원만 심사할 수 있었다.

"기술로 말하자면 에도마에 스시는 도쿄만에서 잡은 생선으로만 만듭니다." 오가와가 말했다.

"거기 바다가 매우 오염되지 않았나요?" 내가 물었다.

"하! 그럼요." 오가와가 쾌활하게 대답했다. "TV가 떠다닌다니까요. 온갖 게 다요!"

나는 노르웨이 연어의 후원을 받는 게 이 전통과 어떻게 맞는 건지 의아했다. 런던 참가자들과 도쿄의 결승전에서도 연어를 초밥으로 사용해야 했지만 연어는 도쿄만에서 잡히지 않는다. 가자토가 불쑥 끼어들었다.

"젊은 세대가 연어를 요구합니다. 연어는 아시다시피 가장 인기 있는 네타[초밥 토핑]죠."

약간 믿기 힘들었지만 이 문제는 그냥 내버려두기로 했다. 그 대신 참치에 대해 물었다. 일본 밖에서는 참치가 멸종 위기에 있다는 인식이 팽배하고 많은 사람은 레스토랑에서 더 이상 참치를 팔지 말자고 하지만 일본 내에서는 이 사실에 누구도 크게 관심을 두지 않는 느낌이었다. 일본 스시 레스토랑 중 참치가 메뉴에 없는 레스토랑은 본 적이 없었다. 나는 오가와에게 참치 개체 수의 급격한 감소를 걱정하는지 질문했다.

"그렇습니다. 아주 걱정이 큽니다." 우울한 목소리였다. "아마 미래에는 많이 남아 있지 않을 겁니다. 참치는 중국에서 아주 인기가 높아요. 중국인은 기름진 생선을 좋아하니까요. 일본인은 감칠맛을 선호합니다." 나는 참치 수가 줄어든 게 중국인의 책임인지 확신이 안 갔다. "최고의 야생 참치는 아오모리현의 오마[홋카이도와 가까운 혼슈의 동북쪽 끝]에서 옵니다. 거기 참치는 바다의 오징어를 먹습니다. 냉해가 필리핀에서 오는 온해와 만나는 지역입니다. 가장 좋은 시기는 10월에서 1월이지요." 우리의 식사가 끝났다. 나는 이 터프한 스시 장인에게 감사 인사를 하고 도시로 돌아갔다.

며칠 후 오가와, 가자토와 나는 글로벌 스시 챌린지의 결승 장소인 도쿄 고급 호텔의 거대한 연회실에서 다시 만났다. 심사 위원으로는 도쿄에서 자신의 이름을 딴 레스토랑을 운영하고, 상을 여러 번 받은 나리사와 요시히로가 보였다. 나는 처음 들었지만 국제적 명성을 얻고 있는 게 분명한, 서울 강남에 위치한 레스토랑 류니끄의 셰프 류태환 그리고 WSSI 셰프들도 있었다. 전 세계에서 온 열네 명의 결승 진출자는 도쿄에서 경쟁할 기회를 따낸 사람들로 모두 남성이었다. 우승자는 고급 칼과 도쿄에서 3일 동안 훈련할 기회가 주어진다. 만약 일본인 참가자가 이기면 노르웨이를 여행할 기회를 얻는다.

이번에는 아침을 먹고 왔다.

과정은 런던과 같았으나 모든 게 스케일이 더 컸다. 일본, 터키, 한국, 프랑스 등에서 TV 촬영 팀이 왔고 대회를 시작하기 전 도쿄 스시 업계에서 중요하다는 사람들과 노르웨이 후원사의 무지막지하게 지루한 연설을 대여섯 개나 들어야 했다.

"사람들은 일본에 와서 3~4개월 만에 스시 만드는 법을 배울 수 있다고 생각합니다." 야마가타 다다시(스시 조합의 또 다른 수장)는 참가자, 응원 온 관객, 후원자들과 방송을 위해 모인 군중에게 이야기했다. 이제는 익숙하게 들리는 후렴구다. "그러나 그렇지 않습니다. 수년이 걸립니다. 그래서 지금 상황은 어떤가 하면, 해외에서 스시의 명성이 망가졌습니다. 그래서 우리는 스시를 만드는 정확한 방법을 세계에 전파하려고 합니다."

누군가가 나에게 손짓을 보냈다. 명백히 나도 참가자들에게 영감을 줄 만한 말을 한마디 해야 했다. 그래서 마이크를 쥐고 몇 마디 웅얼거린 거 같은데 내가 무슨 말을 했는지는 그냥 넘어가도록 하자.

대회가 시작되어 요리사 흰 가운을 입고 있는 두 명의 셰프, 나리사와 류를 따라다니기 시작하자 내 감정은 런던에서보다 더 강렬해졌다. 많은 셰프가 스시에 쓸 재료로 자신의 나라에서 가져온 재료를 선택했다. 스페인에서 온 참가자는 마키에 노리 대신 이베리코 햄을 사용했고 스웨덴 셰프는 일본 요리는커녕 스시에서도 쓰인다고 들어본 적이 없는 딜을 사용했다. 우리 모두 봤다시피 일본인은 스시에 관한 거라면 지나치게 애국주의

적이기 때문에 나는 이런 점이 오히려 반가웠다. 참가자가 만든 초밥 중 파르메산과 잣을 올린 연어 초밥은 기억 속에 오래도록 남을 것 같았다.

심사관들이 모인 방에서 장고 끝에 우리는 의견을 하나로 모았다. 미국 참가자와 노르웨이 참가자가 대단히 우수했다. 그리고 영국의 샤자텐도 굉장히 열심히 연습해온 게 보였다. 하지만 한국의 한대원이 일본인 셰프를 근소한 차이로 이겼다. 한대원의 스시는 정확했고 독창적이었으며 맛의 밸런스가 상당히 좋았다. 하지만 점수판은 다르게 적혔다. 나리사와와 내가 보지 못한 사이, 한대원이 어느 순간 손을 베였던 것이다. 그래서 벌점을 받게 되어 치열한 경연인 만큼 7위로 떨어지고 말았다. 나리사와가 정중히 항의해보았으나 스시 셰프가 손님들 앞에서 손가락을 베인다는 건 상상할 수 없는 일이라는 설명이 돌아왔다. 결정은 그대로 유지되었다.

시상식은 일본 드럼 연주자들의 신나는 공연으로 시작되었고 길고 긴 연설이 또 이어졌다. 마지막, 오가와가 마이크를 잡았고 피곤함에 지친 참가자들이 흰 작업복을 입고 그의 뒤에 한 줄로 서 있었다. 그는 일본과 노르웨이에서 온 회원들을 포함해 수백 명의 사람 앞에 서 있었다. 이 지칠 줄 모르고 모질 것 같던 사람이 무너져내리더니 눈물을 흘리기 시작했다. 참가자들에게 감사의 말을 하고 그들의 노력을 칭찬하면서, 수개월 동안 이어졌던 긴장감이 풀리며 그의 얼굴에 눈물이 번졌다.

이 모든 일 끝에 우승자는 아마도 어쩔 수 없이, 일본인이었다. 도쿄에 있는 레스토랑 고마즈시의 셰프인 마흔다섯의 지비키 준이었다. "일본인 참가자라는 것 때문에 압박감이 너무 심했습니다." 나중에 유리 트로피를 쥐고 있는 지비키가 나에게 털어놓았다. "열여덟부터 셰프로 일했으니까 어떻게 보면 발전이라는 의미에서 정체가 온 게 놀랄 일은 아닐 겁니다. 하지만 이 대회는, 특히 창의성 부문은 저를 발전시켜주었습니다. 처음으로 스시도 창의적으로 만들 수 있겠다는 걸 진심으로 이해하게 되었습니다."

"내가 셰프이기 때문에 어떤 느낌일지 압니다." 나중에 여전히 눈물을 흘리며 오가와가 말했다. "일본인 참가자가 우승한 이유는 어떻게 자르는지 아는 기술 때문이죠. 그는 자르는 훈련을 매일같이 10년 이상 했습니다."

글로벌 스시 챌린지 결승전이 끝나고 이틀 후, 나는 세계에서 가장 유명한 스시 레스토랑인 지로 스시에 가서 점심을 먹었다. 2011년 지로와 그의 일하는 모습을 다룬 다큐멘터리는 지금 아흔 살이 된 셰프와 그의 팀의 비범한 헌신, 하루도 빠짐없이 최고 수준의 스시를 만들기 위해 요구되는 끈질긴 세심함과 고된 작업을 다뤘다. 그래서 지로 스시 예약은 더 힘들어졌다. 이번에는 친구의 친구가 필요했는데 나를 보증해준 사람은 마침 소니 재팬의 CEO였다. 나는 말할 필요도 없이 일본 요리의 정점을 맛본다는 기대감에 흥분되어 거의 미칠 지경이었다.

그래서, 어땠냐고?

예약하기가 정말 어렵고 비싼 가격을 생각해볼 때, 긴자 지하철역을 통과하는 지하 통로와 터널 가운데 어울리지 않게 매우 검소해 보이는 지하 레스토랑이란 게 약간 거슬리긴 했다. 하지만 지로 스시는 내가 먹은 것 중 가장 맛있는 초밥이었다.

그는 막 아흔에 들어섰으나 여전히 주중 점심과 저녁, 토요일에는 점심때마다 여덟 개의 좌석이 있는 카운터 뒤에 서 있었다. 요즘 들어서는 약간 느리게 초밥을 쥐지만 그래도 여전히 수십 년간 연마한 기술로 정확하게 만들었다. 그는 장엄한 갈라파고스 거북 같았다. 밥이 아직 따뜻할 때, 대략 몸의 온도일 때 초밥을 냈다. 그건 차가운 생선과 굉장한 대비를 이뤘다. 쌀알이 매우 부드러워 초밥을 카운터에서 입으로 가져갈 때까지 서로 잘 붙어 있었다(손으로 먹는다. 젓가락 사용은 권하지 않는다). 가자토의 섬세한 맛과는 반대로, 즉 내 취향에 더 맞게 지로의 밥은 식초로 산뜻하게 간이 되어 감칠맛이 풍부한 숙성 날생선 그리고 신선한 조개와 밸런스가 완벽했다. 아주 짧고 너무 비쌌지만(음료 없이 식사만 약 23만 원 정도) 전체적인 경험은 연극이나 뮤지컬 공연처럼 즐겁고 감동적이었다.

스물한 개의 초밥과 케이크 같은 유명한 오믈렛, 말도 안 되게 잘 익은 홋카이도산 멜론으로 후식까지 모두 먹었다. 만족의 신음 외에는 완전한 침묵 속에서 식사를 끝낸 후, 친구와 나는 돈을 내려고 일어났다. 나는 지로가 카운터를 떠나 인사를 건네는 걸 보고 깜짝 놀랐다. 30분간 험상궂은 얼굴로 근엄하게 스시를 기계처럼 쥐던 스시 장인이, 옆에 앉아 있던 중국인 두 명이 희한한 방식으로 스시 에티켓을 위반하자 실제로 꾸짖었던 그가 갑자기 미소를 띤 말 많은 늙은 영감으로 변해 있었다.

나는 그에게 어떻게 온종일 서서 일하냐고 물었다. "학교에 있을 때 선생이 늘 나를 교실 밖에 나가서 서라고 그랬습니다. 그래서 익숙하죠" 하고 그는 웃었다. 요전에 큰 생신이었는데 어떻게 보내셨습니까? 그는 어깨를 으쓱이며 평소처럼 일하러 왔다고 했다. 이게 내가 하는 일인데요. 내 인생이죠. 언젠가 이 레스토랑을 물려받을 그의 아들 요시카즈가 "장인의 삶은 운동선수와 같습니다"라며 고개를 끄덕였다.

긴자의 오후 햇살 아래로 다시 나가자, 길 아래에서 펼쳐졌던 요리 마법을 의식하지 못한 채 바삐 움직이는 쇼핑객들이 낯설게 느껴졌다.

나는 얼마나 더 많은 지로가 미래에 일본을 떠날까 궁금해하지 않을 수 없었다. 이 나라의 돌이킬 수 없는 인구 감소와 경제 과제를 생각해볼 때, 과연 몇 명의 젊은이가 스시 카운터 뒤에서 생선을 씻고 요리하고, 쌀에 간을 하고, 생선살을 뜨고, 숙성시키고, 생선을 자르는 방법을 배우는 데, 생선을 굽는 법과 찌는 법을 마스터하는 데 평생을 헌신할 수 있을까?

카레라이스

난간을 부여잡고 아래를 보지 않으려고 버둥거리다 드디어
구축함의 건널판을 다 건넜다. 하늘은 따뜻하고 청명했다. 숨을
깊게 들이마셨다. 바다 공기는 막 칠한 페인트 냄새와 카레 냄새
가 대조를 이루고 있었는데 놀랍게도 서로 잘 어울렸다.

갑판에는 군복을 입은 다섯 명의 장교가 한 줄로 서서 내
가 도착하기를 기다리고 있었다. 그들은 챙 있는 흰색 모자를
쓰고 칼에 베일 듯 날카롭게 경례를 붙였다. 내 인생에서 지금
껏 이런 우발적인 일이 일어나리라고는 상상도 못 했는데. 어떻
게 해야 하지? 그동안 본 전함이 등장하는 영화를 떠올린 나의
첫 번째 본능적인 반응은 그들의 경례를 받고 나도 경례를 하
는 거였다. 하지만 그건 말도 안 된다. 그렇지 않나? 나는 일본
해군, 정확한 이름은 일본해상자위대에 몸담은 사람이 아니니

까. 내 오른손이 스탠리 큐브릭 감독의 「닥터 스트레인지러브Dr. Strangelove」의 손처럼 씰룩거렸지만 손이 올라가려는 걸 간신히 참았다. 그럼, 악수를 해야 하나? 아니다. 바보야, 그것도 아니지. 그러려면 장교들이 손을 내려야 하잖아. 대신 나는 나란히 서 있는 그들 앞을 비틀거리며 지나가면서 고개를 반쯤 끄덕이기로 선택했다.

70년도 더 전, 일본 군대는 내 아버지를 죽이려고 했다. 그런데 오늘날 그들은 구축함 JS 기리시마호에서 점심을 먹자고 나를 초대했다. 구축함의 좌우명은 "바르게, 용감하게, 힘차게"였다. 참 이상도 하지. 음식이 나를 이런 곳까지 데려오다니.

나는 도쿄에서 서쪽으로 80킬로미터쯤 떨어진 요코스카橫須賀 항구까지 기차를 타고 가장 인기 있는 음식의 진상을 파악하러 왔다. 외국에서 건너온 요리지만 만드는 과정은 완전히 일본식이다(독자들은 무슨 음식인지 장의 제목을 보고 이미 알고 있겠지만 그냥 이렇게 갑시다). 나에게는 일본의 모든 인기 있는 음식 중에서 가장 애정이 안가는 음식이지만, 일본인에게는 궁극의 컴포트 푸드이며 어린 시절과 학생 시절의 향수를 떠올리게 하는 음식이다. 집에서 만드는 식사 중 가장 간단하고, 누구나 만들 수 있으며, 실제로 누구나 만드는 음식이다. 하지만 먼저 며칠 전으로 돌아가 이 특별한 요리가 완전히 자신만의 것이라고 우기는 사람들에게 가보자.

황금색 점프슈트를 입고, 빨강과 금색의 커다란 고무 왕관을 쓰고, 엘비스 선글라스를 쓰고, 전자 기타를 어깨에 맨 카레 킹을 시모기타자와역의 입구 밖에서 만났다. 매년 열리는 카레 축제 마지막 날이었다. 그는 도쿄 서부의 이 사랑스러운 지역에 처음 오는 나를 환영하기 위해 와 있다. 독립 극장과 힙스터들이 모이는 유명한 지역이었다. 그는 행인에게 축제에 참가하는 145개의 레스토랑과 카페가 있는 지도를 건네주었다.

카레 축제는 이 나라가 왜 이토록 카레에 집착하는지를 파악하기 위한 출발지로 안성맞춤인 듯했다. 카레는 너무 도처에 널려 있어 당황스러울 뿐 아니라 나에겐 정말 매력 없는 요리였다.

요즘 서양인에게는 대여섯 가지의 '일본인' 음식이 널리 알려져 있다. 초밥, 튀김, 된장국, 라멘, 야키토리. 물론 소바, 두부, 교자도 유명하다. 일본 밖에서는 일본과 카레를 거의 연관 지어 생각하지 않지만, 라이스카레ライスカレー 혹은 '카레라이스'는 일본인이 가장 좋아하는 음식 목록에 예외 없이 등장하고 일본 아이들의 경우에는 1위를 차지한다.

내가 처음으로 카레라이스를 먹어본 건 롯폰기에서 카레를 전문으로 한다는 음식점이었다. 카레라이스는 옛날 빈민가에서 먹던 귀리죽 같은 질감에 강한 양념이란 양념은 모조리 들어 있었고 마치 아이가 먹는 죽 같았다. 나는 질릴 정도의 단맛과 단조로운 향, 뒤에 오는 매운 백후추 맛, 전분을 넣은 듯 걸쭉한 식감에 몸을 움츠렸다. 그리고 레스토랑 직원이 토핑으로 치즈를 갈아 얹겠냐고 물었던 것도 기억한다. 어떻게 이런 걸 카레라고 부를 수 있단 말인가. 나는 접시 위에 놓인 보기도 싫은 무언가를 뒤적거리며 중얼거렸다.

전형적으로 카레라이스는 접시에 경계가 분명히 나뉘어 제공되는데 한쪽에는 의심적게 반짝이는 대변 같은 갈색 소스에 알 수 없는 고깃덩어리가 들어 있고, 다른 한쪽에는 아주 깨끗이 표백한 듯한 흰쌀밥이 있다. 그게 내가 가장 처음 먹었던 일본 카레라이스였다. 나중에 알았는데 가끔은 카레 위에 돈가스 조각이 올라가거나 밥 대신 우동 면을 주기도 한다. 우동이 확실히 낫지만 너무 자주, 삶은 당근이 들어 있다! 그리고 누구도, 아무도 삶은 당근은 좋아하지 않는다.

하나 확실한 건 있다. 이건 내가 아는 카레가 아니라는 거다. 갖은 향신료의 조화, 톡 쏘는 칠리, 코가 뒤틀리는 냄새는 다 어디 갔단 말인가? 부나 고슈트bhuna gosht● 또는 로건 조시rogan josh●●의 미세한 복잡함은 어디 있나? 많은 영국 사람이 그렇듯, 나도 코르마[요구르트나 크림에 아몬드 등을 넣은 것], 리비아니[쌀을 고기, 생선 또는 야채와 함께 요리한 남아시아 요리], 치킨 티카 마살라 같은 음식으로 카레의 첫걸음을 시작했다. 그리고 마드라스[고기가 들어간 인도 음식]와 빈달루[고기나 생강을 넣어 맵게 만든 인도 요리]로 점점 진화해 끝없이 다양한 아대륙의 요리로 넓혀갔다. 나는 영국식 인도 레스토랑에서 먹는 '카레'가 대개 펀자브나 방글라데시에서 먹는 카레의 조악한 버전이라는 걸 잘 알고 있다. 그리고 '카레'라는 용어도 잘못 만들어진 단어다.

● 빨간 고추와 인도 향신료로 맛을 낸 염소 고기 커리.

●● 양고기나 다른 고기에 토마토소스를 넣은 남아시아 요리.

하지만 인도를 여행했을 때 영국에서 알던 카레와 원래 카레가 만들어진 곳에서 먹는 카레 사이에 적어도 어떤 연관이 있다는 것도 인지하고 있다. 그러나 슈퍼마켓의 한 통로가 전부 인스턴트 카레 가루 혹은 봉지째 넣고 끓여 먹는 카레로 가득 찬 일본은 거의 인도 문화를 모욕하는 수준으로 보였다. 요즘 말로 '문화적 도용cultural appropriation'이다. 일본은 진정 자신의 카레 버전에 다른 이름을 붙여야만 한다. 적어도 퀘벡 사람들은 양심은 있어 칩스 앤 그레이비 푸틴[녹인 치즈와 소스를 끼얹어 내는 감자튀김 요리]에 자신만의 이름을 붙이지 않았나.

나는 이 잔인무도한 일에 책임이 있는 사람이 누군지 밝혀내고 싶었다. 세련된 요리의 정점에 있는 눈부신 요리를 창조한 사람들이, 세계에서 가장 고급스럽고 분별 있는 미식가들이 어떻게 이런… 이런… 혐오스러운 음식을 먹을 수 있단 말인가?

솔직히 말하자면, 나는 처음으로 카레를 먹은 이후로 수년간 카레라이스를 부정하며 지냈다. 무시했다. 수백만 명의 일본인이 이런 오물 같은 음식을 매일 먹는다는 사실과 그걸 전문으로 하는 수천 개의 레스토랑이 있다는 사실을 모른 척했다. 그러나 일본인은 카레라이스를 사랑한다. 아닌 척해도 소용이 없다. 일본 요리업계의 비밀을 직면해야 할 시간이었다.

"당신이 카레라이스를 좋아하지 않는 이유는 끈적끈적해서 그런 거 같아요." 카레 킹이 사랑하는 음식에 내가 반감이 있다고 고백하자 그가 부드럽게 말했다. "보세요. 우리는 카레에 밀가루를 섞어 젓가락으로 더 편하게 먹을 수 있게 한 겁니다. 인도에서는 그렇게 안 하니까요."

'우리 카레 먹을까요?'라고 쓰인 노란색 티셔츠를 입은 행인이 지나갔다.

'아니요.' 나는 속으로 생각했다. '먹지 않을 겁니다.'

나는 내가 카레라이스에 정나미가 떨어진 것에 약간의 밀가루보다는 더 큰 이유가 있을 거라 생각했다. 하지만 나는 인내했다. 카레 킹은 왜 카레를 그렇게 사랑할까? "다른 음식과 비교하자면 나는 카레라이스에서 더 즐거움을 얻습니다. 그리고 카레 가루가 주는 힘을 좋아하죠. 일본 카레가 진짜 카레가 아닌 건 알고 있습니다. 완전히 다른 음식이죠. 정말이지, 일본인의 쌀밥을 위해서만 존재하는 음식입니다."

카레 킹은 일주일에 적어도 네 번 카레를 먹는다고 하면서, 친절하게도 친구와 시도해볼 레스토랑 몇 곳을 추천해주었다. 나는 가장 좋아하는 음식 중 하나인 우니로 카레를 만든다는 레스토랑에 끌렸다. '말 힘줄을 저민 키마 카레'가 있다는 레스토랑은 끌리지 않았고, '카레 소스를 뿌린 피시 앤 칩스'가 있다는 영국 레스토랑 굿 헤븐스!(느낌표도 가게 이름이다)는 전혀 가고 싶지 않았다. 하지만 카레 킹은 인도네시아 스타일의 레스토랑, 매직 스파이스를 대신 추천해주었다.

그날 시모기타자와 거리에는 카레 가루 냄새가 진동했다. 친구 유키코(친절하게도 그녀는 이 동네를 잘 안다며 돌아다니는 걸 도와주겠다고 했다)와 지나다니면서 본 레스토랑 모두 겉으로 보기에는 카레라이스를 파는 것 같았다.

일본에서 길게 줄을 선다는 건 어떤 음식이든 대개 맛있다는 표시지만, 통칭 인도 배낭여행 스타일로 꾸며놓은 매직 스파이스에 도착하자 나는 판단을 유보해야 했다. 음식점은 매직 스파이스 자사 제품인 카레 루, 티셔츠, 야구 모자를 팔고 있었고, 옆에는 커다란 황금색 가네샤Ganesh 조각상이 있었다. 우리는 아래의 입구 로비에서 기다리는 사람들 무리에 합류했다. 내가 점심 먹는 걸 두려워하는 일은 매우 드물지만, 메뉴판을 읽으니 마음이 편안해졌다. 여기에 그대로 적겠다. 인쇄 오류는 원본에 있던 것이다.

처음 오신 손님에게

MAGICSPA의 카레는 완전히 새로운 종류의 카레로 소위 인도 카레와 서양식 카레와는 완전히 다릅니다… 이건 '수프 카레'입니다.

이곳에서 소개하는 마술 같은 미스터리한 세상은 MAGICSPA가 시작한 것입니다.

형태와 맛, 물결치는 모습은 모두 MAGICSPA가 처음으로 선보이고 완성한 것입니다. 그리고 삿포로에서 출발한 새로운 음식 문화가 되고 있습니다.

나는 여러분이 오래된 관습(고정된 아이디어, 정해진 콘셉트)은 던져버리고, 스파이스의 알려지지 않은 세계로 성스러운 여행을 떠나길 소망합니다.

메뉴판을 뒤집으니 원하는 고기와 토핑, 매운 정도를 고를 수 있었다. 적어도 내 생각에 그들이 하고자 하는 말은 이거였다:

더 강한 맛이 있습니다! '공개 공연 전에 기운과 에너지를!' '우주여행을 하고 싶다!' 그런 손님을 위해서 저희는 특별히 매운 카레도 준비하고 있습니다.

고를 수 있는 다른 매움의 정도로는 '의식이 하늘로 날아감' 그리고 '신비한 세계로 입장' 같은 게 있었다. 토핑은 카망베르, 소시지, 낫토, 날달걀, 모치, 두부, '환상의 버섯'이라는 무언가도 있었다. 또한 에이즈와 암을 모두 치료해주는 효능이 있다고 주장하는 잇새(마이타케)버섯도 있었다. 나는 소고기와 카망베르를 선택하고, 'MAGICSPICE의 신비로운 매움의 세계로 가는 관문'이라고 보장하는 가장 매운 버전을 선택했다.

음식이 나왔다. 쌀밥은 한쪽 그릇에, 기름이 둥둥 떠 있는 게 불길해 보이는 짙은 카레 소스는 다른 쪽에 있었다. 위에는 바삭한 쌀국수가 토핑으로 나왔다. 내가 알고 있던 일본의 전형적인 카레라이스와는 아주 다르니, 그런 면에서는 좋은 신호였다.

카레는 정말 매웠다. 한 입을 먹자마자 이마로 땀이 줄줄 나기 시작했지만 매운 정도는 마다라스[보통 고기가 들어가는 인도 음식] 수준으로 참을 만했다. "괜찮으세요? 어떠세요?" 걱정되는지 웨이터가 물었다. 나는 괜찮다고 고개를 끄덕였다. "카레를 먹은 다음 밥을 먹어서 입안에서 섞어 드세요. 밥에도 섞고요." 그가 도움을 주려고 덧붙였다.

자, 그래서 오랜만에 먹은 내 첫 카레는 전혀 혐오스럽지 않았다. 심지어 잘 먹었다. 두 번째로 유키코와 내가 찾은 우니 카레라이스 가게는 성게가 조금이라도 들어가면 다 그렇듯 굉장히 맛있었다. 하지만 나는 이런 카레가 일본인이 매일 먹는 정말 두려운 카레라이스의 전형이 아님을 인정해야 했다. 그래서 제대로 된, 전통적인 카레집을 방문해야만 했다.

첫 번째로 방문한 곳은 어울리지 않게 긴자 뒷골목에 있는 유명한 음식점 그릴 스위스였다. 긴자는 세계에서 가장 비싸고 세련된 레스토랑의 본거지이기 때문이다. 구경하려고 할 때마다 얌전히 밖으로 인도되어 나오는 에르메스, 샤넬, 루이뷔통 같은 브랜드의 플래그십 스토어는 말할 것도 없다.

그릴 스위스는 중심가와 나란히 있는 좁은 길에 위치했고 빨간색과 하얀색 줄무늬 차양 때문에 쉽게 눈에 띄었다. 내부는 레스토랑을 처음 열었다는 1947년부터 거의 변하지 않은 것 같았다. 긴자 같은 복잡한 곳에서는 드문 경우다. 나는 옛날 방식의 서비스들이 마음에 들었다. 처음에 공짜로 나오는 정체를 알 수 없는 수프와 깅엄[체크 무늬] 식탁보 같은 것 말이다. 일단 자리를 잡고 앉으면 안 좋은 일은 전혀 일어나지 않을 거라는 기분, 이 현대 사회의 무서움으로부터 보호받고 있다는 느낌이 드는 그런 장소였다. (다시 생각하면 이름에 '그릴'이 붙은 게 정말 이상하다. 실제로는 아무것도 그릴에 굽지 않았다. 카레를 굽진 않을 텐데.)

특히 겨우 200~300엔밖에 안 되는 가격을 생각하면 그릴 스위스 카레도 전혀 나쁘지 않았다. 첫인상은 대충 만든 거 같았지만 만족스러운 고기 마마이트 맛과 화끈거리는 백후추 맛이 느껴졌고, 마지막으로 계속 은은하게 느껴지는 단맛에 두 손 들었다. 깨끗한 쌀밥이 담긴 접시와 별도로 초콜릿 브라운 색의 소스를 따로 주었는데 아마도 전통이지 싶었다. 잘게 찢은 소고기와 재밌게 생긴 작은 은박지 컵에 선명한 빨간색의 피클이 담겨 있었지만, 아 이런, 당근이 또 나왔다. 판결을 내리겠습니다. 먹을 만했음.

이튿날 나는 약간 난이도가 높은 카레라이스를 목표로 잡았다. 히노야는 체인점이지만 여론 조사에서 늘 선두를 달리는 도쿄 최고의 레스토랑 중 하나다. 아마도 이런 사실 때문인지, 내가 갔던 첫 번째 지점의 요리사는 저녁 8시도 안 됐는데 '루가 다 나갔다'고 했다. 바로 옆집에 마침 수상 경력이 있는 쓰케멘 집이 있었고 20분의 준비 시간이 걸린다고 해서 나는 허기를 간신히 모면할 수 있겠다 싶었다. 그동안 길을 걷다 보니 다음으로 가장 가까운 히노야 지점인 간다 지점이 눈에 들어왔다.

길을 걸으면서 가게 100미터 밖에서부터 카레 루 냄새를 맡을 수 있었고 잔뜩 기대감에 부풀게 되었다. 카운터 자리에 앉자 내가 주문한 730엔짜리 카레가 나왔다. 히노야의 음식 프레젠테이션은 충격적이었다. 평소보다 오래 지은 밥을 두꺼운 원반 모양으로 누른 후 위에 소스를 잔뜩 얹고 날달걀 노른자를 정 가운데 놓았다. 노른자는 마치 끔찍한 외눈박이가 나를 똑바로 바라보고 있는 듯했다. 나는 숟가락을 들어 '눈'을 푹 찌르고 맛을 보았다. 거의 디저트 수준으로 너무 달았고 이제는 익숙해진 입이 화끈해지는 백후추 맛이 났지만 다행히도 당근은 없었다. 기계로 자른 아주 작은 큐브 모양의 소고기와 너무 졸인 뵈프 부르기뇽 같은 맛이었다. 카레라이스의 미스터리한 매력을 풀려면 아직도 갈 길이 멀었다.

이제는 무력을 사용할 시간이다.

며칠 빨리 감기를 해보자. 나는 도쿄에서 50마일 서쪽으로 떨어진 곳에 일본의 가장 큰 해군 기지가 있는 요코스카에 도착했다. 지난 1990년대 이후로 요코스카는 도시를 카레타운으로 브랜드화하는 데 성공해, 매년 열리는 카레 페스티벌에 수천 명의 관광객을 끌어모은다. 여기에 정박해 있는 구축함을 대중에게 공개해 엄청나게 인기 있는 음식을 그들만의 경험으로 독특하게 해석하여 공유한다.

요코스카역 편의점 앞에서 연락책을 기다리는 동안, 편의점 선반에 '요코스카 카레라이스' 믹스 상자가 잔뜩 쌓인 걸 보았다. 밖에는 선원 유니폼을 입은 오리 캐릭터 조각상이 있었다. 스카레라고 불리는 오리는 요코스카의 마스코트였다. 은색 숟가락이 꽂힌 카레라이스 접시를 들고 있다.

오리를 살펴보고 있는데 군복을 완벽히 갖춰 입은 해군이 다가와 손을 내밀었다. 그는 해군 소령 와타나베로 큰 키에 등은 꼿꼿하고 콧수염이 있었다. 완전 「탑건」이었다.

"올챙이라고 부르십시오." 그가 웃음을 지었다. 네? "제 별명입니다." 인상적인 메달 옆으로 나란히 그의 이름이 명찰 위에 새겨져 있었다. 그의 최고사령관인 아베 총리에 대한 올챙이의 의견만 확인할 만큼 ("아베에 만족합니다. 군대에 호의적이거든요. 좋아합니다.") 잠깐 택시를 탄 후, 호위함 기리시마에 올랐다. 한 줄로 늘어선 장교들이 경례하는 걸 쳐다보고 있으려니 갑판에 정렬한 선원을 태운 잠수함이 항구로 미끄러져 들어왔다.

127밀리미터 속사포, 다목적 지대공 미사일, 대공포, 대잠 미사일 투어는 놀랍고 흥분되는 경험이었다. 다시 아홉 살이 된 것 같았다. 운항지휘실에 갔는데 대위 자리에 앉아보라고 해서 멋진 빨간색 커버가 씌워진 이발소 의자 같은 의자에 올라보았다. 대위는 파이브 어사이드[5명씩 팀을 이뤄서 하는 실내축구] 축구 경기 중이었다.

기리시마는 255명의 선원이 탄다. 장교들은 작전실에서 식사했지만 우리는 기리시마의 특별한 카레라이스를 먹어보기 위해 구내식당에 있는 사람들과 합류했다.

"금요일마다 카레를 먹습니다. 바다에 있다 보니 일주일 중 무슨 요일인지 아는 데 도움이 되죠." 사와다라고 하는 다른 장교가 설명했다. 그건 일본 해군에서는 아주 오래된 전통이고, 카레라이스는 상륙 허가 전에 마지막으로 제공되는 식사여서 모든 일본 해군과 특별한 연관이 있는 음식이었다.

"은퇴한 군인에게도 카레라이스 냄새는 늘 금요일을 의미합니다. 그리고 많은 군인이 배를 떠난 지 오랜 시간이 흐른 후에도 여전히 금요일에 카레를 먹습니다." 올챙이가 덧붙였다. 이런 조건반사적인 요소뿐 아니라, 카레라이스는 대단히 실용적인 요소도 있다. 조리실 입장에서는 군인 250명을 다 먹이고 설거지하는 것까지 합쳐 두 시간 반이면 다 마칠 수 있고 가격도 두당 440엔으로 훌륭하다.

일반적으로 군항마다 자신만의 카레 루가 있다. 루는 카레 소스를 더 되직하게 만들어주는 기본양념이다. 루 1킬로그램이 배로 배달되고 배마다 다양한 비밀 재료와 기술이 들어간 고유의 카레라이스 레시피가 있다. 기리시마의 레시피는 20년 동안 조리사에서 조리사로 계속 내려왔지만 어느 조리사가 그 주에 부엌을 맡는지, 조리사의 선호도와 기술이 어떤지, 당장 가진 재료가 무언지에 따라 매일 달라진다.

그날 조리를 맡은 사람은 부사관 가마고메였는데 브레즈네프 [1906~1982, 소련 정치가]의 일본판 같은 얼굴이었다. 그는 그의 무기고가 '비밀 재료'로 가득 차 있다고 말했다. 그런데 비밀 재료라는 건 공공연한 비밀이었다. 바로 케첩, 잼, 꿀, 닭 지방, 굴 소스, 갈아둔 가공 치즈가 비밀 재료였고 그는 가끔 이 모든 재료를 한꺼번에 투하한다고 말해주었다(내가 만약 가마고메의 부대장이었다면 고문을 참아내는 그의 능력에 대해 약간 걱정했을 것 같다. 그가 북한군에 포로로 잡힌다면 어떻게 되겠는가). 나는 카레에 치즈를 추가한다는 말을 듣고 얼굴을 찡그렸지만 선원들은 아주 흔한 재료라며 나를 안심시켰다. 영국이 카레를 발명한 후로 그렇다는 것이었다.

잠깐, 뭐라고? 영국이 일본 카레를 발명했다고?

"그렇습니다. 일본 제국 해군의 카레는 메이지 시기 영국 해군에게서 온 겁니다." 가마고메가 말했다.

나는 나중에 그 말을 조사해보았다. 그런데 정말 사실이었다. 카레라이스는 진짜로 영국 해군의 선례를 따라 1880년대에 일본 해군에 소개되었는데, 비타민B 부족으로 생기는 각기병의 치료제로 주로 사용되었다. 당시 의무감실이었던 다카기 가네히로의 추천이었다. 각기병은 일본군의 주요 사망 원인이었고 일본을 자주 괴롭히던 영양실조에서 오는 증상이었다. 백미를 먹기 위해 비타민B가 함유된 쌀의 껍질을 벗겨버리는 습관도 일부 원인이 되었다. 카레 루에 밀가루를 넣으면 음식이 해군의 소화기관에 더 오래 머물게 되므로 더 많은 영양분이 소화될 수 있도록 한다는 게 이론이었다. 그리고 그 이론은 효과가 있었다. 카레라이스는 정말로 일본 해군에서 겨우 2~3년 만에 각기병을 몰아냈다. 카레는 영국을 통해 들어왔기 때문에 '요쇼쿠' 혹은 '서양 스타일'의 음식으로 여겨졌고 1800년대 후반 요코하마와 도쿄의 초기 요쇼쿠 레스토랑 메뉴에서 때를 맞춰 등장했다.

영국에서 온 건 카레라이스 레시피만이 아니었다. 수십 년 동안 일본이 사용했던 카레 가루는 보존식품 제조사 크로스 앤 블랙웰의 제품이었다. 하지만 수입이 갑자기 흔들리더니 중단되었다. 『재팬타임즈』에 따르면 1931년 '위조' 가루가 유통되고 있다는 사실이 발견되면서 엄청난 카레 가루 스캔들이 발생했다. 수많은 사람이 체포되었고 외교적 분쟁도 뒤따랐다. 그 후로 일본 제조업체가 본격적으로 제조를 시작했고 즉석 카레 소스 믹스가 1950년대에 등장했다. 오늘날 대부분 편의점에서는 봉지째 끓여 먹는 카레를 판매하고, 일본 마트의 통로 전체는 S&B, 버몬트 카레와 가장 큰 회사인 하우스 푸즈의 다양한 종류의 '카레 루'를 진열해놓고 있다.

해군 카레라이스는 최근 생겨난 문화적 현상으로 원래는 2001년 요코스카의 자위대가 지역사회 봉사활동 차원으로 시작했다. 2014년 처음으로 요코스카 카레 페스티벌이 열렸고 3만 명이 몰려들어 대히트를 치자 구레와 사세보 같은 다른 군항에서도 이를 똑같이 따라하고 나섰다. 해군 전체가 카레 프로모션으로 큰 성공을 거두자 도쿄에 있는 국방부가 육해공이 모두 협력하는 최종 합동 부대 카레를 만들겠다는 프로젝트에 착수했다. "하지만 걱정 마세요. 해군 카레에는 위협이 안 될 테니까요." 가마고메가 자신 있다는 듯 말했다.

이제 식사할 시간이었다. 식판을 들고 줄을 서서 핫도그와 이상한 고무 아이스하키 퍽처럼 생긴 오믈렛은 건너뛰고 갈색 기리시마 카레라이스가 담긴 김이 모락모락 나는 통으로 다가갔다. 식판의 가장 큰 칸에다가 덩어리가 있는 카레와 밥을 반반으로 잔뜩 담고 체면상 상추를 몇 조각 담은 다음 식탁으로 갔다.

안 좋은 소식 먼저: 카레에 당근이 있었다. 삶은 당근은 아무도 안 좋아한다고 내가 말했던가? 감자도 있었다. 그나마 낫다. 그리고 소고기는 큐브 모양이 아니라 저며져 있는 걸 보니 그 주에 (호주에서) 그 상태로 수입된 게 분명했다. 진한 소고기 맛

이 났고 달지는 않았지만, 이때쯤 닥쳐오는 백후추의 공격은 여전했다.

숟가락이 식판에 달칵달칵 부딪히는 소리를 들으며 밥을 먹고 있노라니, 갑자기 이런 생각이 들었다. 때는 1942년, 일본군이 싱가포르로 쳐들어와 수백 명의 영국군을 포로로 잡았다. 그들 중 많은 군인이 포로수용소에서 목숨을 잃었다. 도망친 군인 중에는 스물두 살, 영국 공군 소속 부대 선임하사관, 스탠리 빅터 부스, 내 아버지도 있었다. 아버지가 해준 이야기인데, 일본군이 싱가포르로 들어온다는 소식을 듣고 아버지와 전우들은 부둣가에서 말 그대로 손에 들고 있던 모든 걸 내던지고 망고 보트를 타고 수마트라로 탈출했다고 한다. 도망치는 시간을 몇 시간, 아니 몇 분이라도 벌기 위해서였단다.

아버지는 제2차 세계대전 동안 당신이 겪은 일본군의 행위에 대해 딱히 원한을 품진 않았던 터라 이렇게 일본 구축함에서 점심을 먹자고 나를 초대할 정도로 사태가 변한 걸 알면 분명 즐거워하셨을 거다. 만약 이 이야기를 점심을 함께 먹고 있는 동행자들에게 해준다면 어떨까 하고 가늠해보았다. 이런 감상적인 뒷이야기를 들려주는 게 그들에게 부당한 걸까 아니면 심지어는 부담을 주는 꼴이니 부적합한 걸까?

나는 이야기를 시작했지만 반 정도 지나자 약간 감정이 북받쳤다. 아버지는 12년도 더 전에 돌아가셨고 내가 일본에 드나들기 시작하기도 전이었다. 그래, 나는 혼자 생각했다. 아버지는 좋아하셨을 거야. 이날 이야기를 듣고 싶어하셨을 거야.

나는 차를 벌컥 한 번 들이키고 마음을 진정시킨 다음 이야
기를 마쳤다. 나는 어떤 반응이 나올 줄 몰랐지만 점심 동료들
은 공감하는 듯했고 미소를 지어 보였다.

"그래서, 영국 해군 카레라이스랑 비교하니까 어떻습니까?"
내가 식사를 마치자 가마고메가 물어왔다. "어떤 게 더 나아요?"

"물론 여기가 낫죠. 훨씬 낫습니다." 나는 찻잔을 들어 건배를
외쳤다.

야키토리

도리시키鳥しき에 대여섯 번 갔어도 같은 장소를 다시 갔다는
느낌은 전혀 없었다.

도쿄에서는 어디를 가든지 길을 찾기가 만만치 않다. 이 책
에서 우리 가족이 갔다고 언급한 장소마다 사실 최소 30분은
헤맸다고 생각하면 되겠다. 가족이 나를 모르는 사람 취급하는
가운데, 땀을 뻘뻘 흘리며 입을 굳게 다물고 구겨진 종이 한 장
을 손에 쥔 채 지나가는 죄 없는 행인들에게 종이를 흔들어대는
나를 떠올려보라. 선의를 갖고 멈춰 선 사람에게도 아무런 답을
얻지 못하면, 거의 존재적 회의가 드는 한숨을 길게 내뱉고는,
대체 우리가 어디에 있는 건지 알아내기 위해 엄두도 못 낼 만
큼 극단적으로 비싼 시도를 했다. '데이터 로밍'을 켜는 것이다.

이미 가봤던 장소를 갈 때도 마찬가지였다. 예를 들어, 나는

도리시키에 갈 때마다 미친 사람처럼 메구로역 주변에서 나선 궤도를 그리며 어두운 골목길로 아무 데나 탈선하여 들어가보았다. 그럴 때마다 이 멋지고 자그마한 야키토리 가게는 이미 세 번이나 확인한 골목길 끝에서 갑자기 나타나는 것이었다. 도리시키는 브리가둔Brigadoon●의 음식점 버전인 것 같다. 입구를 주인 마음대로 아무렇게나 설계해도 된다는 점도 도움이 되지 않았다. 아무런 표시가 없는 옅은 색의 나무문에 흰 노렌のれん 커튼이 드리워져 있고, 회색 벽에는 창문이 없었다. 야키토리집이라기보다는 특권층이 가는 가이세키 레스토랑처럼 보였다.

이 집이 도쿄의 야키토리 레스토랑 중에서 최고라고 해도 완전히 틀린 말은 아니다. 사실 세계로 뻗어 나갈 야키토리의 미래를 대표할 만했다. 마침내 말굽 모양의 카운터에 앉아 대화하려고 자리를 잡았을 때, 야망 있는 요리사 이케가와 요시테루는 이렇게 설명했다.

"야키토리가 스시처럼 되면 좋겠습니다. 야키토리의 이미지가 세계적으로 스시와 똑같아지길 바랍니다."

'야키토리'는 말 그대로 '그릴에 구운 닭'이란 뜻이다. 비록 야채, 돼지, 치즈, 심지어 견과류까지 구울 수 있지만 말이다. 대개 야키토리 집은 연기로 가득 차 있고 아주 편안한 분위기다. 벽에는 닳아서 해진 맥주 광고가 붙어 있고 카운터에는 손을 흔드는 고양이 장식이 있다. 눈에 띄는 위치에 놓인 에어컨은 먼지

● 동명의 뮤지컬(1947)에 등장하는 스코틀랜드의 가상 도시로, 지도에도 없으며 100년에 한 번 모습을 드러냄.

가 덕지덕지 붙어 있고 기름이 굳어진, 한마디로 '음식 빨리 나오는 지저분한 음식점' 분위기다.

반면 도리시키는 미슐랭 별을 받았고 이케가와는 '오마카세お任せ' 원칙을 고수하는 몇 안 되는 야키토리 요리사 중 한 명이다. 오마카세는 좋은 스시집에서 시행되는 규칙으로, 메뉴라는 게 없고 그저 셰프가 주는 대로 먹는 방식이다. 하지만 미슐랭별과 『뉴욕타임스』 등의 찬사를 받았다는 사실만으로는 충분하지 않다. 이케가와가 설명하듯 그는 다름 아닌 야키토리의 오노지로가 되길 바랐다.

"알다시피 스시와 비슷한 점이 많거든요. 둘 다 겉만 보면 만드는 과정이 굉장히 간단할 거 같죠. 고기에 소금이나 다레를 바르거나, 스시 같은 경우 생선과 밥만 넣으면 되니까요. 손님에게 직접 서빙한다는 점도 같고요. 하지만 야키토리를 제대로 만들려면 아주 복잡합니다. 일본 요리사들이 스시가 고급 요리라고 말하고 다니듯 야키토리도 고급이라는 말을 하고 다녔으면 좋겠어요. 야키토리는 품질을 더 높이고 고급화할 수 있습니다. 발전할 잠재력이 아주 크죠."

시간은 늦은 오후였다. 대화하는 동안 이케가와는 저녁 타임을 준비했다. 작은 오픈 키친에서 준비하는 그의 모습은 물 흐르듯 원활했고 가끔 등 쪽 벨트에 꽂아두었던 부채를 꺼내 들어 불을 빠르게 살리거나, 삼나무 기름을 칠한 카운터 뒤쪽 직사각형 석쇠 안에 있는 숯을 고르게 펴려고 망치로 부쉈다.

마흔세 살의 이케가와는 도쿄 동쪽에 있는 고이와에서 자랐다. 그는 어린 시절 고이와역 주변 골목에 모여 있는 야키토리 집에서 나오는 연기에 완전히 둘러싸인 채로 지냈다.

"용돈은 야키토리 사 먹는 데 모조리 다 썼습니다." 그가 웃어 보였다. "그때는 야키토리가 정말 하층 계급을 위한 요리 같았어요. 모든 야키토리 집은 아주 캐주얼하고 연기가 많이 났죠. 하지만 스무 살 정도 됐을 때 야키토리 요리사가 되겠다고 마음먹고 어떻게 해야 할까 계획을 세웠습니다. 아버지[인쇄업자]는 반대하셨어요. 먹고살 만큼 잘할 거라고 생각하지 않으셨거든요."

이렇게 되면 보통 사람은 유명한 야키토리 음식점에 훈련생으로 지원했을 테지만 이케가와는 20대 시절 대부분을 가능한 한 많은 야키토리를 먹으며 보냈다. "낮에는 사무실에서 일했지만 남는 시간과 저녁 시간에는 야키토리를 먹으면서 고객의 입장에서 관찰했습니다. 마지막으로 내가 배우고 싶은 레스토랑을 찾았습니다. 바로 도리요시鳥ょし였죠."

도리요시의 주인은 아이노마타 요시토로 존경받는 야키토리 장인이다. 그는 야키토리에 와인을 곁들여 마시는 걸 처음으로 제안한 사람이고 결과적으로 프랑스 요리 관광객들의 관심을 끌어들인 인물이다. 하지만 아이노마타는 10대 훈련생에 더 익숙했고 상대적으로 늦은 나이에 수습 직원을 받아들이는 걸 매우 꺼렸다.

"스승님은 저에게 두 배로 열심히 해야 한다고 분명히 말씀하셨습니다." 이케가와가 회상했다. "저는 스스로를 증명해 보여야 했죠. 정말 자잘한 일만 했어요. 첫해에는 닭고기 근처에도 못 갈 정도였죠. 많은 훈련생이 첫해에 그만둡니다. 스승은 누가 살아남나 지켜보는 거죠. 절대 훈련생에게 기술을 전수해주지 않지만 일본 부엌은 다 그렇습니다. 그저 보면서 배워야만 합니다. 하지만 나는 포기라는 걸 생각해보지 않았어요. 그만두는 건 옵션이 아니었죠."

이케가와는 2년, 3년, 4년을 그의 제자로 지내면서 고기를 그릴에 굽기 위해 어떻게 준비해야 하는지, 손님을 어떻게 관리하는지 그리고 특히 고기 굽는 시간을 잘 관찰했다.

"이런 말씀을 자주 하셨죠. '야키토리를 잘 만들기 위해서 가장 중요한 일은 자신의 성격을 다시 들여다보는 것이다. 그러면 손님을 더 잘 이해하게 된다.' 타이밍이 정말 중요했습니다. 지휘자 같은 거예요. 손님의 숨결이 음표나 마찬가지죠." 그는 뒤돌아 펄펄 끓는 냄비를 확인하고 다시 돌아섰다. "숨을 내쉴 때는 음식을 먹지 못하잖아요. 그래서 나는 손님의 숨소리를 들으려고 합니다. 항상 손님을 민감히 살펴 여성분을 먼저 드리거나 단체 손님이면 가장 연장자를 드리지요. 하지만 모든 관계를 살펴야 합니다. 누가 배가 고픈지, 누가 빨리 먹는지, 누가 동행과 더 대화하는 데 관심이 있는지를 파악해야 합니다. 분위기를 살피고, 보디랭귀지를 보고 손님의 만족도를 최대로 끌어올리기 위해 식사를 시간에 맞춰 냅니다."

다시 생각해보니 전에 여기 와서 먹었을 때도 식사의 페이스는 가히 완벽했다. 이케가와는 대체로 처음에는 빠른 속도로 연이어 꼬치를 접시에 놓기 시작했다. 그러고는 속도를 늦춰, 소화하며 동행인과 대화할 시간을 주었다. 가끔 손님과 '밀당'을 하는 게 아닌가 싶을 때도 있었고 (혹은 적어도 나같이 굉장히 빨리 먹는 사람에게는) 생각보다 더 오래 기다리게 해서 식욕을 한껏 끌어올려 손님이 자욱한 연기와 지글지글 익는 닭고기 육즙 냄새 때문에 기대에 몸부림치게 만들었다. 그가 꼬치를 다루는 모습은 마치 뛰어난 실로폰 연주자의 움직임 같아서 보고 있으면 넋을 잃게 되었다. 꼬치를 정해진 횟수로만 정확히 뒤집고(횟수는 고기에 따라 달랐다. 어떤 건 열 번까지 뒤집었다) 어떤 꼬치는 불 위에서 내려 다레에 담그고(역시 여러 번) 구울 시간을 몇 초 이내로 판단했다. 지금 생각하면, 바로 그런 이유로 그가 오픈 키친에서 움직이는 방식이 약간 부자연스럽게 보인 것 같다. 그가 다른 손님이나 다른 일을 하는 (혹은 그렇게 보이는) 동안 손님들의 얼굴을 보기 위해 의도적으로 멈췄기 때문이다.

이케가와는 꼬치를 누구에게 서빙했는지 모두 기억할 수 있다고 했다. 나는 그가 손님들의 대화를 머릿속의 메모리 장치에 전부 저장해놓고 있는 게 아닐까 생각했다. 그는 가슴 주머니에 무언가를 넣는 시늉을 하며 "저는 경청하며 듣고 있지만 비밀 정보는 주머니에 가만히 넣어둡니다"라고 말했다.

그의 스승 이노마타는 몸소 솔선수범하며 가르치는 상대적으로 친절한 스승이었지만, 그래도 그의 어린 야키토리 제자에게 날카로운 말을 던지곤 했다. "일본 전통 레스토랑의 보스는 종종 아주 거칠고, 감정적이고, 화도 잘 내는 편이지만 이노마타

는 아주 논리적이었고 직원 중 가장 열심히 일하셨기 때문에 모두가 따랐습니다." 하지만 그는 '오이마와시ぉぃまわし', 즉 '잡일'만 4년을 한 후에야 숯 위에 고기 꼬치를 놓는 게 허락되었다. 그동안 그는 아침 9시부터 자정까지 레스토랑에서 일했고 집에 가서는 혼자 새벽까지 야키토리 만드는 연습을 했다. 그의 말에 따르면 터키에서 진화했다는 야키토리의 역사도 공부했다. 물론 터키 사람도 아직도 쇠꼬챙이를 이용하긴 한다. 야키토리는 아시아로 건너와 쇠꼬챙이 대신 대나무로 대체되었고 무로마치 시대(1336~1573)에 일본에 들어왔다. 현대식 야키토리집은 구할 수 있는 유일한 고기가 닭고기였던 전후 시대에 자리를 잡았고 대개 노점상, 즉 야타이였다. "우에노나 쓰키지에서 노동자를 위해 팔던 음식이었죠. 하지만 1964년 올림픽 때 야타이는 대부분 철거되었습니다."

훌륭한 야키토리 요리사는 닭 한 마리를 서른 조각으로 분리할 수 있다. 먹을 수 있다고 생각지 못했던 부위인 기도氣道나 슬개골도 있다. 이케가와는 좀더 선별해서 대략 스무 가지의 닭 꼬치를 제공했다. 계절별 야채(그의 브뤼셀 스프라우트는 유례없이 좋았다)와 더불어 두부와 메추리알도 나왔고 마지막 순서로 쌀밥에 잘게 다진 닭고기를 냈다(디저트는 없었다). 식사는 다양한 질감의 황홀한 조화였지만 모든 음식이 서양인의 입맛에 바로 끌릴 만한 건 아니었다. 예를 들어 와그작하고 씹는 식감이 있는 난코쓰なんこつ, 즉 물렁뼈를 좋아하기는 아직 힘들었다. 와사비를 직접 갈아 살짝 바른 거의 익히지 않은 안심부터 깊은 풍미의 허벅지 살까지 다양하게 나왔다. 간(가장 굽기 어려운 부위) 같은 내장 기관은 물론 심장도 있었고, 고무 느낌의 닭 껍질은 꼬챙이에 꽂으니 아코디언 모양이 되었다. 내가 가장 좋아하는 부위는 초친ちょうちん이다. 이 부위는 다른 말로 '초롱불'이라고 하는데, 닭의 자궁과 나팔관이다. 달걀 흰자위나 껍질이 형성되기 전의 부드러운 오렌지 빛깔 난자가 아직 붙어 있는 상태로 떼어 낸 것이다. 닭 하나에 스무 개 정도가 달릴 수 있단다. 막대기에 작은 배낭이 여러 개 달린 모양새로 입안에서 '달걀'이 톡 터지는 느낌이 만족스럽다.

물론, 훌륭한 야키토리라면 가격이 좀 있다. 좁아터진 야키토리집이라면 꼬치당 200~300엔 정도로 저렴하다. 도리시키에서 식사하면 6500엔 정도 하지만, 유명한 스시집에서 한 끼를 먹으면 4배는 내야 하므로 그에 비하면 아무것도 아니라고 할 수 있다.

이케가와는 후쿠시마의 고리야마 근처에서 기른 100일 된 닭을 사용했다. 다테도리라고 하는 종인데, 일본 닭과 프랑스 동부의 전설적인 닭 풀레 드 브레스의 교배종이다. "방목해서 길러 정말 건강합니다. 모이를 먹고 싶을 때 먹고, 힘은 장사죠. 겨울에는 모이를 더 많이 먹기 때문에 닭 맛이 더 좋고, 많이 움직이니까 간 맛이 더 풍부합니다." 간은 야키토리의 리트머스 종이 같은 존재다. 간이 쓴맛이 나지 않고 맛있으면 건강하게 길러진 닭일 가능성이 높다. 도리시키의 간은 베개처럼 푹신하고 닭고기 맛이 나는 사탕처럼 달았다.

이케가와는 최근 오리나 메추리, 심지어 제비 같은 새로운 재료를 실험 중이고, 사용하는 숯의 종류도 신중하게 살피고 있다(와카야마에서 오는 견목인 빈초탄[참나무]은 연기가 덜 나고 더 천천히 탄다). 육즙이 타다 남은 숯과 만나 간접적으로 고기에 풍미를 주는 시간과 꼬치에서 떨어진 육즙이 연기를 만드는 방법도 공부하고 소금도 연구한다. 물론 마호가니색 다레 소스도 연구하는데 그는 고기를 굽는 동안 특정 꼬치만 다레에 담그고 다른 꼬치는 소금만 뿌렸다. 다른 야키토리 요리사에게서 다레 레시피를 알아내려고 노력해온 내 경험에 비추어볼 때 그의 다레에는 커다란 비밀이 숨겨져 있었다.

"아니요. 비밀 같은 건 없습니다. 그저 간장, 미린과 자라메ざらめ 설탕•이죠. 하지만 2007년 이 집을 오픈했을 때 스승이 당신의 다레를 좀 주셨습니다. 이미 20년은 됐을 테고 세월이 또 흐른 데다 내가 꼬치를 엄청 많이 담갔으니까요. 아마 고기가 특별한 감칠맛을 줬겠죠."

이케가와가 갑자기 멈칫했다. 바짝 깎은 머리에 땀방울이 반짝이더니 이마에 돌돌 말아 묶은 하치마키로 굴러 떨어졌다. 그가 나를 똑바로 쳐다보더니, "이리로 와서 한번 해보시겠어요?"라고 하는 게 아닌가.

그래서 뜻밖의 제안을 받은 나는 4년간의 야키토리 잡일을

• 알갱이가 큰 호박 색깔의 설탕으로 일본 부엌에서 흔히 사용된다. 서양의 정제 설탕보다 더 가벼운 맛이다. 나는 일본 설탕이 정말 중요하다고 생각하지만 일본 밖에서 일본 음식의 맛을 내려고 할 때 종종 간과되는 재료다.

건너뛰어 자그마한 뒷부엌을 돌아가 그의 옆에 바짝 붙어 있게 되었다. 부엌 벽 쪽으로는 접시와 유리잔이 잔뜩 쌓여 있었다. 나는 도리시키의 카운터 뒤에 섰다.

말굽 모양의 카운터 중심에 서니 시야가 완전히 달라 보였다. 잠시 후에는 재잘대며 수다를 떠는 손님들에 둘러싸이게 될 것이다. 나는 고기와 재로 딱딱하게 굳은 이케가와의 그릴 아래로 수백만 개의 닭꼬치를 구우면서 생긴 연기와 거무튀튀한 퇴적물이 두껍게 쌓인 걸 보았다. 마치 왕가의 계곡Valley of the Kings●에서 가져온 석관石棺 같았다. 옆으로는 커다란 빨간색 도자기 단지에 그 유명한 다레가 담겨 있었다. 걸쭉하고 짙은 갈색 액체가 태곳적부터 내려온 감칠맛 원액처럼 단지 옆으로 천천히 흘러내리고 있었다. 이케가와는 나에게 앞치마와 부채, 허벅지살 꼬치를 건네주고는 한번 해보라는 시늉을 했다. 나는 꼬치를 그릴에 올려놓고 카운터 아래에 있는 공기 흡입 장치로 어떻게 연기가 조용히 빠져나가는지 관찰했다. 이케가와가 내 부채를 가리켰다. 나는 악마처럼 시뻘겋게 타오르는 불씨에 부채질했다. 연기가 솟아오르고 육즙이 불 위로 떨어지자 쉿 소리를 냈다. 그가 나에게 꼬치를 뒤집으라고 손짓했고 잠시 후에는 다레에 담가 다시 불에 올려놓으라고 했다. 완성될 때까지 그 과정을 반복한 다음, 내가 구운 꼬치를 먹어보라고 했다. 육즙이 어마어마했다. 고기는 엄청난 풍미를 내뿜었고 그건 내가 꼬치를

● 기원전 16세기부터 기원전 11세기까지의 고대 이집트 파라오 63명이 잠들어 있다고 알려진 곳.

모조리 뜯어 먹고 난 후에도 계속해서 이어졌다(스시 셰프는 손으로 초밥을 먹으라고 한다. 이케가와는 꼬치의 고기를 빼서 접시에 덜어 먹기보다는 꼬치를 들고 그냥 먹는 게 늘 더 좋다고 충고했다).

이케가와의 저녁 손님이 다 나갔다. 이제 갈 시간이 되었지만 나는 아직 질문이 몇 개 더 남았다. 나는 항상 장인들이 수년간 상대적으로 제한된 분야에서 일하는 단조로움을 어떻게 극복하는지 늘 궁금했다. 결국 우리 대부분은 일하면서 약간씩 변화를 주고 싶어하니까. 나는 그에게 숯 위에서 닭을 굽는 게 지겨워질 수도 있겠냐고 물어보았다. "아니요, 전혀 그렇지 않습니다. 나는 평생 전문가가 되고 싶습니다. 요새 젊은이들은 선택권이 참 많아 너무 쉽게 포기합니다. 가장 중요한 건 처음부터 열정을 가져야 한다는 거죠."

도리시키는 미슐랭 별을 하나 받았다. 더 받고 싶을까? "그게 가능할까 싶습니다. 그저 최선을 다해 내 할 일을 하는 거죠. 물론 그런 식으로 인지도가 더 높아지면 일본 밖으로 야키토리를 알리는 데 도움이 되고, 스시처럼 야키토리도 예술작품이 될 수 있다는 걸 깨닫게 할 수 있겠죠."

이튿날 오후 리센, 애스거와 에밀을 데리고 통근 열차를 이용해 이케가와의 고향인 고이와로 향했다. 닭의 지방이 타는 숯연기로 가득하다는 곳이다.

영문을 모르는 가족은 감동은커녕 도대체 왜 여기에 데려온 거냐고 중얼거렸다. 사실 그랬다. 고이와는 도쿄에서 살기 좋은 곳은 아니었다. 역 근처 토끼 소굴 같은 골목에는 레스토랑처럼 타이 마사지숍이 많았고 이케가와가 경고한 대로 괜찮은 야키토리집은 대부분 없어진 지 오래였다. 하지만 그가 여전히 가볼 만하다고 추천한 곳이 한 군데 있으니 바로 도리키였다. 보행자 전용 도로가 있는 고이와 시내 중심가에서 약간 내려온 곳에 이자카야가 한 곳 있었는데, 거기서 일하는 앞치마를 두른 친절한 웨이트리스가 우리를 도리키 1층으로 안내해주었다. 이른 저녁이었고 허물어질 것 같은 방에 다양한 찐 야채가 놓인 접시가 바 위에 나란히 타파스 스타일로 놓여 있었다. 없으면 허전한 맥주 광고 포스터가 벽에 붙어 있고 구석의 양념 통은 아직 열지 않은 채였다. 도리키는 텅 비어 있었다. 요리사는 나이 지긋한 신사로 흰 티셔츠를 입고 아랫입술에는 불붙은 담배를 계속해서 달고 있었다. 그는 저녁을 위해 미즈 앙 플라스mise en place[영업 시작 전 음식 준비작업을 마무리 짓는 것]를 하는 중이었다. 그렇게 맛있는 집 같아 보이진 않았지만 우리가 주문한 '야키토리 세트'는 맛있었다. 모래주머니, 허벅지살, 날개, 간과 닭 껍질 등 다섯 개의 꼬치는 겨자, 레몬 조각과 함께 나왔고 젓가락은 없었다. 가격은 200~300엔이었다. 도리시키의 가게와는 멀리 떨어져 있었고 맛도 분명 몇 단계는 아래였지만, 그래도 어떤 면에서는 그렇게 차이가 크지 않았다. 맛있는 음식이라는 건 여러 형태가 있고 일본에는 맛있는 음식을 내놓는 곳이 많으니까.

야나기하라

미슐랭 별을 받은 파리의 레스토랑에서 일한 경험이 있고 비좁고 익숙하지 않은 부엌에서 여러 명분의 음식도 해보았다. 그리고 유명하고 존경받는 요리사(장모님은 말할 것도 없고)를 위해 음식을 만들어본 적도 있지만, 앞치마를 두른 상태로 이렇게까지 능력을 넘는 일은 해본 적이 없었다.

나는 장어 살을 뜨려고 낑낑대고 있지만 장어 껍질이 길고 미끄러운 데다 비닐 자루처럼 질긴 탓에, 완전 엉망진창으로 잘게 써는 중이다. 불쌍한 장어는 마치 누군가 무딘 쇠로 톱질을 한 것처럼 되고 말았다. 그때 요리 선생이 내 뒤에서 걸음을 멈추더니, 마치 프로가 초보에게 골프채 잡는 법을 가르치듯 내 허리 양쪽으로 손을 쭉 뻗었다. 한 남자가 다른 남자에게 공개적인 장소에서 취하기에는 과도하게 친밀한 동작이지만 나는 고

분고분 입을 다물었다. 금세 껍질이 벗겨진 생선살이 도마 위에 두 조각 올라왔다.

일본 전통요리 학교인 야나기하라 요리 학교柳原料理教室를 방문하는 건 심지어 앞문에 들어가기 전부터 실패였다. 학교는 아카사카에 있는 미국 대사관 근처로, 도쿄에서 가장 고급스러운 동네에 있었다. 나는 학교 앞에 도착했지만 건물 앞의 작고 꼼꼼하게 관리된 정원으로 들어가는 문을 열지도 못했다. 정원 뒤로 우아한 4층짜리 건물이 있었는데 외관은 비싸 보이는 짙은 색 슬레이트 타일로 덮여 있었다. 나는 문을 밀어도 보고 당겨도 봤지만 빌어먹을 놈의 문은 잠겨 있는 것 같았다. 결국 인터폰을 눌러 도움을 요청했다. 잠시 후 뉴스 앵커를 할 법한 이미지의 잘생기고 말쑥한 남자가 친절하게 나를 구해주러 왔다.

"잠긴 게 아닙니다." 남자는 동정 어린 웃음을 지었다. "됐죠?" 그러더니 문을 오른쪽으로 밀어서 여는 것이었다.

서른일곱 살의 이 남자는 야나기하라 나우요키로 요리학교의 3대째 자손이다. 그가 나를 데리고 30대 중반부터 80대 초반까지 열 명이 넘는 여성이 요리 수업을 기다리고 있는 로비로 갔다. 나는 일본의 전형적인 플라스틱 실내화를 신고 친구에게 빌린 꽃무늬 앞치마를 입고 요리 시연이 있을 부엌으로 그들을 따라 올라갔다.

부엌은 방금 우린 다시의 향기로 가득했다. 꽃무늬 긴 앞치마를 입은 세 명의 나이 지긋한 여성이 (나중에 안 사실인데 최연장자는 80세였다) 곧 펼쳐질 요리 시연을 위한 재료를 준비하느라 부엌을 부산히 돌아다녔다. 부엌은 내 모교인 파리의 르 코르동 블뢰와 비슷한 구성이었다. 커다란 아일랜드에 가스레인지와 싱크대가 있고 머리 위로는 시연을 자세히 보여줄 TV가 보였으며 뒤로는 칠판이 있었다.

나오유키는 나에게 어머니인 노리코를 소개해주었다. 그녀는 남편 가즈나리와 함께 여전히 매일 적극적으로 학교 일을 하고 있다. 나오유키는 학교의 상임이사로 에티켓과 테이블 매너를 가르치고 아버지는 회장을 맡고 있다. 우리가 대화하고 있는데 일흔네 살의 할아버지 야나기하라가 교실로 들어왔다. 그는 고무줄 소매가 달린 옅은 파란색 실험복을 입고 있었다. NHK가 최근 그에게 전화를 걸어 내 책을 애니메이션으로 만든 프로그램에 등장할 음식에 대한 정보를 물어봤다고 해서 우리는 프로그램에 대해 대화를 좀 나누었다.

내가 야나기하라 학교에 온 건 여러 가지 이유 때문이었다. 그간 야나기하라 가족은 '전설'이라는 숭배하는 듯한 말을 자주 들었다. 이 가문은 특히 17세기부터 다도와 함께 진화해온 요리 방식인 긴사류의 전통을 이어가는 데 전념하고 있다. 긴사류는 먼저 교토에서 탄생한 후 에도(지금의 도쿄)로 옮겨갔다. 야나기하라 학생들은 유난히 더 충성스럽고 헌신적인 사람들로 잘 알려져 있다. 장자는 (아쉽게도 그날은 학교에 없었다) 96세고, 다른 아들은 학교를 50년 동안 운영했다. 이곳은 배타적인 것으로도 유명한데, 수업료가 비싸 여유 있는 부인들에게 인기가 높다. 런던의 프루 리스Prue Leith나 또는 스위스의 전통적인 숙녀 학교와 비슷하겠다.

야나기하라 부인은 60대 후반의 어마어마한 분위기를 풍기는 여자였다. 주눅 들 정도로 번쩍이는 헤어스타일에 흠잡을 데 없는 두꺼운 메이크업을 한 그녀가 나에게 명함을 내밀었다.

"당신 책을 읽어봤습니다." 무뚝뚝한 목소리였다.

자, "당신 책을 읽어봤습니다"라는 말은 "정말 좋았어요. 지금까지 읽은 책 중 가장 훌륭했습니다" 같은 말이 따라온다면 저자에게 건네기 좋은 말이다. 하지만 만약 야나기하라 부인이 그랬던 것처럼 그냥 그 말만 던지고 침묵만을 남기고 자리를 떠난다면, 그건 저자에게 건네는 말 중 최악이다.

나는 마음을 가다듬어보려고 애썼다. 에티켓을 가르치는 것이 야나기하라 부인의 일이라고 되뇌면서 내 명함을 주섬주섬 찾았지만 코트 주머니에서는 엉망진창으로 구겨진 명함이 달랑 한 장 나올 뿐이었다. 명함에 붙은 옷의 먼지를 털어 그녀에게 건넸다. 그녀는 별다른 인상을 받지 않은 듯했고, 나에게 코트를 벗어서 옷걸이에 걸라고 한 다음 되돌아섰다. 나는 옹기종기 모여 서성대며 앞치마를 입고 수업을 위해 노트를 준비하는 20여 명 정도 되는 여성들과 함께 있게 되었다. 흐느적거리는 헤어스타일에 다소 외로워 보이는 30대 초반 백인 남자가 구석에 한 명 보였다. 나는 앞에 앉았다. 여성들이 수줍게 웃으며 손 뒤로 뭐라고 속삭이며 나에게서 멀리 떨어져 앉으려는 어색한 순간이 지나갔다. 늦게 온 사람들은 어쩔 수 없이 내 옆에 앉아야 했다.

(이제야 생각난 건데 일본에서 만난 사람 중 에티켓 전문가를 자칭했던 모든 이는 매우 무례한 사람들이었다. 한번은 교토에서 열렸던 북이벤트에서 책에 사인하고 있었는데 한 여성이 나에게 다가왔다. 그녀가 명함을 건네기에 읽어보니 '마니에리즘주의자Mannerist'라고 했다. 그녀는 내가 일본에 관해 글을 썼던 작고한 앨런 부스와 관계가 있는지 물었다. 내가 아니라고 하자 "아, 그거 실망스럽네요"라고 했다. 그러더니 내가 무슨 사기를 쳤다는 듯 바라보더니 성큼성큼 걸어갔다. 또다른 일화. 일본에서 있었던 어느 저녁 모임에서 내 옆에 앉았던 여자는 모임에 초대를 받지도 않고 온 사람이었다. 그녀는 내가 얼마나 일본인의 매너인지 뭔지에 대해 이해가 부족한지에 대해 저녁 내내 설명했다. 그러는 동안 그녀는 고양이처럼 계속 입을 벌리고 음식을 씹었다.)

야나기하라 부인은 기침하고 종이를 바스락거렸다. 조용히 하라는 신호였다. 그녀는 자기 아들이 실린 최근 잡지 기사를 보여주는 것으로 수업을 시작했다. 그리고 나를 소개했지만 나는 그때 노트에 뭘 적느라 바빠 집중을 거의 하고 있지 않았다.

"일어서세요!" 야나기하라 부인이 소리 질렀다. 나는 그녀가 내 방향을 보고 있다는 걸 깨달았다. 나는 멈췄다. 정말? 그래. 시키는 대로 해야지 하고 일어나 어색하게 몸을 숙여 인사했다.

그녀의 아들, 나오유키가 교실로 들어왔다. 이제 그는 무릎까지 오는 흰 가운을 입고 있었다. 서서히 깨달은 사실이지만, 그가 오늘 가르칠 오카야마 마쓰리('마쓰리'는 축제를 뜻한다. 오카야마는 고베 서쪽의 내해에 있는 바닷가 도시다) 전통 요리는 상급자를 위한 요리 교실이었다. 나오유키는 집중하느라 입술을 쭉 내민 채 놀라운 기술과 예술가적 기교로 어찌나 놀라운 요리 시연을 하는지, 나는 노트에 적어야 한다는 걸 자꾸 잊어버릴 정도였다. 그리고 필기하지 못한 걸 나중에 엄청나게 후회했다.

그가 만든 요리 중 하나는 장어였는데 순식간에 살을 발라내더니 브러시로 다레를 바르고 그릴에 올렸다. 그러자 온 부엌이 침 고이는 냄새로 가득 찼다. 다른 요리에서는 얌을 이용했다. 그는 얌을 스리바치와 스리코기(일본식의 줄무늬가 파진 절구와 나무로 만든 절굿공이)로 갈아 묽은 반죽으로 만들었다. 그런데 어떻게 한 건지 모르겠지만 놀랍게도 그 묽은 반죽을 조각으로 나눌 수 있었다. 그리고 얌을 절구에서 건져 노리로 싼 다음 기름에 튀겼다. 그는 이 모든 동작에 오로지 젓가락만 사용했다. 정말이지 대단한 기술이었다. 그는 그 와중에 고하다(전어)의 살을 뜨고 문어 다리를 데쳤다. 스시 쌀밥에 식초로 간을 할 때는 숟가락의 둥근 뒷면을 사용했다. 식초를 밥에 더 골고루 퍼뜨릴 수 있어 좋은 팁이었다. 그는 백합근을 준비해 찌고, 순무를 육각형으로 만들어 먹을 수 있는 음식 그릇으로 사용했는데 아름다운 반투명 색이었다. 이번에는 젖은 스타킹 같은 기다란 갈색 끈을 잘게 잘랐다(나중에 알아낸 바로는 말린 박의 줄기 혹은 '간표干瓢'라는 거였다. 일본 전통 요리에서 끈으로 자주 사용하며 먹을 수 있다, 요리 시연에서는 잘게 잘라 쌀에 넣었다). 생새우는 끓는 물에 넣었다가 얼음에 넣은 다음 간장 소스에 집어넣었다. 이런 식의 요리가 계속 펼쳐졌다.

진정 기량의 정점에 서 있는 거장 요리사의 시연이었다. 그는 물 흐르는 듯한 동작으로 자신 있게, 완벽하게 요리했다. 얇은 직사각형 팬에 일본식 오믈렛을 만들 때 팬의 바닥을 불에서 아슬아슬할 정도로 가까이 유지하며 살살 흔들어 달걀의 모양을 세심하게 잡고 젓가락으로 절묘하게 간결한 동작으로 계란을 뒤집는 모습은 극장에 올릴 만한 한 편의 공연 같았다. 모든 시연이 침묵 속에서 이어졌고 유일한 소음은 환풍기 돌아가는 소리와 학생들이 노트에 필기하는 소리, 이따금 들려오는 눈을 깜빡이며 한숨 내쉬는 소리가 다였다. 시연이 끝났을 때도 역시 침묵이었다. 박수도 없었다.

학생들이 방금 본 요리를 만들기 위해 L자 모양 방의 다른 작업 공간으로 이동하고 있는데 나오유키가 나에게 다가왔다.

"자, 마이클, 준비됐나요?"

"네? 무슨 준비요." 인터뷰하나?

"그룹에 들어갈 준비요. 제가 소개해드릴게요."

나는 이 요리 교실에 오랫동안 혹은 수십 년간 참석해온 다섯 명의 학생과 함께 모든 음식을 직접 해야 하는 상황에 처하고 말았다.

급한 대로 혼자 있던 서양 남자의 시선을 끌었다. 그의 이름은 라이언이었고 텍사스 출신이었다. 가정 요리반인 줄 알았어요. 나는 그에게 절망스러운 목소리로 속삭였다.

"네. 이런 걸 '가정 요리'라고 하는 건 거의 모욕적인 수준이죠." 그가 공감했다. "가이세키 수준의 요리죠. 실수라고는 전혀 없어야 하는."

일본에 17년째 살고 있는 라이언은 어학 수업을 듣는 것과 더불어 진짜 일본 요리를 배우고 싶어서 온 것이었다. "괜찮은 요리 학교가 어디냐고 물어보고 다녔어요. 이 학교가 비전문가 요리사가 다니기에 가장 진지한 분위기라는 평이 나 있더라고요."

나오유키가 끼어들어 나를 '팀'에 소개해주었다. 우리 팀은 노리코, 준코, 니타니(이건 그녀의 성이었고 이름은 듣지 못했다), 세쓰코, 미치코였다. 미치코는 다소 엄격해 보였고 도서관 사서처럼 목 뒤로 체인이 있는 안경을 썼다. 니타니는 잘 웃고 키가 아주 작아 내 허리께에 왔다. 세쓰코는 수업을 듣기 위해 히메지에서 신칸센을 세 시간 타고 왔다고 했다. 가장 젊은 노리코는 영어를 제일 잘했다. 네 시간가량 요리하는 동안 엉망진창 가이진(외국인)이 느릿느릿 요리하는 걸 보고도 짜증 내지 않고 나를 차분히 가르쳐준 건 바로 노리코였다.

그들은 나에게 오믈렛 만드는 걸 담당하라고 했다. 그리 어렵지 않아 보이지만 내 능력을 심히 잘못 판단한 거였다. 나는 잠결에도 프랑스 스타일의 오믈렛을 뚝딱 만들 수 있지만, 일본식 오믈렛은 특별한 직사각형 팬을 사용해야 하고 온도를 조절하는 안목 등 훨씬 어려운 기술이 필요했다. 나는 일본식 오믈렛을 만들어본 적이 한 번도 없었지만 기적적으로 첫 번째에 꽤 완벽하게 해낼 수 있었다. 하지만 다음 오믈렛은 너무 익혀 엉망으로 만들었다. 또 새우를 익히기도 전에 껍질을 벗겨버리는 실수를 저지른 덕에 새우는 끔찍한 회색이 됐고 골뱅이 모양에 식감도 질겼다. 그리고 장어가 등장했다. 도마에 고정하기 위해 장어의 눈알은 어떻게 간신히 꼬챙이에 꽂았지만 그다음부터는 아주 훌륭하게 망치고 말았다.

나오유키가 골프 스윙을 도와주는 폼으로 나를 구출해주었고, 능력 있는 요리사 동료 덕분에 오카야마 축제 멀티코스 요리의 마무리를 향해 서서히 다가갈 수 있었다. 나는 마지막으로 요리를 마쳤고, 우리는 작업 공간 앞에서 다 같이 음식을 먹었다.

식사 후 나오유키와 드디어 대화할 시간이 났다. 그가 현재 일본 요리 문화에 대해 어떻게 생각하는지 매우 궁금했다.

"지난 몇 년간 두 가지 일이 일어났습니다." 우리는 위층에 있는 TV 스튜디오(요리 학교에 자체 스튜디오가 있었다)에 앉았다. "2011년에 지진이 일어났고요. 유네스코가 2013년 일본 음식을 세계문화유산으로 등재했습니다. 먼저 제 생각에는 사람들이 얼마나 요리에 대해 아는 게 없는지 깨닫게 됐다고 봅니다. 후쿠시마에 있었던 사람들은 2주간 음식을 살 수 없었습니다. 전기나 가스가 없었기 때문이죠. 많은 일본인은 밥을 할 줄도 모릅니다. 하지만 우리 학생들은 장작불에도 밥을 할 수 있죠. 그러니 우리는 사라져가는 유용한 기술을 가르치는 셈입니다. 지진 후에 새로운 학생이 많이 등록했습니다."

그는 유네스코 등재가 아마도 해외보다는 국내에 더 큰 영향을 미쳤다고 인정했다. "일본인은 일본 요리가 해외에서 매우 인기 있다는 걸 알게 되었습니다. 우리에게 아주 귀중한 자산이 있다는 점과 외국인들이 음식을 먹으러 혹은 쓰키지 시장 같은 걸 보기 위해 일본에 온다는 걸 깨달은 거죠."

"야나기하라 학교는 르 코르동 블뢰처럼 전문 요리사를 양성 하는 요리 학교가 아닙니다. 과거에 가정에서 요리했던 방식대 로 다음 세대에게 가정 요리를 가르치는 곳입니다. 유명한 레스 토랑에 가는 것도 좋지만 일본 음식 문화는 가족과 집에서 시 작한다는 사실을 사람들은 깨닫지 못하고 있습니다. 기술, 재료, 계절을 배울 필요가 있죠. 그게 우리가 파스타나 피자 만드는 법을 가르치지 않고 일본 요리만 가르치는 이유입니다."

"할아버지는 당신의 어머니에게 요리를 배웠습니다. 집에서 요리를 배운 첫 번째 남자였죠. 1950년대에 학교를 시작한 이유 는 할아버지가 배웠던 일본 전통 요리 스타일이 이미 무너져내 리고 있었기 때문입니다. 일본인은 빵을 많이 먹고 있습니다. 튀 기는 데 기름을 사용하는 건 일본인 방식이 아니죠. 일본 요리 는 물의 요리지 기름의 요리가 아닙니다. 할아버지는 일본 요리 문화가 주부에 의해 만들어진 것이지 레스토랑 셰프가 만드는 게 아니라는 걸 알았습니다. 부인과 엄마들이 아기들에게 밥을 먹일 때 아이들의 입맛을 만듭니다. 그게 할아버지가 주부들을 교육해야겠다고 느낀 이유였습니다."

이 방식은 좀 구식 아닐까? 남자도 부엌에서 똑같은 책임을 져야 하지 않을까요?

나오유키는 망설였다. "그렇죠. 하지만 남자는 더 바쁩니다.

일본인의 문제죠. 늦게까지 일하고 일을 많이 합니다. 가끔 은퇴한 분들은 여기에 와서 요리를 배웁니다. 여성이 매일 음식을 만들지는 못하겠지만 토요일, 일요일은 만들 수 있죠. 여성은 레스토랑에서 외식하는 대신 가족과 집에서 시간을 보내야 합니다. 집에서 일본 음식을 만들어야 하죠. 하지만 심지어 요즘에는 할머니들조차 요리할 줄 모릅니다. 많은 일본인 요리 선생이 일본 전통 요리를 하지 못합니다." 그는 절망스럽다는 듯 고개를 저었다.

그의 할아버지 도시오는 손자의 요리 훈련을 아들에게 맡긴 뒤 나오유키가 열두 살이 됐을 때 돌아가셨다. 할아버지는 돌아가시기 전 특별한 상징적 선물을 그에게 주었다. 나오유키가 회상했다.

"일본에서는 여섯 살이 되는 해의 6월 6일을 전문가가 될 수 있는 날로 여깁니다. 그날 할아버지가 제게 요리사의 칼을 주셨죠."

대화를 마무리하면서 일어나려는데 나오유키의 아내가 7개월짜리 아들, 슈타로를 안고 스튜디오에 들어왔다. 우리는 아기를 보고 한동안 아기 말투를 쓰며 예쁘다고 좋아했다. 정말 귀여웠다. 그때가 밤 11시였고 나오유키는 새벽 6시부터 생선을 사러 쓰키지에 가야 했다. 그와 나는 모두 지친 상태였지만 야나기하라 요리 제국의 다음 세대, 일본 전통 가정요리의 운명을 손에 쥔 사람은 활짝 깨어 있었고 별처럼 빛날 것 같았다.

케이크

나는 점점 더 강박 관념에 빠지고 있다. 오노 지로 같은 장인들이 일편단심으로 헌신하고 단련하는 자세에 말이다. 내 아이들에게 일시적인 결과보다는 과정에 변함없이 집중하는 장인의 태도를 어떻게든 알려주고 싶다는 생각이 지워지지 않았다.

일본에 처음 온 이후 나는 일본 케이크의 세심한 완벽함에 매료되었다. 파리에 3년 동안 살면서 집 주변에 있던 화려한 케이크 가게는 전부 다녀봤지만, 도쿄 제과점의 섬세하고 꼼꼼한 케이크 같은 건 본 적이 없다. 나는 백화점 지하 식품매장인 데파치카デパチカ를 몇 시간 동안 샅샅이 훑고 다니며 흠잡을 데 없는 몽블랑, 밀푀유, 오페라, 마카롱이 가득한 유리 캐비닛을 바라보고 혀를 내둘렀다.

내 생각에 일본 제과점은 적어도 장식적인 면에서 볼 때 요리가 예술에 가까워진 몇 안 되는 영역 중 하나다.

장인이 만든 원본 그림, 조각품이나 도자기를 사람들은 만져 볼 수도 없다. 1960년대 페라리나 찰스 임스의 의자 혹은 파르베제 달걀도 마찬가지다. 음식계도 미슐랭 별을 받은 레스토랑에서 식사하려면 수백 달러 이상 투자해야 하고, 괜찮은 보르도 한 병을 따려고 해도 마찬가지다. 하지만 도쿄 제과점의 유리 캐비닛에는 세계에서 가장 뛰어난 기술을 가진 사람이 방금 만든 예술품이 전시되어 있다. 기술을 완성하고, 최상의 재료 공급처를 찾고, 재료를 사용하는 법을 이해하는 데 수년을 헌신한 장인들의 작품을 겨우 2~3파운드에 구매할 수 있다.

이 놀라운 케이크 뒤에 있는 사람들 중 한 명을 늘 만나보고 싶었다. 이토록 엄청난 정확성과 헌신으로, 이렇게 작은 영역에서, 이토록 적은 재정적 보상을 받고 일할 수 있는 원동력은 무엇일까? 나는 헬륨처럼 가벼운 무스를 만드는 기술, 혹은 촉촉한 과일 토핑 아래에 비스킷 베이스를 바삭하게 유지하는 기술에 대해 케이크 마니아다운 호기심이 일었다. 제인 오스틴이 묘사했듯 '작은 (2인치 너비의) 크기의 아이보리 캔버스'에는 일고여덟 개의 구성 요소가 들어갈 수 있다. 20개 남짓한 기본 재료를 사용한 스펀지, 무스, 가나슈, 과일, 잼, 설탕 공예, 비스킷, 아이스크림, 소르베, 글레이즈, 커스터드 크림, 샹티이가 모두 위험할 정도로 연약하고 순간적이며 중력을 거스르는 모양으로 펼쳐져 있다.

이테미 스기노는 도쿄에서 가장 존경받는 파티셰다. 그는 케이크 분야에서 보퀴즈 도르 격인 쿠프 뒤 몽데 드 라파티스리 Coupe du Monde de la Pâtisserie(1991)에서 동양인 최초로 우승했고, 2015년에는 아시아 최고의 파티셰로 인정받았다. 자신의 분야에서 정상급 기량을 가진 장인인 셈이다. '앙트르메'(케이크 업계의 러시아 인형으로 층층으로 단이 있고 풍미와 질감이 완벽하게 매치된다)를 가장 아름답게 만드는 걸로 유명하다. 그의 케이크는 최소한의 젤라틴과 설탕으로 만든 섬세한 무스로 소문이 나 있으며 가장 풍성한 질감의 스펀지 베이스로 명성을 떨치고 있다. 처음 그의 케이크를 보면 달리 특별하다거나 혁신적인 모습은 없다. 맛도 페어링도 친숙한 조합으로 커피와 캐러멜, 라즈베리와 피스타치오, 민트와 초콜릿이다. 유럽에서 가끔 보이는 충격적인 수준의 아방가르드한 케이크는 전혀 만들지 않는다. 유럽에서는 올리브 오일과 커피 가루 혹은 시리얼 우유(사실, 모유도 있다)가 디저트에 사용되기도 한다. 하지만 그는 단지 초콜릿, 견과류, 파티셰가 늘 쓰는 과일인 라즈베리, 블루베리, 복숭아, 딸기를 계절에 따라 쓸 뿐이다. 물론 여름에는 코코넛과 패션프루트(백향과)를 많이 쓰고 가을에는 밤을 애용하며 겨울에는 귤 시트러스를 쓰는 정도다. 이런 케이크는 전통적인 프랑스 제과 방식이지만, 만들어진 수준은 파리에서 보기 힘든 수준이었다.

도쿄의 전설적인 호텔 오쿠라의 주방에서 일을 처음 시작한 젊은 스기노는 아쉽게도 지금은 존재하지 않는 파리의 파티스리 펠티에Patisserie Peltier에서 일을 배우면서 전문가의 길을 걷기 시작했다. 1989년 파리로 온 후, 그는 다른 레스토랑에서 스테이지● 혹은 인턴십을 하는 중이었다. 그러던 어느 날, 조카의 생일 케이크를 사기 위해 제과점에 가려다가 실수로 듀록 역에서 내려 파티스리 펠티에의 창문을 들여다보게 되었다. 그는 단번에 매혹당했다. 그는 케이크를 직접 사서 맛을 보았고 그걸로 인생이 영원히 바뀌었다.

"그 오렌지 타르틀레트는 너무 맛있었습니다." 스기노의 제과점 외에는 그다지 유명한 게 없는 도쿄 교바시의 뒷골목에서 그를 만났다. 잠시 그는 20년 전에 겪었던 결정적 순간으로 돌아갔다. "특히 페이스트리가 기억에 남습니다. 완벽했죠."

스기노는 펠티에로 들어가 용기를 내어 파리에서 가장 훌륭한 디저트 키친이라는 감언이설을 덧붙이며 돈을 받지 않고 일하겠으니 기회를 달라고 부탁했다. 결국 그는 거기서 3년을 일했고 페이스트리와 마카롱, 무스와 파테 아 슈pâte à choux[부드러운 반죽으로 슈를 만드는 것] 그리고 파티셰의 무기가 되는 놀라운 재료들을 마스터했다. 펠티에에서 일하는 동안 스기노 안에 잠들어 있던 무언가가 깨어난 게 분명해 보인다. 펠티에에서 일한 지 2년도 채 지나지 않아 쿠프 뒤 몽데 드 라파티스리에 일본 대표로 참가해 우승을 거머쥐게 된 것이다. 케이크 만들기는 전 세계에서 경쟁이 가장 치열한 분야였고 지금도 마찬가지다. 그의 승리는 모두에게 대단히 놀라운 일이었고, 특히 스기노 자신에게 그랬다.

● 짧게는 하루에서 일주일, 길게는 6개월까지 보수를 받지 않고 일하는 것.

"그때 일본은 데코레이션으로 유명했지만 맛을 그리 잘 내지는 못했습니다." 그는 옛 시절을 떠올리는 것 같았다. 대회를 위해 6개월을 준비했는데 당시에는 준비라는 게 없었다. "최종 발표 때 3위부터 발표했던 게 기억납니다. 캐나다였어요. 프랑스 팀은 너무 자신 있었기 때문에 본인들이 우승할 줄 알았지만 2위가 프랑스였습니다. 그래서 저는 벨기에가 우승하겠구나 했습니다. 그런데 '1위 일본' 했을 때는 정말 드라마틱했죠."

스기노는 대회에서 우승했어도 인생의 방향이나 일본 제과의 방향을 바꾸지 않고 그대로 유지했다. 일본 제과는 그의 이전 스승이었던 앙드레 르콩트가 1963년 오쿠라 호텔에서 디저트를 담당한 후부터 순조롭게 항해하고 있었다.

사람들은 대부분 기억하지 못하지만 르콩트가 일본에 왔다는 건 일본 유럽 요리사에 중대한 순간이었다. 르콩트는 1999년 생을 마감할 때까지 일본에 살면서 일본 파티셰의 전 세대를 훈련시켰고 정확한 제빵 기술과 일본에 없었던 비에누아즈리 Viennoiserie●를 거의 혼자서 전파했다. 핑크빛 피부에 통통하고 자그마했던 르콩트가 세상을 떠났을 때, 요식업체의 바이블인 『로텔리 레스토라시옹』에 그의 사망 기사가 실렸다. 기사에 따르면 프랑스에서 열세 살의 나이에 고아가 되었던 그는 레스토랑, 양조장, 네 곳의 찻집과 공장 그리고 직원 200명을 거느린 케이터링 회사라는 다섯 개의 사업을 거느린 위대한 제국을 건설했

● 버터가 많이 들어가는 종잇장같이 얇은 제빵용 반죽. 크루아상이나 팽오쇼콜라를 만든다.

다고 한다.

르콩트는 파리의 조지 5세 호텔에서 8년 동안 훈련하면서 자신의 경력을 시작했고 나중에는 이란의 왕을 위해 일했다. 그때 그는 1964년 도쿄 올림픽이 열리기 전에 도쿄로 옮기면 어떻겠냐는 어떤 프랑스 여행 안내원의 제안을 받았다. 도쿄에서 처음으로 열렸던 올림픽은 일본 음식 역사에서 또 다른 중요한 이벤트다. 그때가 바로 프랑스 요리가 일본 요리의 아름다움과 간결함, 계절성을 처음으로 접하게 된 때였다. 그 중차대한 만남으로 누벨퀴진nouvelle cuisine이 탄생했다. 이는 19세기에 일어난 움직임으로 오귀스트 에스코피에가 사용하던 방식인 헤비한 소스와 기름, 유제품을 사용하는 조리법을 거부하고, 대신 계절 재료를 사용한 단순한 요리로 플레이팅에 더 신경을 썼다.

1960년대 오쿠라 호텔은 일본 전체에서 최고 수준의 서양식 음식을 제공하는 유일한 호텔이었다. 르콩트가 거기서 일하기 시작했을 때, 1500명의 직원 중 그는 유일한 외국인이었다. 하지만 일본인에게 익숙했던 팥소가 들어가고 모치가 기본이 되는 화과자와 너무 달랐던 그의 비범한 디저트는 입소문을 타면서 금방 인기를 끌게 되었다.

르콩트는 찻집을 운영하던 일본인 여자, 야스코와 결혼했다. 그는 오랜 시간이 지나지 않아 도쿄에 머물던 외교관들에게 디저트를 공급하기 시작했고 나중에는 황제의 식탁에도 그의 디저트가 올라갔다. 1968년 그는 아내의 찻집을 프랑스 베이커리로 변경했고, 일본을 방문한 교황과 귀족을 포함한 많은 유명

인사에게 디저트를 대접했다. 그를 방문한 프랑스 대통령도 여러 명이었다. 아직도 긴자와 도쿄의 백화점에는 A. 르콩트 지점이 남아 있다. 그는 로부숑, 보퀴즈 등 다른 프랑스 셰프들이 그들의 레스토랑과 회사 제품으로 일본을 정복할 수 있도록 길을 닦아놓은 셈이고, 그 추세는 지금까지도 이어지고 있다.

르콩트도 일본인 특유의 의무감과 헌신하는 자세에 감동받은 듯하다. 그래서 일본에 그렇게 오래 있지 않았을까. 『로텔리 레스토라시옹』에 실린 그의 말을 인용하자면 "일본에서 우리는 절대 편안히 있을 수 없다. 일본인은 일을 많이 한다. 난 그들을 좋아한다. 매일 훈련하는 것이 모든 성공의 열쇠다."

파리 레스토랑의 주방에서 일해본 외국인이라면 오웰부터 고든 램지에 이르기까지 갖가지 끔찍한 경험담이 있기 마련이다. 그중 일본인이 가장 고생한 것 같았다. 몇 년 전 위대한 가이세키 요리의 장인인 무라타 요시히로를 인터뷰했을 때, 그는 프랑스에서 일했던 걸 회상하면서 치를 떨었다. 나는 스기노가 프랑스에서 어떤 대우를 받았는지 궁금했다.

"받아준 것만으로도 아주 운이 좋다고 생각은 했지만 정말 나쁜 취급을 당했습니다. 예를 들면, 프랑스 셰프들과 샤워기도 같이 못 쓰게 했습니다. 모리셔스에서 온 노동자 아니면 아프리카에서 온 청소 직원들과 함께 샤워해야 했죠. 가끔 프랑스 셰프가 이렇게 물었습니다. '왜 너네는 이렇게 노랗니?' 그래서 나는 사탕옥수수를 너무 많이 먹어서 그렇다고 했습니다. 그러고는 이렇게 반문했죠. '너희는 왜 이렇게 하얗냐? 밀을 너무 많이 먹어서 그러냐?'"

스기노는 결국 고향인 고베로 돌아와서 자신의 제과점을 열
었다. 고베 보이라는 말이 있다. 일본에서 고베는 서양 스타일의
빵집과 동의어로 여겨진다. 케이크의 도시인 셈이다. 쇼핑 중심
가에는 놀라운 빵집이 잔뜩, 그야말로 수십 곳이 있다. 일본에
서 19세기 후반 외부 세계로 문을 연 첫 번째 항구 도시인 고베
는 국제적인 세련미와 패션의 중심지다. 그리고 케이크는 그 특
징을 가장 잘 나타내는 음식이다. 스기노는 1992년 국외 거주자
가 가장 많은 지역인 기타노에 첫 가게를 열었다(가능하다면 기타
노에 가보시라. 스페인, 영국, 프랑스, 네덜란드, 독일에서 온 영사와 무
역업자의 식민지 시대 대저택이 있다. 저택 안에는 세계에서 가장 이상
한 동시에 매력적인 박물관이 몇 곳 있다). 2001년 스기노는 도쿄로
옮겨와 중심지의 교바시에 가게를 열었다.

가게는 11시에 문을 열지만 그때부터 이미 사람이 열 명 이
상 서 있는 날이 대부분이다. 가장 인기 있는 빵은 한 시간
도 안 돼 매진된다. 그가 하루에 열 개만 만드는 앙브루아지
Ambroisi를 사려면 서둘러야 한다. 구름처럼 가벼운 초콜릿 무
스 케이크로 중앙에 라즈베리 잼, 피스타치오 무스와 피스타치
오 '조콩드joconde'(비스킷 같은 스펀지)가 있고 초콜릿 글레이즈
가 케이크 전체를 덮고 있는데, 마치 새로 뽑은 렉서스같이 반
짝인다. 스기노는 바로 이 케이크로 1991년 대회에서 우승을 거
머쥐었다. 온라인으로 그의 레시피를 해석해서 읽어보았더니 정
말 복잡하고 정밀했다. 38그램의 피스타치오 페이스트(37그램도

39그램도 아니다)를 비롯해 38개의 재료가 필요했다. 스기노는 크림·우유·달걀 550그램에 젤라틴을 4그램만 사용하는데 이는 아주 낮은 비율이다. 그의 케이크의 또 다른 특징은 단맛을 최소화한다는 점이다. 그가 만든 디저트를 먹으면 설탕을 너무 많이 먹을 때 느껴지는 목구멍이 마르는 느낌이 없다.

이른 오후, 스기노를 만나려고 빵집에 도착했을 때는 앙브루아지는 이미 다 팔렸고 가게 앞 캐비닛도 거의 텅텅 비어 있었다. 내 앞에는 빵을 고르느라 고심하는 손님이 한 명 있었다. 내 케이크를 빨리 살 수 있게 그 사람에게 빨리 고르라고 마음속으로 외치고 있는 참에, 의자 뒤에 있는 문에서 스기노가 나타났다. 가게 의자에는 옷을 우아하게 입은 일본 여성들이 소중한 케이크를 조심스럽게 먹고 있었다. 그는 가게에서 유일한 외국인인 나를 보더니 인상을 팍 찡그렸다(내가 일찍 갔다). 그러고는 서빙하는 직원에게 뭐라고 지시를 내리더니 다시 옆문으로 들어갔다.

몇 분 후, 약속 시간에 정확히 맞춰 스기노가 다시 나타났다. 이번에는 미소 띤 얼굴로 테이블에 앉으라고 했다. 우리는 한동안 그곳에 앉아 대화를 나눴다. 그러는 동안 정말 다행히도 그의 케이크가 세 조각 나왔다.

"먼저 맛보실까요?" 내가 케이크에서 눈을 못 떼는 걸 정확히 알아보고 그가 말했다. 나는 라즈베리와 피스타치오 무스를 먼저 덥석 먹었다. 케이크의 식감은 너무나 가벼워 물리학의 법칙을 거스르는 정도였다. 다음은 홋카이도산 버터('다른 버터에 비해 더 부드러운')로 만든 아홉 겹의 애플 크림 케이크를 먹어보았다. 두 케이크 모두 겉모습은 꽤 평범해 보이지만 맛의 밸런스가 대단히 뛰어났고 은은한 단맛 덕에 라즈베리의 풍미가 강렬했으며 텍스처는 천국 같았다. 그다음 밤과 초콜릿 무스를 먹고는 나도 모르게 끄응 하고 신음을 내어 체면을 구기고 말았다. 접시에서 마침내 머리를 들어보니 스기노가 나를 자세히 살피고 있었다. 케이크가 얼마나 맛있는지 설명하자 그의 통통한 볼과 짧게 자른 머리, 단정하게 다듬은 수염 위로 편안한 미소가 떠올랐다.

유명한 일화로 스기노는 자신의 빵이 너무 연약해서 고객이 가게 밖으로 포장해가는 걸 금지하고 있다. 케이크는 오직 가게 안에서만 먹을 수 있다. 그는 디저트가 덜 완벽한 상태에서 소비되는 걸 차마 견디지 못하는 것 같았다. 앙브루아지 같은 다른 케이크는 아주 한정된 양만 만든다. 나는 궁금해졌다. 왜 더 만들어서 많이 팔아 돈을 더 벌지 않는가? 왜 다른 공급처를 찾거나 프랑스나 일본의 유명한 제과점처럼 백화점 지하에 매장을 내지 않는가?

"제가 다 직접 만들기 때문입니다. 피에르 에르메가 가게마다 다 가서 직접 만드는 줄 아세요? 제게는 품질이 전부입니다. 돈은 필요 없어요. 제일 중요한 건 내 일을 사랑한다는 거죠. 하지만 예순이 넘어서야 즐기기 시작했어요(나는 그가 50대 초반인 줄 알았지만 62세였다)."

가장 바쁜 시기인 크리스마스 때조차 스기노는 일을 대부분 혼자 다 한다. 몇 명의 조수에게 도움을 받고 하루에 15시간씩 일하며 대략 800개의 크리스마스 케이크를 만든다. 최근 일본 TV 다큐멘터리가 그가 겪는 육체적 고초를 카메라에 담았다. 카메라는 그가 도수 치료를 받는 곳을 따라갔는데 좀비처럼 발을 끌며 걸었다. 매일같이 그렇게 오랜 시간 서서 일하니 몸이 성한 데가 없어 보였다. 다큐멘터리는 그가 거의 자기 학대 수준으로 헌신한다는 걸 보여주었고 이로 인해 더 유명해졌다. 그는 온기에 민감한 재료를 다루는 동안 계속해서 얼음물에 손을 넣어가며 일했다. "무스는 너무 연약해서 다 녹아버리거든요. 그래서 몰드와 장갑은 시작하기 전에 차게 식혀두죠. 특히 여름에는요."

돈이 아니라면, 그토록 극한까지 몰아붙이는 직업의식의 동기는 뭐란 말인가? "제 동기의 근원은 손님이 보여주는 미소입니다. 크리스마스 케이크도 25년 동안 만들어왔는데 손님들 반응이 대단해요. 그 기대에 부응하고 싶습니다." 일본에서 만난 모든 장인 예술가가 한결같이 내놓았던 대답과 완전히 똑같다. 그들은 고객을 위해서 일한다. 고객이 기다리고 있다는 사실이 힘을 준다.

스기노는 가게 옆에 있는 작업실의 길게 늘어선 스테인리스 작업대 위에서 올해의 크리스마스 케이크를 보여주었다. 배와 무화과 혼합물이 들어간 케이크였지만 아직 완성된 상태는 아니었다. 그는 무화과 무스 혼합물을 만드는 데 애를 먹고 있었다. 무화과는 효소가 있어 젤라틴을 녹이기 때문이었다. 그가 결국 알아낸 해결책은 무화과 퓨레를 넣는 게 아니라 무화과를 통째로 사용하는 것이었다.

"이걸 알아내는 데 얼마나 걸렸나요?"

"15년이요."

반대 증거가 너무나도 많지만, 스기노는 딱히 손기술이 있는 편은 아니라고 했다. "세밀한 작업은 잘 못하지만 기술이 점점 나아지고 있습니다. 해답은 매일 일하다 보면 늘 나오더군요."

그는 발로나 초콜릿을 사용했다. 초콜릿을 콩부터 직접 만드는 건 전혀 그의 스타일이 아니었다. 이치에 맞는 말인 것 같았다. 믿고 싶은 사실이 무엇이건 간에, 초콜릿을 만드는 과정에는 진지한 산업 공정이 필요하다. 수염을 기르고 교정기를 끼고 가죽 앞치마를 두른 남자가 힙스터 게토에서 가볍게 만들 수 있는 수준이 아니다. 그런데 그는 왜 일본 전통 재료는 활용하지 않는 걸까? 맛차 가루나 유자 혹은 팥 같은? 이 모든 재료가 페르시아 왕가의 파티셰에게 받아들여지지 않았던가?

"절대 유자나 맛차를 쓰진 않습니다. 모두 쓰니까요. 다른 사람의 케이크를 따라 하는 건 좋아하지 않습니다. 다른 셰프의 레시피를 기본으로 케이크를 만들어본 적이 한 번 있었는데 우리 직원들이 그건 내 스타일이 아니라고 하더군요. 나는 내 케이크가 일본이나 프랑스 케이크라고 생각하지 않습니다. 물론, 프랑스 정신이 있긴 하죠. 일본 파티셰의 기술이 뛰어나다는 생각은 그다지 들지 않습니다. 내 기준으로 보면 수준이 그렇게 높지 않아요. 나는 일본 파티셰가 중상 정도 된다고 봅니다. 일본에는 딱히 두드러지게 잘하는 파티셰가 없어요. 그게 일본과 파리의 다른 점이죠."

다가오는 크리스마스 특별 케이크 만들기와 더불어(대개 11월 초에 주문을 시작한다) 그는 새 책도 집필하고 있다. 그는 그 책을 본인의 유산으로 여기고 있다. 전문성이 드러나는 복잡한 레시피가 나올 거라고 예상했지만 아니었다. "책은 평범한 재료로 만드는 홈쿠킹북입니다. 사람들이 집에서 만들어볼 수 있게요."

가게를 나서면서 나는 여전히 스기노 같은 사람은 어떻게 탄생하는가 하는 점을 수박 겉핥기식으로도 알지 못했다는 느낌이 들었다. 투지를 어디서 찾나? 절제력을 어떻게 유지하나? 그는 작업대를 닦다 말고 미소를 지었다.

"어떻게 계속하느냐고요?" 그는 자신도 정말 모르겠다는 듯 혹은 깊이 생각해본 적이 없다는 듯 천천히 고개를 저었다. "스스로 힘을 내기도 하고, 정신력으로 하기도 하죠."

9장

주부·도호쿠

모치

두 남자가 차가운 이바라키茨城의 공기를 가르며 무거운 나무 망치를 들었다. 숯 연기가 잠시 그들을 감싸 시야를 가려 작업을 훨씬 더 위험하게 만들었다. 첫 번째 남자가 나무망치를 비틀거리며 하늘 위로 들면 두 번째 남자가 찐쌀 더미 위로 망치를 내리치고 끈끈한 흰쌀에서 망치를 빼냈다. 그가 비켜서면 이제 첫 번째 남자가 그의 나무망치로 쌀을 내리쳐 묵직한 '쿵' 소리를 냈다.

나는 미노와에서 호리구치와 시간을 보낸 덕에 모치를 만드는 전통적인 방법을 이미 잘 알고 있었다. 그렇다면 두개골이 깨질 위험을 무릅쓰고 둥그렇게 파낸 나무 기둥 안에 있는 2~3킬로그램의 쌀을 미친 듯이 두드리고 있는 두 남자는 누구인가? 그리고 왜 옆에 젊은 여자가 쪼그리고 앉아 철썩거리는 망치질

소리를 녹음하고 있단 말인가?

두 남자 중 한 명은 라레초라는 사람으로 마흔네 살의 애니메이션 작가다. 그는 나와 내 가족을 만화 캐릭터로 변신시킨 책임이 있는 사람이다. '스펀지밥' 이후로 가장 불가능할 것 같았던 작업이었다. 라레초는 그의 트레이드마크인 비니 모자를 쓰고 검은 테 안경을 끼고 있다. 다른 남자는 현지인으로 스즈키 다카부미다. 그는 여든 살이며 주황색 야구 모자를 쓰고 체크무늬 셔츠에 회색 바지를 입고 있다. 얼굴에는 팔자 주름이 깊게 파여 있다. 이날 오후 스즈키는 한때 고등학교 건물로 쓰였던 문화예술 공간으로 사용되는 이곳에서 나와 라레초, 사운드 기술자, 여러 명의 애니메이터와 제작자에게 모치를 만드는 전통 방식을 보여주기로 했다.

우리는 만화 시리즈의 추가 에피소드를 조사하기 위해 이곳에 왔다. 연장된 새해 특별화는 '오쇼가쓰' 혹은 새해에 먹는 '오세치 요리'가 주제였다. 새해는 아마도 일본의 휴일 중 가장 중요한 날일 것이다.

연중 이 시기에만 먹는 오세치 요리는 종류가 많지만 일본인에게 새해란 대개 모치와 같은 말이다. 그래서 이바라키 언덕 위에서 라레초와 스즈키가 '모치스키', 즉 '게야키'라고 하는 오크나무 망치를 사용해 '우스ぅす'라는 동그랗게 파인 나무절구(지금 사용하는 건 130년 된 향나무) 안의 쌀을 내리치는 위험한 행위를 하고 있는 것이다. 기계가 등장하기 전 모치를 만드는 유일한 방법이었다.

이런 방식으로 모치를 만드는 모습은 여전히 많은 일본인에게 기분 좋은 추억을 떠올리게 해준다. 다시 농업 사회로 돌아간 듯한 추억을 줄 수 있는 종교 의식처럼 보이기도 했다. 숯과 쌀밥 냄새가 여기 모인 사람들 안에 있는 무언가를 일깨웠다. 사람들이 콧구멍을 씰룩거리고 미소를 지었다.

스즈키가 옆으로 비키더니 나에게 라레초와 함께 절구를 찧어보라고 했다. 마치 사슬에 묶인 채 바위를 깨는 죄수처럼 우리 둘이서 번갈아가며 커다란 쌀 반죽을 나무망치로 내리쳐보라는 것이었다. 자, 라레초가 위대한 예술가이긴 해도 나는 말 그대로 내 목숨을 그에게 맡겨야 했다. 그가 약간 박자를 놓쳐 망치를 내리치면 내 두개골을 쪼개버릴 수도 있고 나 또한 그의 머리를 부술 수도 있다. 하지만 우리는 서로의 머리가 망치와 확실히 떨어져 있는 걸 확인하며 천천히 작업했다.

가끔가다 스즈키가 우리를 멈추고 쌀 반죽에 물을 약간 묻혀 나무망치가 쌀 반죽에 달라붙지 않게 했다. 반죽에서 망치를 빨리 떼어내 다시 절구에 있는 아주 조밀한 빵 반죽 같은 쌀 덩어리를 내리쳤다. 스즈키가 잠시 멈추라고 하는 게 고마웠다. 모치를 내려치는 건 고된 일이었다. 스즈키는 쌀 농부에게 모치 만드는 날은 새해 휴일 중 '하루 편히 쉬는 날'이라고 여겼다고 했다. 농부들이 모치를 만드는 동안 분명 사케를 엄청나게 마셔댔을 걸 생각하니 아찔했다. 내가 아파오는 이두박근을 문지르자 누군가 쌀 반죽이 상사의 얼굴이라고 생각하면 도움이 된다고 말했다.

30분을 족히 내리친 후, 잠깐 쉬고 모치 만들기의 더 위험한 단계에 착수했다. 한 사람이 계속 망치를 내리치는 사이 다른 사람이 손으로 반죽하는 것이다(이 단계에서 달콤한 모치를 원하면 설탕을 넣는다). 그리고 마지막으로 스즈키가 망치 작업이 끝난 모치 반죽을 두 팔 가득 들자 우리는 그를 따라 안으로 들어갔다. 안에서 그는 엄지와 검지를 사용해서 반죽에서 모치를 어떻게 떼어내는지 보여주었다. 그러고는 비틀어 한 입 크기로 만들었다. 우리는 모치를 팥소나 기나코 위에서 데굴데굴 굴렸다.

모치를 먹는 세 번째 방법은 야채를 살짝 우린 다시에 모치를 넣어 먹는 요리로 '조니雜煮'라고 한다. 새해에 먹는 조니는 지역마다 버전이 다르다. 지금 우리가 있는 일본 동부 간토에서는 닭과 간장을 사용하고, 교토에서는 흰 된장으로 조니를 만든다. 규슈에서는 생선으로 다시를 내며 구운 새우를 곁들인다. 시코쿠에서는 달콤한 모치를 사용한다.

나를 거의 죽일 뻔한 음식이 바로 이 조니 모치였다.

매해 1월 1일 일본 노인 몇 명이 모치를 먹다 목에 걸려 사망한다. 나도 그럴 수 있을까? 정말 이해가 가지 않았고 그때껏 전혀 어려움 없이 수천 개의 모치를 먹어왔다. 그런데 참 아이러니하지. 내가 처음으로 만든 모치가 나를 거의 죽일 뻔했으니.

우리는 모치를 먹다가 사망한 사람들에 대해 이야기했고 나는 평소대로 놀라운 일이라고 말했다. "모치를 먹다가 목에 걸려 죽을 정도로 바보 같을 수 있는지, 정말 이해가 안 가요!" 나는 고개를 저었다.

나는 그릇에 담긴 조니 국물을 약간 마시고 모치 한 덩이를 젓가락으로 건졌다. 국물에 담긴 모치를 먹는 건 나도 처음이라 아주 미끄러운 눌린 공 크기의 찐쌀을 먹는 게 얼마나 어려운지 전혀 모르는 상태였다. 모치는 혀와 이빨로 씹기도 전에 목구멍으로 홀라당 내려가 목구멍에 턱 하고 자리를 잡았다. 나는 실제로 숨이 안 쉬어진다는 끔찍한 사실을 깨닫기 시작하면서 몇 초간 투쟁을 벌였다. 로켓처럼 날뛰며 구역질하는 대신, 그야말로 영국인답게 누구도 사태를 알아채지 못하도록 수습하느라 눈알이 튀어나오고, 얼굴은 빨개졌다. 공포가 엄습했다. 마침내 나는 그 빌어먹을 모치를 비단뱀이 염소를 삼키듯 가까스로 삼킬 수 있었다. 게으름뱅이가 모래 구덩이에 빠지는 것처럼 모치가 천천히 뱃속으로 내려가는 게 느껴졌다. 그 모치 덩어리는 괴기스러운 내부 갑상선종처럼 오늘날까지도 배에 자리하고 있는 것 같다.

나는 창피하게 도움을 구하지 않고 혼자 모치 사태를 해결했다는 안도의 한숨을 내쉰 후 국에서 모치 하나를 들었다. 정말 맛있었다.

그 후에 스즈키와 짧게 대화를 나누었다. "옛날에는 모치가 힘을 준다고 생각했죠. 농부들은 밭에서 일할 때 모치를 열 개씩 먹곤 했습니다. 물론 사케도 엄청나게 마시고요." 그는 마을 사람들이 다 같이 모여 새해 모치를 만들던 때를 회상했다. 그리고 추수일도 장례식도 서로 도우며 일하던 시절을 떠올렸다.

"지금은 그냥 회사에 연락하죠." 그는 한숨을 내쉬었다. 스즈키는 또 정기적으로 사원에 가던 시절과 초승달이 뜨는 밤 마을 여자들이 모이던 걸 이야기했다. "늘, 언제나 가미(신)를 기쁘게 할 축제가 있었죠." 가미란 자연에 살며, 인간이 만든 모든 것에도 깃들어 산다는 신이다. 나무, 강, 바위, 세탁기 등 수천 종류의 신이 있고 신도神道의 물활론物活論[우주 만물에 영혼이 있다는 믿음]적 원칙에 따라 이 모든 신을 달래주고 회유하고 설득해야 한다.

며칠 후 나는 핸드폰 케이스에 아직도 붙어 있는 작은 모치 부스러기를 털어내며, 다시 한번 깊은 한숨을 내쉬고 데이터 로밍을 켰다. 라레초와 촬영팀을 찾다가 도쿄 중심 어딘가에서 길을 잃었다. 우리는 새로운 프로그램의 두 번째 소재를 알아보기 위해 만나기로 했다. 두 번째 소재는 80대 노인인 오오카 이사에가 우리를 위해 준비해준다는 새해 전통 음식으로 구성된 오세치 요리였다.

마침내 그들을 찾았고, 우리는 다 같이 오오카가 사는 조용한 고급 주택가로 걸어갔다. 지난 40년간 그녀가 살아온 집은 일본의 수도에서 보기 드문 아파트였다. 집이 넓다는 점도 그렇고 카펫이 넓게 깔려 있다는 점, 친숙한 기념품이 잔뜩 있는 게 어딜 봐도 완전히 할머니 집이었다.

오오카는 거의 성인 시절 내내 요리를 가르쳤다. 그녀는 야나기하라 요리 학교에서 할아버지인 야나기하라 도시오에게 처음으로 요리를 배웠다. 10년간 2주에 한 번씩 요리 수업에 참석했단다. 또한 그녀는 높이뛰기 챔피언이었고 이렇게 고령의 나이에도 육상 경기 트레이너로 활동하고 있다.

완벽하게 정돈해서 넘긴 머리에 등을 꼿꼿이 세운 오오카는 당당한 체격의 여성이었다. 그녀는 폴카도트 블라우스에 검은 스커트를 입고 검은 진주 귀걸이에 금색 팔찌를 차고 있었다. 늘 그렇듯 거실에서 소개가 오갔고, 우리는 다이닝룸으로 안내되었다.

전통적으로 새해 당일에 요리하는 건 사실 금지되어 있다고 오오카가 설명했다. 모든 음식을 미리 준비해놔야 하므로 당연히 음식 메뉴를 잘 짜야 한다. 그녀는 두 명의 도움을 받아 하루 하고 반나절도 더 걸려 우리의 식사를 준비해주었다. 한 명은 손자 고야타였다. 오십 가지 넘는 재료로 만든 스물다섯 가지 요리가 형형색색 펼쳐져 있었다. 당근을 얇게 잘라 꽃 모양으로 만들었고, 작은 산 모양의 감자, 더 작은 은색 물고기, 나란히 놓인 오징어, 반짝반짝한 에다마메(풋콩)가 있었다. 어떤 요리에는 금박이 흩뿌려져 있었고 노란색 오믈렛도 보였으며 분홍과 흰색의 가마보코(저며서 찐 생선)는 어떻게 한 건지 모르겠지만 매듭 모양으로 만들어놨다. 다른 요리는 내가 모르는 요리였다. 모든 음식은 겉은 우아한 황금색과 검은색에 안쪽은 빨간색인 상자 혹은 붉고 푸른 아리타 도자기에 담겨 있었다. 손님마다 부채 모양의 황금색으로 옻칠한 그릇이 앞에 놓여 있었고 트레이에서 크리스털 사케 컵을 선택할 수 있었다.

우리는 전통적으로 새해에만 마시는 약간 쓴 약초 맛이 나는 사케를 한 모금으로 식사를 시작했다. "최고의 행복이란 둘러앉아 음식을 함께 먹는 거라고 생각합니다." 오오카가 식사를 시작해도 된다고 예를 갖추어 고개를 끄덕이며 말했다.

다른 일본 전통 요리의 형태와 마찬가지로 오세치 요리에는 상징과 의미가 굉장히 많다. 오오카가 준비한 청어 알을 예로 들어보자. 다시에 졸여 만드는 '가즈노코數の子'라고 알려진 이 요리는 눈이 번쩍 뜨이는 바삭한 식감(몇 시간 뒤 이빨 사이에 낀 청어 알이 하나 나오는 게 기쁠 정도였다)이 있었다. 청어 알은 다산을 상징하며 이듬해에 아이를 갖기를 소망하는 사람들에게 중요한 의미를 갖는다. 이름 자체에는 이중 삼중의 의미가 있다. 일본인은 이런 걸 좋아한다. '가즈'는 숫자를 뜻하고 '코'는 아이를 뜻하지만, 일본 북쪽의 토착민 아이누 사람의 언어로 '가도鰊'는 청어를 뜻한다.

식탁에 올랐던 많은 음식 중 하나는 구로마메くろまめ[검은콩 요리]였다. '마메まめ'는 '콩豆'과 '건강忠實'이라는 두 가지 의미가 있다. 요리 이름에 재담이 있는 건 일부였고, 어떤 요리에는 시각적인 재미가 있었다. 분홍색과 흰색의 가마보코 매듭(생선살을 짓이겨 찐 다음 고무 같은 질감의 음식으로 만든 것)은 뜨는 해를 상징한다. 그러니 일본 자체를 상징하는 셈이다. 허리가 뒤로 굽도록 요리한 새우는 노인을 생각나게 했다. 오세치 요리 진수성찬에는 대개 황금색이나 노란색이 들어간다. 두 색깔 모두 축하하는 자리에서 사용된다. 그날은 으깬 고구마에 밤이 통째로 들어

가고 금박이 뿌려져 있었다.

"밤은 꼭 통째로 넣어야 합니다. 작게 썰면 안 됩니다." 오오카가 말했다. "밤은 금덩어리를 상징합니다. 우리는 덩어리로 갖고 싶어하죠!" 오세치 요리 설명 중 약간 통역에 문제가 있었다. 예를 들어, 나는 어떻게 '얇게 자른 연근 구멍으로 미래를 본다'는 건지 잘 이해할 수 없었다.

먹으면서 감자, 밤 등 많은 오세치 음식이 유난히 달아 놀랐다. 미린, 설탕, 식초나 간장에 끓이거나 담가둔 재료가 많았다.

"네. 설탕과 식초는 새해 음식을 3일간 보존하는 데 전통적으로 사용됩니다. 그래야 여자들이 일할 필요가 없죠." 오오카가 설명했다. 그래도 여성이 하루나 이틀에 걸쳐 혼자 준비하기에는 대단히 힘든 일 같았다.

"민족의 특징을 잘 물려주는 게 중요합니다. 이런 전통과 축제들은 특별한 의미가 있죠. 그리고 새해는 가장 중요한 날입니다. 제 가족은 이런 음식을 대대로 물려주었습니다. 이모님은 아흔여섯 살까지 요리 선생으로 일하셨습니다. 이제 막 100세가 되셨죠. 어린 세대에게 가장 먼저 가르쳐야 할 것은 입맛입니다. 좋은 음식은 어떤 맛이 나는지 가르쳐야죠."

그녀는 영국에서 온 교환 학생을 집에 받은 적이 한 번 있었다. 여자가 왜 그렇게 뚱뚱한가요? 나는 안타깝게도 서양에서는 모두가 조금씩 덩치가 커졌다고 답했다.

주제를 바꾸기 위해 나는 남자도 일본의 전통 음식을 보존하는 데 일부 책임을 져야 하지 않냐고 물었다. "아마도 지금 우리가 전환점에 있는 것 같습니다. 여자들이 일을 많이 하게 되면서 남자들이 부엌으로 자주 들어가길 바라게 되었죠. 이 전통을 이어가는 데 좋은 방법이 될 겁니다. 남자들이 더 집중력이 강하고 결단력이 강하니까 꽤 훌륭한 잠재력이 있죠."

보석같이 진열된 음식에 내가 깜짝 놀란 이유는 맛도 훌륭해서였다. 예를 들어, 다시마에 보존한 도미의 감칠맛은 굉장히 놀라웠다. 생선을 다시마 사이에 끼워 두세 시간 두면 생선살이 단단해지고 맛은 강렬해진다. 먹고 난 후에도 계속 생각나는 요리였다.

음식과 더불어 새해는 성찰의 시간이기도 하다. 식사를 끝내면서 오오카는 전쟁 시기였던 어린 시절의 추억을 이야기했다.

"도쿄에서 피난 갔던 일이 기억납니다. 시체를 보고 공포를 느꼈던 게 기억나요." 식탁에는 정적이 흘렀다. "폭격도 생각나고, 머리 위로 이불을 뒤집어쓰고 사원으로 내달리던 순간, 귤 하나를 네 명이 나눠 먹고 생선 한 마리를 가족 전체가 나눠 먹던 게 생각납니다."

식사를 마치고 식탁에서 일어서자 내 배는 현대의 일본이 제공한 풍성함으로 꿍 소리를 냈다. 나는 현재 도쿄에서의 삶이 그녀의 어린 시절에 비해 너무 어지럽고 빠르게 돌아가는 건 아닌지 물었다.

"아니요." 그녀는 고개를 세차게 흔들었다. "나는 육상 선수였습니다. 그래서 모든 것에 늘 빨랐지요. 게다가 지금 시간이 얼마 안 남았기 때문에 가속도를 붙이고 있습니다!"

고지

간장과 사케는 400년 동안 일본에서 유럽으로 수출되어왔다. 1700년대 중반, 루이 15세가 통치하는 동안 베르사유에서 간장을 사용했다니 상상만 해도 이상하지만 사실이다. 물론 당시 일본에서 유럽으로 수출했던 건 극소량이었다. 다음 400년간 요리 문화의 영향력은 아마도 반대 방향, 즉 서양에서 일본으로 더 강하게 불어 닥쳤다. 앞서 언급한 대로 초기에는 데지마의 관문을 통해 들어왔고, 제2차 세계대전 후에는 실로 어마어마한 파급력을 끼쳤다. 일본인이 밀과 고기를 먹는 서양의 식습관을 전폭적으로 받아들였지만, 1964년 도쿄 올림픽 이후에는 또 반대로 일본이 영향력을 발휘하기 시작했다.

바로 그해가 프랑스의 선구적 TV 셰프 레이몽 올리베르(그는 1948년부터 파리에서 가장 위대한 레스토랑 르 그랑 베푸르Le Grand

Véfour를 소유하고 운영했다)가 자신의 올림픽 팀을 이끌고 일본의 수도로 온 때다. 올리베르는 일본 음식 중 1968년 누벨 퀴진의 등장에 직접적인 영향을 끼친 가이세키 요리에 특히 큰 인상을 받았다. 가이세키 형태의 식사는 요즘 확대 해석되어 전 세계의 야망 있는 레스토랑에서 멀티 코스 메뉴로 승승장구 중이다.

또 다른 누벨 퀴진 선구자인 폴 보퀴즈는 1972년 일본으로 순례를 떠났고 다음에는 그 그랑 테이블의 다른 거장들이 뒤를 이었다. 미셸 게라르, 트루아그로 형제[피에르 트루아그로와 장 트루아그로], 로제 베르주와 페르낭 푸앵이 모두 프랑스 전통 요리의 단순화와 간소화에 일익을 담당했다. 일본이 프랑스 요리에 미친 첫 번째 파급 효과는 재료보다 기술과 프레젠테이션, 식사의 구조에 더 크게 나타났다. 그때도 누벨 퀴진은 대부분 프랑스 재료를 기반으로 요리했다(파리 다이닝의 위대한 현대주의자인 알랭 상드랑이 1980년대 후반 버터에 간장을 '올렸다는' 기사를 읽은 적이 있긴 하다). 1980년대 중반 프랑스에 당도한 일본 재료로 처음으로 큰 파급을 몰고 온 사람은 아마도 조엘 로부숑일 것이다. 열렬한 친일파였던 로부숑은 유자를 가장 먼저 요리에 사용한 요리사였을 가능성이 높다. 같은 시기에 와사비 마요네즈가 잠시 인기를 누렸고 1990년 당시 세계에서 가장 영향력이 컸던 스페인의 코스타 브라바에 있는 레스토랑, 엘 불리의 헤드 셰프이자 공동 운영자인 페란 아드리아가 이끄는 분자 요리를 전문으로 하는 셰프들이 무더기로 일본을 찾았다. 아드리아는 일본의 여러 가지 비밀 재료 중, '간텐寒天'이라는 가루로 만든 조류藻

類 유착제인 한천을 '발견'했다(기술적으로 둘은 약간 다른 종류의 조류다). 아드리아는 한천이 열을 가해도 녹지 않는다는 사실을 깨달았다. 그렇다면 뜨거운 젤을 만들 수 있다는 뜻이고 채식주의자도 먹을 수 있다는 의미였다. 그리고 아무런 맛이 안 나는 전분인 구즈葛[칡]는 밀가루보다 소스를 더 되직하게 만들었다. 또한 두유를 두부로 응고시키는 일본인의 기술은 '구체화 기법 spherification'으로 개작되었다.

그 이후 많은 요리사가 스모키한 가쓰오부시와 다시마의 감칠맛부터 쓰촨四川식 후추와 비슷하게 혀가 아릿해지는 산초 가루의 효과 또는 차조기 잎의 강한 향까지 일본의 다양한 음식 재료에 눈을 뜨게 되었다. 프랑스 제빵사가 맛차와 유자의 매력에 흠뻑 빠진 건 이미 다 아는 사실이다. 판코 빵가루와 노리는 현재 우리 동네 슈퍼마켓에서도 판매된다.

그러면 다음은 무엇일까? 일본 식품 창고를 샅샅이 뒤지면 무언가 또 나올까? '발견'되길 기다리는 재료와 농산물이 남아 있을까?

우리는 이미 오키나와산 바다 캐비어인 우미부도를 만나보았고 아와모리도 알고 있다. 규슈의 육즙이 주르륵 흐르는 구로바타 돼지고기와 소주도 들어봤다. 그리고 일본의 다양한 차는 이제 세계에서 더 넓은 시장을 찾기만 하면 된다. 농산물이라면 아직 일본 밖에서는 잘 볼 수 없지만 나는 부드럽고 단맛이 있는 일본 생강인 양하를 무척 좋아한다. 그리고 산에서 나는 야채인 머위와 고비 같은 다양한 산나물도 매력 만점이다. 유자는 이미 대세로 자리를 잡았지만 유자스코(타바스코)와 유자고쇼(유자에 고추와 소금을 넣은 것)는 잠재력이 굉장하다. 그리고 다시 말하지만 유바(두유로 만든 얇은 막)는 신선하든 건조한 것이든 대박이다.

그리고 고지가 있다. 간장과 소주, 미린, 된장, 사케 등 많은 음식을 만들 때 사용되는 신비한 곰팡이다. 일본과 아시아의 다른 지역에서도 수백 년 혹은 수천 년 동안 사용해왔다. 고지는 유럽과 미국에서 모험하길 좋아하는 셰프들 사이에서 점점 더 관심을 받고 있다.

10년 전 일본에 처음 왔을 때 교토의 사케 제조업자에게서 이 신기한 물질에 대해 들었고 그 이후로 된장, 간장 회사에서도 여러 번 들었다. 고지는 일종의 곰팡이로 찐쌀이나 곡식에 넣으면 발효가 시작된다. 곰팡이는 프로테아제와 아밀라아제라는 효소를 방출하고 이는 쌀의 단백질을 생성하거나 '분해'한다. 쌀에 든 녹말(사케의 경우)이 당으로 바뀌면 곰팡이의 먹이가 된다. 그러나 실제로 고지란 무엇일까? 어떻게 생겼고, 어떤 맛이 나며, 어디에서 온 것일까? 나는 늘 방사능 방호 복장을 한 남자가 고지를 들고 핵폐기물 컨테이너에 있는 양조실에 도착하는 모습을 상상한다. 아마도 컨테이너에서는 연기가 쓱 빠져나오고 뚜껑이 열리는 순간 모든 사람은 뒤로 물러나고…… 사실 나는 아는 게 없다.

리센은 도쿄에서 푹 쉬며 즐기라고 놔두고, 나는 해답을 찾기 위해 아이들을 데리고 니가타행 신칸센에 올랐다. 니가타시는 사케 제조에서 매우 중요한 곳이다. 일본에서 가장 긴 두 개의 강이 해안가를 향해 흐르면서 산에서 깨끗한 연수뿐 아니라 비옥한 토양도 갖고 내려온다. 기름진 토양이 습지대에 침전되기에, 사람들은 비옥한 논밭을 얻기 위해 6세기 후부터 습지대를 매립했다. 이 구역은 연교차가 매우 크다. 그래서 사케에 필요한 발효에 아주 좋은 환경이 된다. 니가타는 일본에서 가장 번영한 도시 중 하나였다. 빅토리아 시대 작가이자 탐험가인 이저벨라 버드는 일본을 묘사할 때면 지나치게 공손한 자세를 취했는데, 1878년 도쿄에서 홋카이도를 여행하는 길에 니가타에 대해 이렇게 썼다. "굉장히 발전된 도시로 5만 명의 주민이 살고 있다. 너무 아름답고 깔끔해서 진흙이 묻은 내 부츠로 깨끗하게 청소된 거리를 걸어도 될까 싶다."

니가타에는 아직도 90개의 사케 양조업체가 남아 있다. 거리는 여전히 매우 깔끔하지만 이상하게 텅 비어 있었다. 화창하게 밝았던 봄날 우리는 거리로 나와 걸어 다녔다. 가장 먼저 도시의 역사박물관에 간 다음, 도키멧세朱鷺メッセ 복합 건물에 갔다. 조용한 도시에는 어울리지 않는 대단히 복잡한 고층 건물이었고 전망대에서는 사도沙島섬, 한국·러시아로 떠나는 배들이 정박한 항구를 내려다볼 수 있었다.

이튿날 아침, 이마요 쓰카사今代司 양조장에 갔다. CEO 하부키 마사유키와 그의 미국인 직원 제롬 레이드가 우리를 맞았다. 1767년에 세워진 이마요 쓰카사는 니가타 사케 양조장 중 가장 유명한 곳이다. 손으로 쌀을 씻고 일부 사케는 금속이 아니라 향나무 통에 보관하는 등 아직도 철저하게 전통 방식을 고수한다. 그리고 알코올을 첨가하는 다른 양조업체의 관행을 절대 따르지 않는단다.

미남형의 친근한 제롬은 원래 델타 항공에서 일했다. 그는 기내용 술을 모으던 중 사케에 매료당해 사케를 배우려고 10년 전 일본으로 건너왔다. 그가 플라스틱 슬리퍼를 신으라고 했다. "여기는 배양균이 많습니다. 외부 신발에 오염되면 안 되거든요. 일할 때는 낫토를 먹는 것도 금지합니다. 낫토 박테리아는 너무 강해서 사케 고지를 죽입니다."

우리는 사케 제조 과정을 설명하는 제롬과 하부키를 따라 양조장의 분위기 있는 오래된 나무 건물로 들어갔다. 수년간 여러 양조장을 방문한 덕에 대부분의 내용은 알고 있었지만, 그들은 계속 '고지'와 '고지킨'이라는 단어를 사용했다. 처음에는 하부키가 두 단어를 모두 써서 나는 이해한다는 듯 고개를 끄덕였다. 아마도 내가 잘못 들었겠지 하고. 하지만 두 번, 세 번 계속 반복되자 정확히 뭐가 다르냐고 묻기에는 너무 늦어버렸다. 창피한 일이지만 투어가 진행되면서 '접종원이 들어간 쌀'과 '고지룸'을 설명하자 내가 아주 중요한 의미를 놓치고 있다는 사실이 명백해졌다.

나는 그들의 설명을 중단시켰다. "죄송합니다. 그런데 고지킨이 뭐죠? 고지의 다른 이름인가요?"

제롬은 안타깝다는 듯 나를 바라보더니 "다시 시작하죠"라고 했다.

고지킨麴菌[누룩곰팡이]은 고지麴[누룩]와 다르단다. 고지킨은 순수한 형태의 진짜 곰팡이고 아스페르길루스 오리재의 분생 포자다.● 사케 제조자는 약간의 찐쌀을 초기 발효시키기 위해, 아주 얇은 망으로 덮은 쌀 컨테이너에서 수천 개의 살아 있는 포자가 있는 고지킨을 뿌린다. 이마요 쓰카사는 이 시작 쌀을 300킬로그램 만든다. 쌀은 그냥 뒀다가 이불로 단단히 싸서 3일간 섭씨 30도로 유지한다. 이 과정은 나무판이 있는 고지룸(무로)에서 이뤄지는데, 외양으로 봐도 기능으로 봐도 딱 사우나 같다. 고지룸에서는 쌀과 곰팡이를 건조하게 유지시킬 수 있다. 이 과정에서 고지킨으로 접종한 쌀은 고지(영어로는 malted rice, 맥아를 넣은 쌀)가 된다. 고지에 효모를 약간 첨가하면 거대한 탱크에 담긴 많은 물과 더 많은 양의 정미가 모두 고지로 변한다 (쌀을 많이 정미할수록 사케 등급은 높아진다. 그래도 정미율이 높다고 반드시 사케 맛이 좋은 건 아니다. 이건 또 다른 복잡한 설명을 해야 한다). 발효와 누름 과정을 거치면 드디어 사케가 완성된다.

"그래서 고지킨은 실제로 어디서 만드나요?" 나는 내가 느낀 절망감을 숨기려고 애쓰면서 물었다.

"아, 아니요. 우리가 만들진 않습니다. 아키타에 있는 다른 회사에서 구매합니다. 고지킨을 직접 만드는 양조업체는 없을 겁니다. 고지킨을 만드는 회사도 일본에 몇 곳 없죠. 집중이 필요한 아주 길고 복잡한 과정을 거치거든요. 하지만 매우 중요

● 누룩곰팡이는 무성생식을 한다. 균사체에 분생 포자 자루가 생겨 그 끝에 분생 포자가 만들어진다.

합니다."

이때 나는 모든 수수께끼를 다 풀고 마지막 도전을 앞둔 그리스 신화의 여행자가 된 느낌이었다. 이제 마지막 수수께끼를 내줄 쪼글쪼글한 문지기만 찾으면 보물이 손아귀에 들어온다고 믿는 여행자 말이다. 그런데 제롬이 이마요 쓰카사의 고지킨 공급자와 만나겠냐고 물었고 나는 가겠다고 했다. 이제 거기로 가서 내게 남은 고지킨 임무를 수행해야만 했다.

그사이, 우리는 양조장 밖의 분주한 도로를 건너 이마요 쓰카사의 자매 회사 두 곳을 방문했다. 거대한 전통 된장 공장과 독특한 식품 소매업체였다.

우리가 걷는 동안 제롬이 설명을 이어갔다. 니가타의 누타리 濘足라고 하는 이 지역은 한때 일본의 발효 산업의 중심지였다. 일본의 가장 귀중한 통화가 쌀이던 시절, 니가타는 가장 중요한 곡창 지대로 일본을 넘어 아시아 전체에서 제일 인구가 많고 부유한 도시였다고 한다. 그 시절 누타리를 관통하는 도로에는 사케와 간장, 된장을 만드는 회사가 줄지어 있었다. 그곳에서 생산된 상품들은 도쿄까지 뻗어 있는 고속도로를 통해 전역으로 판매되었으며 니가타의 거대한 항구를 통해 해외 시장까지 진출했다.

우리가 방문한 가게는 후루마치고지 제조소古町糀製造所라는 가게로 현대 일본 젠 스타일의 밝고 모던한 분위기였다. 회색 석조 바닥이 깔려 있고 실내 장식은 연한 빛깔의 나무를 사용했다. 일본에서 유일하게 고지 관련 제품만 파는 가게였다. 고기를 부드럽게 하고 맛을 더하는 다양한 고지로 재운 제품과 고지 카레 소스(고지는 밀가루 없이 소스를 되직하게 하고 설탕 없이 달게 한다. 그래서 만성 소화 장애자와 당뇨병 환자에게 적합하다)와 아마자케(걸쭉하고 맛있는 사케라고 할 수 있다. 하지만 알코올이 안 들어 있거나 함량이 낮다) 그리고 심지어 화학 성분을 넣지 않은 고지 미용 상품(비누, 크림, 자외선차단제)도 팔고 있었다. 카운터에는 효모가 들어간 달콤한 아이스크림도 있었다.

고지는 다양한 비타민(특히 비타민B가 많다)과 미네랄을 함유하고 있고 아미노산과 칼슘 함량도 높다. 섭씨 55도 부근에서는 자연적으로 단맛이 강해지기 때문에 설탕을 추가할 필요도 없다. 어떤 면에서는 이미 소화가 돼 있는 것이라서, 모든 발효된 음식 혹은 '썩은' 음식이 그렇듯 음식을 더 소화되기 쉽게 만든다. 우리가 셀 수 없이 들어본 마이크로 박테리아가 많이 포함되어 있어 몸은 물론 정신 건강에도 좋다. 혈당을 낮춰주고 당뇨 환자를 위한 약용 식품이라는 면에서 고지 제품은 분명 조사할게 많은 분야다. 비싸지만 않았어도 이론상으로는 설탕 대체제로 사용 가능했을 것이다.

나는 아마자케에 특히 흥미가 일었다. 이 말을 자주 하는 거 같지만 해외에서 인기를 끌 만한 큰 잠재력을 가졌다. 비록 일본에서는 건강에 좋다는 이유로 인기가 높아진 것 같지만 나는 전에는 아예 관심을 두지 않았다(아마도 알코올 도수가 낮아서였을 거다). 처음에 아마자케를 마셨을 때는 기본적으로 달고 토스티한 맛이 나서 시리얼 밀크가 연상됐다. 최근에 나온 제품은 술지게미(사케를 만들고 남은 쌀)에서 거둔 발효 젖산을 첨가해 굉장히 복잡하고 신선한 신맛이 났다.

제롬은 차분하고 친절하게 많은 걸 알려주었지만, 전설의 곰팡이 아스페르길루스 오리재를 직접 대면하지 못해 실망하는 내 표정을 읽은 듯했다.

"잠시만 기다리세요" 하더니 가게 뒤에 있는 계단으로 사라졌다. 그는 납작한 그릇 두 개를 가져왔다. "이게 고지입니다. 접종원을 넣은 쌀이죠." 그러더니 반쯤 찐 다음 건조한 듯한 아이보리색 쌀이 담긴 그릇을 건넸다. 나는 맛을 봐도 괜찮냐고 물었다. 물론이죠. 고지 쌀은 맥아[혹은 엿기름] 맛이 났고 달았으며 뒤에는 미네랄 맛이 났다. 다음으로 제롬은 짙은 녹색의 맛차가루 같은 작은 곰팡이가 담긴 그릇을 과장된 몸짓과 함께 내밀었다.

"이게 고지킨입니다." 그가 의기양양하게 말했다. "먹어도 안전한가요?" 나는 진균포자眞菌胞子가 있는 그릇을 쳐다보며 다시 물었다. "드셔보세요."

천국 문이 열리고 천상의 빛이 내려올 걸 기대하며 손가락을 콕 찍어 혀에 대보았다. 하지만 모든 일본 요리의 기적 같은 근원인 고지킨은 냄새도 하나도 안 나고 아무런 맛도 안 났다고 말할 수밖에 없겠다.

그날 저녁, 나는 고지와 고지킨에 대한 정보를 더 찾다가 클리블랜드의 이탈리안 레스토랑 트렌티나Trentina의 요리사 조너선 소이어와 함께 일하는 '음식 개혁가' 제러미 유맨스키의 대단한 TED 강연을 보게 되었다. 유맨스키는 관자와 소고기를 포함한 일련의 식품에서 고지를 어떻게 사용했는지 강연했다. 관자는 더 강한 풍미와 조밀한 식감으로 거의 닭고기 같은 맛이 나게 되었다고 했다. 소고기의 경우, 고지가 에이징 프로세스를 가속해 약 30일 걸릴 드라이 에이징을 3일 만에 끝냈다. 그는 고지가 효소를 내어 단백질을 분해하면서 어떻게 관자와 소고기를 보슬보슬한 흰 표면으로 덮었는지 슬라이드를 보여주었다. 나는 화면을 보면서 실제로 침이 고였다. 이상한 일이었다. 집에서 곰팡이로 요리하는 걸 상상할 수 있을까? 나는 이미 그러고 있는 사람이 많을 거라고 믿고 있다. 더 놀라운 사실은 TED에서 전형적으로 보이는 약간 '비현실적인' 이야기인데, 유맨스키는 고지에 대해 더 조사하면 아마도 뜻밖의 약용 효과가 있을 수 있다고 했다. 농부가 들판의 그루터기를 갈기 위해 비료로 사용할 수 있고 심지어 미생물에 의해 친환경적으로 분해되는 포장지나 건축 자재로 사용될 수도 있다고 보았다.

"사실입니다. 어떤 곰팡이는 아주 강합니다. 그래서 곤충이나 원치 않는 마이크로 박테리아와 곰팡이를 죽일 수 있지만, 화학 농약이나 살충제와는 달리 좋은 박테리아는 죽이지 않습니다. 고지는 물에서는 죽기 때문에 토양에 남지 않고 먹이 사슬에 영향을 끼치지도 않죠."

며칠이 지났다. 이번에는 나 혼자 혼슈의 동쪽 끝으로 향했다. 아키타 곤노 쇼텐 '응용 곰팡이 기술' 회사의 곤노 히로시 박사는 나에게 아스페르길루스 오리재의 놀라운 가능성에 대해 모두 설명해주었다. 곰팡이처럼 흥미진진한 사람이었다.

나는 아키타秋田에서 밤을 보내고 가리와노의 작은 마을에서 열차에 몸을 실었다. 겨울에는 내내 거의 눈에 덮여 있지만, 봄의 아키타현은 내가 본 마을 중 가장 초록으로 빛나는 곳이었다. 무성한 계곡과 숲이 우거진 산은 파릇파릇한 덤불에 잠식당하기 직전이었다.

가리와노 역은 두 개의 플랫폼과 다리가 전부였다. 하지만 긴 앞치마를 두르고 하얀 장갑을 낀 마을 여성들이 구석구석 닦느라 분주했다. 역 밖에는 낡은 택시가 한 대 서 있었지만 아키타 곤노는 중심가에서 아주 가까운 거리여서 그냥 걸어갔다.

50대 후반의 곤노 박사는 두껍고 숱이 많은 멋진 수염을 기르고 있었다. 나는 회사 대기실 벽에서 전자 현미경으로 확대된 다양한 곰팡이의 놀라운 사진을 보다가 그를 발견하고 인사를 건넸다. 사진 아래에는 신기한 원뿔 모양의 유리 용기가 전시된 캐비닛이 있었다. 각각 다른 아스페르길루스의 종류로 아이보리색부터 갈색, 올리브 그린까지 다양했다.

과학자나 전문직 종사자와 인터뷰할 때 자주 겪는 일인데, 곤노가 설명한 내용은 그저 내 귀를 스치고 지나가버렸다. 비전문가도 알아들을 수 있는 수준으로 설명하는 건 그에게 쉽지 않았다. 아래 내용이 내가 고지킨에 대해 알게 된 것이다.

'모야시萌やし' 혹은 '종국種麴'으로 알려진 고지킨은 다양한 발효 음식과 음료를 만들기 위해 일본에서 수백 년 동안 사용되었고 주변 곰팡이(곳곳에서 발견되는 곰팡이)에서 순수하게 자란

종류다. 고지킨은 아키타 곤노가 된장과 간장, 사케, 소주, 아와모리, 미린, 가쓰오부시, 식초, 절임, 낫토를 비롯해 여러 제품을 만들기 위해 판매하는 곰팡이, 효소, 마이크로 박테리아 중 하나에 불과하다. 각각은 특정 종류의 곰팡이가 필요하다. 사케는 쌀에 있는 전분을 당과 알코올로 변화시키는 고지가 필요하다. 된장과 간장은 감칠맛이 도는 아미노산과 펩티드를 만들기 위해 단백질을 분해하는 고지가 필요하다. 어떤 고지는 온도가 급상승하고 어떤 건 천천히 상승한다. 아와모리를 만들기 위해 사용되는 흑국균(아스페르길루스 루추엔시스Aspergillus luchuensis)은 다량의 시트르산을 생성해 따뜻한 기후의 오키나와에서 생길 수 있는 잡균을 물리치는 데 효과적이지만 사케에 사용하기에는 적합하지 않다(흥미롭게도 니가타에 있는 한 회사는 이 균을 사용해 사케를 만들기 시작했다. 분명 파격적인 맛일 것 같다). 소주를 만드는 데 주로 사용되는 아스페르길루스도 역시 규슈의 따뜻한 기후에 대처하기 위해 꽤 시트르산이 높다. 반면 가쓰오부시를 만들 때 사용하는, 곤노의 표현에 따르면 '완벽한 곰팡이'라는 아스페르길루스 글라우쿠스Aspergillus glaucus는 수컷과 암컷 곰팡이가 같이 있다는 점이 특이하다. 나는 곰팡이에 성별이 있다는 사실을 처음 들었지만 명백히 된장과 간장, 사케는 '불완전한' 곰팡이를 사용하고 있는 셈이다.

만약 사케를 만들기 위해 된장 코지를 사용하면 어떤 일이 일어날까요? "사케를 만들 수는 있겠지만 최고의 사케는 맛이 깔끔해야죠. 그래서 아미노산이 너무 많아도 안 되고 감칠맛이 너무 강해도 안 됩니다." 곤노가 설명했다. "100년 전 제조자들은 곰팡이에 여러 종류가 있다는 걸 몰랐기 때문에 사케를 자연적으로 발효시켰죠. 그러니 '틀린' 곰팡이로 사케를 만드는 사람이 있는 것도 무리는 아닙니다."

회사를 창립한 곤노의 증조부는 1882년에 태어난 곤노 세이지다. 그는 수 세기 동안 사케와 간장을 만들던 집안의 자손이었다. 사람들 말에 따르면 그는 정확한 걸 좋아하는 사람(취미로 시계가 정확한지 보려고 시간을 재서 차트로 만들었다)이었다. 세이지는 오사카 하이어테크니컬대학에서 양조업의 미생물학을 공부했으며 아스페르길루스 오리재를 처음으로 분리하고 알린 사람이었다. 소위 '곰팡이 배양'의 시초였다. 회사에서 오늘날 판매하는 아스페르길루스 오리재는 곤노 세이지가 실험실에서 분리한 것으로 역사가 100년 넘게 거슬러 올라간다.

"우리는 절대 자연에서 아스페르길루스 오리재를 분리하지 않습니다. 늘 배양한 곰팡이를 사용하죠." 곤노가 설명을 이어갔다. "둘의 다른 점은 야생 돼지와 농장 돼지의 차이와 비슷합니다. 우리 건 순수종이죠. 전에는 사케의 마지막 배치에서 가져온 오래된 쌀을 사용했습니다. 발효종으로 빵을 만드는 방식과 똑같은 식으로요. 하지만 그렇게 하면 종류가 섞이게 되니까 마지막 결과물에서 무슨 맛이 날지 절대 확신할 수 없게 됩니다." (곤노 박사는 나중에 이메일을 통해 돼지 비유를 더 자세히 설명해주었다. 농장 돼지는 야생 멧돼지에서 났는데, 엄니가 필요 없게 되자 퇴화했다. 이와 똑같이, 아스페르길루스 오리재의 독성도 필요 없어졌기 때문에 퇴화한 것이라고 했다. 그의 증조부가 밝혀내기 전에는 왜 삭힌 쌀의 특정 배치로 만든 사케는 맛있는지 그리고 보기에도 같고 냄새도 완전히 똑같은 배치는 누군가를 아프게 하고 죽게 했는지 그 이유를 알아내려고 하다가 많은 일본인이 죽었다.)

아키타 곤노사는 고지킨을 일본 전역의 식품 제조업체에 판매하는 것은 물론 유럽과 미국, 인도네시아로 수출한다. 인도네시아에는 두부와 비슷한 음식인 템페tempeh가 있는데 이를 만들기 위한 발효 콩에 고지킨이 필요하다고 한다. 하지만 이렇게 다양한 고지킨은 아키타 곤노사의 수많은 제품 중 하나일 뿐이다. 아키타 곤노사는 양조업체에 필요한 효모와 효소, 음식 산업을 위한 박테리아를 포함해 1만 종의 배양을 생산한다. 이렇게 많은 종류 중 다른 종에 비해 골치 아픈 게 하나 있다. 바로 바실루스라는 곰팡이로, 낫토를 만드는 데 쓰이며 특히 독성이 강하다. 낫토는 솔직히 역겹고 냄새가 심한 질척거리는 발효 콩이지만 많은 일본인의 아침 건강식으로 사랑받고 있다. 이 곰팡이는 매우 성장 속도가 빨라, 세포 분열을 시작하는 데 겨우 20분 걸린다. 낫토의 훅 터지는 기분 나쁜 냄새야말로 그 효능을 경고하는 방법이겠지만, 만약을 대비해 아키타 곤노의 직원 30명은 낫토 바실루스 제조 시설에서 같은 날 다른 시설로 이동하는 걸 금지하고 있다.

핑크 폴로셔츠에 파란 바지를 입은 곤노 박사는 공장을 돌며 나를 안내해주었다. 먼저 레이저 스캐닝 현미경과 전자 현미경이 잔뜩 있는 실험실은 거대하고 투박하게 생긴 회색 기계와

1980년대 공상과학 영화에서 마지막으로 본 듯한 거대한 컴퓨터 모니터로 가득했다. 선반에는 테스트 튜브에 담긴 온갖 종류의 곰팡이와 균류가 일렬로 늘어서 있었다. 우리는 사케 테이스팅을 진행하던 기술자들을 갑작스레 방문했다.

"사케 제조업자가 분석해달라고 샘플을 보냅니다. 그러면 블렌딩하는 방법을 조언해주죠." 곤노 박사가 설명해주었다. "그리고 우리는 우리가 만든 고지를 실험하기 위해 직접 사케를 만듭니다." 그는 곰팡이의 '종자 은행'을 보관하는 영하 80도의 특별한 냉장고를 보여주었다. 그다음에는 폼 나는 흰색 장화를 신고 고지킨이 만들어지는 걸 보러 갔다. 공장의 특별한 장소에 들어가기 위해 놀라운 에어록 시스템을 통과했는데, 헤어드라이어 100개를 합친 듯한 어마어마한 바람이 불어와 기절초풍할 뻔했다. "죄송합니다." 곤노 박사가 웃었다. "고지는 살아 있는 거라 쉽게 변형될 수 있거든요. 개를 번식시키는 것과 같습니다. 순종을 유지해야죠. 그래서 사케 제조업자는 고지가 변형될까봐 직접 만들지 않는 겁니다. 오염되지 않은 환경을 유지하는 게 매우 중요합니다."

에어록 방에서 쌀을 씻고 찐 다음 식힌다. 그리고 종배양으로 접종한다. 구멍이 뚫린 커다란 강철 드럼통에서 하루 동안 싹트게 두고, 식힌 다음 나무 트레이로 옮긴다. 고운 면직물인 모슬린으로 덮어 5일에서 6일 정도 곰팡이를 번식시킨다. 곤노 박사의 말에 따르면 나무라서 공기가 이동할 수 있단다. 모자, 오버롤, 부츠로 머리부터 발끝까지 흰색 장비를 갖춰 입은 직원이 그가 만들어둔 걸 가져왔다. 트레이는 약간 고양이 모래 같았고 쌀이 가득했다. 쌀은 균일하게 멋진 짙은 초록색을 띠었다.

방은 아주 따뜻했고 냄새는 솔직히 말하자면 오래 신은 양말 냄새가 났다. 하지만 결국 그건 환상적인 곰팡이 포자를 생산할 것이고 숙주 쌀에서 기계로 걸러질 것이다. 겨우 70그램의 포자가 사케를 만드는 쌀 200킬로그램을 충분히 발효시킬 수 있다.

"이런 고체 발효가 일본의 특기입니다." 그는 자랑스러워했다. "예를 들어 유럽과 미국에서 만드는 맥주는 고체가 아니라 곡식을 발효시키는 겁니다. 액체 발효로 기본적인 거죠. 일본에서 하는 발효는 더 많은 효소를 배출해, 제 생각에는 미래에 의학 분야에서 훨씬 더 많이 활용할 수 있을 겁니다."

서구에서 요리사 몇 명이 고지로 실험을 해왔다. 유맨스키를 비롯해 뉴욕의 데이비드 창은 피스타치오와 병아리콩 된장을 발효시킨 건 물론 '포크부시'를 만들기 위해 돼지고기 살코기를 발효시켰다. 포크부시는 돼지고기를 일종의 가쓰오부시처럼 만든 것이다. 코펜하겐에 있는 노르딕 푸드 랩은 완두콩 된장인 '피소peaso'를 만들었고 발효시킨 메뚜기로 가룸garum을 만들었다. 곤노 박사는 그들의 실험에 대해 들어봤지만 일본인 입장에서는 전혀 새로울 게 없었다. 시오 고지塩麹(소금물에 발효시킨 쌀, 소금쌀누룩)와 아마자케는 음식을 양념하거나 절일 때 등 가정의 부엌에서 흔히 사용된다.

"일본에서 고지를 처음 사용한 건 아마도 4000년 전이었을 겁니다. 일본 음식인 된장 같은 걸 만들기 위해서 1000년 동안 사용해온 건 확실하고요. 고지는 일본 가정 요리에서 건조된 형태로 쌀에 쓰이거나 절임 형태로 늘 사용되었죠. 고지와 소금을 넣은 술지게미는 닭다리를 재우는 데 사용하면 아주 좋습니다." 그는 단순히 고지를 요리사에게 파는 것보다 더 큰 야망이 있었다.

"제 꿈은 이스트처럼 발효시킬 수 있는 고지를 만드는 것입니다." 그가 흥분해서 말했다. "사케를 만들기 위해 이스트를 쓸 필요가 없다고 생각해보세요! 얼마나 맛이 좋아지겠습니까. 과당을 발효시키는 고지를 만들 수 있다고 상상해보십시오. 사케 이스트는 포도당을 발효시키죠(쌀에 있는 전분은 포도당이 된다). 하지만 만약 전분을 발효시켜 과당을 만든다면 쌀에서 와인을 만들 수 있는 겁니다!" 나는 정신을 차릴 수 없었다. 도대체 그게 어떻게 가능하단 말인가요? "약간의 유전자 조작이 필요할 겁니다. 당장에는 식품 생산에서 미생물을 허락하진 않죠. 누군가 킬러 곰팡이를 만들지도 모른다는 두려움 때문입니다." 곤노의 목소리는 슬픔에 잠겼다.

자연적으로 발생한 곰팡이도 물론 치명적일 수 있다. 온화한 지역의 토양에서 자라는 아스페르길루스 플라부스Aspergillus flavus를 예로 들면, 아스페르길루스 오리재와 매우 유사하지만 독성이 있다. 1960년 칠면조 10만 마리가 죽은 사건의 원인은 결국 칠면조의 먹이였던 브라질에서 재배한 땅콩까지 거슬러 올라갔다. 그 사건은 일본에서 큰 동요를 일으켰다. 플라부스는 오리재와 매우 유사하기 때문이다. 반면 공기로 전염되는 아스페르길루스 푸미가투스Aspergillus fumigatus는 면역 체계가 약한 사람들에게 치명적이어서 병원에서 특히 꺼린다. 그래서 요즘 아스페르길루스 제조는 일본 정부가 매우 면밀히 규제하고 있다.

곤노의 곰팡이 생산업 중심지를 떠나면서 아스페르길루스 오리재의 신비로운 특징과 잠재력에 대해 좀더 알게 되었지만 과학의 추상적인 개념은 늘 어렵게 느껴졌다. 혹은 기본적으로 보이지 않는 것들에 대한 그렇고 그런 이야기에 난 유독 약한 편인지도 모르겠다.

이제 기본으로, 분명히 실재하는 세상으로, 내 손가락 사이로 만져지는 토양(아스페르길루스 플라부스는 당연히 빼고)으로 일본 음식의 뿌리를, 영혼 그 자체를 파고들 시간이 되었다.

쌀

나는 무릎까지 올라오는 진흙에 서 있다. 맨살을 드러낸 팔은 햇볕에 타고 있지만 고무장화 너머로 느껴지는 축축한 회색 진흙을 통해 시원한 냉기를 느낄 수 있다. 개구리가 개굴개굴 울고 곁눈질로 보니 무언가 풀숲으로 스르륵하고 사라진다.

"이 논은 깊고 부드러워 쌀이 정말 맛있을 겁니다." 세계에서 가장 위대한 쌀 농사꾼이 내게 말했다. "논마다 특징이 있지만 이 논은 일하기가 고되니 여기서 농사를 짓기로 했죠."

후루카와 가쓰유키가 내 앞에 있는 기계를 가리켰다. 그쪽으로 몸을 돌리려고 했지만 발은 가쓰유키 방향으로 이미 단단히 고정되어 있다. 나는 말 그대로 진흙탕에 박혀 있다. 두 손으로 장화를 하나씩 들어 올려 발을 꿈지럭거렸고 그럴 때마다 요란하게 쩌억 하는 소리가 났다. 설상 스쿠터와 재봉틀 기계를 이종

교배한 것같이 생긴 쌀 심는 기계는 위협적인 모습으로 논에 있었다.● 모터 달린 미국 슈퍼마켓 카트만큼 큰 기계를 어떻게 나에게 맡기고 그의 소중한 논에 풀어놓을 수 있는지 이해가 안 갔다.

기계는 손잡이가 두 개였다. 오른쪽 레버를 잡으면 브레이크가 걸리고, 왼쪽 레버를 잡으면 괴물 같은 기계가 움직이게 된다고 했다. 손잡이를 계속 잡고 있지 않아도 움직인다는 것은 만약 초보자가 기계를 운전한다면 분명 금방 밝혀질 큰 디자인 결함이 될 것이었다.

손잡이 바로 앞에 달린 건 복사기의 종이 공급 트레이처럼 생겼다. '호퍼hopper'(아마도 이렇게 부르겠지)에는 파릇하게 자란 벼가 직사각형 틀에 가득 채워져 있었다. 이건 사실 어린 고시히카리 쌀을 후루카와의 온실에서 발아시킨 못자리다. 이 멋진 초록 새싹이 바로 우리가 여기에 온 이유였다. 두 필지를 이 못자리로 채워야 했고 다른 두 필지는 내일 채울 예정이었다. 이제 가서 심을 차례다.

호퍼 앞에는 기계 전체를 움직이게 하는 작은 가솔린 엔진이 달려 있었고, 밑으로는 똑똑한 기계가 자동으로 못자리에서 벼 모를 두 움큼 뽑아 물에 잠긴 진흙 논에 꽂아 심었다. 한 움큼은 벼 모가 대략 세 줄기 정도였다. 6개월 후에는 밥 두 공기를 충분히 채울 양이 된다. 이 정도의 양을 일본어로는 '고'라고 하

<hr />

● 못자리나 육묘상자에서 자란 모를 논에 옮겨 심는 농기구인 이앙기를 말한다. 모내기기계라고도 한다.

는데, 오래전부터 쓰인 측정 단위다. 기계는 약 40센티미터 떨어진 두 줄로, 대략 20센티미터 간격으로, 초당 두 번 모를 심는다. 모를 심는 방법은 기계를 운전하는 사람이 새로 심은 모가 쭉 뻗은 두 열 사이 좁은 길을 조심조심 걸어가는 것이었다. 논 끝에서 모를 심는 레버를 들어 올리고 깔끔하게 360도 돌아 다시 왼손 레버를 사용해 돌아오면서 작업하는 식이었다.

나는 지시받은 내용을 중얼거리며 숨을 깊이 들이마셨다. 그리고 왼쪽 손잡이를 조작했지만, 기계가 흙에 모를 심기 시작하면서 내는 엄청난 소음에 갑자기 공포에 휩싸였다. 나는 순식간에 후루카와가 알려준 방법을 모조리 잊어버렸다. 처음 운전을 배우던 때로 돌아간 거 같았다. 몇 초 늦어지자 기계는 마치 머리 이식을 잘못한 것처럼 한 곳에 모를 너무 조밀하게 심어버렸다. 후루카와가 브레이크를 놓으라고 침착하게 말했다. 그때 갑자기 기계가 나를 앞으로 당겼고 풍경이 휘청거렸다. 안타깝게도 내 장화가 진흙에 박혀 움직이지 않았던 것이다. 순식간에 판단을 내려야 했다. 장화를 그냥 두고 양말만 신은 채로 작업을 계속할 것인가 아니면 기계에서 손을 놓을 것인가. 나는 후자를 선택했다. 그리고 이앙기가 완벽하게 직선으로 심겨 있던 자리에서 칙칙 소리를 내며 옆길로 나가는 걸 지켜봤다. 후루카와가 마치 심사를 받는 발레 댄서처럼 기계를 향해 놀라운 속도로 뛰어갔다. 애스거와 에밀은 나를 도와주기 위해 논으로 뛰어들었고 역시 인상적인 속도로 움직였다. 그렇게 나의 부끄러움은 막을 내렸다.

후쿠시마의 논에서 내가 상상했던 모습은 이게 아니었는데. 나는 모내기를 하러 가는 이번 일정에 드높은 야망을 품었다. 애스거와 에밀이 세계 최고의 쌀(그의 업적에 대해선 잠시 후 이야기하겠다)을 기르는 후루카와를 만나서 그의 위대한 헌신에 대해 배우길 바랐다. 그리고 농사일이란 게 어떤 건지 전반적으로 알게 되길 원했다.

2011년 쓰나미와 뒤따라 발생한 핵 재난은 후쿠시마 해안가를 완전히 파괴했고 수천 명의 목숨을 앗아갔으며 건물과 기반 시설을 무너트렸다. 비록 후쿠시마현 중심에 있는 고리야마에 위치한 후루카와의 농장은 산맥으로 차단돼 멀리 떨어져 있지만, 재난은 그의 쌀과 생계수단을 위한 시장을 위험한 처지로 몰아넣었다. 그래도 후루카와는 농사를 계속 지었고 전형적인 일본인의 금욕적인 자세로 일했다. 나는 아들들이 그 이야기를 들었으면 했으며, 농부가 육체적으로 얼마나 힘든 일을 하는지 경험하고 악조건에서 어떻게 끝없이 고군분투하는지 두 눈으로 보길 바랐다. 또한 그렇게 일한 결과가 슈퍼마켓 선반에서 얼마나 싼 가격으로 팔리고 무심히 집으로 옮겨지는지 알게 하고 싶었다. 또한 위엄 있는 좋은 사람이자 마을에, 어떤 면에서는 국가에 중요한 인물인 그를 그저 만나게 하고 싶었다.

좀더 개인적인 임무도 있었다. 일본인에게 쌀이란 어떤 의미인지 알고 싶었다. 사실 일본을 처음 여행했던 때부터 오랫동안 내가 일본 음식을 이해한다는 면에서 언급하지 않았던 문제가 하나 있었다. 바로 쌀이었다. 나는 쌀이 일본인에게 얼마나 중요한지 알고 있다. 일본 요리는 물론 일본 문화의 기본적인 요소로, 가장 중요한 음식 재료일 것이다. 결국 흰쌀밥이라는 단어인 '고항御飯'은 '식사'를 의미하기도 하니까. 나는 제대로 된 일본인이라면 모두 따뜻한 쌀밥 한 공기로 식사를 끝내는 걸 알고 있다. 젓가락을 밥공기에 꽂아두는 건 죽음을 상징하기 때문에 안 된다는 것도 알고 있다. 그리고 식사 끝에 밥을 남기는 건 인상을 찌푸릴 만한 일이라는 것도 알고 있다. 수많은 일본인에게 가장 좋아하는 식사가 뭐냐고 묻는다면, 혹은 마지막 식사로 무얼 선택하겠냐고 묻는다면, 두 질문의 대답은 똑같이 '그저 밥 한 공기'라는 것도 알고 있다. 하지만 나는 쌀밥에 전혀 흥미를 느끼지 못하는 사람이었다. 일본에서 식사를 끝낼 때마다 밥을 남긴 나를 보고 동행인이 따가운 눈초리를 던지고는 했다.

미슐랭 별을 받은 오사카 출신 셰프인 후지와라를 인터뷰했을 때, 그는 전설적인 교토 레스토랑 소지키 나카히가시를 언급했다. 교토에서 예약하기가 가장 힘든 음식점 중 하나고, 점심 메뉴는 가끔 완전히 쌀로만 구성되기도 한다. 요리사 나카히가시 히사오는 후지와라의 멘토 중 한 명으로 일본 요리업계에서 영향력이 큰 인물이지만 일본 밖으로는 알려지지 않은 사람이다. 60대 중반의 잘생긴 나카히가시를 만났을 때, 매우 서글서글한 인상이었지만 안에는 강철 같은 단단함이 느껴졌다. 그는 긴카쿠사 근처에 있는 음식점을 운영했고, 교토를 둘러싸고 있는 산에서 본인이 사용할 식물과 채소를 20년 동안 매일 찾아다녀 왔다. 내가 다큐멘터리를 찍기 위해 일본 TV 촬영팀과 함께 그

의 음식점을 방문했을 때 그는 네 가지 쌀 메뉴를 요리해주었다. 식사는 '니에바나ㅡ工ㅅ터'로 시작됐다. 니에바나는 의도적으로 덜 익힌 쌀밥을 전통 뚝배기인 '도나베土鍋'에 담아내는 것이다. 그는 레스토랑 뒷마당에 있는 우물에서 퍼온 물로 우리 앞에서 밥을 지어 그대로 제공했다. 쌀은 니가타의 북쪽 야마가타현에서 유기농으로 재배해 햇빛에 말린 것이었다. 소금을 치고 햇빛에 말린 다음 그릴에 구운 생선 요리 히모노干物가 나왔던 두 번째 코스에도 쌀밥은 다시 등장했다. 세 번째 코스는 '오코게おこげ'로 일부러 갈색으로 바싹 익힌 쌀이었다(인종, 종교, 피부색에 상관없이 모든 사람이 팬 바닥에 눌어 붙은 갈색 쌀을 좋아하는 건 만고불변의 진리다). 다음은 마지막 순서로 매실과 들깨를 곁들인 뜨거운 물이 나왔다. 식사는 절제된 맛이었고 생각을 불러일으키는 경험이었으며 그때까지 먹은 쌀밥 중 의심의 여지 없이 최고였다. 하지만 그래도 여전히 '그냥 쌀'이었다. 카메라 앞에서 점심을 진지하고 맛있게 먹으면서도 마음 한구석으로는 계속 무언가 놓치는 게 있다는 느낌이 들었다.

흰쌀은 영양가가 거의 없다. 모든 비타민과 미네랄은 쌀을 하얗게 하기 위해 벗겨낸 쌀겨에 들어 있다. 그렇다면 디저트로 채울 수 있는 배를 왜 쌀로 채워야 한단 말인가? 서양에서는 지난 30년간 건강하게 쌀을 먹고 싶다면 현미를 먹어야 한다고 했다. 그래서 나는 현미를 먹어왔다. 비록 우리 집토끼 밥그릇 바닥에 붙어 있는 사료 풀 같은 맛이지만. 흰쌀을 주로 먹는 식습관은 19세기에 일본인 선원이 각기병으로 고생한 원인이었음을 잊지 말자. 내 입맛으로는 쌀은 별맛도 안 났다. 그리고 점점 더 많은 일본인이 나와 유사한 결론을 내리는 추세다. 1960년대 이후로 일본 쌀 소비량은 반 토막이 났다. 정상이다. 쌀 소비량의 감소는 그 나라의 GDP 상승과 예외 없이 동시에 일어난다. 국민이 부유해질수록 쌀을 덜 먹는다는 것이다. 오늘날, 일본인의 1인당 쌀 소비량은 세계 50위로 낮은 편이다. 그렇다면 쌀은 두부, 쓰쿠다니, 후나즈시 그리고 집에서 만드는 다시와 사케같이 젊은 일본인이 거부하는 또 다른 전통 음식인 걸까.

바로 이게 수년 전 내가 일본에 관해 쓴 첫 책에 쌀을 주제로 한 장을 할당하지 않은 이유다. 그때도 쌀을 조사해야 한다는 걸 알고 있었지만, 주제에 흥미가 일지 않을뿐더러 쌀에 대한 이야기를 조사할 방법도 찾을 수 없었다. 물론 후루카와를 만나기 전의 얘기다. 나는 아이들과 모 심는 일을 돕겠다고 후루카와의 논에 등장하기 7개월 전에 그를 처음으로 만났다.

후쿠시마현으로 가는 첫 여행에서 도대체 무엇을 기대해야 할지 몰라 어리둥절했다. 물론 2011년 쓰나미에 의해 후쿠시마가 완전히 무너지는 영상도 봤지만, 후루카와의 논은 해변에서 80킬로미터 정도 떨어져 있어 쓰나미의 영향을 받지 않았다. 물론 방사능이 공기, 물, 땅을 오염시킨 결과에 대해서도 깊이 생각해보았다. 쓰나미 이후 도쿄에 살던 외국인들은 도시를 영원히 떠났다. 내가 아는 음식업계에서 매우 유명한 일본인은 도쿄 집에서 사용하기 위해 방사능 측정기 두 대를 구매했다. 내가 물어본 다른 일본인은 후쿠시마산은 무엇이든 즉각 구매를 중단했다고 인정했다. 일본 정부가 아무리 모든 생산품의 방사능 오염 여부를 조사하고 있다고 강조해도 많은 사람이 일본 서부나 해외에서 식재료를 구매한다(이상하게도 내가 일본해에서 잡은 생선에 대해 물을 때마다 그들은 한 치의 망설임 없이 "괜찮습니다. 후쿠시마 해안에서 온 게 아니에요"라며 안심하라고 했다. "하지만 생선은 돌아다니잖아요. 그렇지 않나요?"라고 나는 속으로 중얼거렸다. 가다랑어 혹은 가쓰오부시를 예로 들면 일본 해안을 매년 수백 킬로미터씩 위아래로 이동한다. 오염된 물고기가 시즈오카에서 잡히기 위해 아래 해안으로 내려오는 걸 누가 막는단 말인가? 하지만 대화 분위기가 이상하게 변하기 십상이니, 그냥 조용히 회만 우걱우걱 먹었다).

2015년 11월, NHK 새해 특별 에피소드의 인트로를 후루카와의 논에서 며칠간 촬영하기로 하고 그의 논을 방문했다. 고리야마시는 2011년 재난의 영향을 받지 않은 것처럼 보였다. 적어도 겉으로 보기에는 그랬다. 대부분 지역이 일본 도시에 비해 작고 지반이 낮아 1988년쯤 개발이 멈춘 모습에서 영화 「백 투 더 퓨처」 느낌이 살짝 났다.

전형적인 파란색 오버롤 바지에 존 디어[유명한 농기계업체] 모자를 쓰고 있던 후루카와와 내가 처음으로 만나는 장면은 카메라 앞에서 연출되었고 여러 번 반복해야 했다. 그가 작은 낫으로 벼 줄기를 자르고 있으면 나는 택시에서 내려 그를 향해 성큼성큼 걸어갔다(우리는 추수 시기 막바지에 방문했다). 연출된 상황임에도 진심으로 나와 스태프를 환영하는 모습을 보고 나는 그가 단박에 좋아졌다. 후루카와의 둥그렇고 햇볕에 탄 얼굴에는 편안한 미소가 자연스럽게 번졌다. 그는 쉰여덟 살이었고 40년간 농부였지만 10년은 젊어 보였다. 비록 추수를 마무리하느라 바빴지만 카메라를 향해 대화를 반복할 때도 잘 참아주었다. 그리고 나는 논에서 여러 일을 '도와'주었다. 하루 동안 낫으로 벼 줄기를 베고, 벼를 두껍고 큰 나무 장대에 쌓아 햇볕에 말리는 걸 촬영했다. 이 전통적인 방식은 요즘에는 일본 시골에서도 보기 힘들다.

점심을 먹기 위해 쉬기로 했다. 드디어 후루카와의 쌀을 맛볼 시간이었다. 그의 며느리가 오니기리를 만들어왔다. 오니기리는 쌀을 주먹 크기로 눌러 삼각형 모양으로 만든 다음 노리로 감싼 것이다. 대개 밥 가운데에 통조림 연어, 다시마 쓰쿠다니, 우메보시 같은 짭짤한 걸 넣는다. 오니기리의 쌀알이 빛을 받아 반짝였다. 자체에서 빛을 내뿜는 거 같았다. 나는 열 명이 넘는 사람과 두 대의 카메라가 쳐다보는 걸 의식하며 밥을 한 입 먹어보았다. 밥은 정말 맛있고 담백한 미네랄 풍미가 계속 맴돌았지만 비참하게도 초월적인 반응을 보이는 데는 실패했다. '아하' 하고 무릎을 탁 치며 흰쌀밥이란 음식이 왜 일본인의 영혼 안에서 그토록 강렬하게 공명하는지를 갑자기 이해한다든가 하는 반응 말이다. 그래도 정말 매우, 매우 맛있었고 그때껏 먹어본 쌀밥 중 최고였다. 하지만 그저 쌀이었다. 반면 홈메이드 매실장아찌가 더 흥미를 끌었다. 약간 부끄럽게도 후루카와의 쌀밥을 먹었을 때보다 매실장아찌를 먹었을 때 내 반응이 훨씬 더 솔직히 드러나고 말았다. 아이고, 저런.

우리는 추수와 대화를 재개했다. 그의 논은 곤충 천지였다. 거미, 귀뚜라미, 날아다니는 이상한 애들, 개구리와 도마뱀이 너무 많았다. 그는 미생물 의존 경작을 한다. "자연과 싸울 이유가 없으니 그저 땅의 힘에 맡겨둘 뿐입니다." 그가 말했다.

후루카와는 꽃농사로 일을 시작했지만 제초제를 엄청나게 사용했다가 만성 알레르기 반응이 일어나 고생했다고 한다. 그래서 쌀농사로 바꾸게 되었다. 오랫동안 다양한 유기농법을 연구해오다가 2002년 중국 약초로 농사를 짓는 세미나에 참석했다. 사람에게 처방되는 것과 똑같은 종류의 쓴맛이 나는 약초 가루였다.

"이 방법을 사용해서 토마토를 길러봤죠. 솔직히 크게 달라진 건 없었습니다." 그는 나에게 약초를 맛보라며 건넸는데 정말 썼다. "그런데 토마토를 싫어해서 만날 집어던지던 한 살배기 애기한테 줘봤더니 아 글쎄, 정말 잘 먹더라고요."

비록 이웃 농부로부터 의심의 눈빛을 받고 비난의 말을 들어야 했지만 그는 서서히 논을 새로운 시스템으로 바꾸기 시작했다. 잘게 간 굴 껍데기가 주재료인 약초 가루를 논에 비료제로 뿌렸다. 가루 비용은 제곱킬로미터당 1000만 엔으로 매우 비싸고 수확량은 제조체와 화학 비료를 모두 쓰는 이웃 농부에 비해 절반밖에 안 되었다. 하지만 오늘날 후루카와의 쌀은 650엔에 팔리는 저렴한 쌀에 비하면 1600엔이라는 높은 가격에 판매된다.

결정적으로 중국 약초 가루를 쓰기 시작하고 2년이 지나지 않아 후루카와는 일본에서 가장 크고, 명망 있고, 엄격한 쌀 경쟁 대회에서 2000명의 참가자를 물리치고 우승을 거뒀다. 우리가 방문했던 일본의 넘버 원 레스토랑 야나기야처럼 일본에서 최고의 쌀이라면 세계에서 최고 수준일 것이다. 그뿐 아니라 후루카와는 2004년부터 5년 동안 연달아 대회에서 우승을 거머쥐었다. 결국 마지막 해에는 4000명의 경쟁자를 물리쳤다. 결국 대회를 주최한 오사카의 쌀 재배 노동조합에서 2009년에 특별한 다이아몬드상을 주며 그에게 참가하지 말아줄 것을 사정하기에 이르렀다. 그는 너털웃음을 지으며 사실 잘된 일이라고 했다. "가을에 대회가 다가올 때마다 말도 못 하게 힘든 압박감과 스트레스를 받았어요. 정말 미칠 거 같아서 너무 초조해졌죠. 추천되지 않는 게 나았어요."

그의 이웃 농부들은 아직도 그가 미쳤다고 생각했다. 하지만 분명 일본 전역의 쌀 농부들 사이에서 그는 영웅이며 그의 방법을 배우고 싶어하는 젊은 이상주의자들이 전국에서 찾아온다.

그는 쌀농사를 즐기고 있을까. 어느 날 촬영을 마치고 스태프가 짐을 꾸리는데 문득 그의 생각이 궁금해졌다. 내가 만났던 많은 장인이 그렇듯 후루카와도 이런 질문을 받아본 적이 없었다. 혹은 생각해보지도 않은 듯했다. 그는 잠시 생각하더니 이렇게 대답했다. "내가 좋아하는 일을 하는 겁니다. 하지만 논에서 그리고 집에서 모든 걸 혼자 하려니 정말 힘들어요." 그는 결혼했고 아들과 딸이 하나씩 있지만 이혼한 상태였다. 나중에 그의 집에서 저녁을 먹으면서 사실 아내가 떠난 뒤에야 밥을 하는 법을 알게 되었다고 그가 고백했다. "강인한 여자와 결혼하고 싶습니다. 이 집에서 넘버 투가 되고 싶어요!"

후루카와는 촬영 후 모든 스태프를 저녁에 초대했다. 프로그램 주제에 맞게 더 많은 오세치 요리(새해 요리)가 나왔다. 그는 전통적인 단층 나무집에 살고 있었다. 앞쪽으로는 집을 둘러싼 데크인 엔가와縁側가 있었고 거실 중심에는 다다미가 깔린 탁트인 거실이 두 개 있었다. 가장 중요한 장소는 하나도 아닌, 두 신을 모신 사당이었다. 하나는 부처고 다른 하나는 신도였다.

"하루에 한 번씩, 신도 신들에게 내 건강과 가족의 평화를 위해 감사하다고 기도합니다. 농사나 돈과는 아무런 관련이 없죠." 그가 집을 안내했다. "그저 가족이 잘 지내기만을 바랍니다."

시간을 빨리 돌려 7개월 후, 2016년 6월로 가보자. 애스거, 에밀과 나는 후루카와의 모내기를 도우러 왔다. 비록 애들은 나보다 훨씬 더 빨리 이앙기를 마스터해 논밭을 완벽하게 일직선으로 왔다 갔다 했지만, 어쨌든 나도 이앙기를 다룰 줄 알게 되었다. 아이들의 도움으로 우리는 해가 사라지기 전에 두 필지를 끝낼 수 있었다.

그날 밤 저녁 식사 시간. 이번에는 데마키手巻き[밥을 삼각형 원뿔 모양으로 만 것]가 그의 훌륭한 쌀밥과 함께 나왔다. 우리는 재난이 일어났던 2011년의 이야기를 들었다.

"손자와 정원에 있었지요. 집이 심하게 흔들렸고 지붕이 무너지는 걸 봤습니다."

오염되었다는 공포로 사람들은 글자 그대로 하룻밤 만에 그의 쌀을 외면했다. 심지어 동네 가게도 마찬가지였다. '후쿠시마 산'이라는 마크는 한때 일본에서 최고의 제품을 뜻했지만, 똑같은 마크가 갑자기 저주가 되었다. "한동안은 농사를 그만둬야 할 것처럼 보였습니다."

후쿠시마 당국은 대중의 공포를 경감하기 위해 할 수 있는 모든 일을 했다. 모든 식품에 방사능 검사를 실시하고 결과를 온라인에 올렸지만, 후루카와는 더 나아가 자신이 독립적으로 자신의 쌀을 검사하여 완전히 안전하다는 내용을 홈페이지에 올렸다.

그래도 판매는 서서히 중단되었다. 해안가 농부들은 정부 보조금을 받았지만 현의 중심에 있는 그에겐 보조금도 없었다. "정부는 비용을 줄이려고만 합니다. 나는 정부를 믿지 않아요. 아무도 안 믿습니다."

그를 돕던 사람들은 일본의 다른 지역으로 가서 농사를 지으라고 했지만, 그는 나고 자라온 고향을 포기할 수 없었다. 결국 그의 사업은 다카시마야 백화점 체인에 의해 구원되었다. 도쿄 니혼바시에 있는 플래그십 지점이 후루카와의 쌀을 프로모션하고 재정적으로 지원하기 시작했다. 그래도 경제적으로 안정되기까지는 2년이란 시간이 걸렸고 큰 빚을 져야 했다. 많은 이웃 농부가 농사를 포기했다. 몇몇은 자살하기도 했다. 후루카와는 유통업자가 없으니 이제 직접 쌀을 팔아야 했다. 다행히도 우리가 만든 NHK의 새해 프로그램이 방송되자마자 전화가 울리기 시작했다고 했다. 주문이 더 활력을 띠길 기대한다.

2011년의 충격을 넘어, 일본인의 정신에서 쌀이 중심이라면 왜 쌀 소비가 줄었는지 그에게 물어보았다.

요즘 농부들은 대부분 물량과 효율에만 신경을 쓰고 품질에는 관심을 두지 않는다. 그리고 정부도 마찬가지다. 오래전 정부는 쌀의 품질 카테고리를 다섯 개에서 세 개로 줄였다. 그래서 1등급 카테고리는 이제 2등급 쌀을 포함하게 되었다. 만약 화학비료를 뿌린 쌀을 먹는다면 맛이 좋지 않을 것이다. 사람들은 좋은 쌀의 맛이 어땠는지 잊어버렸다. 쌀은 맛이 없다고 생각하기 시작했다.

"사실 나의 주된 목적은 안전이지 맛이 아닙니다. 쌀이 안전하면 소비자도 사겠죠. 하지만 좋은 품질은 그것의 부산물입니다. 가장 중요한 건 감사하는 태도입니다. 쌀과 땅에, 도구에도 다 신이 살고 있어요. 이 모든 것에 감사하는 감정이 있다면 사랑하는 마음으로 쓰게 되죠. 그러면 좋은 걸 만들게 됩니다."

에스거는 나중에 후루카와와 했던 노동이 인생에서 가장 힘든 일이었다고 고백했지만(애스거가 "저 신문 배달도 했었다고요"라고 덧붙였다), 나는 애스거와 에밀이 온종일 일할 수 있을까, 감당할 수 있을까 내내 걱정했다. 하지만 현실은 반대였다. 나를 걱정했던 건 애들이었고 나를 살펴준 것도 애들이었다. 나를 위기에서 구해주었다. 아이들은 쌀농사의 모든 과정에서 나보다 잘했고 종일 힘들게 일했다. 기계로 하는 재밌는 일뿐 아니라 논에서 벼 줄기를 모으고 커다란 진흙 더미를 들어 올리는 일도 열심히 했다. 둘째 날이 거의 끝나가자, 우리는 모가 거의 완벽하게 심긴 밭을 둘러보면서 논의 주인이 된 듯 뿌듯한 감정을 느꼈다.

첫날, 내가 에밀에게 어떻게 손으로 모를 심는지 설명하고 있었다. 후루카와가 우리에게 기계가 닿지 않는 논 구석에 가서 모를 심어달라고 했기 때문이다.

"하지만 할아버지가 이렇게 하지 말고 이렇게 하라고 했잖아요." 에밀이 항변하며 나에게 보여주었다. 그리고 그 애가 맞았다. 잘못 알고 있던 건 나였다. 집에서도 이런 비슷한 일이 몇 번 있었다. 특히 각종 기계에 관련된 일로, 예를 들면 컴퓨터를 TV에 연결할 때나 핸드폰에 손전등 기능이 있으니 어두운 데서 열쇠 구멍을 찾으려고 플래시를 켜고 사진을 찍을 필요가 없다는 말을 들을 때 말이다. 하지만 나는 어쨌건 쌀농사는 논에서 하는 옛날 방식의 육체적 노동이라 힘에서 유리한 내가 더 잘하리라고 예상했다. 쌀농사 경험은 분수령이 된 순간, 그 이상이었다. 생전 처음으로 아들들이 더는 내 도움의 손길이 필요하지 않게 된 순간이었다. 너무 감상적일 수 있으나, 내가 아빠에서 아버지로 가게 된 순간이었다.

그렇다면 이게 아마도 나의 쌀의 의미일 것이다. 후루카와의 빛나는 초록 논에서 모를 심었던 게 나에게 가르쳐준 건 이것일 거다. 걱정은 그만두자. 아이들은 알아서 할 거야. 세상으로 가게 놔두자. 내가 그랬듯 세상은 저런 아이들을 맞게 되어 참 좋을 거야.

10장

홋카이도

우니

이제 홋카이도라는 마지막 여행지만 남았다. 수년 전 일본에서 처음으로 갔던 여행지다. 계절은 여름이었고 우리가 야단법석을 부리며 쌀을 심은 이후로 두세 달이 흘렀다. 나는 가족들이 도착하기 전에 이미 홋카이도에 왔기 때문에 일본의 최종 음식 목적지라는 하코다테 항구 마을에 방문할 시간이 있었다.

지난 몇 년간 해산물 음식으로는 일본 전체에서 하코다테가 최고라는 글을 많이 접했다. 일본에서 가장 다양한 어종이 잡히는 중요한 어업 항구라는 역사적 사실도 한몫을 했다. 소금에 절인 연어 알, 우니, 게, 기타 해산물을 얹은 돈부리를 말도 안되게 싼 가격에 판매하고 있다고 들었다. 나는 안달이 날 지경이었다. 특히 홋카이도 우니가 제철인 지금 가장인 내가 볼썽사납게 우니에 탐닉하는 모습을 가족이 목격하지 않는다는 사실에 다소 안심이 되었다.

나는 홋카이도에서 무엇보다 입안의 즐거움인 황금 오렌지색 치설齒舌을 마음껏 먹겠다는 목표를 갖고 왔다. 바로 우니, 내가 세상에서 가장 좋아하는 음식이다.

저녁에 하코다테 아사이치朝市[아침 시장]에 도착해보니 닫혀 있었다(이름에 단서가 있었겠지). 할 수 없이 항구 앞에 있는 오래된 벽돌 창고를 따라 거닐었지만 기분은 점점 더 처지고 말았다. 관광객 버스에서 내린 중국인들이 비슷비슷하게 생긴 회전 초밥집과 유리 인형과 뮤직 박스, 비싼 젓가락을 파는 상점으로 속속 들어가고 있었다. 가게 밖에는 좋은 품질이나 진품을 파는 가게에서는 보기 드문 표시인 '택스 프리' 간판이 여기저기 붙어 있었다. 유명해진 이유가 이거였나? 산책로 끝에 '일본에서 가장 오래된 콘크리트 전봇대'가 근처에 있다는 방향 표시등이 보였다. 차라리 그게 더 흥미로워 보였다.

나는 홋카이도에 있는 좁은 반도의 다른 편에서 트램을 타고 호텔에 체크인했다. 그리고 접수원에게 좋은 초밥집을 소개해달라고 했더니 지도를 내밀며 근처에 하나가 있다고 알려주었다. 너무 배가 고파 어지러울 지경이었던 나는 마침내 레스토랑 스시쿠라를 찾았다. 손님이 반 정도 찬 카운터 뒤로 요리사가 혼자 일하고 있는 작은 음식점이었다. 요리사는 문간에 서 있는 나를 홀끗 보았다. 나는 자리가 하나만 필요하다는 표시로 오른손 집게손가락을 들고 읍소하는 표정을 지었다. 그는 나를 바라보더니 고개를 저었다. 자리가 없다는 것이었다. 8시가 훨씬 지난 시각이었다. 일본인은 저녁을 일찍 먹는 경향이 있고 특히 대도시 밖에서는 더 그렇다. 그러니 그 시간부터 빈자리가 채워질 리는 없어 보였다. 나는 "오마카세?"하고 용기 내어 말해보았다. 요리사가 원하는 대로 아무거나 주는 대로 먹겠다는 뜻이다. 동시에 내가 초밥에 관해서라면 완전히 초짜가 아니며 어떤 문제도 일으키지 않겠다는 걸 그가 알아주길 바라는 마음도 있었다. 하지만 노였다. 요리사는 단호했다.

나는 호텔로 발을 쿵쿵 구르며 돌아와 계획을 세웠다. 접수원에게 다시 가서 그 음식점에 전화를 걸어 예약이 다 찼다는 말이 사실인지 물어보게 할 작정이었다. 접수원은 예상대로 음식점에 전화를 걸어주었다. 나는 대화의 톤으로 봤을 때 자리가 있다는 판단을 내릴 수 있었다. 하지만 접수원이 마음 쓰이는 단어, 외국인이란 뜻의 '가이진外人'이란 단어를 사용했다. 좋은 뜻의 단어가 아니다.

"안돼요오오." 나는 팔을 휘저으며 속삭였다. "그 말 하면 안 됩니다!"

접수원은 전화기에 손을 댔다. "일본어 할 줄 아십니까?"

"음, 네." 나는 거짓말을 했다.

몇 분 후, 나는 음식점으로 다시 의기양양하게 걸어 들어갔다. 요리사는 짜증이 솟구치는 표정을 감추려고 최선을 다하며 예상대로 완전히 입을 다문 채로 스무 개 정도의 스시를 만들어주었다. 초밥은 맛있었지만, 뛰어난 초밥의 경지에는 근처도 못 가는 정도였다. 도쿄 기준으로 보면 중간 정도였다. 객관적인 평가라는 걸 알아주셨으면 한다. 내가 초밥을 먹는 내내 펄펄 끓는 분노를 삭이며 조용히 밥만 먹었다는 것과는 아무런 상관이 없다.

일본인이 아니라는 이유로 레스토랑이나 술집에서 거절당하는 일은 전에도 겪었다. 사실, 바로 이틀 후, 삿포로에서 한 웨이터는 이자카야가 만석이라는 말도 귀찮은 듯 그냥 "일본인만 받습니다" 하고는 면전에서 문을 닫았다. 런던에 있는 레스토랑에서 단지 손님이 영국인이 아니라는 이유로, 심지어는 영어를 못한다는 이유로 거절하는 건 상상할 수도 없는 일이다. 결국 음식점은 서비스업 아닌가. 외국인을 환대해주기를 기대하는 게 불합리한 것일까? 특히 최상의 서비스를 제공한다는 아주 세련된 개념인 '오모테나시'의 전통을 자랑스러워하는 나라에서 말이다.

나는 초밥을 다 먹고 돈을 내고 떠날 참이었다. 나는 요리사를 건너다보았다. 그가 내 눈을 확실히 보게 한 다음 손바닥을 아래로 하고 손을 들어 왼쪽 오른쪽으로 흔들어, 만국 공통어인 '그냥 그런 수준이야'라는 손짓을 해 보였다. 내가 그의 스시를 그렇게 생각한다는 뜻이었다. 요리사는 나를 보고 있었고 길고 얇은 회칼을 한 손에 들고 있었기에 잠시 그가 나에게 칼을 날리는 게 아닐까 생각했다. 그는 얼굴에 혼란스럽다는 표정이 마구 일었지만 다시 도마로 고개를 돌렸다.

친구에게 들은 조언을 진작에 따랐어야 했다. 그녀는 일본인인데도 고상한 척하기로 유명한 교토 와인 바에서 비슷한 일을 당했단다. 주인은 처음에 그녀가 들어오는 걸 거절했지만 그녀가 우겨서 바에 들어가 자리를 잡고 앉았다. 그녀는 억지로 서빙되어 온 와인을 홀짝홀짝 마시는 동안, 뜨내기손님이 얼마나 짜증이 나는지 큰소리로 떠드는 주인을 참아내야 했다. 그녀는 냉정하게 대처하기로 하고 술집 명함을 받은 다음, 지갑의 지폐 옆에 넣어 똑같은 방식으로 복수를 했단다. 친구가 이 이야기를 했을 때, 나는 결정타가 언제 나오나 기다렸지만 이야기는 그게 전부였다. 누군가의 '명함'을 지폐 옆에 두는 건 명함에 침을 뱉는 행위나 명함을 구두로 짓이기는 것과 비슷하다고 한다. 돈을 더럽다고 여기는 문화 때문에 굉장히 예의 없는 행동으로 여겨지는 것이다.

이런 일로 나는 하코다테에서 그다지 좋은 출발을 하진 못했다. 이튿날 하코다테와 관계를 개선하고자 도시의 매력적인 오래된 트램을 타고 아침시장으로 직행했다. 100년이 넘은 정말 오래된 트램이라는 걸 우연히 알아냈다. 운전사와 안내원이 옛날 복장을 한 모습이 약간 귀여워 보였다. 기분이 서서히 긍정적으로 돌아서기 시작했다. 이번에는, 정말로, 세계에서 가장 맛있다는 해산물을 먹어보리라.

나는 아침 시장에서 열 곳이 넘는 노점상과 음식점을 살펴보았다. 구운 관자와 거대한 붉은 게가 많았고 게 다리는 꽉 쥔 손처럼 고무 밴드로 묶여 있었다. 유명한 돈부리를 파는 식당도 있었다. 아침 시장에서 가장 유명한 우니 가게인 우니 무라카미에서 신중히 생각한 끝에 우니 돈부리를 선택했다. 맛은 굉장했다. 하지만 시장의 나머지 부분은 기대했던 바에 비하면 그저 그렇다는 인상을 지우지 못했다. 가격은 도쿄처럼 비싸 돈부리 하나에 2000~4000엔 정도였고 가장 비싼 음식은 우니 돈부리였다. 깎아주는 것도 없었고 밥그릇도 메뉴의 그림과는 달리 상당히 작았다. 더 심한 건, 음식의 품질이 내가 예상했던 수준에 전혀 미치지 못했다. 중국인 관광객으로 꽉 차, 장소의 본질적 특징은 한 번 오는 방문객에게 돈이나 벌자는 식으로 완전히 바뀌어 있었다. 예를 들면, 일본에서 상인들이 그렇게 시끄럽게 호객 행위를 하는 걸 처음 보았다. 그런 일이 하코다테에서 일어나고 있었고 나는 코를 약간 찡그릴 수밖에 없었다. 우니 돈부리를 먹은 후, 게 전문점을 시도해보았다. 자리에 앉자마자 종업원은 봉사료와 8퍼센트의 세금이 붙는다고 힘주어 말했다. 일본에서는 둘 모두 꽤 일반적인 일이지만, 분명 그녀는 이 일로 분쟁을 겪은 듯했다. 40분 후에도 음식이 도착하지 않자, 나는 자리에서 일어나 그냥 나왔다.

우니로 힐링할 필요가 있었다. 아침 시장 중심부에는 실내 음식판매점인 마켓 스퀘어가 있었고 지역 농산물과 히모노(햇빛 건조한 생선), 훈제 연어, 다시마, 비싼 홋카이도 멜론, 다양한 활해산물을 팔고 있었다. 노점에 들러 우니를 좀 사고 성게 하나에 1000엔을 냈다. 노점상 주인은 마치 삶은 달걀을 까서 먹어보라고 건네듯 성게 하나를 줬다. 그리고 손가락 크기만 한 옅은 노란색 우니를 퍼주었다. 거의 꽃향기가 나면서 달콤한 동시에 바다냄새도 났고, 크리미하면서도 질감이 두툼해 긴 여운을 남겼다. 굉장했다. 나는 다시 기분이 나아졌다.

음식 판매점 중심에는 커다란 활오징어 수조가 있고 주변에는 중국인 관광객이 우글우글 모여 있었다. 그들은 점심으로 먹을 오징어를 작은 낚싯대로 잡으려고 기다리고 있었다. 어찌할 도리가 없는 오징어는 몸통이든, 눈이든 아무 데나 걸려 잡혔다. 그리고 바로 썰려 종이 접시에 올라왔고 여전히 움직였다.

활오징어 회는 하코다테의 또 다른 진미다. 나도 근처 가게에 가서 주문했다. 오징어를 담은 접시가 도착했다. 방금 몸을 잘린 오징어는 아직도 자신이 죽었는지 살았는지 잘 깨닫지 못한 것처럼 보였다. 이 불쌍한 두족류頭足類 동물은 다양하게 잘린 부위를 비틀면서 열심히 위장하려고 애썼다. 그러기엔 좀 늦었지. 나는 망설이다가 몸통 조각을 집었지만 옆에 있던 빨판이 몸통을 꾹 잡았다. 내게 비위가 상해서 음식을 못 먹는 경우는 거의 없지만 그 오징어에게는 정말 미안한 마음이 들었다.

며칠 후, 삿포로의 니조二条 시장에서 똑같은 일을 겪었다. 한때는 환상적이었던 해산물 시장은 비싼 가격, 조악한 음식과 서비스가 있는 또 다른 단체 관광지였다. 점점 더 절망적인 기분이 들면서 홋카이도의 또 다른 해안가 마을인 오타루로 발걸음을 옮겼다. 삿포로에서 기차로 한 시간이 걸리는 곳으로, 특히 초밥으로 유명하다. 그러나 한때 풍부한 무역과 청어 항구를 자랑하던 오타루의 품위 있는 매력은 사라진 지 오래였다. 사카이마치 도리堺町通り에 있는 저속한 기념품 가게와 항구 근처 운하 옆의 20세기 초에 창고로 쓰이던 건물에는 관광객이 엄청나게 모여

있었다. 이 창고는 마을 사진마다 빠짐없이 등장하고 드라마에 나와 유명해진 게 분명해 보였지만, 나에게는 버밍엄[잉글랜드 중부의 공업도시]의 안 좋은 동네와 비슷해 보일 뿐이었다. 초밥 맛은 전혀 나쁘지 않았지만 최고의 경지와는 거리가 멀었다.

평온한 무엇인가가 사라진 것처럼 어쩐지 사기당한 기분이 들었다. 홋카이도 해산물의 심장이라는 이곳은 더 이상 힘차게 뛰지 않는 것 같았다. 내가 꿈꾸던 우니를 먹으려면 어디로 가야 한단 말인가? 답은 단 하나였다. 우니의 원산지로 가야만 했다.

이렇게 멍청한 실수를 저지르다니. 홋카이도에서 가장 비싼 호텔 중 한 곳을 예약하고 말았다. 세계에서 가장 훌륭한 전망을 자랑한다지만 하룻밤만 묵을 예정이고, 도착도, 출발도 어두울 때 할 예정이었다. 나는 사람들이 한목소리로 찬양했던, 어마어마한 화산 칼데라 호수가 펼쳐진 충격적인 파노라마 뷰가 보이는 꼭대기층 레스토랑에서 식사했다. 하지만 늦은 밤이었으니 깜깜한 창밖으로 비치는 내 얼굴만 하염없이 바라봤다. 신경 쓰지 말자. 전망을 보러 온 게 아니지 않나. 내가 그곳에 간 이유는 가르구유Gargouillou 였다.

도야에 위치한 윈저 호텔 레스토랑의 프랑스인 셰프, 미셸 브라는 2014년 홋카이도 미슐랭 가이드에서 별을 세 개 받았다. 현재 세계에서 가장 위대한 셰프 중 한 명인 셈이다. 5년 전 어느 날 오후, 나는 코펜하겐에서 브라를 만나 같이 요리하는 행운을 누렸고 그때 이후로 이 레스토랑에 꼭 가보고 싶었다(그는 나에게 채칼로 회향fennel bulb를 자를 때 손가락 끝을 베이지 않는 법을 알려주었다. 정말 영원히 고마워할 것 같다).

나는 일본에 있을 때는 일본 요리만 먹겠다는 원칙이 있다. 최소한 대놓고 프랑스식, 스페인식, 이탈리안 혹은 멕시칸 요리 등은 먹지 않겠다고 작정했다. 하지만 스스로 정한 이 규칙을 깨기로 결정했다. 브라의 가장 유명하고 아이코닉한 가르구유를 먹기 위해서였다.

채식주의자를 위한 가장 훌륭한 요리로 잘못 알려져 있는(대개 자연 건조한 햄이 들어간다) 가르구유는 현대 요리에 아주 큰 영향을 끼쳤다. 뉴욕에서부터 런던, 파리, 코펜하겐에 이르기까지 전 세계 최고 레스토랑에서 이 요리를 따라 했다. 요리의 주재료는 계절 야채, 꽃, 식물뿐이지만, 만드는 건 믿을 수 없게 복잡해서 60여 가지의 재료를 각각 다른 시간에 맞춰 특정 방식으로 요리하거나 혹은 생으로 올려야 한다. 그리고 다양한 색색의 소스를 정성스레 플레이팅해서 한 편의 추상화를 그리듯 작업해야 한다. 가르구유는 단번에 내 식사의 하이라이트가 되었다. 나머지는 미슐랭이 인정한 요리가 다 그렇듯 분자 집게로 지나치게 세밀히 요리한 음식이 줄줄이 나왔지만, 전 세계 슈퍼마켓의 냉동 코너를 지나치게 많이 봐온 탓에 약간 실망스러웠다.

식사 후 나는 잠을 설쳤다. 볼 수도 없는 전망에다 사실 그다지 매력도 없고 볼품도 없는 호텔에 거금을 날려버린 나 자신에게 화가 났고, 게다가 새벽 4시에 알람을 맞춰놓았기 때문이었다. 그 시간에 일어나는 건 나로서는 절대 하지 않는 일이라 걱정됐다. 그리고 그렇게 일찍 일어나 어둠을 뚫고 홋카이도 서남부 우치우라內浦만에 있는 작은 우수항까지 혼자 가야 한다는 건 내 인생 중 가장 끔찍한 경험 톱 20에 오를 만한 일이었다. 하지만, 세상에나, 결과적으로 그러길 정말 잘했다.

우수는 열세 명의 우니 어부의 고향이다. 우니 어부였던 아시하라는 내가 방문했던 당시에는 은퇴한 상태였다. 그는 친절하게도 우니나 전복을 잡을 때 사용하는 이소부네いそ船를 타게 해주었다. 어선은 약 4~5미터 길이에 좁은 섬유 유리로 만들어졌으며 겉은 하얗고 안은 옅은 파란색이었다.

"제가 어렸을 때는 해저가 우니로 덮여 있었습니다. 완전히 까맣게 보였죠." 아시하라는 선외 모터 소리 때문에 소리를 지르다시피 했다. "하지만 이제는 다 변했습니다. 요즘에는 오쿠시리奥尻섬[오시마반도의 다른 쪽에 있는 섬]에서 매년 5만 마리의 어린 우니를 사야 합니다. 그래서 여기서 키우죠."

어부들은 어린 우니를 수확하기 전 4년간 놔둔다. '종묘'라는 과정인데 어린 성게에게 불가사리를 건조시켜 갈아 먹이로 준다. 그가 어렸을 때는 어부가 두 배는 더 많았는데 세월이 흐르면서 노령화, 은퇴와 사망으로 숫자가 대폭 감소했다. 나중에 어부 숫자에 대해 조사해봤는데 감소 폭은 훨씬 더 컸다. 50년 전에는 이 항구에서만 우니 허가를 받은 어부가 130명이었다.

우리는 우수항 입구를 지키고 있는 암석과 나무가 많은 섬 사이로 배를 몰아 수백 미터를 항해했다. 곧 비슷한 어선들이 검은색 바위 주변에 모여 있는 모습이 시야에 들어왔다. 어선마다 신기하게도 한쪽으로 기울어져 있었다. 더 가까이 가자, 얇게 비치는 이른 아침 햇빛 사이로 배가 기울어진 이유가 드러났다. 어부들은 어선 한쪽에 몸을 기댄 채 밑에 유리가 달린 검은색 양동이를 마스크처럼 머리에 연결해 쓰고 해저를 들여다보고 있었다. 가끔가다 어부 한 명이 어선에서 일어나면서 거의 어선 길이만 한 막대를 들어 올렸다. 막대 끝에는 세 갈래로 갈라진 짧은 금속 갈퀴가 있었고 동그랗고 삐죽삐죽한 짙은 그림자 같은 게 달려 있었다. 성게였다.

1980년대 초 일본 주변 바다에서 성게 수확량이 엄청나게 감소한 이후 성게를 잡는 이제 면밀히 규제되고 있다. 홋카이도 해안을 따라 시기가 다르지만 우치우라만의 바다는 6월 중순부터 8월 중순까지 허가된다. 우리가 이렇게 서두른 이유도 여기 어부들은 아침 7시까지만 성게를 잡기 때문이다. 성게를 잡은 어부들은 유통업자가 도착하기 전 서둘러 많은 양을 처리해야 한다. 겨울에는 더 비싼 식재료를 잡는다. 전복과 해삼이다.

반 시간이나 지났을까, 안개가 끼기 시작하는 사이 우리는 어부를 따라 부둣가로 가서 산처럼 쌓인 부표, 따개비가 낀 그물, 플라스틱 상자 사이로 성게 내리는 작업을 도왔다.

나는 후지노 마사키를 소개받았다. 그는 일흔셋으로 마흔 살 아들과 함께 어업에 종사하고 있다. 후지노는 어부로 살면서 잡을 수 있는 건 다 잡으며 살았다. 농어, 전복을 거쳐 지금은 나이가 들면서 육체적으로 약간 덜 고된 성게를 잡고 있다. 오늘은 운이 좋은 날이었다.

"오늘 진짜 많이 잡았어요!" 후지노가 귀중한 성게로 가득 찬 파란색 플라스틱 상자를 어선에서 내리며 농을 던졌다. 반짝이는 갈색 다시마 더미 위에 기름처럼 새까만 까마귀가 나이트클럽 도어맨처럼 어정거렸고, 급강하한 갈매기는 남은 찌꺼기를 차지하기 위해 시끄럽게 싸웠다. 고양이가 가리비 수조 옆에서 웅크리고 있었다. 후지노와 아들은 오늘 130킬로그램을 수확했다. 킬로그램당 성게는 약 여덟 개가 들어가지만, 처리 과정을 거치면 15퍼센트 정도만 먹을 수 있는 양이 된다('성게 알'로 잘못 불리고 있지만, 정확히 말하자면 성게에서 먹는 부분은 생식샘이다. 개인적으로 나는 '혀' 혹은 '엽葉'이라고 생각하는 게 식욕을 돋우는 비유라고 생각한다).

"풍작입니다. 홋카이도의 다른 지역은 심각한 폭풍을 맞았는데 여기 바다는 조용합니다. 가격이 두 배가 되었어요." 후지노가 말했다. 불과 몇 년 전만 해도 성게는 아무런 가치가 없다고 여겨졌다. "아버지 세대에는 아무도 성게에 신경 안 썼습니다. 이득이 안 남았거든요." 나중에 다른 항구에서 만난 어부는 이렇게 이야기했다. "어부하고 가족들만 먹습니다." 현재는 성게 수요가 전 세계적으로 증가했다. 하지만 아시하라가 말했듯, 일본에서 성게 공급의 주요 문제는 성게 어부의 숫자가 줄어드는 것이다. 은퇴하지 않았거나 아직 세상을 아직 뜨지 않은 어부들은 가리비나 이익이 더 많이 남는 해삼을 잡는다. 결과적으로 1980 년대 말 일본의 성게 공급량은 60퍼센트 떨어졌고 일본인은 성게를 대부분 러시아에 의지한다. 러시아 성게는 20센티미터 이상 자란다. "그런데 맛이 형편없어요." 한 어부가 탐탁지 않은 듯 말했다.

식용 가능한 성게는 전 세계 어디에나 있다. 성게는 적어도 로마 시대 이후 지중해 주변에서 늘 먹어왔다. 폼페이에 갔을 때 벽화에 성게가 그려진 걸 봤고, 1908년 캘리포니아 해안가에서는 주요 산업으로 성게를 길렀다. 북극과 가까운 노르웨이 해안가에서 성게를 찾아 다이빙도 해봤다(정말 추웠다). 하지만 세계 공급량의 대부분을 먹어치우는 건 일본인이다. 니컬러스 브라운과 스티브 에디가 쓴 『극피동물 수경재배Echinoderm Aquaculture』에 따르면, 전 세계 성게 수확량이 1년에 5만 톤이며 약 3000억 원 규모인데 그중 80퍼센트를 일본인이 해치운다고 한다.

성게 중에서는 홋카이도 바다에서 잡은 성게를 세계 최고로 친다. 홋카이도 성게는 크게 두 종류가 있다. 하나는 무라사키むらさき다. '보라색' 성게로 아주 짙어 검은색에 가깝고 긴 가시가 있다. 다른 하나는 짙은 갈색에 짧은 가시가 있는 바훈馬ふん 성게로 별명이 '말똥 성게'다. 대충 보면 말의 대변 덩어리와 비슷하게 생겼기 때문이다. 약 15년 전에는 둘 중 바훈이 훨씬 흔해서 수확량의 90퍼센트를 차지했다. 요즘은 비율이 반전되었다. 바다 온도가 거의 2도나 상승해 더 강한 무라사키 종은 폭발적으로 늘어난 데 반해(무라사키는 기본적으로 뭐든 먹는다. 서로 잡

아먹기도 하고 돌도 먹는다) 상대적으로 약하고 식성도 까다로워 거의 다시마만 먹고 사는 바훈은 대량으로 자취를 감췄다.

"바훈은 바닷물 온도 변화에 더 민감하죠. 무라사키는 절대 안 죽습니다." 후지노가 말했다. 그는 앙상하게 말랐지만 허리가 곧고 피부가 거무튀튀했다. 파란색 고무 멜빵바지를 입었고 정말 멋있는 1970년대 스타일의 스틸 프레임 안경에 옅은 갈색 렌즈를 끼우고 있었는데 멋으로 쓴 것 같았다. "바훈 개체의 90퍼센트가 사라졌습니다. 안타까운 일이죠. 여기서 최고의 바훈을 수확했거든요. 쓰키지시장에서 금처럼 취급했습니다."

흥미로운 점은 이거다. 어떤 종류의 성게가 더 맛있을까? 바훈이다. 이튿날 내가 오시마반도 다른 쪽의 슷쓰정寿都町 항구로 우니를 찾아갔을 때, 한 어부가 이렇게 말했다. "바훈이 정말 훨씬 더 맛있습니다." 그는 바훈이 다시마를 주로 먹는 식습관을 갖고 있기 때문에 감칠맛이 가득해 맛이 좋다고 했다. "달아요. 정말 답니다. 정말 다르죠." 그는 열변을 토했다. 성게 맛을 잘 알고 있는 사람이나 성게 중독에 단단히 걸린 사람이라면, 의심의 여지 없이 하나같이 바훈을 찾아다닌다.

우치우라에서 후지노가 바훈에 대해 설명해주었다. 바훈 개체는 이제 사실상 제로이고 살아남은 것도 해초 뿌리 바로 옆에 숨어서 살기 때문에 매우 찾기가 힘들단다. 바훈을 찾으려면 더 북쪽으로, 특히 홋카이도의 북쪽 끝에 있는 레분섬과 리시리섬으로 올라가야 한다. 그러나 추세가 요새처럼 이어진다면 바훈은 결국 멸종될 것이다.

가장 큰 무라사키는 거의 15센티미터까지 자란다. 바훈은 10센티미터까지 클 수 있다. 10년에서 15년까지 살지만 맛은 3년에서 5년생 사이를 최고로 친다. 어부는 해수면 4~5미터 아래의 해저에서 성게를 잡는다. 우치우라만에서 봤던 기다란 막대또는 더 세밀히 제작된 집게를 사용해서 잡는다. 기술적으로 성게 양식은 가능하다. 아스케시의 서해안 북쪽에서는 성게 양식을 하고 있지만, 비용이 많이 들고 성장 시간이 오래 걸리기때문에 이익을 내기가 아주 어렵다.

많은 홋카이도 성게 어부를 만나 대화하면서 나는 성게의 성별을 어떻게 구별하는지 정확히 알 수 없어 혼란스러웠다. 물어볼 때마다 같은 대답을 들은 적이 없어서 일종의 게임처럼 느껴졌다. 어떤 어부는 성게가 암컷과 수컷이 다 되는 자웅동체라고했다. 다른 어부는 성게가 살면서 성을 바꾼다거나 계절마다 성별을 바꾼다고 했다. 또 어떤 어부는 입 모양을 보고 성별을 구별할 수 있다고 했지만 입 모양이 자세히 어떻게 다른지는 설명하길 거부했다. 다른 이는 알이 옅은 노랑이면 수컷이고 더 짙은 주황색이면 암컷이라고 했지만 사실이 아니다. 그의 동료는고개를 저으며 성게 알이 옅은 색인 건 스트레스의 표시라고 했다. 그 대답이 더 신빙성 있는 것 같았다. 비록 성게의 먹이가 영향을 줄 수도 있지만 말이다. 기본적으로 바훈 알이 더 짙은 주황색 혹은 거의 녹슨 붉은빛일 때가 많고 무라사키 알은 더 노랗다. 다른 어부는 암컷이 수컷보다 더 맛있다고 했는데 그건맞는 말인 것 같다(어떤 종이든 대부분 암컷이 더 맛있다). 그의 다른 어부 동료는 동의하지 않았고 차이가 없다고도 말했다. 그때까지 내가 내린 결론은 성게는 무성으로 태어나지만, 어느 시기가 되면 성을 하나 골라 유지한다는 것이다. 성게의 성별을 알아낼 유일한 방법은 성게를 열어서 생식선을 제거하고 자연스럽게 방출되는 점액질의 종류를 보는 것이다. 하얀색의 정자가 나오면 수컷이고, 주황색이 나오면 난자이므로 암컷이다.

후지노와 항구 주변에서 대화를 나누던 도중 나이가 많고 볼이 홀쭉한 어부가 어선을 힘들게 미는 걸 보았다. 배의 선외 모터가 망가져 성게를 잡던 장대로 배를 밀고 나가야 했다. 흰색 작업복을 입고 장화를 신은 그와 똑같이 나이 든 아내는 관절염으로 허리가 굽어 있었다. 아내도 미끄러운 해조류로 뒤덮인 콘크리트 경사를 힘들게 내려간 다음, 바다로 가서 남편을 도와 배를 밀었다. 부부는 아마도 이 항구에서, 바다에서 인생을 거의 다 보냈으리라. 그리고 그들의 삶이 거의 끝나가는 와중인 지금도 더 투쟁해야 했다. 엷은 안개가 밀려오기 시작하자 헤밍웨이 작품 같은 분위기가 났다. 노인과 성게.

부부는 수확물을 들고 처리 시설로 갔다. 처리 시설에는 다른 어부들과 약 50명의 조력자 무리가 수조 옆에 있던 탄산음료 상자 위에 구부정하게 앉아 있었다. 수조에는 도다리, 조개, 가리비, 문어, 이상하고 삐죽삐죽한 소시지같이 생긴 해삼이 움직이고 있었다. 해삼은 자연 서식지에서 거의 200년까지 살 수 있지만, 성게는 민감한 동물이라 바다에서 나오면 그리 오래가지 않는다. 한번 육지로 나오면 가능한 한 빨리 열어 그들의 귀중한 내장을 보존해야 한다. 도우미 아주머니들은 마치 치과의사가 어금니를 확인할 때 사용하는 것처럼 생긴 길고 얇은 수저를 이용해 성게의 가시 돋친 껍질에서 노란 알을 즐겁게 파내고 있었다. 그다음에는 차가운 바닷물이 담긴 양동이에 체를 받쳐 놓고 그 위에서 성게를 씻었다.

나는 아들과 함께 있는 후지노 옆에 앉았다. 아들은 오늘 단연코 가장 많이 잡았다. 그를 도와주는 사람들은 색색의 파카와 비닐 작업복 바지를 입고 둥그렇게 모여 있었다. 어떤 이는 흰 고무장갑을 꼈고 다른 이는 맨손이었다. 주어진 시간은 단 한 시간이었고 처리해야 할 성게는 더미로 쌓여 있었지만 그들은 느긋하게 수다를 떨고 웃으며 작업했다.

후지노는 무라사키 성게에서 알을 떠 나에게 맛보라고 했다. 경배할 만한 맛이었다. 지금껏 먹은 음식 중 최고로 맛있었다. 달콤하지만 감칠맛이 풍부하고 찌릿한 동시에 부드럽고 크리미한 질감 뒤엔 약간 바다 맛이 났다. 나는 그도 먹어보겠냐고 물었다.

"성게를 먹는 게 질리진 않지만 많이 먹진 않습니다. 귀한 물건인 데다 콜레스테롤이 아주 높거든요." 그가 말했다. 하지만 성게 작업자들은 결함이 있는 성게에서 행복하게 성게 알을 꺼내 입으로 넣고 있었다. 그런데 오늘 그들의 노동에 대한 보상이 그 성게라는 게 드러났다. 놀랍게도 작업자는 모두 보수를 받지 않고 일했다. 마치 늘 그랬던 것 같았다. 후지노는 약간의 기름값만 준다고 했다. 20년간 이곳에 와서 작업한 사람도 있었고,

그중에는 무료 성게 샘플은 물론 동지애까지 즐겁게 나누고 있는 게 분명해 보이는 후지노의 부인도 있었다. "홋카이도 농업이나 어업에서 이런 품앗이는 지극히 평범한 일이죠. 우리는 서로 돕습니다." 그의 아들은 바다의 오래된 스티로폼 조각에 무릎을 꿇고 앉아 특별한 용수철이 든 모종삽같이 생긴 도구로 보라색 성게를 열었는데, 깔끔하게 둘로 갈라졌다. 성게 작업자들은 이제 마치 새가 쪼듯 숟가락이나 집게로 성게 알을 빼냈고 바닷물에 씻은 다음 작은 금속 양동이에 넣었다. 어느 순간 누군가 아기 성게를 발견했다. 아들은 그걸 조심스럽게 별도의 양동이에 넣고 다시 바다로 가지고 갔다. 내 앞에는 버려진 성게 껍데기가 산처럼 쌓였고 가시는 여전히 비틀거렸다(나중에 듣기로는 몇 시간 동안이나 계속된다고 한다). 아들은 고무장화를 신은 발을 들어 올려 빈껍데기를 우드득 눌러 공간을 더 만들면서 다시 성게를 여는 데 집중했다.

해볼래요? 후지노가 나에게 체와 성게 숟가락을 주면서 양동이를 내밀었다. 나는 방금 깐 성게 껍데기 더미에서 성게를 들어 올렸다. 가시가 계속 비틀거려 손바닥이 간지러웠다. 신선한 바다 냄새, 파도 물거품, 요오드 냄새가 났다. 안에는 익숙한 황금빛 노란색 알이 들어 있었지만 알고 보니 복잡한 갈색 관 같은 게 섞여 있어, 실수로 잘못 건드리자 거의 소화되지 않은 해조 덩어리가 나왔다. 그게 성게의 내장이었다.

갑자기, 기적이 일어났다. 다른 작업자가 후지노에게 다가오더니 부끄러운 듯 그의 손에 성게를 내밀었다. 우리가 작업하고 있던 가시가 긴 보라색 성게와 달랐다. 갈색에 가시가 있고 손톱솔의 털같이 생겼으며 크기는 겨우 1센티미터나 될까 한 정도였다. 보기 드문 바훈 성게였다. 먹어볼래요? 하고 후지노가 손짓했다. 나는 그러겠다고 했다. 그가 반을 갈라 연 성게를 나에게 건넸고 나는 그 귀중한 한 쌍의 알을 꺼내 바닷물에 헹궈 먹어보았다.

완전히 솔직하게, 바훈 성게가 무라사키 보라색 성게보다 더 낫다고 말하진 않겠다. 하지만 짙은 오렌지 알은 약간 다른 맛이 났다. 더 달았고 요오드 맛은 덜했다. 아름다운 맛이었다. 오로지 혼자만 느끼는, 눈이 저절로 감기는 맛.

일단 성게를 처리한 후 알을 보존하는 방법은 여러 가지가 있다. 냉장고에 들어가기 전 며칠은 이타우니 방법을 사용한다. 여덟 시간에서 열두 시간 동안 성게를 소금으로 덮어 물기를 제거한 다음 소주에 보존한다. 40~50년 전, 성게를 냉장해서 더 빨리 이송하는 방법이 개발된 후로 성게 알을 일주일까지 보존할 수 있게 되어 무역에 혁신이 일어났다. 사실 이 기술은 오늘날 존재하는 일본 그리고 전 세계 우니 시장을 형성한 셈이나 마찬가지다. 비록 어떤 이는 성게가 약간 떫은맛이 나게 된다고 하지만 백반白礬 보전 역시 널리 사용된다. 그날 우리가 준비한 성게에는 백반이 사용될 거라고 후지노가 불만스러운 목소리로 말했다(그는 그 특유의 맛을 싫어하지만 열두 시간 후에는 그 맛이 사라진다는 건 맞는 말이라고 인정했다). 바닷물을 살균하는 기술이 최근 개발된 덕분에 백반 맛을 없애준다고 한다.

일단 모든 성게의 처리 작업이 끝나자 황금빛 성게 알로 가득 찬 작은 양동이를 항구 주변의 다른 장소로 옮겼다. 선외 모터가 망가진 나이 든 노부부는 여전히 둘이서 성게 처리 작업을 하고 있었다. 잡은 양도 적었지만 어쨌든 마지막 순서로 작업을 마무리하고 작은 성게 두 더미를 시간에 맞춰 경매장으로 가져왔다. 여기서 성게를 소쿠리에 담가 물을 뺀 다음 도매업자의 검사를 받는다. 성게를 사랑하는 사람으로서 정말 넋을 잃을 만한 광경이었다. 나란히 놓인 성게로 가득한 71개의 양동이. 인생에서 그렇게 많은 성게를 본 건 처음이었다. 더 젊고 옷을 약간 더 잘 차려입은 남자들이 성게를 점검했다. 도매업자였다.

　실제 '경매'는 좀 전에 있었고 나는 보지 못했다. 도매업자가 응찰을 시작했다. 양동이 하나당 응찰하는 게 아니고, 먼저 선택할 권리를 응찰하는 거였다. 그래서 지금은 마음에 드는 양동이에 이름을 쓴 카드를 놓았다. 오늘 성게는 킬로그램당 7000~9000엔이었다. 이 허름한 창고 바닥에 약 50만 엔이 있는 것이다. 수작업으로 우니를 깔끔하게 인조 나무 트레이에 놓는 쓰키지시장에 가면 100만 엔의 가치가 될 것이다. 하지만 음식으로 팔릴 때 즈음에는 대개 군칸 스시의 토핑으로 쓰여 아마도 긴자의 고급 탁자에 신선하게 올라가겠지? 누가 알겠나. 방법은 수만 가지다.

　성게가 팔린 후, 후지노는 차를 한잔 하자고 제안했다. 그는 멋진 바다 근처에 살고 있었다. 앞마당은 방문객의 주차장으로 빌려줘 여분의 돈을 벌고 있었다. 집 안은 편안한 느낌으로 약간 어질러져 있었다. 나는 소파에 앉았고 그는 바닥에 다리를 꼬고 편하게 허리를 세워 고대 요가 수행자처럼 앉았다. 그의 아내가 차를 만들어왔고 우리는 홋카이도 성게의 미래에 대해 이야기했다. 다친 눈이 파란 구슬처럼 툭 튀어나온 검은 고양이가 우리 옆의 낮은 테이블로 뛰어 올라왔다.

"매년 어부 두세 명이 은퇴하고 그 자리는 메꿔지지 않습니다." 그가 캔커피를 마시며 말했다. "나도 3년 안에 그만둘 계획입니다. 결국 이 세계가 다 없어지겠죠. 가게랑 학교는 이미 문을 닫았습니다. 참 안타까운 일이죠. 특히 성게 가격이 오르기만 하는 이런 상황에서는요. 오랫동안 킬로그램당 6000엔을 받았는데 올해는 9000엔입니다."

바닷물 온도가 상승하고 어부들이 사망하는 것도 힘든 상황인데, 후지노와 성게 어부들은 바다에서 판치고 다니는 밀수업자까지 고민해야 했다. 밀수업자는 대개 성게를 찾지 않고 거의 전복이나 해삼을 찾는단다. 일본에서는 그다지 인기가 없지만 중국에서 비싸게 쳐주기 때문이다.

"그렇죠. 나도 밀수업자를 봤습니다. 해안경비대를 불렀죠." 나중에 슷쓰에서 만난 어부 가와지 수미오는 이렇게 말했다. "하지만 이 해안 전체에 해안경비대라고는 두 명밖에 없습니다. 어쨌든 경찰이 다가오는 걸 보면 밀수업자는 잡은 걸 그냥 바다에 던져버립니다. 그리고 잡힌다고 해도 벌금이 그리 무겁지 않거든요. 하지만 밀수업자에게는 큰 이익이 남는 장사입니다. 야쿠자들이죠." 밀수업자는 10년 전쯤부터 활개를 치기 시작했다.

후지노의 아들도 지난해 2월 여덟 명의 해상 밀수업자를 잡는 걸 도왔다. 그는 집에서 밤바다의 불빛을 보았다고 했다. 적발된 그들은 배에 100킬로그램의 해삼을 싣고 있었다. "정말 화가 났어요. 지속성을 위반하는 문제입니다."

지속성은 일본에서 자주 듣는 말이 아니다. 성게 어부들이 마침내 마을 성게 개체 수의 지속성을, 그리고 생계를 걱정하는 것 같아 위안이 되었다. 그들이 너무 늦지 않았길 바란다.

위스키

요이치 역을 떠나면서 가장 먼저 들은 소리는 길 건너 작은 가게에서 나오는 백파이프 소리였다. 홋카이도의 작은 일본 마을에서 들릴 만한 소리가 아니라고 생각할지 몰라도, 사실 딱 맞는 소리였다. 적어도 어떤 남자는 요이치가 스코틀랜드와 가장 가까운 곳이라고 생각했기 때문이다.

그 남자는 다케쓰루 마사타카라는 인물로 위스키 업계의 전설이다. 히로시마 근처 사케 양조업자 집안의 셋째 아들로 태어난 그는 여덟 살 때 신화 같은 일을 겪었다. 계단에서 굴러 코가 부러졌는데 그 사건으로 인해 엄청난 후각을 갖게 되었다는 기적 같은 이야기다. 그는 오사카대학에서 양조학釀造學과 발효를 공부했지만 사케보다는 서양식 증류주에 더 관심을 두게 되었다. 아버지의 소망과는 반대로, 오사카에서 증류수를 만들던 슈조 셋쓰를 위해 일했다. 슈조는 당시 페리 제독이 일본에 소개한 인기 증류주(1853년 도쿄만으로 들어오면서 황제 선물용으로 위스키를 약 420리터 갖고 왔다)를 다시 만드느라 고생하고 있었다. 1918년 슈조는 마사타카를 스코틀랜드에 보내 위스키 제조의 신비한 예술을 배워오라고 했다.

24세의 나이에 영어도 거의 구사하지 못했던 마사타카는 배를 타고 스코틀랜드로 건너가 글래스고대학에 입학해 증류화학을 공부한 최초의 일본인이 되었다. 학교를 졸업한 후, 멋진 양갈래 콧수염에 안경을 쓴 그는 여러 증류업체를 다니며 수련원으로 일하게 해달라고 했다. 처음 몇 곳에서 거절당했지만 결국 헤이즐번과 롱몬에서 위스키 제조의 어둠의 마법을 배우게 되었다.

2년간 증류와 블렌딩에 대해 배우기도 했지만, 그는 지식만 갖고 일본으로 돌아온 건 아니었다. 대학 친구 동생에게 유도를 가르쳐주다가 스코틀랜드 여성인 제시 리타 카원을 만난 것이다. 마사타카는 사랑에 빠졌고 그녀 부모의 반대에 부딪혀 둘은 등기소에서 결혼식을 올렸다.

마사타카가 새 신부와 일본으로 돌아왔을 즈음에는 그를 스코틀랜드로 보냈던 원래 회사는 제1차 세계대전 후 불어닥친 경제 불황으로 사정이 좋지 않아 위스키 프로그램을 패기 있게 시작할 자금을 댈 수 없었다. 그래서 그는 실업자가 되었고 예쁘고 얼굴이 핼쑥했던 리타가 한동안 피아노와 영어를 가르쳐 번 돈으로 생활했다. 결국 다른 회사, 고토부키야(나중에는 대기업

산토리가 된다)가 마사타카를 고용해 1923년 야마자키 증류소를 세웠다. 이제는 유명해진 그 위스키 제조사는 교토에서 오사카로 가는 신칸센의 창문을 통해 덴포산 근처에서 찾아볼 수 있다. 산에서 내려오는 맑은 물로 유명한 지역이다.

1934년 야마자키 소유주와 분쟁을 겪은 후, 마사타카는 회사를 떠나 홋카이도 위쪽에 있는 요이치에 자신의 증류소인 니카Nikka를 세웠다. 회사는 1940년 처음으로 위스키를 개시했다. 첫 번째 위스키 병이 나오기 전에는 투자 비용을 감당하기 위해 부가사업으로 사과 주스(오늘날까지 이어지고 있다)를 판매했다.

나는 증류소에서 일하는 고야노 요시카즈와 만나기로 되어 있었다. 역에서 잠시 걸어 도착하자 고야노는 친절하게 주변을 둘러보게 해주었다. 니카 복합단지는 회색 화산암과 붉은 벽돌로 지붕이 올라간 건물이 열 채 이상 있었기에 스코틀랜드 고지대에서나 봄 직한 풍경이었다.

고야노의 설명에 따르면 위스키를 만들기 위해서는 보리를 먼저 싹틔운 다음 건조시켜 발아를 억제해야 한다. 원래 요이치에서는 건조용으로 현지에서 나오는 토탄土炭을 사용했지만, 요즘은 스코틀랜드에서 발아시켜 건조한 보리를 수입한다. 맥아가 갈라지면 뜨거운 물과 섞고 이스트를 첨가해 발효를 시작한다. 사용된 이스트는 니카 고유의 것이었다.

"그게 정말 중요합니다." 고야노가 말했다. "강한 아로마와 풍미를 주거든요." 우리는 증류장 안에 서 있었다. 구리 증류기는 거대한 나팔형 보청기 모양인데 석탄으로 때는 직화 기통 증류기라고 했다. 석탄은 더 높은 온도를 낼 수 있기 때문에 니카 위스키의 특징인 거의 탄 듯한 느낌을 향상시켜준다. 그리고 직화기통은 모든 풍미를 잡아준다. 이런 요소가 어우러져 요이치 위스키의 짙고 강한 풍미가 완성된다.

작은 마술이 일어나는 캐스크(술통)도 구경했다. "여기는 바다와 가까워서 위스키가 캐스크에서 숙성되는 동안 바다 바람이 영향을 끼칩니다. 약간 바다 냄새가 나게 되지요." 그가 설명해주었다. 니카사는 하루에 4만 리터를 생산한다. 가장 비싼 건 21년산 다케쓰루인데 가격은 한 병에 1만5000엔이다. 하지만 경매에서는 다섯 배에서 여섯 배 가격으로 팔리는 것으로 알려져 있다.

최근 들어 일본 위스키의 추세는 세계를 정복한 셈이나 마찬가지다. 일본 위스키가 스코틀랜드, 아일랜드, 미국이나 다른 나라의 위스키보다 더 낫다는 데 이견이 거의 없다. 증류소 주변을 걸으면서 고야노에게 이런 성공 뒤에는 어떤 커다란 비밀이 있다고 생각하는지 물어보았다.

"제가 느끼는 건 이렇습니다. 비단 일본 위스키뿐만이 아니라 다른 것들도 마찬가지입니다. 일본인은 만드는 방법을 이해한 다음, 스스로 납득할 만한 무언가를 만들어낼 때까지 여러 방법을 시도하고 실패합니다. 일본 증류주 생산자들은 다시 생각하고 배우는 과정을 스스로 해내야만 했습니다. 우리는 석탄을 사용하는 전통적인 방법으로 증류를 시작했지만 캐스크를 다른 나무로 만들어보거나 다른 증류법을 쓰는 데 혁신적인 시도를 하는 걸 주저하지 않았습니다."

고야노가 말하고 있는 건 '가이젠改善'으로 점진적으로 발전한다는 의미다. 그리고 그 말은 맞다. 어느 분야에서건 마찬가지다. 가이젠은 내가 여행하면서 만났던 모든 요리사와 농부가 일하는 방식의 기본 자세였다. 그들은 매일 최고의 야키토리, 최고의 도자기 그릇, 최고의 쌀, 최고의 칵테일을 만들기 위해 고군분투했고, 기술이나 제품에서 보완할 점을 찾아 다듬고, 연마하며, 점검해보았다. 가이젠은 도요타가 가파르게 부상한 이유로 잘 알려져 있다. 1970년대와 1980년대 고급 차종인 메르세데스의 강력한 대항마로 렉서스를 내놓은 건 가이젠을 극대치로 끌어올린 사건이었다. 렉서스는 유럽 브랜드가 왜 좋은지, 어떻게 능가할 수 있는지를 고생 끝에 철저히 분석했다. 가이젠의 특징 중 하나는 생산 라인에 있는 모든 이를 포함한다는 점이다. 매우 경직된 계급 사회에서는 아마 흔하지 않은 특징일 것이다.

그 철학은 물론 일본 위스키 산업에 보상을 주었다. 2001년 니카의 요이치 싱글 캐스크는 『위스키 매거진』에서 최고상을 받았다. 아마도 근대 위스키 역사에서 가장 의미 있는 순간이었을 것이다. 2015년에는 올해의 증류소 상을 받았다. 같은 해 야마자키 증류소는 전 세계의 헤드라인을 장식했다. 2013년 싱글 몰트• 셰리 캐스크가 『위스키 바이블』(로버트 파커의 와인 가이드의 위스키 버전이라고 보면 된다)에서 세계 최고 싱글 몰트로 선정

• 한 증류소에서 단일 품종의 보리로만 만든 위스키.

되었다. 100점 만점에 97.5점으로 '거의 천재적인' 예술품이라는 평을 받았다. 일본 위스키로는 『위스키 바이블』 리스트에 처음 1위로 올랐다.

물론 위스키 시장은 일본 내에서도 호황이다. 첫 번째 붐은 일본 경제가 맹위를 떨치던 1980년 황금시대였다. 두 번째 붐은 위스키 하이볼을 즐기는 사람이 폭발적으로 늘어난, 특히 여성 음주가가 증가한 최근이다. 그 이후로 야마자키와 니카는 시장 최고 위치에서 일관되게 고품질을 유지하며 스카치위스키 업계를 놀라게 했다. 한유Hanyu처럼 규모가 작은 일본 증류 회사도 자신만의 전설을 만들기 시작했다. 신화적인 이치로 카드 시리즈는 52가지 다양한 나무통에서 숙성한 싱글 몰트 위스키로 구성되어 있으며 라벨에는 카드 그림이 그려져 있다(완전한 세트는 2015년 홍콩의 본햄 경매에서 거의 31만9000파운드[약 4억7000만 원]에 팔렸다). 다른 일본 증류소인 가루이자와Karuizawa는 아마도 세계에서 가장 비싼 위스키를 만드는 회사일 것이다. 1960년산은 한 병에 8만8000파운드[약 1억3000만 원]에 팔렸다. 일본 증류소 대부분이 이렇게 빨리 성장했으니 세계에서 보리 수입을 네 번째로 많이 하는 나라가 된 사실은 놀랍지 않다. 최근 트렌드 중 하나는 위스키를 자국에서 기른 보리로 만든다는 점이다. 여전히 공급은 충분치 않지만, 전하는 바에 따르면 점점 더 많은 쌀 농부가 국내 위스키 제조자에게 공급하기 위해 보리로 작물을 바꾸고 있다고 한다. 다른 트렌드는 위스키가 숙성되는 캐스크를 특별한 나무로 제작하는 것이다. 야마자키는 부드럽고 시큼한 일본 자두와인을 만들던 캐스크를 사용하거나 희귀한 일본 떡갈나무인 미즈나라水楢[물참나무]를 사용한다.

가이젠 정신으로 접근해 설명하자면, 위스키 산업에 대해 흥미로운 기사를 읽은 적이 있다. 미국 주류 회사 짐빔이 산토리와 합병했을 때, 미국 파트너는 계속해서 산토리를 현대화하고 개혁하자는 일본의 제안에 불편한 심기를 드러냈다. 일본은 발전시키자는 의견에 집중한 데 반해, 짐빔 직원들은 수십 년간 잘 팔리고 있는 레시피를 왜 바꿔야 하는지 이해하지 못했다. 물론 이와 비슷한 경우로 전통에 고집스럽게 집착해 과거에 매여 있는 스코틀랜드 증류사도 많다. 예를 들어, 듀어의 화이트 라벨 위스키의 슬로건은 '절대 변하지 않는다It never varies'다.

늘 발전하려는 가이젠 정신이 아직 일본에 살아 있다고 생각하는지 고야노에게 물었다. 그리고 그렇다면, 왜 일본 경제는 후퇴하고 있나요?

"가이젠 정신이 변했다고 생각하지 않습니다. 아니죠." 그는 잠시 생각하더니 이렇게 말했다. "물론 전쟁 후에는 경제 사정이 누구나 형편없었으니까, 아마도 더 큰 욕망과 더 큰 동기가 있었겠죠. 일본인은 기본적인 생활을 위해, 살기 위해 일해야 했습니다. 하지만 요즘은 누구나 다 살 만하거든요."

그는 일본 위스키에 아직도 발전 가능성이 있다고 믿었다. "나는 우리가 스코틀랜드 위스키 수준에 닿았다거나 능가했다고 생각하지 않습니다. 스코틀랜드는 아직도 일본의 스승이죠."

고야노와 나는 스코틀랜드 동부의 항구도시 던디 교외에서 볼 법한 멋진 유럽 스타일의 집 밖에 섰다. 바로 이 집이 리타와 마사타카가 한때 살았던 집이다. 길을 건너면 두 사람과 그들이 설립한 증류사의 역사에 헌정하는 박물관이 있다. 오슨 웰스와 로드 스튜어트가 나오는 1970년대 멋진 니카 광고와 함께 부부의 개인적인 기념품도 많았다. '마사타카가 가장 아끼던 탁구채' '리타가 좋아했던 재봉틀' '리타가 아끼던 골프채' 같은 것도 있었다. 그리고 곰 사냥, 스키 여행과 낚시 여행을 갔던 흑백 사진이 여러 장 전시되어 있었다. 특히 눈길을 끄는 사진은 마사타카가 중산모를 쓰고 타조를 탄 사진이었다.

박물관은 위스키에 집착한 일본인 남자와 그의 어린 스코틀랜드 신부의 비범한 러브 스토리에 집중했다. 제2차 세계대전이 벌어지는 동안 정부가 리타를 스파이로 의심해 계속 감시했기 때문에 분명 부부 관계는 굉장히 힘들었을 것이다. 이런 글도 쓰여 있었다.

그녀는 마사타카의 사랑에 의지해 동양에서 사는 위험을 감수했다. 리타는 다른 사회에서 살아가는 불안감을 떨쳐내려 애쓰며 늘 마사타카의 꿈을 믿었고 자신을 희생했다. 부부는 이제 리타의 고향과 비슷한 언덕에 함께 잠들어 있다. 그들의 꿈인 위스키 증류사가 훤히 내다보이는 곳이다.

마사타카는 리타보다 18년을 더 살고(아이는 없었다) 1979년에 사망했다. 그들의 이야기는 최근 큰 인기를 끈 150편짜리

NHK 아침 드라마 「맛상マッサン」(리타가 남편을 부르는 애칭)의 소재로 쓰였다. 요이치에서 드라마를 일부 촬영하기도 했다(각 15분 길이로 진짜 150편이었다). 그 후 증류소를 방문하는 관광객은 세 배로 늘어 이제는 1년에 90만 명이 찾는다. "요이치 사람들은 증류소에 아주 자부심이 큽니다." 고야노가 말했다. "특히 TV 시리즈는 마을을 인기 관광지로 만들었습니다."

고야노와 나는 니카 기념품 가게와 바를 겸한 장소 밖에서 헤어졌다. 거기서 관광객은 싱글 몰트와 블렌딩 위스키 샘플을 마셔볼 수 있다. 아직 오전이라 아마도 술을 마시기에 최적의 시간은 아니지만, 나는 술을 한 잔씩 받고 증류소가 보이는 창가에 앉았다. 먼저 싱글 몰트를 마셔보았다. 고야노가 '스트롱하고 다크하다'고 표현한 것을 떠올리며 잔을 입에 가져갔다. 나는 좀더 라이트하고 부드러운 위스키를 좋아하는 편이지만, 그래도 정말 맛있었다. 섬세하고 스위트했으며 과일향이 났다. 하지만 두 번째 샘플인 블렌딩 위스키는 밀주처럼 거칠고 끔찍하게 쓴맛이 나서 마실 만한 술이라고 말하긴 힘들었다.

니카 여행을 매듭짓는 가장 이상적인 모습은 아닐 테지만, 나는 약간 술이 취한 채로 비틀거리며 역으로 걸어갔다. 요이치 증류소를 방문하게 되어 마음이 흡족했다. 존재하지 않을 것 같은 장소였다. 그들이 고생 끝에 이룬 성공은 일본인의 끈질김과 가이젠 정신에 바쳐지는 헌사의 또 다른 사례라는 생각이 들었다.

멜론

내가 신나는 발걸음으로 삿포로를 향해 갔던 이유는 하나 더 있었다. 우리 가족은 상황에 맞는 속도의 교통수단으로 여행해 왔다. 비행기, 차, 기차, 자전거, 버스, 집 와이어는 물론, 여러 종류의 페리와 배, 쌀 심는 기계인 이양기도 있었다. 이번에는 일본 최북단 섬으로 우리를 데려다줄 또 다른 형태의 교통수단을 기다리는 중이었다. 나는 삿포로 신치토세 공항에서 가족을 만나 같이 가기로 했다.

렌트 회사 앞마당에서 우리를 기다리고 있는 캠핑용 밴을 보고 솔직히 실망했다. 나는 화려한 첨단 기술이 총 집약된 캠핑카를 상상했지만 눈앞에 있는 건 조잡하게 치장돼 보기 흉한 도요타 밴이었다.

미학적 관점에서 볼 때 캠핑카가 갖고 있는 단점이란 단점은 다 갖고도 뭐가 더 있는 듯했다. 차 측면에 붙인 주황색과 붉은색 전사지 그림은 승객과 운전사가 각자 창문으로 구토한 자국처럼 보였다. 안에는 분명 있다고 들었던 샤워기와 화장실이 없었다. 있는 거라곤 약간 냄새나는 찬장과 화장실 벽에 어울리지 않게 걸려 있는 두루마리 휴지뿐이었다.

렌트 회사 직원과 차 안을 구경하기 위해 몸을 구겨 넣었을 때 더 놀랐다. 어떻게 된 건지 밖에서 보는 것보다 안이 훨씬 더 작았다.

잠은 어디서 자지? 우린 의아했다. 직원은 운전석 위에 있는 선반을 가리켰다. 그리고 밴의 뒷바퀴 위 좁은 선반도 가리켰다. 그리고 식탁을 침대로 변신시키는 듯한 어떤 동작을 했던 거 같은데 슬프게도 이 동작을 실제로 목격한 사람은 한 명도 없었다. 결과적으로 그날 밤 잠을 자려고 준비할 때 직원의 동작을 정확히 따라하는 데 실패할 수밖에 없었다. 여행하는 내내 그 침대에서 잔 사람은 누구든 마치 실패한 수플레처럼 저녁 내내 서서히 바닥으로 가라앉아야 했다. 하지만 여행길에 나서는 건 흥분되는 일이다. 어디든 갈 수 있고 아무 데서나 캠핑할 수 있으며 새처럼 자유로우니까. 물론 곰만 빼면 말이다.

뒤돌아보면, 집을 떠나기 전 곰에 대한 글을 읽은 게 잘못이었다. 홋카이도는 불곰 3000마리의 터전이다. 코알라가 아니다. 홋카이도 곰은 무게가 380킬로그램까지 나가는 회색 곰에 가깝다. 일본에서는 매년 대략 80~150명 정도가 곰의 공격을 받으며, 이미 올해 네 명이 사망했다. 곰에 대한 생각을 너무 많이 하지 않으려고 애쓰면서 나는 홋카이도에 산다는 위험한 동물들을 검색해보았다. 매우 독성이 강한 마무시蝮라는 살모사가 살고 말벌 크기의 벌새도 있으며, 가장 무서웠던 동물은 독이 있고 머리가 빨간 지네, 무카데百足였다. 어른의 손 크기만큼 크게 자란다고 했다.

비행기 안에서 영화 속 레오나르도 디카프리오가 곰에게 배를 찢기는 장면을 흥미롭게 감상했다. 하지만, 아 이런. 홋카이도 야생에서 캠핑하는 첫날 밤 새벽 3시, 빵빵해진 방광을 30분 동안 계속 무시하려 해도 더는 참을 수 없게 되자, 어쩔 도리 없이 관 같은 벙크 침대에서 차 밖으로 살살 나와 주변을 경계하며 소변을 봤다. 덤불에서 뭔가 부스럭거리는 소리가 날 때마다 정신 나간 미어캣처럼 사방을 둘러보느라 머리가 빙빙 돌 지경이었다(사실 그 부스럭거리는 소리의 정체는 정말 아름다운 여우였다).

첫날 아침 가장 먼저 들른 곳은 삿포로 동부의 농업 지역이었다. 거기서 나는 비싸기로 유명해서 모든 이의 궁금증을 자아내는 홋카이도 멜론을 키우는 남자를 만나기로 되어 있다.

가끔 과일의 고베 소고기라고 불리는 이 과일은 고베 소만큼이나 손이 많이 가서 키우는 게 고생스럽다고 한다. 특별한 순수종의 캔털루프 멜론은 일본인이 집착하는 대상 중에서도 가장 특이하다.

TV 여행 프로그램 진행자가 의심의 눈길을 보내며 예쁜 초록색 멜론 한 쌍을 100달러 넘는 가격으로 파는 도쿄 상점을

방문하는 장면을 본 적이 있을 것이다. 짚으로 감싼 다음 우아한 상자에 넣은 멜론은 주로 선물용으로 판매된다. 이렇게 비싼 멜론은 실제로 존재한다. 도쿄의 모든 데파치카デパチカ[백화점+지하매장]에도 있고, 상점이라기보다는 보석 가게처럼 보이는 과일 전문점에서도 볼 수 있다. 최근 어떤 도둑이 과수원에서 멜론을 전부 훔쳤다는 기사를 읽은 적이 있다. 가장 유명한 이야기는 한때 탄광 마을이었던 홋카이도 유바리에서 매년 열리는 경매다. 처음으로 수확한 멜론이 말도 안 되는 가격으로 팔렸다는 기사가 전 세계의 헤드라인을 장식하기 때문이다. 올해 첫 수확한 '하시리'라는 홋카이도산 멜론은 눈물이 찔끔 나는 가격인 300만 엔에 팔렸다. 내 차보다 비싼 가격이다. 그것도 훨씬.

나는 지나치게 비싼 이 동그란 과일이 일본인에게 대체 어떤 마력을 부리는 건지 늘 궁금했다. 집에 가면 슈퍼마켓에서 2~3 파운드의 가격이면 얼마든지 살 수 있는데, 상당히 평범해 보이는 멜론이 뭐가 그렇게 특별한 걸까? 물론 홋카이도 멜론이 다 이렇게 수천 파운드의 가격으로 팔리는 건 아니지만, 대부분이 그 정도의 가격에 팔리고 있다. 그 가격이면 좋은 닭이나 와인을 살 수 있다. 그런데 왜 하필이면 멜론일까? 복숭아나 무화과가 아니고? 그리고 왜 그렇게나 비쌀까?

해답을 얻기 위해 우리는 유바리에서 약간 남쪽에 있는 호베쓰穂別로 갔다. 거기서 농부 고바야시 도모미치를 만났다. 그는 캔털루프 종의 하나인 IK 멜론을 키운다. IK 멜론은 원래 그의 할아버지와 아버지가 1970년대 초반 개발해서 유바리 멜론보다 우수한 종으로 키운 것이다. 할아버지는 유바리에 살았지만 더 좋은 토양과 기후를 찾아 아래쪽 언덕으로 거처를 옮겼다. 그후 고바야시 가족 역사에 무슨 일이 일어난 것일까.

"후베쓰에서는 눈을 거의 볼 수 없고 눈이 와도 빨리 녹기 때문에 할아버지께서 45년 전 유바리에서 여기로 이사하신 거죠. 그래서 멜론을 더 일찍 시장에 내다 팔 수 있었습니다." 고바야시가 설명했다. 우리는 그의 물건이 가득한 창고의 낡은 소파에 앉아 있었다. 주변은 초록색 껍질에 주황색 과육이 들어찬 완벽한 멜론이 페르시안 양탄자에 잔뜩 쌓여 있었다. "할아버지는 얼스 페이버릿Earl's Favourite과 유바리 킹 멜론을 교배하려고 했지만 어느 날 농장에서 사용하던 말이 달아나면서 묘목을 전부 짓밟아 뭉개버렸습니다. 남아 있는 거라도 어떻게 구해보려다가 IK 멜론이 탄생하게 되었죠." 조용한 목소리의 40대 중반인 고바야시는 풍성한 갈색 머리에 빨간 티셔츠와 카키색 바지를 입고 있었다. 나는 그를 어르고 달래서야 끝내 IK 멜론이 유바리 멜론보다 '더 좋다는 걸 인정'한다는 말을 들을 수 있었다.

오늘날, 그는 1년에 1만 개의 멜론을 생산해 이웃이나 지나가는 이에게 '겨우' 1000엔에 판다. 하지만 대부분은 도쿄에서 팔린다. 행복하게도 그가 멜론을 한 조각씩 줘서 황동색 과육을 게걸스레 먹을 수 있었다. 달콤하고 맛있었다. 숙성된 맛이 최고조에 올라 있었다. 하지만 내 입맛에는 너무 달았다. 사실 우리가 홋카이도에서 지내는 동안 먹어본 멜론은 모두 비슷했다. 고바야시는 우리가 먹은 멜론의 당도를 굴절계로 측정했다. 12.5

였다. 한창 제철일 때 그의 멜론은 당도가 18까지 올라간단다.

그래서, 왜 하필이면 멜론인가? 왜 이 특정 과일만 일본에서 말도 안 되는 위치로 격상되었나?

"사과랑 포도는 가을 과일이니까요." 그는 짧게 대답했다. 우리는 모두 혼란스럽다는 표정을 지었다.

"그러면 멜론은 여름 과일이에요?" 애스거가 물었다.

"그렇죠. 그래서 오봉 명절 선물로 딱 시기가 좋잖아요. 안 그래요?"

아, 이제 알았다. 멜론 계절이 일본에서 가장 많이 선물을 주고받는 오봉과 우연히 맞아떨어진 것이다. 오봉은 1년 중 7월 말과 8월 초의 며칠을 말한다. 사람들이 고향으로 돌아가고 죽은 친척들의 무덤에 가는 시기다. 우리는 나중에 유바리를 직접 방문해서 멜론의 역사에 관한 전시를 보고 이를 확인할 수 있었다. 1970년대에 업자들은 열성적인 마케팅 캠페인을 밀어붙여 멜론이 오봉 선물로 최고라고 일본인을 설득시켰다. 무엇보다 멜론이 최고의 선물 자리로 오른 이유는 계절이 우연히 맞았기 때문이었다.

매년 기록을 깨는 경매는 어떤가요? "그건 그저 멜론을 산 상인이 매스컴의 관심을 끌려고 하는 겁니다. 회사가 국영 TV에 나오니까 홍보 효과가 크죠." 멜론 도둑은요? 고바야시는 도둑을 당한 적이 없지만 주로 밤에 들이닥치는 도둑을 막기 위해 온실 옆에서 잠을 잔다는 농부 이야기는 들어봤다고 했다. 또한 너구리, 여우, 곰을 막기 위해서도 마찬가지였다.

떠나기 전, 고바야시는 홋카이도 멜론을 고르는 팁을 알려주었다. 맛이나 향은 거의 상관이 없고 겉모양이 가장 중요했다. 슈퍼에서 멜론 냄새를 맡아보고 밑을 꾹꾹 눌러보는 행동은 그만둬야겠구나.

완벽한 구 모양에 단단해야 하는 건 당연하고 "그물 모양이 정교하고 미세해야 합니다. 너무 툭 튀어나와 있으면 안돼요." 그는 다른 종류의 멜론 두 개를 가져와 '그물눈'이라는 표면을 만져보라고 했다. 그 말은 사실이었다. 하나는 그물이 솟아 있었으며 거칠었고, 다른 멜론은 부드럽고 미세했다. 결정적으로 멜론은 완벽한 'T'자 모양의 꼭지가 잘 달려 있어야 한다. "꼭지는 먹지 못하지만 많은 걸 말해줍니다. 꼭지가 없으면 가격은 50퍼센트 내려갑니다. 말도 안 되는 소리로 들리지만, 일본인 매수업자들은 멜론이 어떻게 생겨야 한다는 고정된 이미지가 있습니다. 꼭지는 반드시 붙어 있어야 하죠." 그 목적을 달성하기 위해 고바야시는 늘 멜론을 수확한 그날 바로 시장에 내다파는 걸 목표로 했다.

"멜론을 정말 사랑합니다. 나도 모르는 새에 멜론에게 말하고 있다니까요. 더 잘 키워보고 싶어요." 우리가 캠핑카에 오르는데 고바야시가 말했다. "고객들이 베어 물었을 때 어떤 감정이 북받치게 하는 품종을 개발하고 싶습니다. 고객이 멜론을 먹고 그런 진정한 기쁨을 느꼈으면 좋겠어요."

차를 타고 나오면서 나는 애스거와 에밀에게 일본인이 멜론을 숭배하는 점에 대해 어떻게 생각하는지 물었다. "그렇게 비쌀

가치는 전혀 없죠." 에밀이 말했다. "어림없어요. 할머니가 키우는 라즈베리가 훨씬 더 맛있어요. 겉을 보고 판단하면 안 되죠. 멜론을 껍질만 보고 판단하면 안 돼요."

"그리고 위에 작은 가지가 달려 있는지 아닌지로 판단해도 안 되고요." 애스거가 옆에서 거들었다.

곰

　우리 가족은 호베쓰穂別를 떠나 동쪽으로 이동하면서 홋카이도의 웅장한 풍광에 입을 다물지 못했다.

　1878년 이사벨라 버드는 이 경치를 두고 "산이 쏟아져 내려온다. 창창히 우거진 숲과 움푹 들어간 협곡이 한 폭의 그림 같은 진귀한 풍경이다"라고 표현했다. 풍광을 보아하니 그 말은 여전히 유효하다. 우리는 나무가 울창한 산과 초록빛 계곡을 지나, 티 하나 없이 깔끔한 텅 빈 고속도로를 쉬지 않고 달렸다. 멀리 화산에서 조용히 연기가 뿜어져 나오는 경치는 쥐라기 시대인 듯 믿기지 않는 절경이었다. 남부 해안의 거대한 도카치 평원의 오비히로帯廣 외곽 캠프장에서 첫 밤을 날 예정이었다. 창밖 풍경은 오스트리아보다 더 오스트리아 같은 모습에서 대초원의 농장으로 바뀌었다. 미국 중서부 풍의 귀여운 헛간도 있었고 감자와 옥수수 밭이 펼쳐진 전원 풍경도 나타났다.

첫날 밤 우리는 일본 캠핑 문화와 다소 거칠게 인사를 나눴다. 일본 캠핑장은 사실상 시설이 아무것도 없다. 우리가 묵은 곳은 샤워 시설도 없었다. 단 하나도. 결국 알아낸 사실은 일본에서 캠핑하는 사람들은 가까운 호텔 온천까지 수백 미터를 터벅터벅 걸어가서 씻는다는 거였다. 하지만 온천은 이튿날 정오까지 문을 열지 않았다. 그래도 야생에 있는 일본인을 관찰하는 건 흥미로웠다. 상당히 보기 드문 친밀한 면을 볼 수 있어서 리센은 '일본의 뒷무대'를 보는 거 같다고 비유했다. 내가 어릴 때 휴일에 놀러 갔던 유럽 캠핑장에서 본 사람들보다 일본 캠핑족이 더 얌전했다. 비록 홋카이도를 여행하는 내내 캠핑장에서 외국인은 단 한 명도 만나지 못했지만. 그리고 우리에게 다가오거나 심지어 주변에 외국인이 있음을 알아채는 일본인도 없었다. 여전히 일본인과 섞이는 건 쉽지 않았다. 쓰레기 처리 규칙은 브렉시트 협상이 차라리 쉬워 보일 지경이었을 뿐 아니라 캠핑장마다 규칙이 다 달라 긴장됐다(쓰레기를 접수처로 가져오라는 캠핑장도 있었다). 캠핑장 직원들은 하나같이 우리 가족을 보고 얼떨떨한 표정을 지었다. "캠핑카를 타고 온 이 이상한 외국인들은 도대체 왜 저녁 7시에 캠핑장에 온 거지?"

첫날 밤 대략 10시, 편의점에서 산 초밥을 잔뜩 먹고 각자 잘 곳을 정리하며 도대체 어떻게 자야 할지 걱정을 한바탕하고 난 후, 각자 침대로 올라가려던 차였다. 그때 캠핑장 경비가 장난감같이 조그마한 우리 캠핑카에 붉은빛 손전등을 비추며 느릿느릿 다가왔다. 우리는 마치 트위스터 게임의 거의 막바지에 이르렀을 때처럼 얼어붙었다. 무슨 일로 온 걸까? 우리가 무슨 법을 어겼나? 어떤 벌을 받게 되는 거야? 알고 보니 이 '경찰'은 하필이면 굳이 이런 늦은 시간에 여권을 검사하러 온 거였다.

오래 지나지 않아 일본 캠핑장은 목적지에 가기 위해 잠깐 들르는 곳이 아니라, 아예 하룻밤을 캠핑장에 자러 오는 곳이라는 걸 알게 되었다. 일본 캠핑족은 장비란 장비는 다 갖고 와서 아주 깔끔한 베두인족[천막생활을 하는 아랍 유목민]식으로 텐트를 착착 세웠다. 요리하는 텐트, 잠자는 텐트, 모기장을 친 식사하는 텐트. 필요할 경우를 대비해 상상 가능한 모든 장비를 싣고 왔다. 어느 날은 한 이웃이 특별히 준비해온 파워 워시로 캠핑카를 씻는 소리에 일어났다. 휴일에 그런 일을 하고 싶을까, 우습기도 했다.

사디스트적인 GPS는 별도로 하고(내 장담하건대, 이 GPS라는 세 글자 안에 전 세계의 모든 불행이 다 담겨 있다) 일본에서 운전하는 건 정말 식은 죽 먹기였다. 운전하는 내내 길에 세워진 공식 표지판을 내가 거의 해석하지 못한 게 오히려 도움이 됐다. 핑계를 대자면 일부 표지판은 정말 헷갈렸다. 경주를 하는 지네 그림은 당최 무슨 의미일까? 스키를 타는 감자는? 버섯이 골프를 치고 있는 표지판을 지나친 적도 있다. 그래도 최소한 일본 운전자는 도로 차선을 정확히 지켰고 도로명도 밑에 영어로 친절히 표기되어 있었다. 주유소는 좋은 서비스라는 뜻인 '오모테나시'를 완벽히 구현했다. 마치 포뮬러 원 드라이버가 피트 스톱에

가면 두세 명이 달려들어 차를 돌보듯 훌륭한 서비스를 만끽할 수 있다. 직원들은 필요가 있건 없건 앞 유리를 깨끗이 닦았다. 그리고 잘 알려진 미치노에키道の驛도 있다. 매우 잘 꾸며놓은 일본의 도로 휴게소로, 음식을 포장해주는 노점상과 지역 특산물을 파는 가게가 있다. 일부 휴게소에는 샤워 시설도 있고 오로지 휴게실을 구경하기 위해 오는 사람도 있었지만 역설적으로 그 어떤 휴게소도 석유를 팔진 않았다. 일본인은 극히 예의 바른 운전자다. 그렇긴 한데 정말 느리다. 거의 걷는 속도 이상으로는 속도를 내지 않았지만, 사실 우리에겐 잘 된 셈이었다. 경치를 구경할 시간이 더 많아지니까.

두 번째 아침은 일찍 일어나 동남쪽 해안가의 구시로釧路로 천천히 걸어갔다. 그곳 항구에 있는 해산물 몰 같은 데서 맛있는 돈부리를 점심으로 먹었다. 여기서 애스거와 에밀이 가장 재미있어했던 건 오락실의 인형 뽑기 기계에서 폭신한 인형이 아니라 살아있는 게를 뽑는 일이었다. 그래도 그 어떤 것도 라우스羅臼에서 먹었던 점심과는 비교가 안 됐다.

다음 날 밤은 우토로 항구가 내려다보이는 절벽 끝에 위치한 캠핑장에서 보냈다. 그리고 해발 738미터에 있는 시레토코 고개知床峠를 건넜다. 고개의 가장 높은 지점에 들렀다가 홋카이도의 극동 반도에 위치한 시레토코 국립공원(세계문화유산)의 풍경을 보니 입을 떡 벌릴 수밖에 없었다. 우리는 라우스에서 활동하는 공원 가이드와 만나기로 되어 있었다. 연어로 만든 사케부시, 돼지로 만든 간장 소스 같은 지역 특산물을 파는 라우스의 특별한 미치노에키에서 만났다.

"걱정 마세요. 여기서는 한 번도 불곰이 공격한 적이 없습니다. 문제를 일으키는 건 본토에 있는 흑곰입니다." 천체물리학자였다가 자연주의자로 직업을 바꾼 사토 신지는 일정을 설명하면서 우리를 안심시켰다. "흑곰은 놀라서 사람을 공격하는 경향이 있지만 홋카이도 불곰은 부끄러움을 훨씬 많이 탑니다."

우리는 트레킹을 하며 폭포를 찾아 숲을 통과하면서 어떤 야생 동물을 만날 수 있을지 기대했다. 홋카이도 중에서도 시레토코는 불곰이 가장 많은 지역일 뿐 아니라 흰꼬리수리, 참수리 같은 희귀한 독수리, 섬부엉이가 많고 바다에는 다양한 고래가 서식하고 있다. 이론적으로 시레토코는 곰과 야생 범고래를 한날에 모두 볼 수 있는 지구에서 몇 안 되는 지역 중 하나다(6월이 확률이 가장 높다). 곰이 친근하다는 말에 용기를 얻은 나는 곰을 어떻게 하면 꼭 피할 수 있냐고 묻는 대신, 볼 수 있는 곳에 데려가줄 수 있겠냐고 물었다. 신지는 이런 질문은 처음이라는 듯 잠깐 생각하더니 핸드폰을 꺼내들었다.

폭포로 가는 등산로를 걷고 라우스 해안가에 있던 어부의 오두막에서 신선하게 요리된 킹크랩을 먹었다. 앞서 말한 쓰러지게 맛있는 점심이 바로 이것이었다(가볍게 하는 말이 아니다. 그 킹크랩은 인생에서 최고로 맛있는 식사 중 하나였다). 두어 시간 후, 우리 가족은 구명조끼를 입고 성게 어선에 올라 사람이 살지 않는 홋카이도의 극단을 향해 흰 파도를 헤치며 나아갔다. 성게 어선은 기본적으로 갸름한 섬유 유리 욕조에 선외 모터가 달린 배다.

한 시간이 넘도록 정신없이 흔들리는 어선을 타고 오호츠크 해를 건너다녔건만 안타깝게도 우리에겐 운이 없는 날인 것 같 았다. 신지는 계절에 안 맞게 날씨가 더워 곰이 낮 동안에는 숲 에 있는다고 했다. 성게 어부는 폭풍이 불어온다고 경고했고 바 다는 시시각각 더 사나워졌다. 해변 바로 옆의 광대한 폭포 두 개를 지나면서 나는 손목에 찬 멀미 밴드를 초조하게 만지작거 렸다. 곰 서식지에 이미 깊이 들어간 상태였지만, 홋카이도 극단 에 있는 시레토코곶('시레토코'는 아이누 말로 '지구의 끝'이다)에 가 까워지자 우리는 그냥 돌아가기로 했다.

그런데 갑자기, 리센이 벌떡 일어나 흥분하며 손을 내저었다. 해안가에 갈색 그림자가 움직이고 있었다. 느릿느릿. 곰이다! 우 리는 더 가까이 갔다. 신지에 따르면 세 살 정도 된 곰이라고 했 다. 근육질 몸매의 털 뭉치 같은 곰은 곤충을 찾아 천천히 돌 을 뒤집는 중이었다. 우리는 해안가에서 겨우 몇 미터 떨어진 어 선에 서서 곰을 한동안 지켜보았다. 마침내 곰이 고개를 들더니 덤불 사이로 서서히 사라졌다. 더 놀랍게도 항구로 서둘러 돌아 가는 길에 비슷한 곰을 또 보았고 이제 바다는 퍼펙트 스톰 상 태로 바뀌었다. 어느 순간 바닷물이 담긴 양동이가 내 머리 위 로 날아갔지만 신경 쓰지 않았다. 정말 소중한 날이었기 때문이 다. 우리 가족이 영원히 잊지 못할 그런 날. 야생 곰을 만난 날 이니까.

5일간 장거리 자동차 여행을 하면서 홋카이도에 대해 배운 점은 무엇일까? 모두가 기회만 되면 여길 와봐야 한다는 점. 문명에서 멀어질수록 해산물은 더 맛있어진다는 점. 영어를 할 줄 아는 사람이 아무도 없다는 점. 출발하기 전 차에 기름을 가득 채우고 가야 한다는 점. 곰은 사납지 않다는 점.

일본에서 캠핑카 캡틴 노릇을 하면서 나는 어떤 걸 배웠나? 흠, 이제는 교통 체증에 발이 묶여도 성질을 내지 않을 것이다. 운전대를 잡고 있는 그 불쌍한 사람은 아마도 여러 날 제대로 자지도, 먹지도, 씻지도 못했을 거라는 걸 알게 되었다. 또한 운전자는 자기 뒤에 자동차가 길게 늘어서 있다는 사실도 전혀 모를 거다. 하지만 내가 캠핑카에 대해서 알게 된 가장 중요한 사실은 이거다. 하지 마시라. 정말 아니다. 만트라眞言라도 읊는 것처럼 계속 똑같은 말만 반복하며 가족과 다투게 될 뿐이다. "문 열어놓지 말라고 했잖아. 곰 들어올라." "쥐라기 시대 크기만 한 벌레가 왔잖아. 불 켜놓지 마." "이빨 닦을 때 물 펑펑 쓰지 말라고 했잖아. 나중에 화장실 내릴 물이 없단 말이야." "배터리 다 닳겠어. 에어컨 좀 꺼."

드디어 초라한 캠핑카를 반납한 다음 넋을 잃을 만한 요테이산의 풍광이 보이는 니세코의 베일 호텔에 체크인한 후 밀려들던 그 안도감을 절대 잊을 수 없을 것 같다. 돌아다닐 공간이 조금이라도 있다는 사치스러움에 정신이 아찔해질 지경이었다. 제대로 된 침대! 게다가 화장실까지! 리센과 나는 얼굴을 마주 보고 절실히 깨달았다. 자랑스러워할 만한 사실은 아니지만, 최종 분석을 거친 결과 우리는 룸서비스와 무료로 제공되는 입욕제가 있어야만 똘똘 뭉칠 수 있는 가족이었다.

홋카이도의 아름다움이란 정말 대단해서 밖에 나가보겠다는 뜨끈한 열망이 아직도 식지 않아, 이튿날 니세코에서 자전거를 빌려 요테이산을 한 바퀴 돌아보러 나섰다. 마침 일본이 새로 지정한 공휴일인 '산의 날'이었다. 캠핑카에서 봤던 풍경은 파노라마 같았지만, 자전거로 조용히 달리며 풍경의 일부가 된 듯한 기분은 그 어떤 것과도 비교가 되지 않았다. 자전거는 세상을 천천히 즐기게 해준다. 갑자기 우리 사이로 커다란 뱀이 길을 가로질렀다. 우리는 페달에서 발을 떼고 풍성하게 우거진 관목으로 뱀이 스르륵 들어가는 걸 지켜보았다.

작고한 미국 태생의 영화 각본 작가인 도널드 리치는 아마도 일본의 연대기를 기록한 사람 중 가장 유명한 외국인일 것이다. 그가 1971년에 내놓은 여행 회고록인 『내해The Inland Sea』는 옛 시절의 일본을 그리는 일종의 탄식이다. 현대화의 바람에 맞춰 재빠르게 사라지는 일본 문화를 걱정했다. 여행 기록의 초반, 그는 이렇게 쓰고 있다.

나는 알고 있다. 지금 자신의 일에 자부심을 갖고 일하는 목수와 석공, 자신의 차를 닦는 택시 운전사, 회사에 신의를 갖고 일하는 세일즈맨을. 또한 알고 있다. 그런 것들은 이제 다른 곳에서는 대부분 사라져간다는 걸. 그리고 심지어 지금도 간직하고 있는 인성의 깊이라니. 이 모든 상황에도 불구하고 그들은 서로에게 예의바르고, 서로를 애정의 마음으로 대한다.

아이들에게 일본인 하면 떠오르는 예의바름과 친절함의 증거를 보여주고 싶었다. 우리는 정말 많은 곳에서 그 증거들을 발견했다. 이 나라가 겪은 모든 어려움(자초한 것과 불가항력적인 일 모두)에도 불구하고, '인간성의 깊이'가 아직도 일본에 살아 있는 걸 보면 리치도 놀라며 기뻐할 것이다.

　　홋카이도에 있는 동안 두 건의 중대한 사건이 도쿄에서 일어났다. 먼저, 오래된 보이 밴드인 SMAP(내가 일본을 처음 방문했을 때 만났던)가 25년의 활동을 접고 그룹을 해체하겠다고 발표했다. 두 번째는 일왕이 퇴임 연설을 한 것이다. 메이지 시대 이후로는 처음 있는 일이었다. 도쿄로 돌아가 나는 일본 친구에게 이 두 사건 중 어떤 게 더 크냐고 물었다. 그녀는 멈칫하더니 말했다. "당연히 SMAP죠."

　　나는 내가 일본을 맹목적으로 좋아하는 게 아닌가 하는 죄책감을 분명 갖고 있다. 나는 이 나라를 언제나 외부인의 장밋빛 관점으로 바라볼 거라는 사실을 깨달았다. 물론 실제로 일본에 산다는 게 어떤 건지 모른다. 그리고 일본 문화의 어두운 면도 인지하고 있다. 예를 들면, 범죄와 부패가 벌어지고 있다. 가난과 고독, 힘든 현실, 높은 자살률과 실업률, 점점 더 벌어지는 경제 불균형 상태, 깊이 뿌리박힌 성 불균형 문제, 게다가 죽을 때까지 일한다는 일본어인 '가로시過勞死'도 안다. 그리고 이번 여행에서 나는 일본도 우리처럼 천연 자원을 조심스레 사용하지 않는다는 걸 알았다. 일본인은 호수를 오염시켰고, 바닷물고기를 남획했으며, 제초제와 살충제를 땅에 흠뻑 뿌렸고, 음식에 온갖 첨가제를 넣었다. 게다가 세계화와 '개발된' 산업은 인구 비율의 변화를 가져왔고 귀중한 천 년의 음식 문화는 사라질 위기에 놓여 있다. 관심의 부족과 성급함, 입맛의 변화와 무지로 많은 지역에서 전통 음식이 한 세대 안에 사라질지도 모른다.

그럼에도 일본을 떠올릴 때마다 생각나는 공동체의식과 '조용한 헌신'은 감동으로 다가온다. 일본은 우리 안에 있는 걷잡을 수 없이 확산되는 개인주의와 자기도취 시대의 해독제를 찾았거나 최소한 개인주의와 공동체, 이기주의와 이타주의 사이의 균형점을 찾아낸 것으로 보인다.

일본을 처음 여행한 후 10년이 지났지만, 우리 가족이 만난 음식 장인의 헌신에 더 많은 감동을 받았고, 일본 전역에서 볼 수 있었던 음식의 중요성을 이해하는 수준 높은 태도에 마음이 따뜻해졌으며, 이 독특하고 매력적이며 보답을 중시하는 문화의 중심에는 일본 전통 음식이 있다는 사실에 더 확신이 들 뿐이다.

감사의 말

　내가 만난 사람들과 겪은 일들을 최대한 시간 순서로 엮으려고 노력했지만, 순서를 옮기거나 양을 줄여야 할 때가 있었다. 주로 '누가, 어디를, 언제'에 대한 필요 없거나 지루한 설명을 피하기 위해서였다. 책에 등장하는 가족과 나는 2016년 겨울, 봄과 여름에 걸쳐 일본을 세 번 방문하여 오키나와에서 홋카이도까지 여행했다. 그리고 이 책을 쓰기 위해 추가로 조사할 게 있어 지난해에 혼자 일본에 갔다.

　자, 이제 감사드릴 분들을 소개하겠다.

　가장 중요한 '이분들이 없었으면 책이 나오지 않았을 분들'은 군지 사토시, 스가하라 데쓰야, 내 일본 출판업자 군지 다마코, 가도카와다. 특히 데쓰야와 다마코는 이 책을 조사하고 편집하는 내내 아낌없이 지원해줬다. 그때 AKB48에 끌고 가서 죄송합니다, 다마코 씨. 정말 이상한 쇼였어요.

여행하면서 만난 분들, 특히 이 책을 위해 인터뷰를 기꺼이 허락해준 분들에게 감사의 마음을 전한다.

이름을 밝히지 않았지만 그래도 보여주신 호의와 친절, 시간, 지혜와 경험에 감사드리고 싶다(순서에 의미는 없다. 알파벳 순서도 아니다): 후지타 지에코, 스즈키 겐지로, 야노 다카무네, 가도카미 다케시, 하세가와 자이유 그리고 야마구치 노리코, 멜린다 조, 하세가와 히토시, 오카다 료, 스즈키 히로코, 오니시 다쓰야, 미쓰타니 무네키, 사쿠라이 히로시, 오이마쓰 겐조, 시모타케하라 다다타카, 에조에 도시히로, 사케이다 아쓰시, 시키 노부유키, 이토 히데키, 마미쓰카 주니, 스미요시 신타로, 야스다 마사토시, 나리사와 요시히로, 렘코 브록직, 후지타 유키코, 안도 미나코.

이 책에 나온 사람들과 인터뷰할 때 번역가나 통역가가 종종 동반했다. 책에서는 거의 언급하지 않았지만, 내가 똑똑하고 멋지게 보이려는 의도가 아니라 이야기를 간소화하기 위해서였다. 그래서 인사가 늦었다. 구레베 마키(도쿄), 게마나이 가쓰코(홋카이도), 러셀 굿달(도쿄), 아이케다 요코(도쿄), 네기타 요코(도쿄), 르아드한 트레이시, 손데이 올아세운(마쓰에), 오쿠다이라 간주요(시코쿠), 쓰하 마스미(오키나와), 앤서니 블레어 구아라디아(나가노).

우리에게 지원과 안내 서비스를 제공해준 일본 지역 관광청에게도 감사를 전하고 싶다. 가장 먼저 일본 국제관광조직 런던 사무소의 카일 클라크와 홀리 맨틀은 물론 이시카와 하루나(오키나와), 아리요시 치에, 다나구치 유키코, 다카에 도모코(규슈), 야마네 사야카, 우메바야시 히데노, 요시카와 유키오(마쓰에), 와타나베 마모루, 야마이시 데티(나가도, 마쓰모토)가 그들이다.

내 소주 친구 스즈키 가쓰노부에게도 고마운 마음을 전한다. NHK의 야기 유키코와 쓰치하시 게이스케, 팬워크FanWorks의 다카야마 아키라, 라레초와 그의 팀, 아사히신문의 고토 에리에게 감사의 마음을 전한다.

조너선케이프 출판사의 내 편집자 댄 프랭클린. 수년간 계속해서 지원해줘서 감사하다는 말을 하고 싶다. 그리고 내 에이전트, 그린&히턴의 앤서니 토핑, 뉴욕 잉크웰 매니지먼트의 조지 루카스, 도쿄 우니 에이전시의 야마노치 미코에게도 신세를 졌다.

그리고 드디어, 리센, 에밀, 애스거에게 고맙다고 말하고 싶다. 우리가 일본에서 함께 보낸 시간에 언제나 감사한 마음을 가질 거야. 캠핑카를 빌려서 정말 미안했어.

맛에 미치면 이렇게 된다

초판인쇄	2023년 2월 15일
초판발행	2023년 3월 2일

지은이	마이클 부스
옮긴이	박혜원
펴낸이	강성민
편집장	이은혜
편집	진상원
마케팅	정민호 이숙재 박치우 한민아 이민경 박진희 정경주 정유선 김수인
브랜딩	함유지 함근아 박민재 김희숙 고보미 정승민
제작	강신은 김동욱 임현식

펴낸곳	(주)글항아리	출판등록 2009년 1월 19일 제406-2009-000002호

주소	10881 경기도 파주시 심학산로 10 3층
전자우편	bookpot@hanmail.net
전화번호	031-955-2670(편집부) 031-955-8869(마케팅)
팩스	031-955-2557

ISBN	979-11-6909-084-1 03910

잘못된 책은 구입하신 서점에서 교환해드립니다.
기타 교환 문의 031-955-2661, 3580

www.geulhangari.com